2022
天津调查年鉴
Tianjin Survey Yearbook

国家统计局天津调查总队　天津市统计局　编
Compiled by　NBS Survey Office in Tianjin　Tianjin Municipal Bureau of Statistics

中国统计出版社
China Statistics Press

图书在版编目（CIP）数据

天津调查年鉴. 2022 = Tianjin Survey Yearbook 2022 : 汉、英 / 国家统计局天津调查总队，天津市统计局编. -- 北京 : 中国统计出版社，2022.11
ISBN 978-7-5037-9818-4

Ⅰ. ①天… Ⅱ. ①国… ②天… Ⅲ. ①统计资料—天津—2022—年鉴—汉、英 Ⅳ. ①C832.21-54

中国版本图书馆 CIP 数据核字（2022）第 117509 号

天津调查年鉴 2022

作　　者 / 国家统计局天津调查总队　天津市统计局
责任编辑 / 李　冲
执行编辑 / 吕仁睿
封面设计 / 李雪燕
出版发行 / 中国统计出版社
通信地址 / 北京市丰台区西三环南路甲 6 号　邮政编码 /100073
电　　话 / 邮购（010）63376909　书店（010）68783171
网　　址 / http://www.zgtjcbs.com/
印　　刷 / 鑫艺佳利（天津）印刷有限公司
经　　销 / 新华书店
开　　本 / 880mm×1230mm　1/16
字　　数 / 262 千字
印　　张 / 15　0.5 彩页
版　　别 / 2022 年 11 月第 1 版
版　　次 / 2022 年 11 月第 1 次印刷
定　　价 / 280.00 元　280.00yuan(RMB)

本书附同版本 CD-ROM 一张，光盘内容以书面文字为准。
如有印装差错，由本社发行部调换。

党的十八大以来工业生产者出厂价格指数和购进价格指数

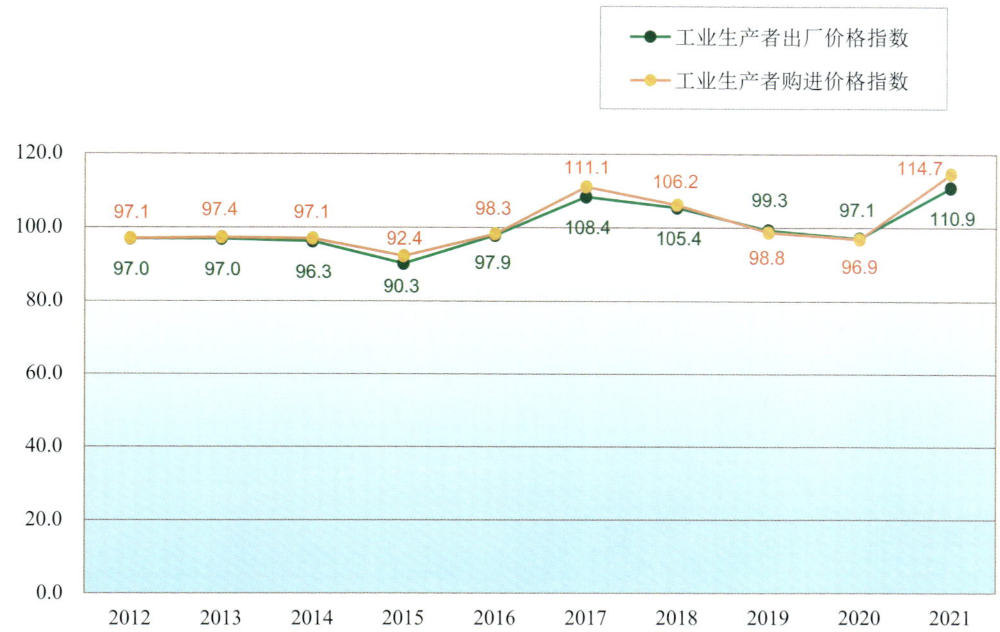

党的十八大以来居民消费价格指数

2021年全市居民人均可支配收入构成

2021年全市居民人均消费支出构成

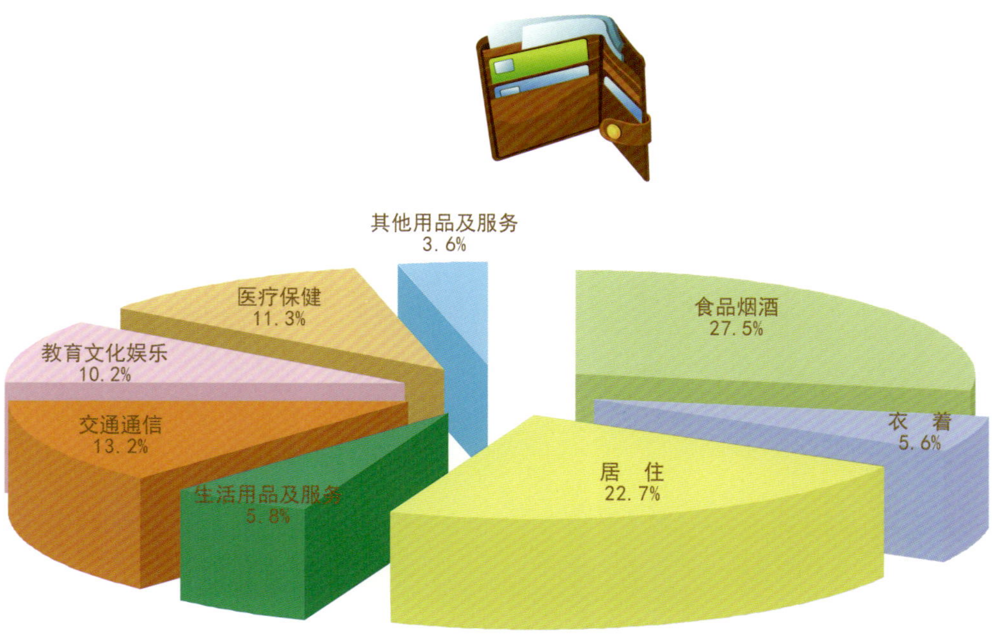

2021 年城镇居民人均可支配收入构成

2021 年城镇居民人均消费支出构成

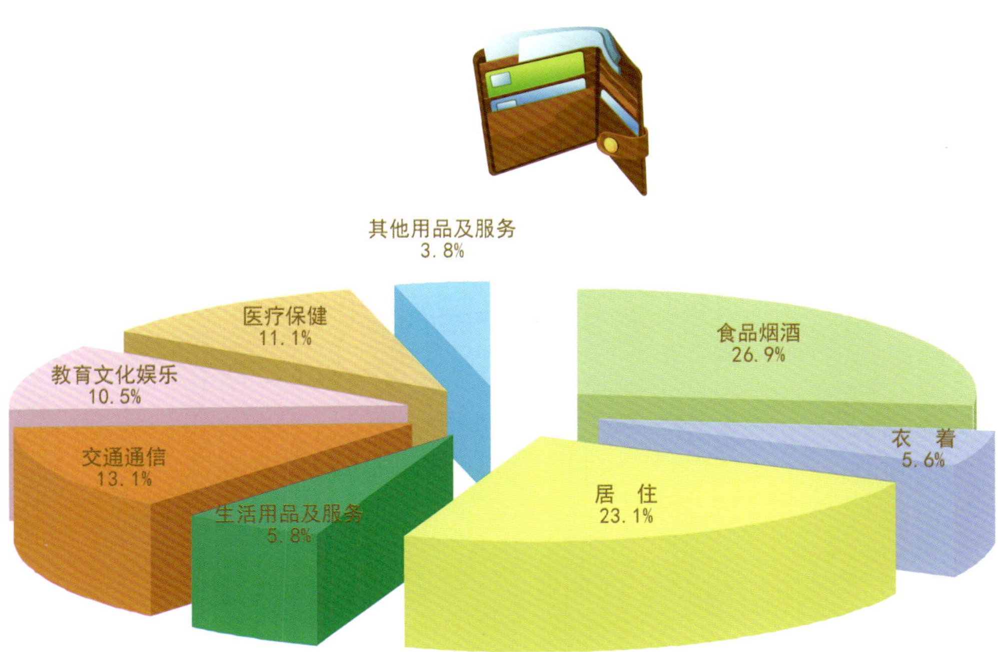

2021年农村居民人均可支配收入构成

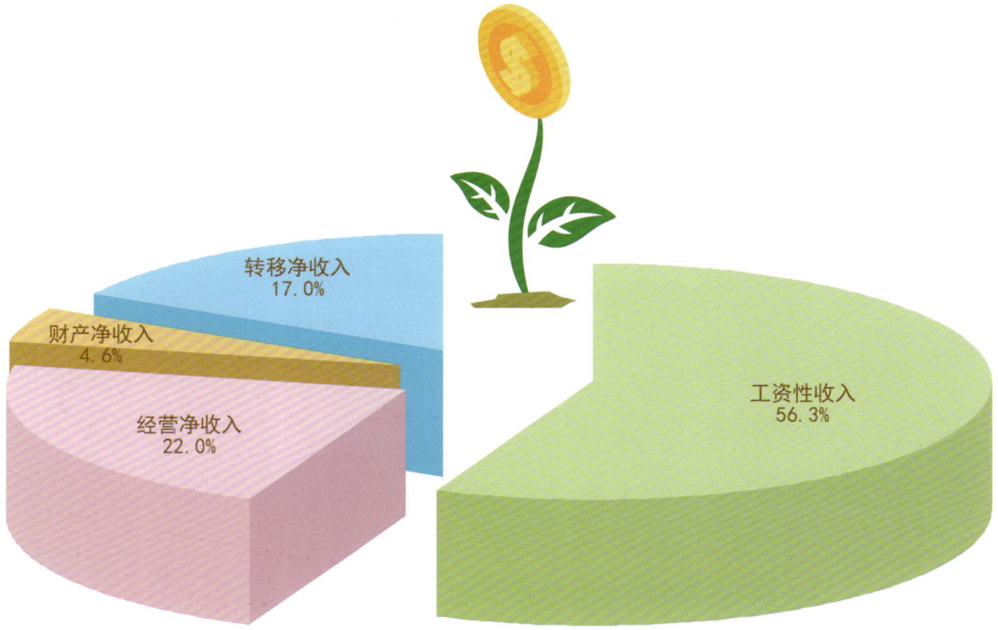

2021年农村居民人均消费支出构成

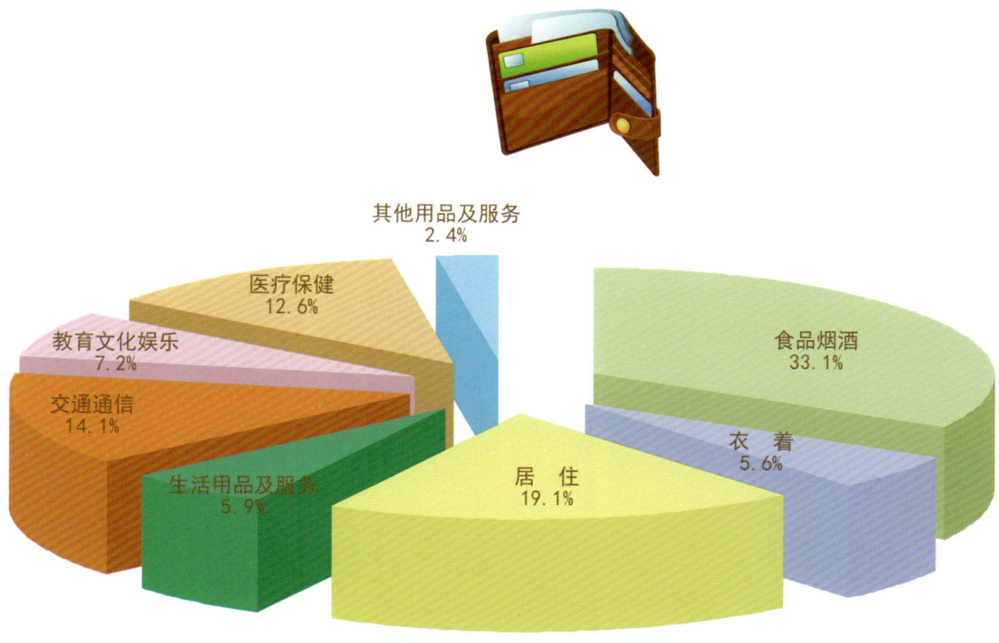

2021年1-12月住宅销售价格指数（二手住宅）

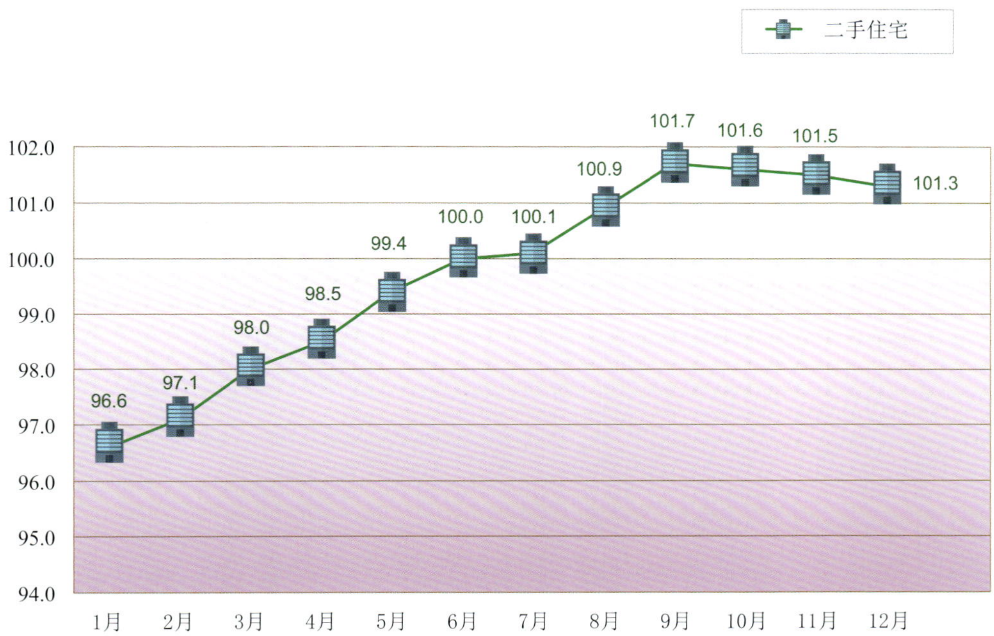

2021年1-12月住宅销售价格指数（新建商品住宅）

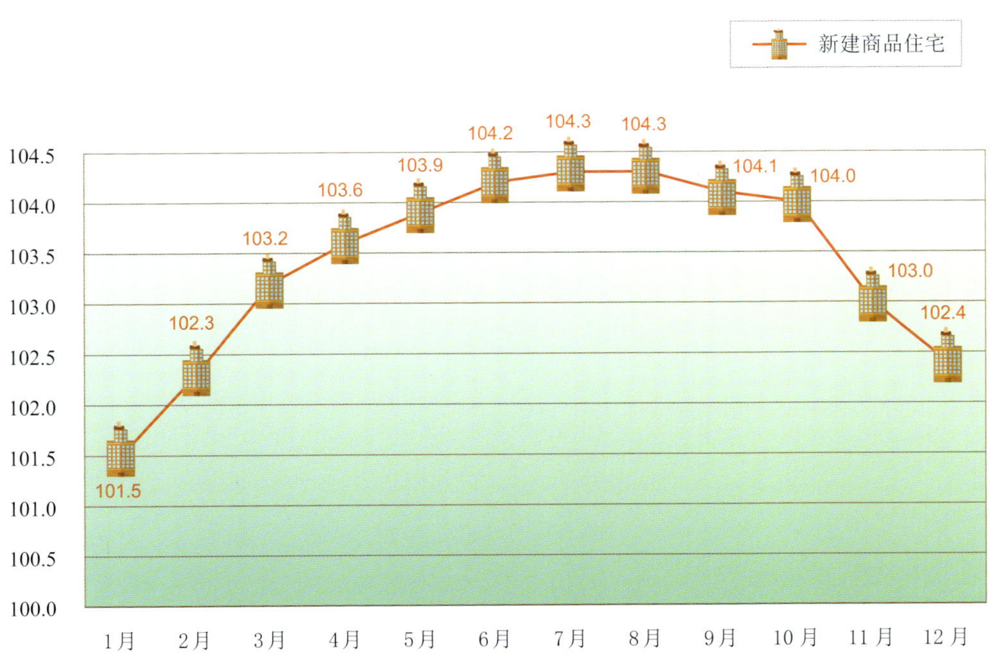

天津调查年鉴 2022
编辑委员会

Tianjin Survey Yearbook 2022
Editorial Board and Staff

编者说明

一、《天津调查年鉴》是一部反映天津城乡居民生活、居民消费价格、工业生产者价格、房地产价格、固定资产投资价格、农村与农业发展情况的统计资料工具书，创刊于2006年，逐年出版。本书以翔实的抽样调查资料与统计资料向社会各界展现天津经济与民计民生发展状况，成为社会各界了解天津、认识天津和分析研究天津经济和社会发展的权威性资料工具书。

二、《天津调查年鉴2022》载有综合篇、党的十八大以来民生调查资料篇、人民生活篇、价格及价格指数篇、农业篇五个篇目。为方便读者使用，在书中每篇后注明统计指标解释。

三、本年鉴数据资料所使用的计量单位，除部分面积单位使用亩或万亩外，其他均为国际统一标准计量单位。

四、本年鉴统计图表中，“#”表示其中的主要项，“空格”表示统计指标无数据，“…”表示数据不足本表最小计量单位数。

五、由于与不同年份有关专业的普查结果相衔接，以及国家统计制度变化等原因，年鉴中部分指标的历史年度数据会有变动。读者在使用历史资料时，凡以前的年鉴与本年鉴数据有出入的，均以本年鉴为准。

六、感谢广大读者对《天津调查年鉴》编辑出版工作的支持和帮助，欢迎继续提出宝贵意见，使《天津调查年鉴》的形式和内容更趋完善。

EDITOR’S NOTES

Ⅰ. *Tianjin Survey Yearbook* is a statistics publication, which reflects various aspects of the livelihood of urban and rural Tianjin residents, consumer prices, industrial producer prices, real estate price, fixed-asset investment prices, purchasing managers' index, rural and agricultural development. It was created in 2006 and published annually ever since. Possessing plentiful and detailed sampling survey and statistical materials to reflect various aspects of Tianjin's economic and the development of people's livelihood, the yearbook has become the most authoritative statistics publication for various circles to get to know Tianjin and to analyze Tianjin's economic and social development.

Ⅱ. There are five chapters in *Tianjin Survey Yearbook* 2022 including General Survey, Main Survy Data of People's Livelihood Since the 18th CPC National Congress, People's Living Conditions, Price and Price Indices, Agriculture. To facilitate and ensure comprehension, there are explanatory notes attached after each chapter.

Ⅲ. The units of measurement used in this yearbook are internationally standard measurement units except for partial area units which used mu or million mus.

Ⅳ. In the charts of this yearbook："#" indicates a major breakdown of the total; (blank space) indicates the data is not available; and "…" indicates the figure is not large enough to be measured with the smallest unit in the table.

Ⅴ. Some data in this yearbook is different from former yearbook for the reason of keeping consistent with data of census as well as changes of national statistics system. The data of this yearbook should be considered as authoritative.

Ⅵ. The readers' support and help during the editing and publishing work of *Tianjin Survey Yearbook* is very much appreciated. And we hope for your valuable suggestions to make the form and content of Tianjin Survey Yearbook more perfect.

目 录

Contents

一、综合

GENERAL SURVEY

二、党的十八大以来资料

DATA SINCE THE 18TH CPC NATIONAL CONGRESS

三、人民生活

PEOPLE’S LIVING CONDITIONS

四、价格指数
PRICE AND PRICE INDICES

五、农　业
AGRICULTURE

一、综　合

Chapter 1

GENERAL SURVEY

2021 年天津市国民经济和社会发展统计公报

天津市统计局
国家统计局天津调查总队

2021 年，是中国共产党成立 100 周年，也是实现“十四五”发展目标的夯基之年。面对世界百年未有之大变局和世纪疫情交织叠加，天津市坚持以习近平新时代中国特色社会主义思想为指导，深入贯彻落实习近平总书记对天津工作“三个着力”重要要求和一系列重要指示批示精神，按照党中央、国务院决策部署，在市委、市政府坚强领导下，立足新发展阶段，完整准确全面贯彻新发展理念，服务和融入新发展格局，坚持稳中求进工作总基调，笃定高质量发展不动摇，着力打好“治、引、育、稳、促”组合拳，不断巩固拓展疫情防控和经济社会发展成果，全市经济运行稳中有进、稳中有固，经济结构更优，质量效益向好，民生福祉增强，实现“十四五”良好开局。

一、综合

初步核算，全市地区生产总值 15695.05 亿元，按可比价格计算，比上年增长 6.6%。其中，第一产业增加值 225.41 亿元，比上年增长 2.7%；第二产业增加值 5854.27 亿元，增长 6.5%；第三产业增加值 9615.37 亿元，增长 6.7%。三次产业结构为 1.4∶37.3∶61.3。

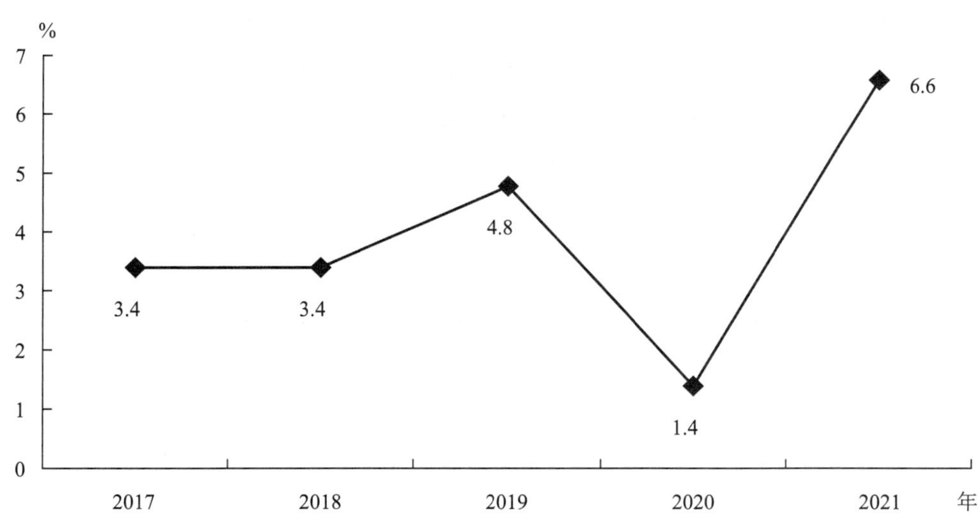

图 1　2017-2021 年天津市生产总值增长速度

财政收入增长较快。全年一般公共预算收入 2141.04 亿元，比上年增长 11.3%，其中税收收入 1621.87 亿元，增长 8.1%，占一般公共预算收入的比重为 75.8%。主体税种均保持增长，增值税 673.17 亿元，企业所得税 337.34 亿元，个人所得税 129.04 亿元，分别比上年增长 3.5%、8.6%和 24.8%。全年一般公共预算支出 3150.25 亿元，与上年持平。其中，教育支出增长 9.3%，社会保障和就业支出增长 14.8%，卫生健康支出增长 2.9%，住房保障支出增长 7.4%。

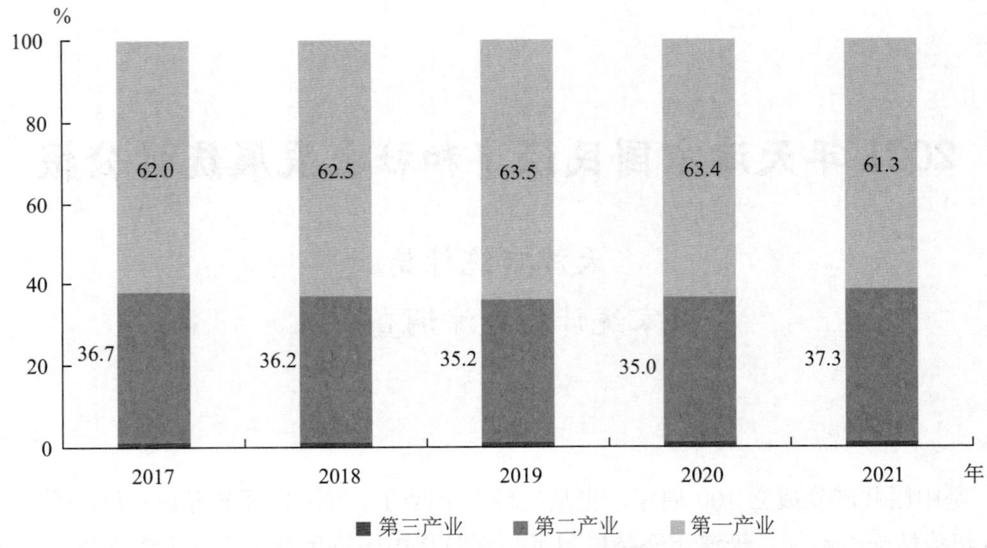

图 2　2017-2021 年天津市三次产业结构

动能转换不断加快。新产业发展势头良好，高技术产业（制造业）增加值比上年增长 15.5%，快于全市规模以上工业 7.3 个百分点，占比为 15.5%，比上年提高 0.1 个百分点。工业战略性新兴产业增加值增长 10.3%，快于全市规模以上工业 2.1 个百分点，占比为 26.1%。规模以上服务业中，新服务营业收入增长 19.9%，战略性新兴服务业和高技术服务业营业收入分别增长 7.5%和 10.1%。高技术产业投资增长 38.2%，其中高技术制造业投资增长 22.5%，高技术服务业投资增长 57.5%。新产品产量实现快速增长，服务机器人、新能源汽车、集成电路等产量分别增长 1.7 倍、54.3%和 53.2%。

数字赋能提速加力。实施数字化发展三年行动，出台数字经济“1+3”行动方案，打造“津产发”数字经济综合应用平台和 41 个应用场景，工业互联网进一步拓展，现代冶金、轻纺产业加速迈向智能化高端化绿色化，海尔互联工厂成为全球“灯塔工厂”。北方大数据交易中心加快建设，“云服务”“云体验”等新业态新模式不断涌现，用云量规模和赋智量增速位居全国上游。

营商环境持续优化。持续深化“放管服”改革，“一制三化”改革升级版加快实施。“证照分离”改革全面落地，办理涉企经营许可事项 13.1 万件。全力推行企业登记“一网通办”，制定网上办、一次办、马上办、零跑动、全市通办等事项清单 3795 项，服务效能不断提升。中国（天津）知识产权保护中心建成，城市综合信用排名稳居全国前列。全年新登记市场主体 26.78 万户，增长 4.5%；其中民营市场主体 26.58 万户，增长 4.4%。

表 1　2021 年天津市居民消费价格涨幅

指　　标	比上年上涨（%）
居民消费价格	1.3
其中：食品烟酒	1.3
衣　着	-2.2
居　住	0.7
生活用品及服务	1.0
交通和通信	4.7
教育文化和娱乐	3.4
医疗保健	0.0
其他用品和服务	-2.2

民营市场活力不断释放。全年民营经济增加值 5954.67 亿元，比上年增长 6.8%，占比为 37.9%。规模以

上民营企业工业增加值增长 7.3%，占比 26.5%；限额以上民营企业批发和零售业商品销售额增长 29.0%，快于全市限上销售额 2.4 个百分点，占比 60.1%，比上年提高 1.1 个百分点；限额以上民营企业住宿和餐饮业营业额增长 24.4%，快于全市限上营业额 4.2 个百分点，占比 59.5%，比上年提高 2.0 个百分点；民营企业出口增长 19.7%，占比为 41.3%。

居民消费价格温和上涨。全年居民消费价格上涨 1.3%，涨幅比上年回落 0.7 个百分点。分类别看，食品烟酒价格上涨 1.3%，衣着下降 2.2%，居住上涨 0.7%，生活用品及服务上涨 1.0%，交通通信上涨 4.7%，教育文化娱乐上涨 3.4%，医疗保健与上年持平，其他用品及服务下降 2.2%。

工业生产者价格持续上涨。全年工业生产者出厂价格比上年上涨 10.9%，购进价格上涨 14.7%。

二、农业

农业生产提质增效。全年农林牧渔业总产值 509.26 亿元，比上年增长 2.1%。其中，农业产值 258.39 亿元，增长 1.8%；牧业产值 142.48 亿元，增长 9.8%。粮食产量再创历史新高，粮食总产量达到 249.9 万吨，连续 6 年稳定在 200 万吨以上，增长 9.5%。生猪稳产保供取得显著成效，年末生猪存栏 171.2 万头，增长 5.4%；全年出栏 203.9 万头，增长 5.1%；猪肉产量 17.1 万吨，增长 11.2%。

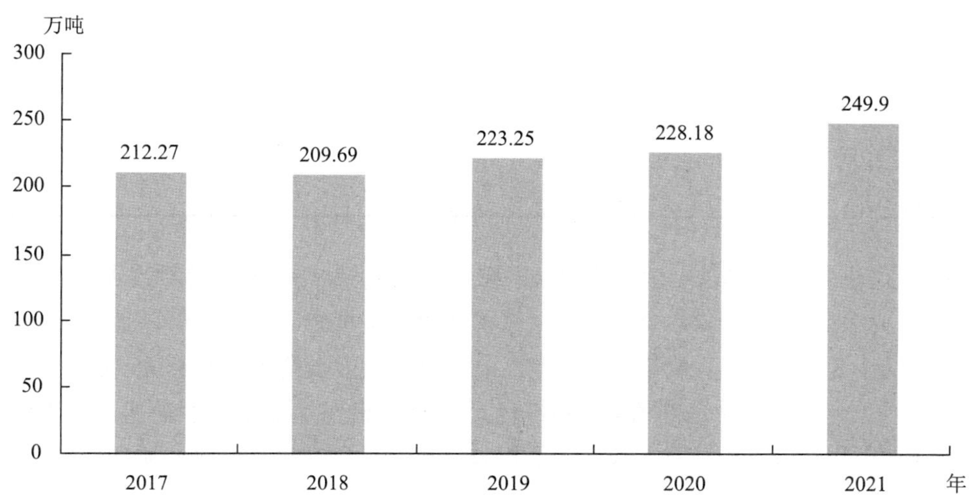

图 3 2017-2021 年天津市粮食产量

现代都市型农业持续优化。大力推动高标准农田建设和全程社会化服务，全年建成高标准农田面积 27.1 万亩，新增设施农业 20 万亩，新增高效节水灌溉面积 7.1 万亩，发展稻渔综合种养 50 万亩，病虫害统防统治实现全覆盖，水稻机耕、机插、机收率均达 100%。小站稻和宝坻区列入全国全产业链重点链和水稻全产业链典型县，小站稻种植面积达 101.9 万亩，品牌影响力和知名度持续提升。

三、工业和建筑业

“制造业立市”扎实推进。全年全市工业增加值 5224.57 亿元，比上年增长 8.0%，制造业增加值占地区生产总值比重为 24.1%，规模以上工业增加值增长 8.2%。规模以上工业中，分门类看，采矿业增加值增长 3.3%，制造业增长 8.3%，电力、热力、燃气及水生产和供应业增长 17.9%。分经济类型看，国有企业增加值增长 12.0%，民营企业增长 7.3%，外商及港澳台商企业增长 6.5%。分企业规模看，大型企业增加值增长 6.3%；中小微型企业增加值增长 10.3%，快于规模以上工业 2.1 个百分点。分重点行业看，医药制造业增加值增长 18.9%，计算机、通信和其他电子设备制造业增长 13.1%，石油、煤炭及其他燃料加工业增长 22.5%。规模以上工业在目录的 403 种产品中，58.8%的产品产量实现增长。生物医药、信息安全等先进制造业集群不断壮大，“细胞谷”“北方声谷”等加快建设，认定“信创谷”等 10 个产业主题园区。

重点产业链加速提质。全面实施“链长制”，大力实施产业链高质量发展三年行动计划，集中攻坚信创、高端装备、集成电路等 12 条重点产业链，产业基础高级化、产业链现代化实现大踏步前进。12 条重点产业链工业增加值增长 9.6%，快于规模以上工业 1.4 个百分点；在链工业企业营业收入、利润总额分别增长 21.0%、57.8%，分别快于规模以上工业 2.1 个、7.1 个百分点。

表 2　2021 年天津市主要工业产品产量

产品名称	单位	产量	比上年增长（%）
天然原油	万吨	3407.02	5.1
天然气	亿立方米	39.02	7.5
发电量	亿千瓦时	775.20	1.9
中成药	吨	20171.90	32.3
钢　材	万吨	5991.73	0.8
电　梯	台	70811	23.6
新能源汽车	辆	25784	54.3
光　纤	万千米	2198.17	11.8
光　缆	万芯千米	508.93	28.4
集成电路	亿块	29.84	53.2
电子元件	亿只	9910.35	14.8
光电子器件	亿只	272.91	8.6
锂离子电池	亿只	9.21	26.1

工业效益增长较快。全年规模以上工业营业收入比上年增长 18.9%，利润总额比上年增长 50.7%，营业收入利润率为 6.45%，比上年提高 1.29 个百分点。减税降费扎实推进，年末规模以上工业企业资产负债率为 54.1%，比上年末降低 0.3 个百分点；全年规模以上工业企业百元营业收入成本 85.66 元，比上年减少 0.14 元。

建筑业健康发展。全年建筑业总产值 4653.05 亿元，增长 6.0%。建筑业企业房屋施工面积 18022.62 万平方米，其中新开工面积 4580.40 万平方米。截至年末，全市具有特级、一级资质的总专包建筑业企业 360 家，比上年末增加 24 家。

四、服务业

服务业生产稳步恢复。全年批发和零售业增加值 1496.09 亿元，比上年增长 8.8%，批发和零售业商品销售额增长 26.1%，其中限额以上批发和零售业商品销售额增长 26.6%；交通运输、仓储和邮政业增加值 871.10 亿元，增长 8.7%；住宿和餐饮业增加值 137.05 亿元，增长 6.7%，住宿和餐饮业营业额增长 14.3%，其中限额以上住宿和餐饮业营业额增长 20.2%；金融业增加值 2153.18 亿元，增长 2.7%；房地产业增加值 1083.80 亿元，增长 6.2%。全年规模以上服务业企业营业收入比上年增长 19.6%，其中生产性服务业营业收入比上年增长 24.3%。会展经济、互联网相关服务、商务服务、专业技术服务等现代服务业增长较快。全年共举办国际汽车展、105 届糖酒会等展会共 63 场，展览面积 172.66 万平方米。互联网和相关服务、商务服务、专业技术服务等营业收入分别增长 14.3%、18.5%和 15.3%。

世界一流智慧绿色港口建设加力推进。北疆港区 C 段智能化集装箱码头投产运营，成为全球首个“智慧零碳”码头。全市集装箱吞吐量突破 2000 万标箱，达到 2026.94 万标准箱，增长 10.4%，位居全球十大港口前列，港口货物吞吐量 5.30 亿吨，增长 5.3%。海铁联运量突破 100 万标准箱。

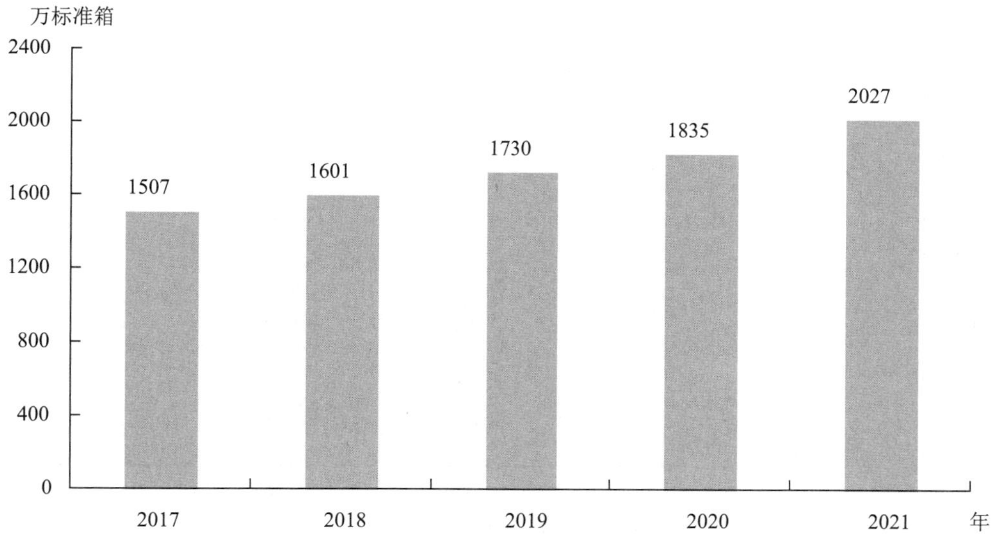

图 4 2017-2021 年天津市集装箱吞吐量

客货运输保持增长。全年全市货运量 57568.27 万吨，增长 7.5%；货物周转量 2681.69 亿吨公里，增长 2.8%。全年客运量 1.35 亿人次，增长 16.4%；旅客周转量 324.04 亿人公里，增长 16.2%。机场旅客吞吐量 1512.17 万人次，增长 13.8%；货邮吞吐量 19.49 万吨，增长 5.4%。

表 3 2021 年天津市货物运输业务量及增长速度

指 标	单位	绝对数	比上年增长（%）
货运量	万吨	57568.27	7.5
# 铁 路	万吨	11750.00	5.6
公 路	万吨	34527.01	7.0
水 运	万吨	10158.69	11.2
货物周转量	亿吨公里	2681.69	2.8
# 铁 路	亿吨公里	553.59	6.8
公 路	亿吨公里	672.71	5.1
水 运	亿吨公里	1451.26	0.6
机场货邮吞吐量	万吨	19.49	5.4

表 4 2021 年天津市旅客运输业务量及增长速度

指 标	单位	绝对数	比上年增长（%）
客运量	万人	13516.42	16.4
# 铁 路	万人	3405.56	29.2
公 路	万人	8915.57	12.5
旅客周转量	亿人公里	324.04	16.2
# 铁 路	亿人公里	116.61	21.5
公 路	亿人公里	54.30	14.4
机场旅客吞吐量	万人次	1512.17	13.8

截至年末，全市民用汽车拥有量 360.03 万辆，其中私人汽车拥有量 309.54 万辆；民用轿车 223.70 万辆，其中私人轿车 206.16 万辆。

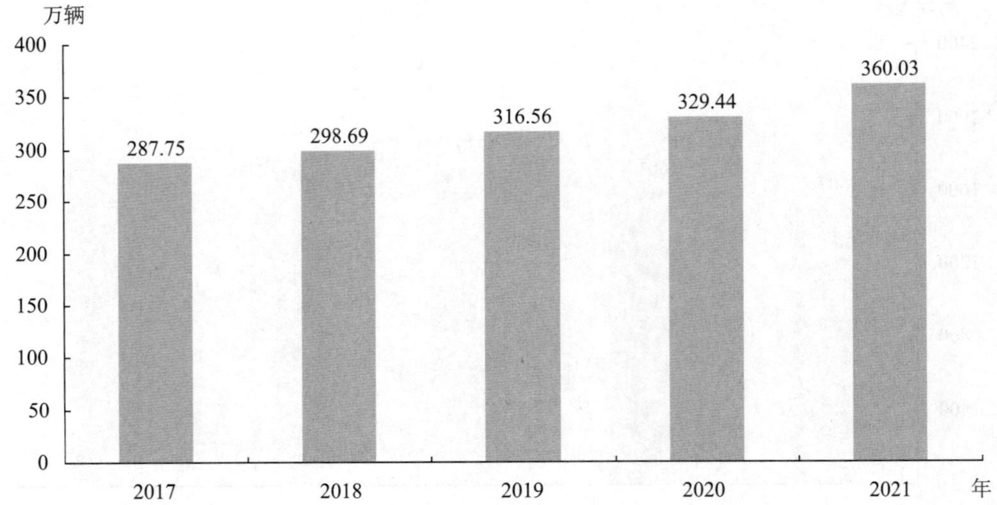

图 5　2017-2021 年天津市民用汽车拥有量

邮电业务快速增长。全年邮电业务总量 345.07 亿元，增长 28.9%。其中，电信业务总量 206.31 亿元，增长 31.2%；邮政业务总量 138.75 亿元，增长 25.7%。全年快递业务量 12.34 亿件，增长 33.0%。年末固定电话用户 331.1 万户，移动电话用户 1745.1 万户，固定互联网宽带接入用户 584.5 万户。全年累计建成 5G 基站 2.5 万个，获评全国首批千兆城市。

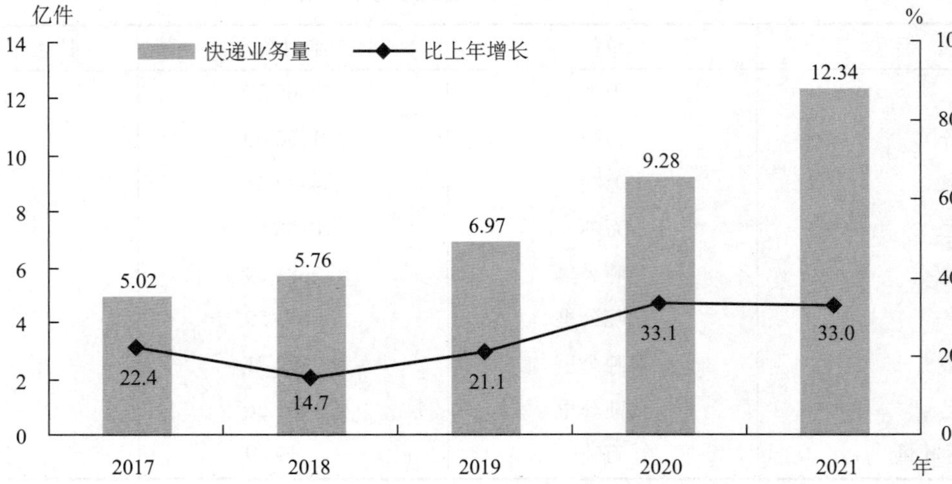

图 6　2017-2021 年天津市快递业务量及增速

五、国内贸易

消费市场持续恢复。获批率先培育建设国际消费中心城市，制定实施国际消费中心城市建设方案，推出海河国际消费季、发展新型消费、活跃假日消费、汽车促销等举措，以佛罗伦萨小镇、V1 汽车世界、创意米兰生活广场为代表的新型消费商圈拓展升级，消费潜力进一步释放。加快实施天津发展夜间经济十大行动，激发市民夜间消费潜力。完成金街提升改造工作，改造提升商业载体面积 13.9 万平方米。全年社会消费品零售总额增长 5.2%，其中限额以上社会消费品零售总额增长 7.5%。限额以上商品网上零售额增长 8.0%，占限上社零额比重达 26.2%。

消费结构提档升级。限额以上单位商品零售额中，服装、鞋帽、针纺织品类零售额增长 5.3%，日用品类增长 16.2%，体育、娱乐用品类增长 37.5%，智能家用电器和音像器材增长 2.1 倍，金银珠宝类增长 32.8%，化妆品类增长 27.5%，新能源汽车增长 74.4%，智能手机增长 12.4%。

六、固定资产投资

固定资产投资平稳增长。全年固定资产投资（不含农户）比上年增长 4.8%。分产业看，第一产业投资下降 45.8%，第二产业投资增长 7.8%，第三产业投资增长 4.9%。分领域看，工业投资增长 7.6%，其中制造业投资增长 13.8%；基础设施投资增长 1.7%，其中交通运输和邮政投资增长 2.7%，信息传输和信息技术服务投资增长 47.4%。

房地产市场保持稳定。全年房地产开发投资增长 6.2%。全市新建商品房销售面积增长 9.8%，其中住宅销售面积增长 9.3%；商品房销售额增长 9.9%，其中住宅销售额增长 9.1%。

七、金融

金融市场发展稳健。全年全市社会融资规模增量累计 3184 亿元。年末中外金融机构本外币各项存款余额 35903.09 亿元，比年初增加 1758.08 亿元，比上年末增长 5.2%。各项贷款余额 41054.17 亿元，比年初增加 2194.78 亿元，增长 5.7%；其中，制造业、高技术制造业、高技术产业中长期贷款分别增长 7.3%、17.1% 和 22.9%。

证券市场规模持续提升。全年新增上市公司 3 家，年末全市上市公司共有 63 家。年末证券账户 684.19 万户，比上年末增长 9.3%。全年各类证券交易额 66785.01 亿元，增长 8.9%。其中，股票交易额 39145.17 亿元，增长 8.1%；债券交易额 24181.63 亿元，增长 7.8%；基金交易额 3174.58 亿元，增长 25.2%。期货市场成交额 132583.75 亿元，增长 2.3%。

保险市场平稳增长。全年原保险保费收入 660.47 亿元，比上年增长 2.8%。其中，财产险业务原保险保费收入 154.11 亿元，下降 5.1%；人身险业务原保险保费收入 506.36 亿元，增长 5.5%。全年赔付支出 187.30 亿元，增长 13.4%。其中，财产险业务赔付支出 96.19 亿元，增长 16.4%；人身险业务赔付支出 91.10 亿元，增长 10.3%。年末共有保险机构 374 家，保险公司从业人员 7.97 万人。

八、开发开放

贸易规模创历史新高。全年外贸进出口总额 8567.42 亿元，比上年增长 16.3%。其中，进口 4691.82 亿元，增长 9.3%；出口 3875.61 亿元，创近 5 年来新高，增长 26.1%。从贸易方式看，一般贸易出口 2239.24 亿元，占全市出口比重为 57.8%，比上年提高 1.0 个百分点，增长 28.3%，快于全市出口 2.2 个百分点；加工贸易出口 1182.19 亿元，增长 3.4%。从贸易伙伴看，对欧盟、美国、日本、韩国、东盟出口分别增长 35.8%、9.1%、23.4%、22.5%和 17.5%。“一带一路”、RCEP 市场份额不断提升，全年对“一带一路”沿线国家出口占比 33.3%，对 RCEP 成员国出口占比 29.5%。

招商引资势头良好。全年共引进国内招商引资项目 3573 个，实际利用内资 3378.18 亿元，比上年增长 15.5%。其中引进服务业项目 2568 个，到位资金 2575.22 亿元，增长 6.9%，占比 76.2%；引进制造业项目 765 个，到位资金 670.61 亿元，增长 80.0%，占比 19.9%。全市新批外商投资企业 744 家，合同外资额 304.90 亿美元，实际直接利用外资突破 50 亿美元，达到 53.89 亿美元，增长 13.8%。

对外开放水平进一步提升。跨境电子商务创新试验园区能级和品质持续提升，新增 3 家跨境电商示范园区，1 家创新试验区。融入“一带一路”建设成效明显，中埃•泰达苏伊士经贸合作区、天津意大利中小企业园等重点项目加快推进，累计建成“鲁班工坊”20 个。全年新设境外企业机构 100 家，中方投资额 22.87 亿美元，增长 38.8%。对外承包工程新签合同额 66.5 亿美元，完成营业额 59.4 亿美元，分别增长 12.4%和 4.9%。年末在外劳务人员 1.58 万人。

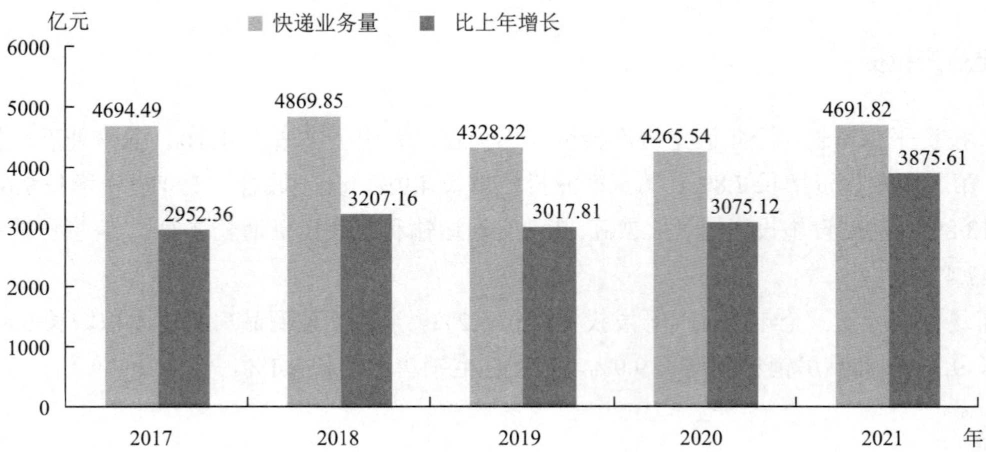

图 7　2017-2021 年天津市外贸进口与出口

自贸试验区服务辐射和示范引领作用突出。全年自贸试验区新设立企业 12792 家，比上年增长 18%。“保税租赁海关监管新模式”入选国务院自由贸易试验区第四批“最佳实践案例”。设立滨海高新区、中新生态城为自贸试验区联动创新区，在国家超级计算天津中心、国家干细胞工程产品产业化基地挂牌成立联动创新示范基地。截至年末，累计实施制度创新措施 502 项，累计向全国复制推广 38 项试点经验和实践案例。

九、京津冀协同发展

全力服务承接北京非首都功能疏解。全年引进北京地区投资项目 1076 个，到位资金 1369.80 亿元，增长 8.5%，占全市内资比重超过 40%。中央企业和单位在津新设机构 173 家，一批高质量项目落地，总投资 1621 亿元。滨海—中关村科技园累计注册企业突破 3000 家，宝坻京津中关村科技城等承接载体加快建设，京津合作示范区体制机制全面理顺。

重点领域协同发展取得丰硕成果。“轨道上的京津冀”提速发力，京唐、京滨、津兴高铁加快建设，津静线市域（郊）铁路首段开工，津石高速天津东段、塘承高速滨海新区段主体完工。京津通勤便利化 12 项措施全面落实。雄安新区至天津港货运快速通关机制进一步完善。京津冀核心区 1 小时交通圈、相邻城市间 1.5 小时交通圈基本形成。京津冀协同发展产业投资基金、京津冀（天津）科技成果转化基金完成设立，京津冀国家技术创新中心天津中心完成挂牌。京津冀异地就医医保门诊联网直接结算覆盖各级各类医院 1013 家，有力提升三地医疗服务便利化水平。着力推进大气污染联防联控，空气质量明显改善，京津冀地区 PM2.5 平均浓度 36.9 微克/立方米。

十、城市建设和公用事业

城市基础设施建设成效明显。地铁建设提速推进，滨海新区 Z2 线开工建设，4 号线南段、6 号线二期建成通车，运营总里程达到 265 公里，优化 9 号线行车组织、城际列车高峰开行时刻、公交接驳，“津城”、“滨城”双城发展格局加快构建。全年城市公交客运量 11.54 亿人次，增长 29.2%，其中轨道交通客运量 4.64 亿人次，增长 37.0%。年末全市公路里程 15307.17 公里，其中高速公路里程 1324.79 公里。农村公路 300 公里提升改造完成。新增公共停车泊位 1.3 万个，津门湖新能源车综合服务中心投入使用，群众出行更加便捷。

公用事业服务能力提升。推进供热旧管网和 503 公里燃气管网改造。新改扩建 5 座污水处理厂，建成一批垃圾处理、危废处置设施，生活垃圾分类设备不断完善，分类质量不断提升。

十一、教育和科学技术

教育事业优质均衡发展。扎实推进义务教育优质均衡发展三年行动，提升改造 C 级校舍 12.54 万平方米，新增中小学学位 5.9 万个，配置中小学教学仪器设备 91 万台（套、件），提升改造学校体育运动场馆 52.2 万平方米。高校“双一流”建设项目全部通过国家首轮验收，“世界一流”建设学科增至 14 个。截至年末，全市共有研究生培养机构 24 所，普通高校 56 所，中等职业教育学校 71 所，普通中学 535 所，小学 895 所。全年研究生招生 3.00 万人，在校生 8.63 万人，毕业生 2.15 万人。普通高校招生 16.18 万人，在校生 58.34 万人，毕业生 14.35 万人。中等职业教育学校招生 3.46 万人，在校生 9.94 万人，毕业生 3.08 万人。普通中学招生 17.78 万人，在校生 53.16 万人，毕业生 15.00 万人。小学招生 12.42 万人，在校生 75.19 万人，毕业生 11.20 万人。幼儿园 2346 所，在园幼儿 31.60 万人。

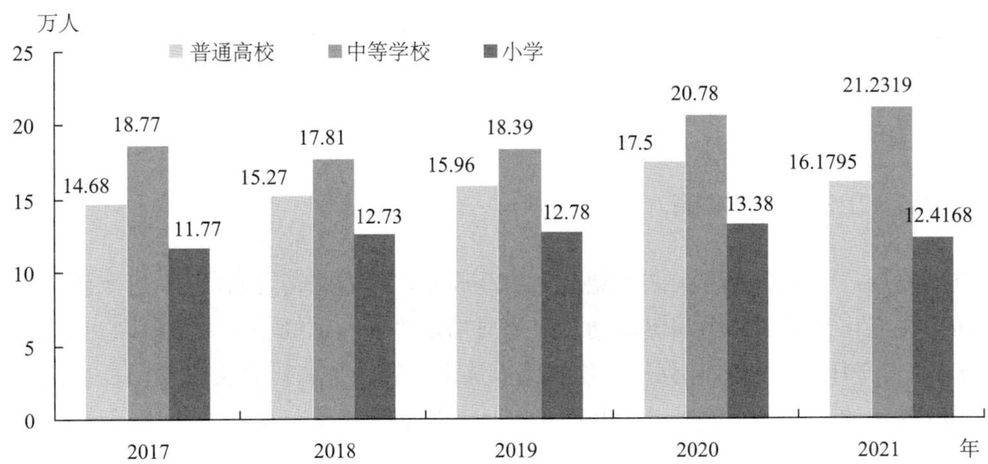

图 8 2017-2021 年天津市各类学校招生情况

人才发展实现新成就。打造“海河英才”行动计划升级版，累计引进各类人才 42.3 万人。深入实施人才引领战略，新增两院院士 4 位，年末在津院士 38 人，新建博士后工作站 27 个，新进站博士后 600 人。

创新活力持续迸发。成功举办第五届世界智能大会。现代中药创新中心成为部市共建国家级制造业创新中心，国家人工智能创新应用先导区、国家先进制造业与现代服务业“两业”融合试点区成功获批，飞腾 CPU+麒麟操作系统的“PK”体系市场占有率接近 80%。产业创新体系加快建设，国家级企业技术中心累计达到 72 家，国家“专精特新”小巨人企业累计达到 130 家，国家科技型中小企业、市级雏鹰企业、市级瞪羚企业分别达到 9196 家、4974 家和 378 家。全年签订技术合同 12560 项，增长 27.9%；合同成交额 1321.83 亿元，增长 18.8%；技术交易额 620.12 亿元，增长 3.2%。

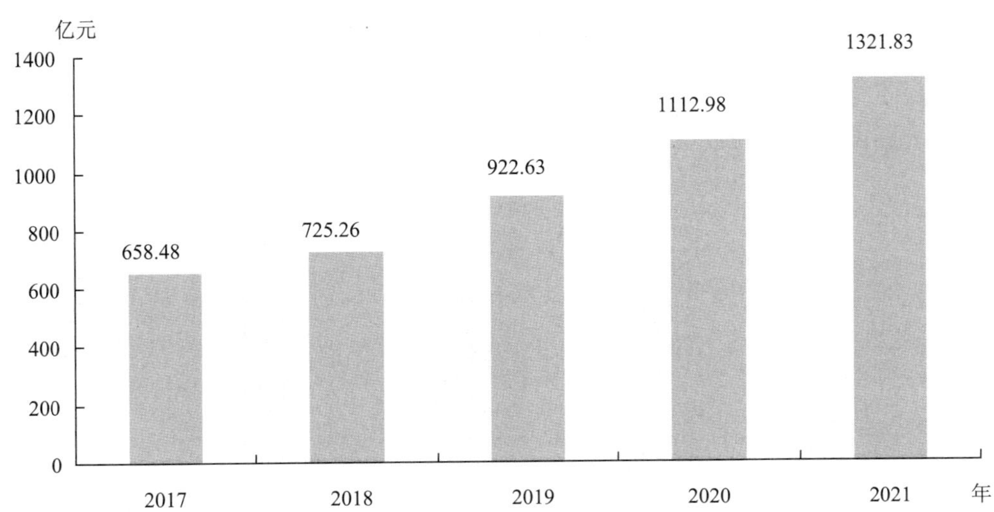

图 9 2017-2021 年天津市技术合同额情况

重大创新平台建设取得突破性进展。汇集全国顶级科学家和科研团队，打造物质绿色创造与制造、先进计算与关键软件（信创）、合成生物学、现代中医药、细胞生态 5 个海河实验室，新一代超级计算机、组分中药国家重点实验室等天津版“国之重器”加快建设。大学科技园建设加快推进。出台大学科技园建设指导意见和三年行动计划，着力打造高校成果转化“首站”、区域创新创业“核心孵化园”和新兴产业“策源地”。认定 4 家高水平大学科技园，孵化企业 130 余家，转化科技成果 60 余项，有力推动科技、教育、经济融通发展。

关键核心技术攻关成效显著。22 项科技成果获得国家科学技术奖，攻克酶蛋白理性设计等关键核心技术，断热稀土涂层打破国外垄断，二氧化碳人工合成淀粉实现实验室条件下“从 0 到 1”的突破，银河麒麟操作系统、“神工”脑机交互系统等在解决“卡脖子”问题中发挥重要作用。全年市级科技成果登记数 1972 项，其中，属于国际领先水平 137 项，达到国际先进水平 253 项。全年专利授权 9.79 万件，增长 29.8%，其中发明专利 7376 件，增长 40.2%。PCT 专利申请受理量 444 件，增长 18.7%。年末有效发明专利 4.34 万件，增长 13.8%。

十二、文化旅游、卫生健康和体育

文化事业蓬勃发展。围绕庆祝中国共产党成立 100 周年，举办“奋斗百年路 启航新征程”群众性文艺演出和“第六届市民文化艺术节”等演出活动，天津博物馆“红色记忆——天津革命文物展”“周恩来邓颖超纪念馆基本陈列”“平津战役基本陈列”3 项展览入选中央宣传部、国家文物局向社会公开推介的庆祝中国共产党成立 100 周年的 109 项精品展览。开展第三批基层综合性文化服务中心达标验收工作。截至年末，全市共有艺术表演团体 115 个，文化馆 17 个，博物馆 69 个，公共图书馆 20 个，街乡镇综合文化站 255 个。全市电影放映单位 109 个，放映场次 111.92 万场，观影人数 1682.64 万人次，实现票房收入 7.00 亿元。全年出版图书 9417 万册，期刊 2571.28 万册，报纸 1.85 亿份。全市规模以上文化及相关产业企业实现营业收入 1701.11 亿元，按可比口径计算，比上年增长 2.8%。

旅游业快速复苏提振。推进长城、大运河国家文化公园建设，实施杨柳青大运河文化公园文化小镇遗址区等运河沿线考古及北洋大学堂、广东会馆等沿线文物修缮。组织开展“津门新地标”评选活动、“邂逅•天津”创意城市艺术计划、“年味天津”系列主题活动。全年共接待国内游客 1.79 亿人次，增长 26.7%；国内旅游收入 1968.81 亿元，增长 47.9%。

卫生健康体系建设完善升级。建立健全疫情监测机制，开展新冠病毒疫苗接种，加强医疗救治保障，全年接种 3054.3 万剂次，12 岁以上人群首针接种率达 95.9%。截至年末，全市共有各类卫生机构 6084 个，其中医院 432 个。卫生机构床位 6.88 万张，其中医院 6.22 万张。卫生技术人员 12.13 万人，其中执业（助理）医师 5.16 万人，注册护士 4.67 万人。医疗卫生机构诊疗人数 10907.4 万人次，其中医院诊疗人数 6552.9 万人次。

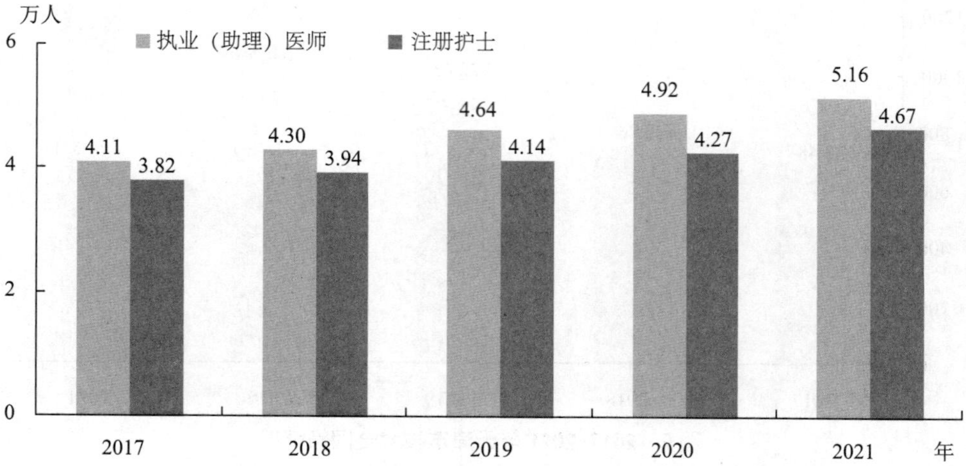

图 10　2017-2021 年天津市执业（助理）医师和注册护士情况

体育事业发展实现新突破。在东京奥运会上，天津体育健儿共获得 3 枚金牌和 1 枚铜牌。在第十四届全运会上，共获得 18 枚金牌、10 枚银牌、16 枚铜牌。成功举办了全运会棒球资格赛、全运会击剑比赛。全面开展全民健身场地设施建设工作，全年共建成社区体育园 150 个、多功能运动场 49 个、健身步道 18 条、登山步道 5 条、笼式足球场 2 个，乒乓球运动场 1 个，街镇级体育公园 1 个，更新社区健身园 628 个。积极普及、组织开展群众性冰雪运动。

十三、人口、就业和人民生活

城镇化水平上升。年末全市常住人口总量 1373 万人，其中城镇常住人口 1165 万人，乡村常住人口 208 万人。城镇化率为 84.88%，比上年末提高 0.18 个百分点。

就业质量继续提高。着力完善积极就业政策，大力推动创业带动就业，开展“迎新春送温暖、稳岗留工”专项行动，建立常态化重点企业用工帮扶机制，开发 1.4 万个政策性岗位，推动退役军人培训就业一体发展，用真情实招促进大学生、退役军人、农民工等重点群体“好就业、就好业”。全年新增就业 37.62 万人。

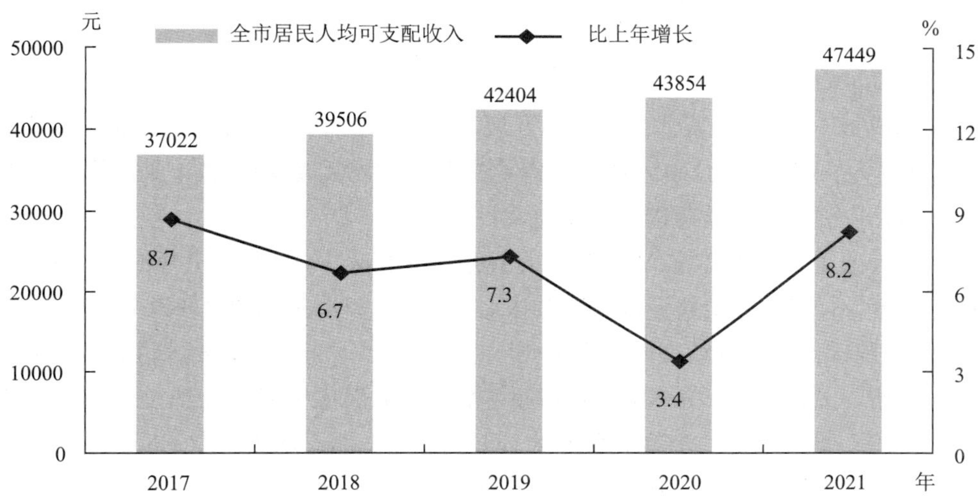

图 11 2017-2021 年天津市居民人均可支配收入及增速

居民收入稳步增加。全年全市居民人均可支配收入 47449 元，增长 8.2%。其中，工资净收入 29775 元，增长 8.9%；经营净收入 3243 元，增长 15.9%；财产净收入 4576 元，增长 7.9%；转移净收入 9855 元，增长 4.0%。按常住地分，城镇居民人均可支配收入 51486 元，增长 8.0%；农村居民人均可支配收入 27955 元，增长 8.8%，快于城镇居民增速 0.8 个百分点。城乡居民收入之比为 1.84，连续 3 年缩小。

生活环境更加宜居。全年老旧小区改造开工 154 个，面积 778.54 万平方米，惠及 10.18 万户居民。大力推进“百村示范、千村整治”工程，第二批 150 个农村人居环境整治示范村建设全部启动。深化农村全域清洁化工程，开展村庄清洁行动 16.4 万村次，整治违章建筑 2800 余处、村庄建筑立面 240 余万平方米，清理各类垃圾、柴草、杂物等 59 万余吨，整治疏浚河道、坑塘、沟渠 9.2 万公里。

十四、社会保障和社会救助

社会保障进一步加强。全民参保计划持续推进，年末全市参加城镇职工基本医疗保险人数 637.64 万人，参加城乡居民基本医疗保险人数 537.38 万人。参加城镇职工基本养老保险人数 765.14 万人，参加城乡居民养老保险人数 171.96 万人，分别比上年增长 4.7%和 1.3%；参加城镇职工工伤保险人数 408.41 万人，增长 0.7%；参加城镇职工失业保险人数 372.30 万人，增长 6.6%；参加城镇职工生育保险人数 366.05 万人，增长 3.5%。

社会救助体系健全发展。年末全市老人家食堂达到1701个，养老机构396家。老年日间照料服务中心（站）1357个，床位数1.4万张。提供住宿的社会服务机构拥有床位6.17万张。全市低保对象12.76万人，特困供养人员1.21万人，各类福利机构年末收养人员2.6万人。开展全市残疾人职业技能培训、农村实用技术培训，完成培训4229人，全年新增残疾人就业5581人。全年社会救助总支出23.63亿元。全年医疗救助总人数16.06万人，医疗救助支出3.88亿元。

十五、扶贫协作和生态环保

脱贫攻坚成果进一步巩固。东西部协作和支援合作工作取得新进展，全年投入财政资金28.41亿元，实施帮扶项目1202个，选派干部人才3378人。“津企陇上行”“民族团结一家亲•百行百业交流行”等活动影响力不断扩大。帮助结对地区8.12万名农村劳动力实现就业增收，其中脱贫人口7.08万人。全年实现消费帮扶金额超过37.29亿元。

污染防治攻坚持续深入推进。着力打好蓝天、碧水、净土保卫战，完成87台锅炉改燃并网或深度治理，天津港国Ⅴ及以上集疏港车辆占比达到80%，全市PM2.5年均浓度39微克/立方米，比上年下降20.4%；优良天数264天，优良天数比率达到72.3%。工业园区污水集中处理基本实现全覆盖，废水排放企业及污水处理厂排放达标率接近100%，开展入海排口规范整治，推进“美丽海湾”建设，地表水优良水质断面增加到15个，12条入海河流水质基本实现“总体Ⅳ类”。开展重点企业土壤污染隐患排查整改，农用地、建设用地保持安全利用，完成63条农村黑臭水体治理，开展20吨及以上农村生活污水治理设施排水水质监督性监测，出水水质达标率为93.4%。出台碳达峰碳中和促进条例，编制碳达峰实施方案，成功发行全国首单“碳中和”资产支持票据，中新生态城智慧能源小镇建成投运。

生态环境质量显著改善。大力实施“871”重大生态建设工程。全面加强七里海、大黄堡、北大港、团泊4个湿地保护和修复，加快实施退耕还湿、生态补水工程，七里海湿地恢复浅滩1.5万亩、修复湿地植被1.6万亩，北大港湿地南部水循环区域列入国际重要湿地名录。深入推进双城绿色生态屏障区建设，重点推动造林绿化、水系连通、生态修复，林木绿化覆盖率达到25%，蓝绿空间提升到65%，碳汇能力提高15%。强化海岸线“蓝色海湾”整治修复，整治岸线4.78公里、修复滨海湿地531.87公顷。宝坻区成功创建国家生态文明建设示范区、西青区辛口镇成功创建“绿水青山就是金山银山”实践创新基地。

注：1. 本公报中数据均为初步统计数。部分数据因四舍五入的原因，存在总计与分项合计不等的情况。

2. 全市生产总值、各产业增加值绝对数按现价计算，增长速度按可比价格计算。

3. 规模以上工业企业是指年主营业务收入2000万元及以上的全部法人工业企业。

4. 规模以上服务业统计范围包括年营业收入2000万元及以上的交通运输、仓储和邮政业，信息传输、软件和信息技术服务业，水利、环境和公共设施管理业，卫生行业法人单位；年营业收入1000万元及以上的房地产业（不含房地产开发经营），租赁和商务服务业，科学研究和技术服务业，教育行业法人单位；以及年营业收入500万元及以上的居民服务、修理和其他服务业，文化、体育和娱乐业，社会工作行业法人单位。

5. 限额以上批发业企业是指年主营业务收入2000万元及以上的批发业企业；限额以上零售业企业是指年主营业务收入500万元及以上的零售业企业；限额以上住宿和餐饮业企业是指年主营业务收入200万元及以上的住宿和餐饮业企业。

6. 固定资产投资（不含农户）统计口径范围为计划总投资500万元及以上的固定资产项目投资及全部房地产开发项目投资。

7. 邮电业务总量按2020年价格计算。

资料来源：

本公报中财政数据来自天津市财政局；市场主体数据来自天津市市场监督管理委员会；交通运输数据来自天津市交通运输委员会；机动车数据来自天津市公安局；邮政数据来自天津市邮政管理局；电信数据来自天津市通信管理局；文化设施、旅游数据来自天津市文化和旅游局；电影、出版数据来自天津市委宣传部；存贷款数据来自中国人民银行天津分行；上市挂牌企业数据、证券期货数据来自中国证券监督管理委员会天津监管局、天津市金融工作局；保险数据来自中国银行保险监督管理委员会天津监管局；利用外资、境外投资、对外承包工程、对外劳务合作数据来自天津市商务局；进出口数据来自天津海关；扶贫协作、利用内资数据来自天津市人民政府合作交流办公室；教育数据来自天津市教育委员会；科技创新数据来自天津市科学技术局、天津市工业和信息化局；专利数据来自天津市知识产权局；人才、新增就业、社会保障数据来自天津市人力资源和社会保障局；医疗保险数据来自天津市医疗保障局；医疗卫生数据来自天津市卫生健康委员会；体育事业数据来自天津市体育局；社会救助服务数据来自天津市民政局；环境保护数据来自天津市生态环境局；其他数据来自天津市统计局、国家统计局天津调查总队。

2021 年天津居民收支情况分析

2021 年全市上下坚持以习近平新时代中国特色社会主义思想为指导，坚持稳中求进工作总基调，持续巩固拓展疫情防控和经济社会发展成果，经济持续稳定恢复，基本民生保障有力有效，全市居民收入稳定增长，实现“十四五”时期良好开局，特别是农村居民收入增长继续快于城镇居民，城乡居民收入相对差距缩小，居民消费支出保持恢复态势，恩格尔系数下降，居民生活水平进一步提高。

一、居民收入稳定增长，实现“十四五”良好开局

（一）全市居民收入稳定增长，与经济增长基本同步

国家统计局天津调查总队抽样调查结果显示，2021 年天津居民人均可支配收入 47449 元，比上年名义增长 8.2%，扣除价格因素，实际增长 6.8%；与 2019 年相比，两年平均名义增长 5.8%，实际增长 4.1%。居民收入增长与经济增长基本同步。

与全国及 31 省区市居民收入对比情况来看，2021 年全国居民人均可支配收入 35128 元，比上年名义增长 9.1%，扣除价格因素，实际增长 8.1%，两年平均名义增长 6.9%。其中，城镇居民人均可支配收入 47412 元，名义增长 8.2%，扣除价格因素，实际增长 7.1%；农村居民人均可支配收入 18931 元，名义增长 10.5%，扣除价格因素，实际增长 9.7%。天津居民人均可支配收入的绝对值在 31 个省区市由高到低的排位中居第 5 位，与上年相比下降 1 个位次，排在前四位的分别是上海、北京、浙江和江苏，其中城镇居民收入水平居第 6 位，农村居民居第 4 位。从收入增速来看，全市居民收入增速居第 25 位，城镇居民与新疆并列第 15 位，农村居民与河南并列第 30 位。

（二）农村居民收入增长快于城镇居民，城乡居民收入相对差距缩小

分城乡看，2021 年城镇居民人均可支配收入 51486 元，名义增长 8.0%，扣除价格因素，实际增长 6.6%；两年平均名义增长 5.7%。农村居民人均可支配收入 27955 元，名义增长 8.8%，扣除价格因素，实际增长 7.4%；两年平均名义增长 6.2%。农村居民人均可支配收入名义增速快于城镇居民 0.8 个百分点。城乡居民人均可支配收入之比为 1.84，比上年缩小 0.02，城乡居民收入相对差距缩小。

（三）稳就业政策精准发力，工资性收入较快增长

2021 年人均工资性收入 29775 元，增长 8.9%，两年平均增长 5.0%；占人均可支配收入的比重为 62.8%，拉动人均可支配收入增长 5.6 个百分点，是居民稳定增收的重要助推器。主要是各项稳就业政策落地见效，聚焦高校毕业生、农民工等重点群体就业，多措并举支持多渠道灵活就业，全市就业形势总体稳定，为居民增收奠定基础。同时，上调最低工资标准，能源、原材料、电子等行业企业效益持续向好带动职工增收，投资项目开工建设拉动用工需求上升，就业人员平均从业时间提高等，诸多有利因素促进工资性收入较快增长。

（四）粮食产量再创新高，经营净收入两年平均增速加快

2021 年人均经营净收入 3243 元，增长 15.9%，两年平均增长 2.4%，两年平均增速比前三季度加快 1.5 个百分点，居民家庭经营净收入加快恢复。特别是粮食总产量再度刷新历史最好水平，连续 6 年稳定在 200 万吨以上，加之粮食价格利好，农民种植业收入保持增长。随着营商环境的不断优化，在鼓励创办个体经营实体和提质夜间经济、启动海河国际消费季等一系列政策措施下，从事住宿餐饮、居民服务等行业的家庭经营户收入恢复性增长，全年人均二三产经营净收入 2569 元，增长 14.2%，但尚未恢复至 2019 年水平。

（五）民生保障有力有效，财产性和转移性收入稳定增长

市委市政府始终坚持以人民为中心的发展思想，为居民免费接种新冠肺炎疫苗，全力保障人民生命财产安全，进一步织密筑牢民生保障网，持续加强特殊困难群体关爱帮扶，基本民生保障有力有效。2021 年，人均财产净收入 4576 元，增长 7.9%，两年平均增长 8.2%，居民财产实现稳定保值，财产净收入稳步增长，其中，红利收入和出租房屋收入是居民财产净收入的主要增长点。2021 年，人均转移净收入 9855 元，增长 4.0%；两年平均增长 8.3%，两年平均增速仍居四项收入首位。主要是养老金标准连年提高，失业保险金标准上调，居民基本医疗保险住院报销比例提高等政策因素支撑转移净收入继续增加，转移净收入持续发挥保障居民增收压舱石作用。

二、居民消费支出保持恢复态势，生活品质进一步提高

（一）居民消费支出恢复性反弹，两年平均实际增速由负转正

2021 年天津居民人均消费支出 33188 元，增长 16.6%，扣除价格因素，实际增长 15.1%；两年平均名义增长 2.1%，实际增长 0.4%，两年平均实际增速由前三季度的下降 0.5%转为增长 0.4%，继续保持恢复性增长态势。分城乡看，城镇居民人均消费支出 36067 元，增长 16.7%，扣除价格因素，实际增长 15.2%；两年平均名义增长 1.8%。农村居民人均消费支出 19285 元，增长 14.5%，扣除价格因素，实际增长 13.0%；两年平均名义增长 4.0%。

（二）基本生活消费得到有力保障，恩格尔系数下降

2021 年人均食品烟酒支出增长 7.3%，两年平均增长 0.9%；人均居住支出增长 6.9%，两年平均增长 4.0%；人均交通通信支出增长 16.2%，两年平均增长 1.8%，居民吃住行消费支出稳定增长，基本生活得到有力保障。此外，人均医疗保健支出两年平均增长 11.9%，已率先超过 2019 年增速水平。2021 年，天津居民恩格尔系数为 27.5%，下降 2.4 个百分点。

（三）服务性消费继续反弹，两年平均增速仍偏低

2021 年人均服务性消费支出增长 26.6%，高于人均消费支出 10.0 个百分点；两年平均增长 1.1%，低于人均消费支出 1.0 个百分点。在外饮食、教育文化娱乐服务消费是居民服务性消费支出的重要组成部分，受上年低基数影响，2021 年均实现大幅反弹，但两年平均增速尚未实现正增长。服务性消费占人均消费支出的比重比上年回升 3.8 个百分点，占比仍未恢复至 2019 年水平。总体来看，居民服务性消费的恢复程度相对较低。

三、提高居民收支的几点建议

（一）不断做强经济基础，促进经济较快发展带动城乡居民增收

经济发展行稳致远是居民持续增收的最大前提和坚强保障。应牢牢把握稳中求进工作总基调，坚定不移走高质量发展之路，推动经济实现质的稳步提升和量的合理增长，继续做好“六稳”、“六保”工作，不断做大做强经济基础，努力实现居民收入增长与经济发展基本同步。

（二）坚持稳住就业基本盘，保障更多群体获得稳定的薪资收入

工资性收入占居民可支配收入的比重在六成左右，是城乡居民增收最重要的助推器。应坚持多措并举稳就业扩就业，不断完善援企稳岗扩就业政策体系，聚焦高校毕业生、农民工等重点群体就业，强化普惠性创业扶持政策，持续推动多渠道灵活就业，确保各项就业优先政策适当靠前发力，促使更多群体获得稳定的薪资收入。

（三）坚决兜牢民生底线，促进全体居民共享发展成果

提高人民群众生活品质是经济社会高质量发展的重点任务之一。应统筹推进经济发展和民生保障，坚持不懈做好常态化疫情防控，聚焦群众关心的住房、养老等民生保障问题，加快完善住房保障体系，健全灵活就业劳动用工和社会保障政策，持续扩大基本养老保险覆盖面、适时调整基本养老金待遇标准，不断

提高基本公共服务均等化水平，使改革发展成果更多更公平惠及全体人民。

（四）加快促进居民消费恢复，更好满足居民对美好生活的向往

促进就业、提高收入是扩大居民消费的根本。在完善利于提高居民消费能力的收入分配制度基础上，应积极培育建设国际消费中心城市，加强农村消费物流基础设施建设，发展时尚消费新业态，不断优化新兴消费产品供给，促进家政服务提质扩容解决“一老一小”服务短板，增加教育、医疗、文化等资源的高质量服务供给，持续优化消费环境，进一步激发居民消费潜力，更好满足居民对美好生活的向往。

2021 年城镇居民收入稳步增长
消费持续恢复

2021 年，天津市立足新发展阶段，积极贯彻新发展理念，服务和融入新发展格局，笃定高质量发展不动摇，统筹常态化疫情防控和经济社会发展成效持续显现，全市总体经济稳定发展，民生不断改善，城镇居民收入稳步提升，消费保持较快增长，生活质量进一步提高。

一、城镇居民收入继续稳步增长

城镇居民收入与经济增长基本同步。2021 年天津市城镇居民人均可支配收入为 51486 元，比上年名义增长 8.0%，扣除价格因素，实际增长 6.6%；与 2019 年相比，两年平均名义增长 5.7%。

在全国 31 省（区、市）中，天津市城镇居民收入水平位居第 6 位，位次与上年持平，排在上海、北京、浙江、江苏、广东之后，比全国平均水平高 4074 元；增速与新疆并列，居全国第 15 位，比全国平均增速低 0.2 个百分点，位次比上年前进 6 位。在四大直辖市中，天津收入水平位居第 3 位，高于重庆；增速位居第 2 位，比上海、北京高 0.2 个百分点。

（一）工资性收入是增收的主要支撑

2021 年城镇居民人均工资性收入为 32679 元，增长 8.7%，两年平均增长 5.1%，占人均可支配收入的比重为 63.5%，对可支配收入增长的贡献率最大，为 68.6%，是城镇居民增收的主要支撑。

2021 年全市统筹推进疫情防控和经济社会发展实现“双胜利”。各级政府多举措全力稳定就业岗位、促进新增就业，全年新增就业人口 37.62 万人，城镇调查失业率稳中有降。做好重点人群的就业帮扶、提高最低工资标准。持续实施“减税降费”，进一步减轻市场主体负担，国企混改成效显现，企业活力增强。大宗商品价格上涨带动资源型企业效益提高。招商引资力度加大，疏解北京非首都功能等一批重点产业项目加速落地，直接带动用工需求增加。这些有利因素促进了工资性收入增加。

（二）经营净收入恢复速度加快

2021 年城镇居民人均经营净收入为 2638 元，增长 19.1%，两年平均下降 1.1%。全市疫情防控成效显著，经济形势持续向好，加之各项惠民惠企政策的实施促进民营和中小微经济活力持续释放，市场主体稳步增加，居民家庭经营活动逐步恢复。受疫情影响较大的住宿餐饮、交通运输、居民服务等行业经营状况明显改善，经营净收入基本恢复至疫情前水平。

（三）财产净收入和转移净收入保持平稳增长

2021 年城镇居民人均财产净收入为 5259 元，增长 9.0%，两年平均增长 7.9%，其中红利收入和出租房屋租金收入是最主要增长点。随着疫情防控常态化下生产生活秩序的恢复和“海河英才”计划的深入实施，房屋租赁市场逐步升温，租房人数增加，带动财产净收入的增长。

城镇居民人均转移净收入为 10910 元，增长 3.3%，两年平均增长 8.2%，在四项收入构成中两年平均增速最快。城镇职工和城乡居民养老待遇水平、困难家庭社会保障标准、城乡居民基本医疗保险住院报销比例的持续提高，共同促进转移净收入的稳步增长。

二、城镇居民消费持续恢复

2021 年城镇居民人均消费支出为 36067 元，比上年名义增长 16.7%；与 2019 年相比，两年平均名义增长 1.8%，基本恢复至 2019 年水平。

从消费构成看，八大类消费均呈现不同程度的增长态势。其中人均教育文化娱乐、医疗保健、其他用品及服务、交通通信、生活用品及服务消费支出增长较快，比上年分别增长 49.5%、43.0%、43.0%、17.1%和 16.7%；衣着、居住和食品烟酒消费支出保持平稳增长，比上年分别增长 9.5%、7.0%和 6.4%。两年平均增速呈现“五升三降”，其中人均医疗保健消费支出两年平均增长 12.5%，增幅居首，衣着消费支出两年平均下降 3.7%，降幅最大。

（一）消费结构持续改善

在疫情防控常态化背景下，各项保民生政策持续落地见效，城镇居民消费支出继续较快恢复。2020 年受到疫情冲击较大的教育文化娱乐、医疗保健、交通通信等发展型享受型消费支出回升迅速，全年达到 12541 元，比上年增长 33.6%，占人均消费支出的比重为 34.8%，比上年提高 4.4 个百分点。食品烟酒、衣着、居住、生活用品及服务等基础型消费支出为 22166 元，比上年增长 7.8%，占人均消费支出的比重为 61.5%，比上年下降 5.0 个百分点。其中，食品烟酒支出占人均消费支出的比重（恩格尔系数）为 26.9%，比上年下降 2.6 个百分点。

（二）服务性消费增长较快

全市以国际消费中心城市建设为契机，通过大力发展会展经济、提质夜市经济、活跃假日消费、启动海河消费季等一系列举措，带动零售、餐饮、娱乐业消费市场不断趋于活跃，推动居民消费迎来新热潮。2021 年全市城镇居民人均服务性消费支出 17605 元，比上年增长 27.0%，增速比商品性消费支出快 16.6 个百分点。其中，饮食服务消费支出恢复较快，增长 40.5%，消费水平已恢复至 2019 年水平；家政服务、文化娱乐服务和其他服务均保持两位数增长。

（三）教育和医疗消费领衔快速反弹

2021 年城镇居民人均教育文化娱乐消费支出 3784 元，比上年增长 49.5%，增幅位居八大类消费支出之首。其中教育消费支出增长 60.5%，涨幅较前三季度收窄 30.7 个百分点。2021 年初以来教育消费支出始终保持强劲反弹态势，随着全市“双减”政策落地见效，违规培训现象得到有效遏制，居民家庭教育负担明显减轻，教育消费支出涨幅大幅回落。文化娱乐消费支出保持较快恢复，增长 31.2%，两年平均下降 17.5%，仍未恢复到疫情前水平。随着疫情防控常态化和医疗体系建设的完善，医保覆盖率和报销比例逐年提高，居民医疗卫生健康需求日益增加。全年城镇居民人均医疗保健消费支出 4021 元，比上年增长 43.0%。

保民生 促就业
天津农村居民收入实现良好增长

一、农村居民收入保持良好增长态势

国家统计局天津调查总队抽样调查结果显示，2021 年农村居民人均可支配收入为 27955 元，比上年名义增长 8.8%，增速快于城镇居民 0.8 个百分点，扣除价格因素，实际增长 7.4%；与 2019 年相比，两年平均名义增长 6.2%，扣除价格因素，两年平均实际增长 4.4%。

（一）多措并举稳就业，工资性收入加快恢复增长

调查数据显示，2021 年人均工资性收入为 15749 元，增长 9.5%，两年平均增长 3.3%；占人均可支配收入的比重最高，为 56.3%；对可支配收入增长的贡献率最大，为 60.3%，拉动人均可支配收入增长 5.3 个百分点。

市委市政府将稳就业作为推进“六稳”工作的首要任务，及时出台各项稳就业政策。着力推动重点项目开工复工，2021 年初组织农民工“点对点”返岗，全方位支持农民工就业创业，帮助失业人员和就业困难人员实现多渠道就业。推动各项工资支付保障制度全覆盖，确保农民工工资按时足额支付。上调最低工资标准，提高防暑降温费、高温津贴等政策性增资，发放培训补贴助企业降本稳岗。一系列政策“组合拳”使农村居民就业保持稳定，工资收入水平稳中有升。

（二）市场恢复促发展，经营净收入保持较快增长

天津市加快实施乡村振兴战略，全力落实京津冀协同发展国家重大战略，全力推进国际消费中心城市建设，不断促进经营市场恢复活力，不断增强经济发展动力。调查数据显示，2021 年人均经营净收入为 6162 元，增长 10.7%，两年平均增长 11.2%。

天津市不断加大农业政策扶持力度，一产经营保持强劲增长势头。调查数据显示，人均第一产业经营净收入为 3334 元，增长 33.7%，两年平均增长 37.8%。其中，农业经营带动作用最为明显。夏粮喜获丰收，面积总产亩产“三增”，主要农产品价格上涨，农民种植意愿明显增强，农业经营净收入两年平均增长 38.9%。其次，牧业支撑作用凸显。生猪生产保供能力进一步提升，除生猪以外的其他畜禽产品价格上涨，牧业经营净收入两年平均增长 44.1%。

居民服务业、批发零售业、交通运输业、餐饮业等第三产业经营恢复情况良好，营业时间和净收入均高于 2020 年，特别是从事交通运输业和居民服务业的盈利水平提升。天津市深入推进文化旅游产业融合发展，推出文化旅游精品路线，如蓟州区盘山、长城等核心景区功能向多元化拓展，传统农家院向高端民宿跨越，乡村旅游由山区向平原延伸，带领农村居民增收，保障第三产业经营净收入快速恢复。调查数据显示，人均第三产业经营净收入为 2397 元，增长 6.7%，两年平均增长 0.8%，占经营净收入的比重为 38.9%.

（三）政策落实惠民生，转移净收入持续稳定增加

天津市持续加大民生投入力度，进一步完善民生托底保障，不断增强民生福祉。调查数据显示，2021 年人均转移净收入为 4764 元，增长 11.1%，两年平均增长 8.7%。

政府为全民免费接种新冠疫苗，精心组织实施 20 项民心工程，提高城乡居民基本医疗保险住院报销比例，提高失业保险金发放标准，加大特殊困难群体关爱帮扶力度。上调退休人员基本养老金，出台十七条

强农惠农政策，发放外埠购置能繁母猪补贴，迅速精准释放国家惠农“红利”。农村地区煤改电、煤改气、户厕改造、自来水改造等惠民工程持续实施，促使转移净收入稳步增长，农村居民幸福感、获得感有新提升。

（四）集体经济作保障，财产净收入为部分居民增收重要来源

随着村集体经济状况持续改善，村集体收入不断壮大、居民投资分红增加等有利因素，带动居民财产净收入两年平均增速保持较快增长。调查数据显示，2021 年人均财产净收入 1280 元，下降 11.8%，两年平均增长 11.3%，是部分农村居民增收的重要来源。2021 年下降的主要原因是上年因湿地治理、储备林造林等项目扩大了当年土地流转规模，流转当年给予的青苗费补贴等拉高了转让承包土地经营权租金净收入水平，基数较高所致。

二、农村居民消费快速恢复

在全市统筹推进疫情防控常态化和经济社会发展良好形势下，2021 年农村居民消费需求逐步释放，消费规模持续扩大，人均消费支出占人均可支配收入的比重达到 69.0%，比上年提高 3.4 个百分点。从消费结构看，八大类消费支出增速均实现正增长；与 2019 年比，两年平均增速除生活用品及服务支出仍下降较多、衣着支出与疫情前基本持平外，其余六项均呈现明显增长。

（一）衣食住行类基本生活消费保持平稳增长

调查数据显示，八大类消费支出中食品烟酒、衣着、居住、交通通信支出均保持较稳定增长，分别增长 13.6%、7.1%、4.2%和 8.6%。

2021 年人均食品烟酒消费支出 6385 元，增长 13.6%；占消费支出的比重即恩格尔系数为 33.1%，较 2020 年下降 0.3 个百分点。从带动因素看，主要是食品消费增长，如食用油、蔬菜和食用菌、肉类、禽类消费的两年平均增速分别达到 12.6%、12.1%、18.7%和 12.2%；而饮食服务性消费受疫情影响仍未完全消除，在外饮食支出两年平均增速仍下降 0.2%，酒类支出下降 1.9%。

2020 年 5 月天津发布《天津市促进汽车消费的若干措施》，交通工具支出明显增长，与 2019 年比两年平均增长 23.6%，同时因摇号几率增大、鼓励新能源汽车消费等因素，交通费、交通工具用燃料支出与 2019 年比有所下降。

（二）教育文化娱乐、医疗保健消费呈快速增长

2020 年新冠肺炎疫情对教育文化娱乐和医疗保健支出影响较大。2021 年两项消费快速恢复且受低基数作用，增速分别达到 48.8%和 30.6%。其中，教育支出快速恢复是拉动教育文化娱乐消费增长的主因，增长 61.7%，与 2019 年比两年平均增长 5.7%。医疗保健支出中医疗器具及药品增长最快，增长 83.2%，与 2019 年比两年平均增长 34.7%。

（三）服务类消费仍有较大回升空间

调查数据显示，2021 年人均服务性消费支出为 6607 元，增长 19.2%，与 2019 年比两年平均增速仅有 0.3%；占消费支出的比重为 34.3%，比上年提高 1.4 个百分点，服务性消费仍有较大上升空间。其中，食品烟酒服务性支出增长 33.8%，两年平均增长 1.4%；居住服务性支出增长 11.2%，两年平均增长 3.9%；交通通信服务性支出增长 1.8%，两年平均下降 3.8%；教育文化娱乐服务性支出增长 58.1%，两年平均增长 0.6%；医疗服务性支出增长 7.8%，两年平均下降 5.1%。

三、促进农村居民收入增长的对策建议

2021 年农村居民人均可支配收入 27955 元，比全国平均水平的 18931 元高 9024 元，居全国 31 个省、区、市的第 4 位，比前三位的上海、浙江和北京分别低 10566 元、7293 元和 5348 元；高于第 5 名的江苏省 1164 元。天津农村居民收入水平始终居于全国前列，城乡收入比由 2020 年的 1.86：1 降低到 1.84：1，城乡收入差距进一步缩小。在推进实现共同富裕的进程中，天津居民起步高、步幅大。另一方面，我们也不

得不看到 2021 年农村居民收入的增速仅为 8.8%，比全国平均增速低 1.7 个百分点，与河南省并列全国 31 个省、区、市的最后一名。天津农村居民增速自 2018 年以来在全国 31 个省、区、市排位中较为靠后，增收幅度与其他省区市相比相对缓慢。为加快推动高质量发展，统筹推进疫情防控和经济社会发展各项工作，全力做好“十四五”期间农村居民增收工作，提出三点建议。

（一）加快产业布局，夯实工资性收入基础

就业是最大的民生问题，产业是就业重最要的支撑。据河北省统计局数据显示，2021 年河北省法人单位中京津转入单位持续增多，规模扩大。2014 年以来，河北全省京津转入基本单位 40238 个，其中法人单位 28853 个（北京 22045 个，天津 6808 个），占全部转入法人单位的比重为 71.7%；产业活动单位 11385 个（北京 9806 个，天津 1579 个），占转入单位的 28.3%。2021 年度，河北省京津转入单位 5616 个，其中，法人单位 3475 个（北京 2553 个，天津 922 个），产业活动单位 2141 个（北京 1778 个，天津 363 个）。从运营状态看，转入单位运营状态持续向好。2021 年末，正常运营的单位 30662 个，占全部转入单位的 76.2%。推动京津冀协同发展是重大国家战略，天津要抓住这一重要历史性窗口期和战略性机遇期，加快产业布局，形成抓投资、上项目、促发展的浓厚氛围。2021 年全市固定资产投资（不含农户）增长 4.8%，增速比全国低 0.1 个百分点。其中房地产开发投资支撑全市增长，民间投资形势低迷，活力有待进一步提振。2022 年要继续做好“六稳”、“六保”工作，特别是保就业保民生保市场主体，进一步改善营商环境，加大招商引资力度，争取更多新项目优质项目的落户，增强经济后续发展的动力，为居民就业和收入增长创造更多的载体。

（二）紧贴实际需求，加大技能培训力度

随着互联网的日益普及和物流行业的快速发展，居民的消费行为和方式发生了很大的变化，要认清传统线下渠道受租金成本、地域限制、顾客人流等因素限制，积极探索形成“互联网+”的销售模式。如蓟州区东施古镇卢某的家庭农场一直坚持种植有机蔬菜，累计接待游客 20 余万人，建立近 200 个微信直销群。凭借在游客中的良好口碑，通过微信群、微信小程序每天都将蔬菜销售一空，经营收入稳步提升。再如蓟州区某调查户，2019 年一季度卖海鲜收入只有 2 万元，二季度开始从事网络直播行业，2019 年全年净收入达到 30 多万，2020 年上半年净收入达到 70 万元，在疫情期间实现了收入逆势增长。近期，对 30 余户从事批发零售业的调查户开展的调研结果显示，天津从事批发零售业的人员网络卖货行为较少，纷纷表示不会网络直播，也不想网络直播卖货，担心成本高压货多，只想依靠门店卖熟客，部分调查户表示 2021 年其经营收入下降超过四成。因此，加强对农村居民电子商务知识及网络直播技巧的培训，拓宽经营范畴，增加就业人群，才能更好的实现增收。

（三）推进产业融合，充分挖掘收入增长潜力

加快发展都市现代绿色农业，围绕特色品种、特色产区，打造优质农产品品牌、区域公用品牌，加强品牌建设和服务。如沙窝萝卜、欢坨西红柿、台头西瓜等知名农产品品牌，不仅产品销售价格高，而且销售出路多渠道广，真正实现了农民增收致富。拓展农业多种功能，鼓励发展民宿民俗、休闲农业、乡村旅游、健康养老、文化体验、创意办公等产业，促进城乡产业融合发展，创造市场经营商机。进一步壮大农村集体经济，稳妥推进农村集体经营性建设用地入市，完善入市后的收益分配机制，引导和鼓励盘活宅基地和房屋资源用于产业发展，让农民更多分享集体经济发展的收益。

2021 年天津市 CPI 平稳运行

2021 年以来，面对国内多地局部散发疫情、国外大宗商品价格持续上涨、阶段性暴雨低温恶劣天气等不利因素影响，天津市积极采取有效措施做深做细做实市场保供稳价工作，取得显著成效，市场供需基本平衡，人民生活得到保障，全年居民消费价格即 CPI 同比上涨 1.3%，为近五年涨幅首次低于 2%，实现平稳运行。

一、2021 年天津市居民消费价格涨幅显著放缓

2021 年，天津市 CPI 同比上涨 1.3%，涨幅较上年回落 0.7 个百分点，为近五年来首次低于 2.0%，显著放缓。

（一）CPI 月度同比指数由低向高

2021 年 1-2 月份，天津市 CPI 同比指数以分别下降 0.6%和下降 0.1%低位开局，这是近十年来春节期间物价指数首次出现下降，主要原因是 2020 年 1-2 月份的对比基数过高。3-7 月份，多重涨价因素同时作用，CPI 同比涨幅逐月拉升，至 7 月份达到 2.0%的阶段性高点，比 1 月份扩大 2.6 个百分点。8-9 月份，食品、工业品价格加速回落，影响总指数涨幅同步回落，至 9 月份跌至 1.0%的阶段性低点。10-12 月份 CPI 涨幅出现快速拉升，11 月份达到全年最高点 3.0%（见图 1）。

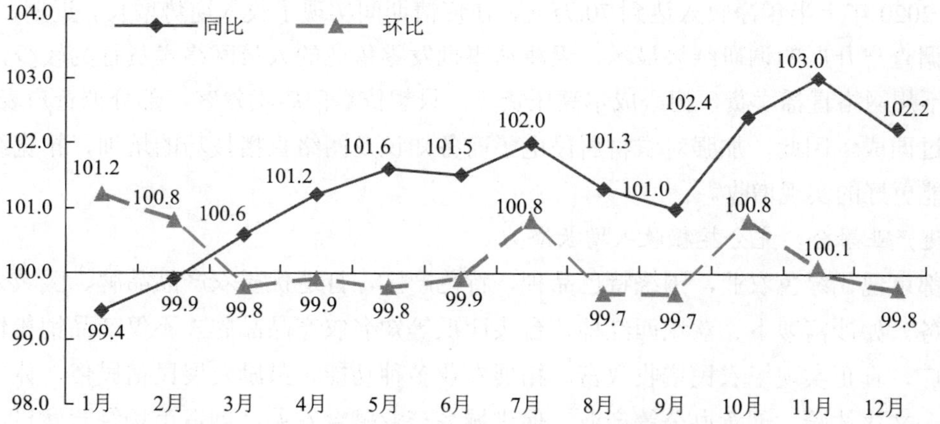

图 1　2021 年月度 CPI 同比、环比指数

（二）CPI 月度环比指数峰值频现、谷值平缓

2021 年 1 月份、7 月份和 10 月份，分别受节日因素拉动、暑期旅游需求集中爆发和鲜菜供给冲击影响，CPI 环比涨幅出现 3 个阶段性峰值，分别达到 1.2%、0.8%和 0.8%。其余 9 个月中除了 2 月份和 11 月份 CPI 环比为上涨外均为下降，降幅在 0.1%-0.3%之间，集中在这一区间且保持幅度稳定（见图一）。

（三）新涨价因素带动五大类消费价格上扬

在 2021 年总水平 1.3%的涨幅中，新涨价因素约为 1.8 个百分点，超出 CPI 全部涨幅。从居民消费八大类看，价格变动“五涨两降一平”。交通通信、教育文化娱乐两类价格领涨，同比分别上涨 4.7%和 3.4%，涨幅分别较上年扩大 7.6 个和 0.8 个百分点，拉升总指数的贡献率合计超过 75%；生活用品及服务、食品烟

酒、居住类价格涨幅均在 1.0%左右。衣着、其他用品及服务价格均为下降 2.2%；医疗保健价格持平（见图 2）。

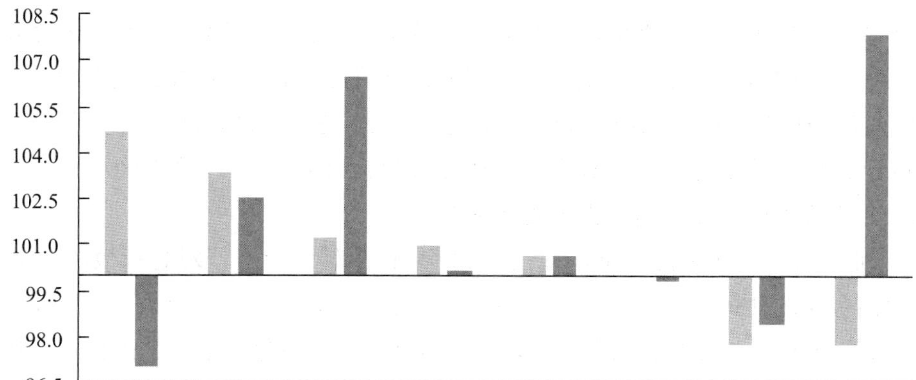

	交通通信	教育文化娱乐	食品烟酒	生活用品及服	居住	医疗保健	衣着	其他用品及服
2021年	104.7	103.4	101.3	101.0	100.7	100.0	97.8	97.8
2020年	97.1	102.6	106.5	100.2	100.7	99.9	98.5	107.9

图 2 2021 年和 2020 年 CPI 八大类指数

（四）天津市 CPI 涨幅高于全国水平，位次靠前

2021 年全国 CPI 同比上涨 0.9%，天津高于全国 0.4 个百分点，在全国 31 个省市价格指数排位中居第 5 位。在主要省市价格指数对比中，天津分别比上海、北京、河北、重庆高 0.1 个、0.2 个、0.3 个和 1.0 个百分点。各主要分类指数中，天津食品烟酒类、教育文化娱乐类价格涨幅靠前，分别高于全国平均水平 1.6 个和 1.5 个百分点。

二、CPI 变动影响因素及原因分析

（一）食品价格小幅上涨，对总指数的拉动作用明显弱化

2021 年食品价格同比上涨 0.2%，对总指数的贡献率约为 3%，涨幅和贡献率均创近四年新低。在构成食品的十四个小类中，蛋类、豆类、水产品、食用油、菜及食用菌等价格涨幅靠前，均超过 6.0%；畜肉类、禽肉类、干鲜瓜果类价格下降。

1．猪肉价格由涨转降。生猪养殖基本恢复，2021 年猪肉价格结束了连续两年攀升的运行态势，转而同比下降 30.0%，下拉 CPI 总指数 0.39 个百分点。分月度看，全年 12 个月猪肉同比价格均为下降，其中 7-10 月份同比降幅均超过 40%。猪肉价格的持续下降带动相关副产品、猪肉制品价格的下降，2021 年其他畜肉及副产品、畜肉制品价格同比分别下降 8.6%和 0.3%。羊肉、牛肉价格则在供需紧平衡中分别上涨 6.9%和 2.2%。

2．鲜果价格继续下降，降幅收窄。2021 年鲜果价格延续上年下降态势，同比下降 1.4%，降幅收窄 7.9 个百分点。分具体品种看，苹果、香蕉、橙子、葡萄等主流消费品种年平均价格较 2020 年都有所下降，降幅在 5%-9%之间。

3．鲜菜价格高位上扬。鲜菜价格自 2018 年以来连续四年上涨，2021 年同比上涨 6.3%，与近四年平均涨幅相当。分月度看，1-9 月份鲜菜价格处于正常季节性波动周期中。从 9 月下旬开始，受连续降雨降温天气影响，鲜菜供给受到短期冲击，导致 10 月份鲜菜价格环比上涨 32.9%、同比上涨 35.1%，涨幅均刷新近十年高点，11 月份同比涨幅延续高位。

4．水产品价格涨幅突出。受淡水鱼价格上涨带动，2021 年水产品价格同比上涨 6.6%，涨幅较上年扩大 3.9 个百分点，创近五年新高。2021 年受长江渔业资源供给减少叠加养殖规模下降影响，淡水鱼供给偏紧，刺激平稳运行多年的淡水鱼价格大幅上涨 21.5%。与此同时，虾蟹类价格同比上涨 9.2%，与淡水鱼共

同拉升水产品价格。

5．蛋禽价格一涨一降。2021 年，鸡蛋价格同比上涨 22.1%，涨幅突出的主要原因是上年对比基数过低。分月度看，鸡蛋价格在个别月份受到供给偏紧影响价格冲高，如 1 月份受到周边地区散发疫情影响，鸡蛋货源紧张，加之节日因素影响，鸡蛋价格环比上涨 19.7%，创近四年最高点；8 月份受天气因素影响，鸡蛋价格环比季节性上涨 10.7%。2021 年，禽肉类价格同比下降 2.6%，延续 2020 年的下降态势。

6．粮油副食品价格普遍上涨。由于原料价格、生产成本逐渐上涨，2021 年，豆类、食用油、糖果糕点类、粮食、调味品价格普遍上涨，涨幅分别为 8.5%、6.3%、2.1%、1.3%和 0.9%，均处于温和上涨区间。

（二）工业品价格重回上涨区间，内部走势分化

2021 年，工业品价格同比上涨 1.3%，由去年下降 1.1%转为上涨，对总指数的贡献率超过 30%。分类看，在构成工业消费品的 136 个基本分类中，价格上涨的基本分类有 73 个，占比 53.7%，较上年下降 6.3 个百分点。价格涨幅超过 10.0%的类别有 6 个，主要包括汽油、液化石油气、板材等，其中汽油价格上涨对总指数的贡献率接近 50%；价格涨幅超过 5.0%的类别有 8 个，主要包括椅、桌、宠物及用品、电话机、照相机等。价格上涨的原因来自两方面，一是国际大宗商品价格上涨的影响，包括直接影响和间接传导；二是部分原材料供需紧张导致的价格上涨。价格下降的基本分类共有 61 个，主要集中在药品、服装、小汽车、金饰品等类别，价格降幅最大的是泌尿系统用药，降幅超过 20.0%，价格下降原因是国家组织药品集中采购，以量换价。

（三）服务价格延续温和上涨态势

2021 年，服务价格同比上涨 1.4%，涨幅较上年回落 0.1 个百分点，延续了近两年温和上涨的态势。一是文娱出行价格反弹回升。疫情防控形势总体稳定，文化娱乐消费需求持续恢复，相关价格企稳回升，旅游、网约车、网络文娱服务、电影及演出票、健身活动、洗浴价格同比分别上涨 7.7%、7.2%、5.3%、4.5%、3.3%和 3.3%。二是劳务型服务价格刚性上涨。受成本推升影响，部分劳务型服务价格只涨不降，如装潢维修费、中介服务、衣着洗涤保养、家政服务、养老服务、车辆修理与保养、母婴护理服务等类别，价格最高涨幅达到 13.7%。三是教育服务价格以涨为主。2021 年，教育服务价格同比上涨 3.0%，延续上涨态势。在其全部 8 个基本分类中，价格变动“四涨两降两平”。价格上涨的包括课外教育、专业技能培训、小学初中教育、其他教育服务；价格下降的包括学前教育和幼儿早期教育。

（四）烟酒、在外餐饮、茶及饮料价格持续上涨

2021 年烟酒、茶及饮料价格同比分别上涨 3.5%和 1.8%，涨幅较上年均有扩大，其中烟酒价格涨幅为近七年最高值；在外餐饮价格同比上涨 2.9%，涨幅较上年收窄 2.0 个百分点，其中外卖价格上涨 3.3%。

三、2022 年 CPI 走势预判

2021 年 CPI 上涨主要由非食品价格拉动，但食品价格波动具有反复、不稳定特征，极易受到多重因素扰动，加上 2021 年较为强劲的新涨价因素会成为 2022 年的滞后影响，因此 2022 年物价调控压力不容忽视。

一是宏观经济形势为价格走势总体稳定提供有利条件。2021 年，我国从容应对百年变局和世纪疫情，奋力完成改革发展艰巨任务，实现“十四五”良好开局；2022 年仍将坚持稳中求进工作总基调，继续实施稳健的货币政策，着力稳定宏观经济大盘，为 CPI 平稳运行提供有利外部条件。同时，广义货币 M_2 余额增速近一年来基本保持在 10%以内，为物价平稳运行奠定良好货币基础。

二是食品价格有望保持温和上涨。2021 年粮食总产量比 2020 年增加 1336 万吨，继续保持增长态势，为食品价格稳定提供有力保障。同时全国蔬菜产量稳步增加、生猪出栏量持续恢复，如果不发生极端天气和疫病事件，“菜篮子”产品价格有望保持温和上涨。

三是消费需求持续恢复，助推物价温和上行。2022 年国家将实施好扩大内需战略，促进消费持续恢复，同时天津市积极打造国际消费中心城市和区域商贸中心城市，这些重大战略的实施将有利于促进天津市场消费需求持续恢复，部分升级类消费价格将温和上行。

四是房地产市场持续降温将带动相关商品服务价格回落。近期房地产销售市场持续降温，住房装潢材料、家电、家具等相关类别市场需求下降，或将促使价格涨幅出现一定程度回落。

五是国际市场输入传导和 PPI 传导将影响部分工业消费品价格变动。近一年来英美等发达国家通胀水平持续攀升，国际大宗商品价格大幅上涨，直接影响国内汽油价格上涨，另外通过玉米、大豆、棕榈油等原料价格的上涨对部分最终消费品价格推升的间接影响也开始显现。同时，PPI 高位运行对 CPI 的传导也从 2021 年工业品价格上涨中得到印证。

六是翘尾效应增强将推升 2022 年物价水平。经测算，2022 年的翘尾因素明显强于 2021 年，如果 2022 年各月物价正常上涨，CPI 总水平也将明显高于 2021 年。

2021 年 12 月召开的中央经济工作会议明确指出“要做好粮油肉蛋奶果蔬等保供稳价”，物价稳定关系千家万户，既是民生问题，更是民心问题。因此，建议地方政府及有关部门科学布局宏观管控，审慎出台调价政策，密切关注物价走势，合理引导价格预期，确保 2022 年天津市 CPI 运行在合理目标区间内。

2021 年天津市工业生产者价格运行分析

2021 年全球经济缓慢复苏，世界主要经济体实施量化宽松货币政策，加之全球航运市场供需失衡，导致国际市场上原油、铁矿石、铜铝等大宗商品价格出现剧烈波动。天津工业结构中原油、化工，黑色、有色金属等行业占较大比重，大宗商品价格上涨推动了天津市 2021 年工业生产者价格指数大幅上扬，并创出 27 年来新高。

一、全年工业生产者价格运行情况

据国家统计局天津调查总队抽样调查资料显示：2021 年天津市工业生产者出厂和购进价格分别比上年上涨 10.9%和 14.7%，涨幅比上年分别扩大 13.8 和 15.9 个百分点，生产资料价格上涨是影响天津市工业生产者价格大幅走高的主要因素。

（一）月度环比价格呈较大振幅走势

从各月出厂价格环比数据来看，工业生产者出厂价格以涨为主，前十个月除 6 月份环比持平外，其余月份均呈现不同幅度上涨，其中 3 月份涨幅最大，环比上涨 2.6%，后两个月呈现下降趋势。购进价格前十一个月环比均为上涨，其中 1 月份上涨幅度最大，环比上涨 2.9%，12 月份环比则大幅下降。

（二）月度同比价格快速冲高后高位震荡

从各月同比数据来看，工业生产者出厂价格同比由降转升后快速走高，6 月份开始呈现高位小幅震荡走势，其中 10 月份涨幅最大，同比上涨 16.9%。购进价格与出厂价格运行轨迹相似，6 月份开始涨幅有所回落，5 月份涨幅最大，同比上涨 21.3%。

（三）生产资料价格上涨明显

2021 年生产资料价格比上年上涨 13.5%，拉动总指数上涨 10.7 个百分点，生产资料产品价格上涨是影响工业生产者价格大幅走高的主要因素。其中，采掘、原料和加工业价格分别上涨 38.0%、17.7%和 8.4%。从各月同比来看，生产资料出厂价格与总指数走势相同，2 月份由降转升后逐月走高，6 月份开始呈现高位小幅震荡走势。

（四）生活资料价格小幅上涨

2021 年生活资料出厂价格比上年上涨 1.0%，拉动总指数上涨 0.2 个百分点。其中食品价格上涨 8.2%，一般日用品价格与上年持平，衣着、耐用消费品价格分别下降 3.5%、2.7%。

（五）部分原材料购进价格出现大幅上扬

2021 年九大类原材料购进价格与上年相比八涨一降。其中，燃料、动力类价格上涨 30.0%，黑色金属材料类价格上涨 29.2%，有色金属材料及电线类价格上涨 23.8%，化工原料类价格上涨 17.6%，农副产品类价格上涨 9.9%，建筑材料及非金属类价格上涨 4.4%，木材及纸浆类价格上涨 3.0%，其他工业原材料及半成品类价格上涨 1.1%，纺织原料类价格下降 1.2%。

二、工业生产者价格区域比较

（一）涨幅高于全国平均水平

据国家统计局反馈数据资料显示：2021 年全国工业生产者出厂价格比上年上涨 8.1%，天津市高于全国

2.8 个百分点，在 31 个省、区、直辖市排位中，天津市居第 12 位；全国购进价格比上年上涨 11.0%，天津市高于全国 3.7 个百分点，在 30 个省、区、直辖市（不含西藏）排位中，天津市居第 10 位。

（二）涨幅高于北京市低于河北省

比较 2021 年京津冀三地的工业生产者出厂价格，北京市上涨 1.1%，低于天津市；河北省上涨 16.4%，高于天津市。

三、影响工业生产者价格上涨的主要因素

（一）石油及其下游行业产品价格大幅上涨

2021 年国际原油价格一路高歌猛进，呈现震荡上行态势。年初，随着各国疫苗接种率提升，全球经济前景向好，库存降低叠加需求预期升温推动国际原油价格持续飙升。尽管二季度全球疫情复燃存在阻碍经济复苏的担忧，价格有所回落，但随着疫情缓解，需求复苏以及全球能源供给不足影响，原油价格涨至近三年来高位水平。11 月份以后，变异毒株奥密克戎广泛传播，经济复苏担忧重启，油价有较大幅度的回落。受此影响，全年石油和天然气开采业价格比上年上涨 50.6%（其中，石油开采业价格上涨 52.5%）。其下游的成品油价格受石油价格上涨影响也持续走高，全年石油、煤炭及其他燃料加工业价格比上年上涨 19.5%。随着国际原油价格持续走高，同时在全球经济复苏的大背景下，地产、汽车、消费品等终端需求改善明显，部分化工品库存降低，加之全球货币宽松，推动多数化工品价格上行。受此影响，全年化学原料和化学制品制造业价格比上年上涨 22.7%。

（二）黑色、有色金属相关行业价格不断走高

2021 年受到经济复苏、外部需求增加、国内钢铁限产、大宗商品价格上涨等多重因素推动，钢材价格明显抬升。年初受国际国内经济复苏带动需求，进出口关税调整政策落地引导压减粗钢产量，叠加资本炒作，钢材市场价格大幅走高。在大宗商品保供稳价政策下，投机炒作泡沫受到挤压，钢价大幅回落。随后在减产逐步落地、能耗双控因素推动下，钢价再度震荡上行。进入四季度，保供稳价再度成为指导方向，钢铁需求释放不及预期、原料价格下跌导致成本下行、市场炒作泡沫受到挤压，钢材价格大幅回调。受此影响，全年黑色金属冶炼和压延加工业价格比上年上涨 27.8%。

2021 年铜、铝价格走势呈现先扬后抑、高位震荡状态。年初随着世界经济的逐步恢复，铜铝等大宗商品需求增加，价格出现快速上扬，铜价已创出近十年新高。随着二季度国家对有色大宗商品的供需双向调节，大宗商品价格有所回落。10 月份，受能源价格大幅上涨影响，铜铝价出现了一次向上脉冲的上涨。受此影响，全年有色金属冶炼和压延加工业价格比上年上涨 34.1%。

（三）农副产品加工业价格高位震荡

2021 年虽然全球大豆产量较上年有所增长，但受宏观通胀、大宗商品价格上行以及消费回暖的影响，豆油、豆粕价格始终维持高位，整体价格保持了震荡上行的走势。年初由于巴西大豆主产区遭受了连续的降雨，推迟了大豆到港，供应端的减少叠加油脂库存的低下，推动植物油价格上行。二季度，随着大豆到港量明显增长，国内豆油由此进入累库存的阶段，国内植物油价格也达到阶段性高点，之后出现了大幅的回调。进入三季度后，油脂市场大幅上行，棕榈油产量恢复低于预期，豆油现货价格再度上行。临近年末，随着国内保供稳价策略以及美豆丰产上市，油脂价格开始回落调整。受此影响，全年农副产品加工业价格比上年上涨 16.4%。

2021 年天津市住宅市场总体运行健康平稳

一、商品住宅销售价格走势平稳

（一）新建商品住宅销售价格小幅上涨

从各月同比价格指数看，新建商品住宅销售价格同比保持上涨态势，全年累计平均上涨 3.4%。1-7 月涨幅逐月扩大，全年最高涨幅为 4.3%，出现在 7 月份与 8 月份，同时是 2017 年 9 月以来月度同比涨幅最高，此后涨幅逐月收窄。

从各月环比价格指数看，1-8 月份住宅销售价格持续上涨走势，其中 6 月份上涨 0.9%为 2016 年 11 月份以来的环比最高涨幅。自 9 月份开始，受部分城市政策变化影响，市场情绪走低，同时进入四季度部分开发商面临回笼资金压力而加大优惠力度，新建商品住宅环比价格持续小幅下降且降幅逐月扩大，其中 12 月份下降 0.7%为 2014 年 11 月份以来的环比最大降幅。总体来看，新建商品住宅价格保持稳中略涨的走势，符合调控预期。

（二）二手住宅销售价格逐步回暖

从各月同比价格指数看，二手住宅销售价格同比指数全年总体呈现“爬坡”走势。1-5 月均在 100.0 以下运行且降幅逐月收窄，6 月份持平，7-12 月均在 100.0 以上运行。9 月份上涨 1.7%为全年最高涨幅，同时是 2019 年 8 月份以来同比最高涨幅。全年累计平均微降 0.3%。

从各月环比指数看，二手住宅销售价格总体保持稳步回暖走势。1 月份和 8 月份环比持平，1 月份结束了自 2019 年 7 月份以来连续 18 个月环比下降走势。受学区房政策调整影响，9 月份环比上涨 0.6%，为 2019 年 5 月份以来的环比最高涨幅；10-12 月环比价格逐月下降且降幅逐月扩大。其余月份则保持小幅上涨。

（三）新建商品住宅销售价格区域分层明显

以成交金额除以建筑面积简单计算销售均价看，2021 年新建商品住宅各月销售均价在 1.64 万-1.77 万元/平方米之间，全年销售均价为 1.71 万元/平方米，比上年上涨 3.7%。其中，市内六区销售均价为 3.57 万元/平方米，环城四区销售均价为 1.77 万元/平方米，远郊五区销售均价为 1.19 万元/平方米，滨海新区销售均价为 1.55 万元/平方米。从各行政区看，和平区销售均价最高，为 5.53 万元/平方米；宁河区销售均价最低，为 0.85 万元/平方米。全市各区域之间新建商品住宅销售价格差异较为明显。

（四）住宅环比价格指数全国排名波动较大

从各月住宅环比价格指数排位看，2021 年，在全国 70 个大中城市排位中，天津市新建商品住宅各月环比价格指数在 1-9 月份基本处于中间靠前位置，5 月份和 6 月份居于全国前十位以内，四季度则处于靠后位置。

二手住宅环比价格指数总体居于中间位置但波动较大，1-4 月份基本居于中间靠后位置，5 月份和 10 月份分别跃居全国第 8 位和第 7 位，9 月份位居全国第一，其余各月基本处于中间位置。

二、商品住宅市场成交较为活跃

（一）市场运行基本已摆脱疫情影响

2021 年天津市商品住宅市场成交状况总体表现良好，市场运行基本已摆脱疫情影响。新建商品住宅全年成交总量为 11.57 万套，比上年增长 3.0%，比 2019 年下降 4.7%；二手住宅全年成交总量为 13.48 万套，比上年增长 13.3%，比 2019 年增长 1.7%。

天津市商品住宅市场在年初呈逐步回暖态势，与疫情前相比，一季度新建商品住宅累计成交 2.38 万套，比 2019 年同期增长 3.0%，二手住宅累计成交 2.99 万套，比 2019 年同期增长 0.5%。新建商品住宅在 5 月份和 6 月份成交量均超过 1.2 万套，为全年各月成交量最高；二手住宅在 8 月份成交量接近 1.29 万套，为全年各月成交量最高。9 月份以后，受学区房政策调整、公积金贷款利率变化、季节性因素影响，市场活跃度略有下降，新建商品住宅成交量一度低于 9 千套，至 12 月份新建商品住宅和二手住宅成交量均在万套以上，市场成交趋于稳定。总体来看，2021 年天津市商品住宅市场运行平稳健康。

（二）住宅区域成交量存在差异

从新建商品住宅区域成交表现看，环城四区与远郊五区是成交的热门区域。环城四区累计成交 4.25 万套，占全市成交总量的 36.8%；远郊五区累计成交 3.57 万套，占全市成交总量的 30.9%；市内六区因新盘项目较少且单价较高，累计成交 1.06 万套，占全市成交总量的 9.2%。就单个行政区而言，滨海新区全年累计成交 2.68 万套，占全市成交总量的 23.1%，在天津市 16 个行政区中成交量最高；成交次高的行政区是津南区，全年累计成交 1.59 万套，占全市成交总量的 13.7%。

从二手住宅区域成交表现看，市内六区因发展程度较高，教育、医疗、交通等资源相对丰厚，一直是二手住宅成交的主力区域，全年累计成交 4.91 万套，占全市成交总量的 36.4%；环城四区累计成交 3.44 万套，占全市成交总量的 25.5%；远郊五区累计成交 2.29 万套，占全市成交总量的 17.0%。就单个行政区域而言，滨海新区全年累计成交 2.84 万套，占全市成交总量的 21.1%，居各行政区首位，河西区全年累计成交 1.20 万套，居第二位。

（三）刚需及改善客户仍是购房主体

按新建商品住宅成交面积分，90 平方米及以下住宅全年累计成交 3.57 万套，占全市成交总量的 30.8%；90-144 平方米住宅全年累计成交 7.16 万套，占全市成交总量的 61.9%；144 平方米以上的住宅全年累计成交 0.84 万套，占全市成交总量的 7.3%。中小面积住宅成交占比超过 90%，表明新建商品住宅购房群体以刚需和改善为主。

按二手住宅成交面积分，90 平方米及以下住宅全年累计成交 8.17 万套，占全市成交总量的 60.7%；90-144 平方米住宅全年累计成交 4.52 万套，占全市成交总量的 33.5%；144 平方米以上的住宅全年累计成交 0.78 万套，占全市成交总量的 5.8%。小面积住宅成交比例最高，表明二手住宅成交群体中刚需客户占据多数。

此外，新建商品住宅平均每套住宅成交面积为 107.7 平方米；二手住宅平均每套住宅成交面积为 85.5 平方米。可见当前消费者购房更注重于居住品质的提升，对中等面积户型的住宅需求相对旺盛。

三、对 2022 年一季度商品住宅市场走势初步预判

通过市场走访调研显示，近期受季节性因素的影响，当前市场活跃度不及预期，特别是疫情突然爆发将对近期住宅市场产生较大影响，市场带看量和成交状况将受到冲击，成交量或创近期新低，价格将保持稳中有降的走势，本轮疫情过后将逐步释放购房需求。

2021 年天津市生猪生产稳步恢复
主要畜禽生产总体向好

2021 年天津市农业农村等相关部门认真贯彻落实党中央、国务院和市委、市政府各项决策部署，采取一系列鼓励支持政策措施巩固产能恢复成果，畜牧业生产形势总体向好，主要畜禽产品供给能力得到进一步提升。国家统计局天津调查总队调查资料显示，2021 年天津市生猪生产稳步恢复，存栏保持增长，出栏同比回升；肉牛、肉羊生产快速发展；奶牛生产水平稳中有升；蛋鸡养殖实现扭亏为盈，产能逐步恢复；仅肉鸡生产受成本上涨影响有所缩减。

一、生猪生产稳步恢复

2021 年天津市生猪生产虽历经一轮价格下跌，但在各项鼓励支持政策的作用下，生猪存栏、出栏保持了稳步恢复。同时，生猪生产发展也开始由数量恢复进入提质增效的新阶段。

（一）价格止跌回稳

由于生猪产能恢复供应增加，加之季节性需求回落，1-3 季度天津市生猪出栏价格呈现明显的下跌趋势，生猪调出大县[①]月度监测结果显示，9 月份生猪平均出栏价格为每公斤 12.6 元，较年初下降了 63.8%。生猪价格下跌加之养殖成本高企，生猪养殖开始出现亏损。4 季度，在冻猪肉收储、冬季消费需求增加特别是节假日消费拉动的共同作用下，生猪价格有所回升，12 月份达到平均每公斤 16.4 元，生猪养殖效益恢复到保本微利水平。

（二）生产稳步恢复

尽管在生猪价格持续下跌期间，生猪养殖出现了一定程度的亏损，但在政策支持下，天津市新增、复产多家大型养殖企业，加之生猪产能恢复具有一定惯性，2021 年天津市生猪存栏仍保持了增长态势，年末生猪存栏达到 171.2 万头，同比增长 5.4%。在产能恢复的带动下，全年出栏生猪达到 203.9 万头，同比增长 5.1%，进一步保障了生猪市场供应。

（三）能繁母猪加速更新

2021 年天津市能繁母猪品种更新速度明显加快。上半年，能繁母猪存栏因淘汰低产母猪较 2020 年末略减 3.4%，为 18.5 万头。3 季度，由于能繁母猪价格随生猪价格下跌有所回落，补栏成本降低，加之大型场户大量引进母猪，能繁母猪存栏迅速增长至 21.4 万头。截至 2021 年末，随着生猪价格的回升，养殖户淘汰低产母猪增加，能繁母猪回落至 18.7 万头，同比略减 2.5%。据调查了解，当前仍有后备母猪正在培育，后期存栏将有所回升。

按照 2021 年 9 月发布的《农业农村部关于印发<生猪产能调控实施方案（暂行）>的通知》和天津市农业农村委等六部门 12 月印发的《天津市关于促进生猪产业持续健康发展的实施意见》的要求，天津市能繁母猪正常保有量为 17 万头左右，生猪存栏发展目标为 150-170 万头，2021 年末天津市生猪存栏和能繁母猪存栏均已超过此标准，这意味着天津市生猪产能恢复目标的初步完成。

（四）生猪生产规模化程度逐步提高

2021 年，生猪生产规模化程度的提高是生猪养殖大项目陆续落地和部分中小养殖场户因价格低迷放弃

[①] 本文所指生猪调出大县包括宝坻区、宁河区、蓟州区。

饲养共同作用的结果。主要畜禽监测调查结果显示，2021 年末，天津市生猪饲养量（年末存栏与全年出栏之和）在 5000 头以上的大型生猪养殖场生猪存栏占全市存栏的比例达到 18.1%，比上年提高 3.3 个百分点。

二、牛羊禽生产总体向好

（一）肉牛、肉羊生产快速发展

2019 年以来，肉牛、肉羊养殖效益始终处于高位，养殖户积极性持续高涨，养殖量快速增长。2021 年，天津市肉牛、肉羊存栏量继续保持较快增长，年末肉牛存栏达 18.7 万头，羊存栏达到 50 万只，同比分别增长了 7.1%和 10.5%，均达到 2006 年以来的最好水平。全年牛出栏达到 14.9 万头，羊出栏达到 40.9 万只，同比分别增长 3.9%和 13.4%。

（二）奶牛生产水平显著提高

截至 2021 年末，全市奶牛存栏 10.4 万头，同比减少了 3.1%。奶牛存栏的减少：一是肉牛价格上涨和收奶标准提高促使中小奶牛场转养肉牛情况增加；二是天津市一家大型奶牛养殖场在河北、甘肃布局新牛场，调走部分奶牛。

虽然奶牛存栏有所减少，但由于奶业生产集中化程度提高，2021 年牛奶产量仍然实现了增长，达到 51.8 万吨，同比增长了 3.5%。头均年产奶量达到 4.99 吨，比上年增加了 0.32 吨。

（三）蛋鸡生产开始恢复，肉鸡生产有所缩减

年初以来，鸡蛋价格因蛋鸡存栏减少和养殖成本增加逐步上涨，并在 8 月份实现养效益扭亏为盈，结束了 18 个月的连续亏损，蛋鸡存栏也由低点逐步恢复到了上年末水平。年末蛋鸡存栏达到 1448.9 万只，同比增长 1.4%。但由于前期存栏不足，全年鸡蛋产量同比减少了 8.6%，为 18.7 万吨。

由于饲料价格上涨明显而肉鸡价格上涨有限，肉鸡养殖效益较低，养殖户补栏意愿不足，2021 年肉鸡饲养量有所减少。全年出栏肉鸡 5456.7 万只，同比减少 13.1%，年末存栏 666.6 万只，同比减少 10.3%。

三、天津市畜牧业生产面临新形势

（一）生猪生产效率有待提升

虽然天津市能繁母猪存栏基本已经达到正常保有量，但因为商品猪培育的能繁母猪仍然占有一定比例和生猪平均饲养周期延长等原因，2021 年天津市每头能繁母猪出栏肥猪头数仅为 10.9 头，明显低于 2017 年非洲猪瘟疫情发生前的水平，生猪生产效率有待进一步提升。

（二）养殖成本上涨明显

国家统计局监测结果显示，2021 年末，生产资料市场玉米、豆粕价格分别达到每吨 2624.3 元、3539.2 元，同比分别上涨 3.0%和 7.5%，比 2019 年末饲料价格大幅上涨前分别上涨了 44.9%和 24.9%。主要饲料原料价格居高不下，人工成本逐年上涨，加之非洲猪瘟疫情后，养殖场户更加重视疫病防控，养殖场户在防疫用药、保险方面的支出也明显增加，畜牧业生产成本上涨成为必然趋势。

（三）需求结构发生变化

随着人们生活水平的提高和生活观念的转变，人们对肉类产品的需求趋于多元化和分散化，加之非洲猪瘟疫情期间牛、羊、禽和水产品的替代作用增强并逐步形成消费习惯，市场对猪肉的刚性需求有所减弱。据某调查户反映，消费结构的改变是猪肉价格大幅下降后猪肉消费量未能明显增加的重要原因之一。

四、对天津市畜产品稳产保供的建议

（一）促进生猪生产提质增效

存栏的恢复奠定了生猪产出增长的基础，但当前偏低的生产效率也制约了天津市猪肉产量的进一步增加。保障猪肉供应，仍需进一步加大对引进培养良种母猪、提升生产技术水平的支持力度。

（二）保障养殖户经济效益

畜牧业生产的稳定取决于养殖户的稳定。养殖成本的上涨，使养殖户对畜产品价格更为敏感，更容易造成生产的波动。为保护养殖户的生产积极性，建议从保险、补贴、贷款等方面采取措施防止养殖户大幅亏损。

（三）加大监测力度

为确保天津市猪肉的稳定供应，有必要在稳定能繁母猪保有量确保本地生猪生产规模的同时对猪肉供应的整个链条进行有效监测，及时掌握天津市生猪生产和调入调出情况，适时出台相关政策，采取有效措施，确保全市居民“菜篮子”供应。

五、畜牧业发展形势展望

2021 年末天津市生猪存栏相对充足，预计 2022 年春节期间生猪供应相对充裕。当前生猪价格已基本达到盈亏平衡，春节期间生猪价格仍可能随需求增加小幅上扬，但从长远来看，《生猪产能调控实施方案（暂行）》的印发有助于将生猪产能维持在合理水平，生猪生产进入新的发展周期，步入有序发展阶段。

肉牛、肉羊方面，生猪生产持续恢复导致肉牛、肉羊的替代作用逐步减弱，加之近年来存栏增长供应持续增加，出栏价格有望出现小幅回落，存栏快速增长的趋势可能发生改变。

天津市牛奶产能近八成集中于存栏千头以上的大型养殖场户，稳定性较强，有望保持基本稳定。

家禽生产方面，由于肉鸡价格涨幅低于饲料，养殖户补栏意愿不强，近期肉鸡生产恐难摆脱低迷状态。而随着蛋鸡存栏的恢复，2022 年鸡蛋产量有望出现恢复性增长。

2021 年天津种植业生产形势分析

2021 年天津农口部门认真贯彻落实市委、市政府各项决策部署，全面推进乡村振兴、加快农业农村现代化发展，种植业生产形势总体较好。粮食产量再创新高，蔬菜产量受自然灾害影响有所下降。

一、粮食产量再创新高

2021 年天津各级党委政府扛稳粮食安全政治责任，积极鼓励粮食生产，克服不利天气等因素影响，抓实“三夏”“三秋”工作，播种面积呈现较大幅度增长，粮食生产再获丰收。统计结果显示，粮食作物播种面积达 560.2 万亩，比上年增加 34.9 万亩，增长 6.6%，播种面积实现较大幅度增长。全年粮食总产量达 249.9 万吨，比上年增加 21.7 万吨，增长 9.5%，总产量再度刷新历史最好水平。粮食综合亩产为 446.0 公斤，比上年增加 11.6 公斤，增长 2.7%，综合亩产水平居全国第六位。粮食产量的提高，是水稻、玉米和小麦三大粮食作物同时增产的结果。

（一）小站稻产业振兴加速推进

2019 年天津制定小站稻产业振兴规划，在扶持政策激励下，小站稻种植规模扩大，良种得到广泛应用，生产标准化程度提高。2021 年天津水稻播种面积达到 87.8 万亩，比 2019 年增加 19.5 万亩，增长 28.5%，平均亩产达到 623.7 公斤，产量达到 54.7 万吨，均创造了历史最好水平。

（二）玉米生产稳步发展

2021 年全市玉米播种面积为 278.5 万亩，同比增长 3.8%，夏季强降雨虽然对玉米主产区造成一定影响，但常年受旱情影响的近 100 万亩玉米低产区平均亩产同比增加 80 公斤，拉动全市玉米平均亩产达到 424.8 公斤，较上年增加 15.9 公斤，全市玉米产量达到 118.3 万吨，同比增长 7.8%。

（三）小麦生产快速发展

受扶持政策、粮食价格向好影响，农户种植效益增加，种粮积极性明显提升，将一季春玉米改种小麦和夏玉米两季作物的情况明显增多。加之 2020 年秋冬播期间土壤墒情较好利于冬小麦适期播种，播种面积 153.3 万亩，同比增长 14.9%。包括春小麦在内，2021 年全市小麦面积达到 177.8 万亩，比上年增加 21.8 万亩，增长 14.0%；产量达到 72.2 万吨，同比增长 14.8%。

二、蔬菜产量有所下降

2021 年全市蔬菜播种面积 78.5 万亩，较上年同期小幅减少 1.2%。蔬菜产量同比下降 10.3%，为 239.0 万吨。频发的灾害性天气影响是造成天津市蔬菜产量下降的主要因素：2021 年，天津市夏季降水较多，部分涉农区出现涝灾，处于生长期的叶类菜受灾严重。入冬初期遭遇极寒天气，农业大区遭遇暴雪、冰雹天气，温室大棚受损，减产严重。

三、对 2022 年种植业生产的建议

（一）促进粮食稳产

2021 年天津市冬小麦播种面积占粮食作物播种面积的 27.4%，产量占粮食总产量的 25.2%，是决定天津市粮食稳产的重要因素，但由于 2021 年的强降雨天气导致天津市冬小麦播种推迟 10-15 天，导致冬前苗情

整体偏弱，需要加强田间管理促进后期苗情转化升级。在农资方面，种子、化肥、农药和农膜等的价格较上年同期均有所上涨，给农户种粮带来较大压力，需要相关政策的持续扶持。为确保秋粮稳产增产，在极端天气预防，农田水利建设等方面仍要加力。

（二）关注“菜篮子”生产

蔬菜和猪肉是天津市“菜篮子”供应的主要部分。2021 年蔬菜播种面积和产量的下滑，表明当前蔬菜生产在抵御自然灾害影响、提升种植效益等方面还存在一定短板，还需要继续强化抵御自然灾害能力，梳理设施农业发展空间，因地制宜发展现代化种植设施，合理安排种植茬口，拓宽市场销售渠道，促进蔬菜产业高质量发展。

二、党的十八大以来民生调查资料

Chapter 2 MAIN SURVY DATA OF PEOPLE'S LIVELIHOOD SINCE THE 18TH CPC NATIONAL CONGRESS

2-1 党的十八大以来全市居民人均可支配收入

项　目	Item	2012	2013	2014
人均可支配收入(元)	**Per Capita Disposable Income (yuan)**	**24030**	**26359**	**28832**
工资性收入	Income of Wages and Salaries	14225	15568	17163
经营净收入	Net Business Income	2511	2682	2876
财产净收入	Net Income from Property	2123	2445	2782
转移净收入	Net Income from Transfer	5171	5665	6012

2-2 党的十八大以来全市居民人均可支配收入构成

项　目	Item	2012	2013	2014
人均可支配收入构成(%)	**Composition of Per Capita Disposable Income (%)**	**100.0**	**100.0**	**100.0**
工资性收入	Income of Wages and Salaries	59.2	59.1	59.5
经营净收入	Net Business Income	10.5	10.2	10.0
财产净收入	Net Income from Property	8.8	9.3	9.6
转移净收入	Net Income from Transfer	21.5	21.5	20.9

注：本篇中部分数据合计数或相对数由于小数位取舍不同而产生的计算误差，均未做机械调整。涉及到的历史数据均以本篇为准。
Statistical discrepancies on totals and relative figures due to rounding are not adjusted in this chapter. For updated historical data, please refer to this chapter.

Per Capita Disposable Income and Growth of Citywide Households since the 18th CPC National Congress

2015	2016	2017	2018	2019	2020	2021	累计增长 Cumulative Growth Rate (%)	年均增长 Average Annual Growth Rate (%)
31291	**34074**	**37022**	**39506**	**42404**	**43854**	**47449**	**97.5**	**7.9**
19256	21219	23165	25119	27002	27339	29775	109.3	8.6
2906	3137	3262	3344	3095	2797	3243	29.1	2.9
2928	3217	3505	3587	3908	4240	4576	115.6	8.9
6201	6502	7090	7456	8398	9478	9855	90.6	7.4

Proportion of Per Capita Disposable Income of Citywide Households by Composition since the 18th CPC National Congress

2015	2016	2017	2018	2019	2020	2021
100.0	**100.0**	**100.0**	**100.0**	**100.0**	**100.0**	**100.0**
61.5	62.3	62.6	63.6	63.7	62.3	62.8
9.3	9.2	8.8	8.5	7.3	6.4	6.8
9.4	9.4	9.5	9.1	9.2	9.7	9.6
19.8	19.1	19.2	18.9	19.8	21.6	20.8

2-3 党的十八大以来全市居民人均可支配收入增速

项　　目	Item	2012	2013	2014
人均可支配收入增速(%)	**Growth Rate of Per Capita Disposable Income (%)**	**10.7**	**9.7**	**9.4**
工资性收入	Income of Wages and Salaries	14.2	9.4	10.2
经营净收入	Net Business Income	10.0	6.8	7.2
财产净收入	Net Income from Property	11.8	15.2	13.7
转移净收入	Net Income from Transfer	1.8	9.5	6.1

2-4 党的十八大以来全市居民人均消费支出

项　　目	Item	2012	2013	2014
人均消费支出(元)	**Per Capita Consumption Expenditure (yuan)**	**18542**	**20419**	**22343**
食品烟酒	Food, Tobacco and Liquor	6131	6607	7377
衣　着	Clothing and Footwear	1589	1652	1859
居　住	Housing	3833	4525	4873
生活用品及服务	Household Equipments, Furnishings and Services	1059	1135	1296
交通通信	Transport and Communications	2431	2832	2905
教育文化娱乐	Education, Culture and Recreation	1575	1597	1834
医疗保健	Health Care and Medical Services	1364	1445	1584
其他用品及服务	Miscellaneous Goods and Services	560	625	616

Growth Rate of Per Capita Disposable Income of Citywide Households since the 18th CPC National Congress

2015	2016	2017	2018	2019	2020	2021
8.5	**8.9**	**8.7**	**6.7**	**7.3**	**3.4**	**8.2**
12.2	10.2	9.2	8.4	7.5	1.2	8.9
1.1	7.9	4.0	2.5	-7.4	-9.7	15.9
5.3	9.9	8.9	2.3	8.9	8.5	7.9
3.1	4.9	9.0	5.2	12.6	12.9	4.0

Per Capita Consumption Expenditure and Growth of Citywide Households since the 18th CPC National Congress

2015	2016	2017	2018	2019	2020	2021	累计增长 Cumulative Growth Rate (%)	年均增长 Average Annual Growth Rate (%)
24162	**26129**	**27841**	**29903**	**31854**	**28461**	**33188**	**79.0**	**6.7**
7710	8021	8647	8647	8984	8516	9138	49.1	4.5
1949	1931	1945	1990	2000	1712	1872	17.8	1.8
5238	5655	5922	6406	6946	7035	7520	96.2	7.8
1514	1562	1655	1818	1957	1669	1941	83.2	7.0
3186	3752	3745	4281	4236	3779	4390	80.6	6.8
2096	2404	2692	3187	3584	2254	3372	114.1	8.8
1757	2023	2390	2677	2992	2646	3748	174.8	11.9
713	782	846	896	1155	850	1207	115.5	8.9

2-5 党的十八大以来全市居民人均消费支出构成

项　目	Item	2012	2013	2014
人均消费支出构成(%)	**Composition of Per Capita Consumption Expenditure (%)**	**100.0**	**100.0**	**100.0**
食品烟酒	Food, Tobacco and Liquor	33.1	32.4	33.0
衣　着	Clothing and Footwear	8.6	8.1	8.3
居　住	Housing	20.7	22.2	21.8
生活用品及服务	Household Equipments, Furnishings and Services	5.7	5.6	5.8
交通通信	Transport and Communications	13.1	13.9	13.0
教育文化娱乐	Education, Culture and Recreation	8.5	7.8	8.2
医疗保健	Health Care and Medical Services	7.4	7.1	7.1
其他用品及服务	Miscellaneous Goods and Services	3.0	3.1	2.8

2-6 党的十八大以来全市居民人均消费支出增速

项　目	Item	2012	2013	2014
人均消费支出增速(%)	**Growth Rate of Per Capita Consumption Expenditure (%)**	**10.4**	**10.1**	**9.4**
食品烟酒	Food, Tobacco and Liquor	11.6	7.8	11.6
衣　着	Clothing and Footwear	8.8	4.0	12.5
居　住	Housing	9.5	18.1	7.7
生活用品及服务	Household Equipments, Furnishings and Services	1.1	7.2	14.1
交通通信	Transport and Communications	15.6	16.5	2.6
教育文化娱乐	Education, Culture and Recreation	8.0	1.4	14.9
医疗保健	Health Care and Medical Services	12.8	5.9	9.7
其他用品及服务	Miscellaneous Goods and Services	7.4	11.6	-1.5

Proportion of Per Capita Consumption Expenditure of Citywide Households by Composition since the 18th CPC National Congress

2015	2016	2017	2018	2019	2020	2021
100.0	**100.0**	**100.0**	**100.0**	**100.0**	**100.0**	**100.0**
31.9	30.7	31.1	28.9	28.2	29.9	27.5
8.1	7.4	7.0	6.7	6.3	6.0	5.6
21.7	21.6	21.3	21.4	21.8	24.7	22.7
6.3	6.0	5.9	6.1	6.1	5.9	5.8
13.2	14.4	13.4	14.3	13.3	13.3	13.2
8.7	9.2	9.7	10.7	11.3	7.9	10.2
7.3	7.7	8.6	9.0	9.4	9.3	11.3
2.9	3.0	3.0	3.0	3.6	3.0	3.6

Growth Rate of Per Capita Consumption Expenditure of Citywide Households since the 18th CPC National Congress

2015	2016	2017	2018	2019	2020	2021
8.1	**8.1**	**6.6**	**7.4**	**6.5**	**-10.6**	**16.6**
4.5	4.0	7.8	0.0	3.9	-5.2	7.3
4.8	-0.9	0.7	2.3	0.5	-14.4	9.4
7.5	8.0	4.7	8.2	8.4	1.3	6.9
16.9	3.2	6.0	9.8	7.6	-14.7	16.2
9.7	17.8	-0.2	14.3	-1.0	-10.8	16.2
14.3	14.7	12.0	18.4	12.5	-37.1	49.6
10.9	15.1	18.1	12.0	11.8	-11.6	41.6
15.8	9.7	8.1	6.0	28.8	-26.4	42.0

2-7 党的十八大以来城镇居民人均可支配收入

项　目	Item	2012	2013	2014
人均可支配收入(元)	**Per Capita Disposable Income (yuan)**	**26586**	**28980**	**31506**
工资性收入	Income of Wages and Salaries	15818	17156	18797
经营净收入	Net Business Income	2157	2271	2442
财产净收入	Net Income from Property	2503	2862	3230
转移净收入	Net Income from Transfer	6107	6690	7037

2-8 党的十八大以来城镇居民人均可支配收入构成

项　目	Item	2012	2013	2014
人均可支配收入构成(%)	**Composition of Per Capita Disposable Income (%)**	**100.0**	**100.0**	**100.0**
工资性收入	Income of Wages and Salaries	59.5	59.2	59.7
经营净收入	Net Business Income	8.1	7.8	7.8
财产净收入	Net Income from Property	9.4	9.9	10.3
转移净收入	Net Income from Transfer	23.0	23.1	22.3

Per Capita Disposable Income and Growth of Urban Households since the 18th CPC National Congress

2015	2016	2017	2018	2019	2020	2021	累计增长 Cumulative Growth Rate (%)	年均增长 Average Annual Growth Rate (%)
34101	**37110**	**40278**	**42976**	**46119**	**47659**	**51486**	**93.7**	**7.6**
21060	23207	25303	27557	29588	30053	32679	106.6	8.4
2458	2666	2772	2924	2697	2216	2638	22.3	2.3
3400	3721	4037	4150	4515	4824	5259	110.1	8.6
7183	7516	8166	8346	9319	10565	10910	78.6	6.7

Proportion of Per Capita Disposable Income of Urban Households by Composition since the 18th CPC National Congress

2015	2016	2017	2018	2019	2020	2021
100.0	**100.0**	**100.0**	**100.0**	**100.0**	**100.0**	**100.0**
61.8	62.5	62.8	64.1	64.2	63.1	63.5
7.2	7.2	6.9	6.8	5.8	4.7	5.1
10.0	10.0	10.0	9.7	9.8	10.1	10.2
21.1	20.3	20.3	19.4	20.2	22.2	21.2

2-9 党的十八大以来城镇居民人均可支配收入增速

项　目	Item	2012	2013	2014
人均可支配收入增速(%)	**Growth Rate of Per Capita Disposable Income (%)**	**10.1**	**9.0**	**8.7**
工资性收入	Income of Wages and Salaries	13.8	8.5	9.6
经营净收入	Net Business Income	12.6	5.3	7.5
财产净收入	Net Income from Property	10.8	14.3	12.8
转移净收入	Net Income from Transfer	0.4	9.5	5.2

2-10 党的十八大以来城镇居民人均消费支出

项　目	Item	2012	2013	2014
人均消费支出(元)	**Per Capita Consumption Expenditure (yuan)**	**20572**	**22306**	**24290**
食品烟酒	Food, Tobacco and Liquor	6829	7262	8069
衣　着	Clothing and Footwear	1782	1819	2051
居　住	Housing	4183	4940	5251
生活用品及服务	Household Equipments, Furnishings and Services	1180	1223	1387
交通通信	Transport and Communications	2729	3010	3114
教育文化娱乐	Education, Culture and Recreation	1753	1778	2013
医疗保健	Health Care and Medical Services	1458	1562	1721
其他用品及服务	Miscellaneous Goods and Services	658	712	683

Growth Rate of Per Capita Disposable Income of Urban Households since the 18th CPC National Congress

2015	2016	2017	2018	2019	2020	2021
8.2	**8.8**	**8.5**	**6.7**	**7.3**	**3.3**	**8.0**
12.0	10.2	9.0	8.9	7.4	1.6	8.7
0.6	8.5	4.0	5.5	-7.8	-17.8	19.1
5.3	9.4	8.5	2.8	8.8	6.9	9.0
2.1	4.6	8.6	2.2	11.7	13.4	3.3

Per Capita Consumption Expenditure and Growth of Urban Households since the 18th CPC National Congress

2015	2016	2017	2018	2019	2020	2021	累计增长 Cumulative Growth Rate (%)	年均增长 Average Annual Growth Rate (%)
26230	**28345**	**30284**	**32655**	**34811**	**30895**	**36067**	**75.3**	**6.4**
8448	8680	9456	9421	9719	9122	9708	42.2	4.0
2144	2114	2119	2201	2195	1860	2037	14.4	1.5
5667	6187	6470	7038	7702	7770	8315	98.8	7.9
1593	1664	1774	1916	2051	1804	2105	78.5	6.6
3403	3992	3924	4637	4596	4046	4736	73.5	6.3
2283	2644	2979	3598	4062	2531	3784	115.8	8.9
1888	2172	2600	2825	3179	2811	4021	175.7	11.9
803	892	962	1020	1307	951	1360	106.5	8.4

2-11 党的十八大以来城镇居民人均消费支出构成

项　目	Item	2012	2013	2014
人均消费支出构成(%)	**Composition of Per Capita Consumption Expenditure (%)**	**100.0**	**100.0**	**100.0**
食品烟酒	Food, Tobacco and Liquor	33.2	32.6	33.2
衣　着	Clothing and Footwear	8.7	8.2	8.4
居　住	Housing	20.3	22.1	21.6
生活用品及服务	Household Equipments, Furnishings and Services	5.7	5.5	5.7
交通通信	Transport and Communications	13.3	13.5	12.8
教育文化娱乐	Education, Culture and Recreation	8.5	8.0	8.3
医疗保健	Health Care and Medical Services	7.1	7.0	7.1
其他用品及服务	Miscellaneous Goods and Services	3.2	3.2	2.8

2-12 党的十八大以来城镇居民人均消费支出增速

项　目	Item	2012	2013	2014
人均消费支出增速(%)	**Growth Rate of Per Capita Consumption Expenditure (%)**	**8.7**	**8.4**	**8.9**
食品烟酒	Food, Tobacco and Liquor	9.5	6.3	11.1
衣　着	Clothing and Footwear	6.7	2.1	12.7
居　住	Housing	11.0	18.1	6.3
生活用品及服务	Household Equipments, Furnishings and Services	-2.0	3.7	13.4
交通通信	Transport and Communications	13.1	10.3	3.4
教育文化娱乐	Education, Culture and Recreation	4.6	1.4	13.2
医疗保健	Health Care and Medical Services	9.3	7.1	10.2
其他用品及服务	Miscellaneous Goods and Services	5.1	8.2	-4.2

Proportion of Per Capita Consumption Expenditure of Urban Households by Composition since the 18th CPC National Congress

2015	2016	2017	2018	2019	2020	2021
100.0	**100.0**	**100.0**	**100.0**	**100.0**	**100.0**	**100.0**
32.2	30.6	31.2	28.8	27.9	29.5	26.9
8.2	7.5	7.0	6.7	6.3	6.0	5.6
21.6	21.8	21.4	21.6	22.1	25.1	23.1
6.1	5.9	5.9	5.9	5.9	5.8	5.8
13.0	14.1	13.0	14.2	13.2	13.1	13.1
8.7	9.3	9.8	11.0	11.7	8.2	10.5
7.2	7.7	8.6	8.7	9.1	9.1	11.1
3.1	3.1	3.2	3.1	3.8	3.1	3.8

Growth Rate of Per Capita Consumption Expenditure of Urban Households since the 18th CPC National Congress

2015	2016	2017	2018	2019	2020	2021
8.0	**8.1**	**6.8**	**7.8**	**6.6**	**-11.2**	**16.7**
4.7	2.7	8.9	-0.4	3.2	-6.1	6.4
4.6	-1.4	0.2	3.9	-0.3	-15.2	9.5
7.9	9.2	4.6	8.8	9.4	0.9	7.0
14.8	4.4	6.6	8.0	7.1	-12.0	16.7
9.3	17.3	-1.7	18.2	-0.9	-12.0	17.1
13.4	15.8	12.7	20.8	12.9	-37.7	49.5
9.7	15.0	19.7	8.7	12.5	-11.6	43.0
17.7	11.1	7.8	6.1	28.1	-27.3	43.0

2-13 党的十八大以来农村居民人均可支配收入

项　目	Item	2012	2013	2014
人均可支配收入(元)	**Per Capita Disposable Income (yuan)**	**13593**	**15353**	**17014**
工资性收入	Income of Wages and Salaries	7719	8898	9941
经营净收入	Net Business Income	3957	4404	4791
财产净收入	Net Income from Property	568	694	799
转移净收入	Net Income from Transfer	1348	1356	1483

2-14 党的十八大以来农村居民人均可支配收入构成

项　目	Item	2012	2013	2014
人均可支配收入构成(%)	**Composition of Per Capita Disposable Income (%)**	**100.0**	**100.0**	**100.0**
工资性收入	Income of Wages and Salaries	56.8	58.0	58.4
经营净收入	Net Business Income	29.1	28.7	28.2
财产净收入	Net Income from Property	4.2	4.5	4.7
转移净收入	Net Income from Transfer	9.9	8.8	8.7

Per Capita Disposable Income and Growth of Rural Households since the 18th CPC National Congress

2015	2016	2017	2018	2019	2020	2021	累计增长 Cumulative Growth Rate (%)	年均增长 Average Annual Growth Rate (%)
18482	**20076**	**21754**	**23065**	**24804**	**25691**	**27955**	**105.7**	**8.3**
11031	12048	13139	13568	14750	14385	15749	104.0	8.2
4949	5309	5562	5335	4985	5568	6162	55.7	5.0
775	894	1008	922	1034	1451	1280	125.2	9.4
1726	1824	2045	3241	4035	4287	4764	253.4	15.1

Proportion of Per Capita Disposable Income of Rural Households by Composition since the 18th CPC National Congress

2015	2016	2017	2018	2019	2020	2021
100.0	**100.0**	**100.0**	**100.0**	**100.0**	**100.0**	**100.0**
59.7	60.0	60.4	58.8	59.5	56.0	56.3
26.8	26.4	25.6	23.1	20.1	21.7	22.0
4.2	4.5	4.6	4.0	4.2	5.6	4.6
9.3	9.1	9.4	14.1	16.3	16.7	17.0

2-15 党的十八大以来农村居民人均可支配收入增速

项　目	Item	2012	2013	2014
人均可支配收入增速(%)	**Growth Rate of Per Capita Disposable Income (%)**	**13.8**	**12.9**	**10.8**
工资性收入	Income of Wages and Salaries	15.9	15.3	11.7
经营净收入	Net Business Income	5.5	11.3	8.8
财产净收入	Net Income from Property	24.0	22.1	15.1
转移净收入	Net Income from Transfer	25.4	0.6	9.3

2-16 党的十八大以来农村居民人均消费支出

项　目	Item	2012	2013	2014
人均消费支出(元)	**Per Capita Consumption Expenditure (yuan)**	**10254**	**12491**	**13739**
食品烟酒	Food, Tobacco and Liquor	3283	3859	4314
衣　着	Clothing and Footwear	801	951	1013
居　住	Housing	2403	2784	3200
生活用品及服务	Household Equipments, Furnishings and Services	569	767	891
交通通信	Transport and Communications	1212	2084	1979
教育文化娱乐	Education, Culture and Recreation	848	833	1041
医疗保健	Health Care and Medical Services	978	953	980
其他用品及服务	Miscellaneous Goods and Services	160	260	319

Growth Rate of Per Capita Disposable Income of Rural Households since the 18th CPC National Congress

2015	2016	2017	2018	2019	2020	2021
8.6	**8.6**	**8.4**	**6.0**	**7.5**	**3.6**	**8.8**
11.0	9.2	9.1	3.3	8.7	-2.5	9.5
3.3	7.3	4.8	-4.1	-6.6	11.7	10.7
-3.0	15.3	12.7	-8.5	12.2	40.4	-11.8
16.4	5.7	12.1	58.4	24.5	6.2	11.1

Per Capita Consumption Expenditure and Growth of Rural Households since the 18th CPC National Congress

2015	2016	2017	2018	2019	2020	2021	累计增长 Cumulative Growth Rate (%)	年均增长 Average Annual Growth Rate (%)
14739	**15912**	**16386**	**16863**	**17843**	**16844**	**19285**	**88.1**	**7.3**
4346	4981	4852	4984	5499	5622	6385	94.5	7.7
1060	1088	1128	991	1074	1002	1073	33.9	3.3
3279	3198	3354	3415	3367	3528	3678	53.0	4.8
1154	1091	1100	1357	1510	1026	1145	101.2	8.1
2196	2647	2902	2595	2532	2504	2720	124.3	9.4
1245	1299	1343	1237	1322	932	1386	63.5	5.6
1160	1335	1407	1975	2104	1858	2427	148.1	10.6
299	274	299	308	435	372	472	194.9	12.8

2-17 党的十八大以来农村居民人均消费支出构成

项　目	Item	2012	2013	2014
人均消费支出构成(%)	**Composition of Per Capita Consumption Expenditure (%)**	**100.0**	**100.0**	**100.0**
食品烟酒	Food, Tobacco and Liquor	32.0	30.9	31.4
衣　着	Clothing and Footwear	7.8	7.6	7.4
居　住	Housing	23.4	22.3	23.3
生活用品及服务	Household Equipments, Furnishings and Services	5.5	6.1	6.5
交通通信	Transport and Communications	11.8	16.7	14.4
教育文化娱乐	Education, Culture and Recreation	8.3	6.7	7.6
医疗保健	Health Care and Medical Services	9.5	7.6	7.1
其他用品及服务	Miscellaneous Goods and Services	1.6	2.1	2.3

2-18 党的十八大以来农村居民人均消费支出增速

项　目	Item	2012	2013	2014
人均消费支出增速(%)	**Growth Rate of Per Capita Consumption Expenditure (%)**	**24.0**	**21.8**	**10.0**
食品烟酒	Food, Tobacco and Liquor	29.8	17.6	11.8
衣　着	Clothing and Footwear	29.7	18.6	6.6
居　住	Housing	-1.1	15.9	14.9
生活用品及服务	Household Equipments, Furnishings and Services	32.4	34.9	16.1
交通通信	Transport and Communications	39.8	71.9	-5.0
教育文化娱乐	Education, Culture and Recreation	44.6	-1.8	25.0
医疗保健	Health Care and Medical Services	37.6	-2.6	2.8
其他用品及服务	Miscellaneous Goods and Services	55.5	62.2	23.0

Proportion of Per Capita Consumption Expenditure of Rural Households by Composition since the 18th CPC National Congress

2015	2016	2017	2018	2019	2020	2021
100.0	**100.0**	**100.0**	**100.0**	**100.0**	**100.0**	**100.0**
29.5	31.3	29.6	29.6	30.8	33.4	33.1
7.2	6.8	6.9	5.9	6.0	6.0	5.6
22.2	20.1	20.5	20.3	18.9	20.9	19.1
7.8	6.9	6.7	8.0	8.5	6.1	5.9
14.9	16.6	17.7	15.4	14.2	14.9	14.1
8.4	8.2	8.2	7.3	7.4	5.5	7.2
7.9	8.4	8.6	11.7	11.8	11.0	12.6
2.0	1.7	1.8	1.8	2.4	2.2	2.4

Growth Rate of Per Capita Consumption Expenditure of Rural Households since the 18th CPC National Congress

2015	2016	2017	2018	2019	2020	2021
7.3	**8.0**	**3.0**	**2.9**	**5.8**	**-5.6**	**14.5**
0.7	14.6	-2.6	2.7	10.3	2.2	13.6
4.7	2.6	3.7	-12.1	8.4	-6.7	7.1
2.5	-2.5	4.9	1.8	-1.4	4.8	4.2
29.5	-5.4	0.9	23.3	11.2	-32.0	11.6
11.0	20.5	9.6	-10.6	-2.4	-1.1	8.6
19.6	4.3	3.4	-7.9	6.9	-29.5	48.8
18.4	15.1	5.4	40.3	6.6	-11.7	30.6
-6.4	-8.4	9.3	3.2	41.1	-14.5	26.9

2-19 党的十八大以来居民消费价格指数

(上年=100)

项目	Item	2012	2013	2014	2015
居民消费价格指数	**Consumer Price Index**	**102.7**	**103.1**	**101.9**	**101.7**
服务价格指数	Services Price Index	100.3	103.8	102.2	103.4
工业品价格指数	Industrial Goods Price Index	101.7	100.2	100.7	99.8
食品烟酒	Food, Tobacco and Alcohol	106.3	105.4	102.7	101.8
衣着	Clothing	107.0	101.1	101.8	103.0
居住	Residence	100.9	104.4	102.0	102.6
生活用品及服务	Articles for Daily Use and Services	102.3	101.7	102.2	100.5
交通通信	Transport and Communications	97.6	98.5	99.7	97.4
教育文化娱乐	Education, Culture and Recreation	99.4	102.5	101.8	104.2
医疗保健	Health Care	102.3	101.2	100.9	101.2
其他用品及服务	Other Articles and Services	99.4	98.6	100.1	96.4

2-20 党的十八大以来工业生产者出厂价格指数

(上年=100)

项目	Item	2012	2013	2014
工业生产者出厂价格指数	**Producer Price Indices for Industrial Products**	**97.0**	**97.0**	**96.3**
#轻工业	Light Industry	100.7	97.9	99.3
以农产品为原料	Using Farm Products as Raw Materials	99.6	97.7	98.3
以非农产品为原料	Using Non-farm Products as Raw Materials	101.8	98.0	100.3
重工业	Heavy Industry	96.3	96.8	95.8
采　掘	Mining and Quarrying Industry	97.9	98.4	96.1
原材料	Raw Materials Industry	98.1	96.7	95.4
加　工	Processing Industry	95.3	96.7	95.9
#生产资料	Means of Production	96.1	96.5	95.5
采　掘	Mining & Quarrying Industry	97.9	98.4	96.1
原材料	Raw Materials Industry	98.1	96.6	95.4
加　工	Processing Industry	94.9	96.2	95.5
生活资料	Consumer Goods	100.6	98.9	99.4
食　品	Food	98.4	96.1	97.9
衣　着	Clothing	103.9	102.4	100.4
一般日用品	Articles for Daily Use	100.5	100.3	100.5
耐用消费品	Durable Consumer Goods	101.4	99.4	99.6

Consumer Price Indices since the 18th CPC National Congress

(preceding year=100)

2016	2017	2018	2019	2020	2021	累计增长 Cumulative Growth Rate (%)	年均增长 Average Annual Growth Rate (%)
102.1	**102.1**	**102.0**	**102.7**	**102.0**	**101.3**	**20.6**	**2.1**
103.7	104.1	101.6	102.6	101.5	101.4	27.0	2.7
99.9	101.0	101.6	101.1	98.9	101.3	4.6	0.5
102.1	100.3	103.1	104.6	106.5	101.3	31.3	3.1
100.1	100.2	101.1	102.1	98.5	97.8	5.7	0.6
103.6	101.4	101.3	102.4	100.7	100.7	20.7	2.1
99.4	100.8	101.1	100.9	100.2	101.0	8.0	0.9
98.3	100.1	101.3	99.3	97.1	104.7	-3.7	-0.4
100.6	103.2	102.4	104.2	102.6	103.4	27.8	2.8
108.8	115.4	102.6	100.9	99.9	100.0	34.2	3.3
103.8	101.5	101.1	105.0	107.9	97.8	12.3	1.3

Producer Price Indices for Industrial Products Since the 18th CPC National Congress

(preceding year=100)

2015	2016	2017	2018	2019	2020	2021	累计增长 Cumulative Growth Rate (%)	年均增长 Average Annual Growth Rate (%)
90.3	**97.9**	**108.4**	**105.4**	**99.3**	**97.1**	**110.9**	**0.9**	**0.3**
97.7	101.2	101.2	100.2	102.6	102.5	103.9	6.5	0.7
97.8	102.2	101.0	100.2	103.7	104.5	106.8	12.6	1.4
97.5	99.5	101.6	100.2	100.9	99.4	102.0	-0.7	-0.1
88.9	97.1	110.2	106.6	98.5	95.7	112.5	-0.2	0.2
63.6	85.9	127.7	120.5	97.9	81.6	138.0	-12.6	1.0
84.9	98.2	116.2	111.6	97.2	92.4	117.6	5.3	1.1
94.2	98.5	105.9	102.5	99.2	99.1	107.2	-1.8	-0.1
88.3	97.9	112.0	107.4	98.8	95.8	113.5	3.0	0.6
63.6	85.9	127.7	120.5	97.9	81.6	138.0	-12.6	1.0
84.7	97.9	116.3	112.0	97.5	92.2	117.7	5.3	1.1
93.8	100.0	108.4	103.4	99.6	99.4	108.4	3.6	0.5
97.9	98.0	97.9	99.0	100.8	100.9	101.0	-6.1	-0.7
97.5	102.9	100.2	100.1	105.6	105.9	108.2	14.5	1.6
101.5	100.2	100.3	100.8	100.8	100.2	96.5	3.2	0.4
100.6	99.2	98.5	102.4	99.9	98.7	100.0	0.1	0.0
96.6	92.7	94.9	96.2	96.5	96.9	97.3	-26.4	-3.3

2-21 党的十八大以来工业生产者购进价格指数

(上年=100)

项目	Item	2012	2013	2014
工业生产者购进价格指数	**Purchasing Price Indices for Industrial Producers**	**97.1**	**97.4**	**97.1**
燃料、动力类	Fuels and Power	101.3	95.9	97.0
黑色金属材料类	Ferrous Metals	91.7	95.7	93.8
#钢材	Rolled-Steel	94.0	96.5	97.0
其他	Others	88.3	94.3	88.9
有色金属材料及电线类	Nonferrous Metals	91.5	95.0	95.2
化工原料类	Raw Chemical Materials	98.4	97.9	99.0
木材及纸浆类	Timber and Paper Pulp	102.1	97.3	100.4
建筑材料及非金属矿类	Building Materials	97.8	97.7	96.9
其他工业原材料及半成品类	Other Industrial Raw Materials and Semi-products	98.8	97.9	97.4
农副产品类	Agricultural Products	93.2	97.8	97.9
纺织原料类	Textile Materials	96.3	101.4	99.6

2-22 党的十八大以来农业经济主要指标

项目	Item	单位	Unit	2012	2013
农作物总播种面积	Total Sown Area	万亩	10000 mu	**673.47**	**662.00**
#粮食	Grain	万亩	10000 mu	484.37	500.95
棉花	Cotton	万亩	10000 mu	78.59	55.07
油料	Oil-bearing Crops	万亩	10000 mu	2.53	2.37
蔬菜	Vegetables	万亩	10000 mu	94.52	90.21
粮食总产量	Yield of Grain	万吨	10000 tons	163.56	177.44
棉花总产量	Yield of Cotton	万吨	10000 tons	5.44	4.54
油料总产量	Yield of Oil-bearing Crops	万吨	10000 tons	0.50	0.51
蔬菜总产量	Output of Vegetables	万吨	10000 tons	332.59	321.72
生猪出栏	Slaughtered Hogs	万头	10000 heads	362.49	367.78
牛出栏	Slaughtered Cattle and Buffaloes	万头	10000 heads	19.02	19.05
羊出栏	Slaughtered Sheep and Goats	万只	10000 heads	61.97	61.39
家禽出栏	Slaughtered Poultry	万只	10000 heads	7654.99	7662.64
肉类总产量	Output of Meat	万吨	10000 tons	44.32	44.81
禽蛋产量	Output of Eggs	万吨	10000 tons	17.83	17.92
奶类产量	Output of Milk	万吨	10000 tons	56.46	56.77

Purchasing Price Indices for Industrial Producers Since the 18th CPC National Congress

(preceding year=100)

2015	2016	2017	2018	2019	2020	2021	累计增长 Cumulative Growth Rate (%)	年均增长 Average Annual Growth Rate (%)
92.4	**98.3**	**111.1**	**106.2**	**98.8**	**96.9**	**114.7**	**11.3**	**1.4**
81.7	93.2	117.2	111.4	96.6	86.2	130.0	0.0	1.0
86.3	102.4	123.6	111.2	98.6	99.4	129.2	38.2	4.5
89.8	104.0	125.2	108.9	97.3	98.5	124.8	42.5	4.7
80.6	99.7	120.9	115.3	100.7	100.8	142.1	35.6	4.8
94.6	98.4	119.0	104.4	97.4	100.1	123.8	26.1	3.1
93.1	98.0	108.7	104.7	93.5	91.0	117.6	0.6	0.4
98.7	98.2	102.6	106.6	98.3	96.1	103.0	0.8	0.1
93.9	92.3	120.3	116.9	98.3	93.4	104.4	10.5	1.6
96.9	99.0	104.3	102.3	100.2	100.1	101.1	-1.2	-0.1
94.1	102.7	99.6	98.4	114.5	125.4	109.9	43.1	4.5
99.7	99.5	104.9	100.4	100.5	93.3	98.8	-2.4	-0.2

Major Indicators of Agricultural Economy since the 18th CPC National Congress

2014	2015	2016	2017	2018	2019	2020	2021
664.52	**649.92**	**665.26**	**659.06**	**643.91**	**615.41**	**628.76**	**655.50**
520.00	528.22	543.01	527.10	525.32	508.90	525.31	560.21
41.99	25.98	19.39	31.00	25.65	21.16	11.70	5.48
2.19	1.68	8.16	8.15	3.14	1.66	1.26	1.34
85.43	77.05	70.34	73.92	74.62	72.51	79.38	78.45
178.19	184.48	200.40	212.27	209.69	223.25	228.18	249.87
3.54	2.35	2.10	2.50	1.83	1.81	1.02	0.40
0.45	0.36	1.30	1.23	0.72	0.41	0.31	0.31
309.63	282.72	274.43	269.61	253.98	242.78	266.47	238.98
370.45	360.39	355.43	297.22	278.56	197.78	193.99	203.87
19.43	19.62	20.07	19.49	16.69	14.10	14.39	14.94
62.97	63.32	63.51	55.22	49.17	34.21	36.05	40.89
7776.05	7492.90	7335.77	6137.62	5435.66	6786.50	6564.50	5717.73
44.57	43.51	43.07	36.14	33.89	30.43	29.61	30.50
18.28	18.87	19.13	18.99	19.41	19.36	20.83	19.15
57.31	50.03	50.04	52.05	48.04	47.37	50.07	51.81

2-23 党的十八大以来农业经济主要指标增速

单位：%

项　目	Item	2013	2014	2015
农作物总播种面积	Total Sown Area	-0.9	-6.7	-2.2
#粮　食	Grain	3.4	3.8	1.6
棉　花	Cotton	-29.9	-23.7	-38.1
油　料	Oil-bearing Crops	-6.5	-7.7	-23.3
蔬　菜	Vegetables	-4.6	-5.3	-9.8
粮食总产量	Yield of Grain	8.5	0.4	3.5
棉花总产量	Yield of Cotton	-16.6	-22.1	-33.6
油料总产量	Yield of Oil-bearing Crops	0.9	-11.3	-20.0
蔬菜总产量	Output of Vegetables	-3.3	-3.8	-8.7
生猪出栏	Slaughtered Hogs	1.5	0.7	-2.7
牛出栏	Slaughtered Cattle and Buffaloes	0.2	2.0	1.0
羊出栏	Slaughtered Sheep and Goats	-0.9	2.6	0.6
家禽出栏	Slaughtered Poultry	0.1	1.5	-3.6
肉类总产量	Output of Meat	1.1	-0.5	-2.4
禽蛋产量	Output of Eggs	0.5	2.0	3.2
奶类产量	Output of Milk	0.5	1.0	-12.7

2-24 党的十八大以来农作物播种面积

单位：万亩

项　目	Item	2012	2013	2014
农作物总播种面积	**Total Sown Area**	**673.47**	**662.00**	**664.52**
一、粮食作物	**Grain Crops**	**484.37**	**500.95**	**520.00**
#夏收粮食	Grain Harvested in Summer	166.33	161.77	162.00
秋收粮食	Grain Harvested in Autumn	318.04	339.18	358.00
(一)谷　物	Cereal	467.30	490.81	509.09
#稻　谷	Rice	27.93	33.49	33.38
小　麦	Wheat	166.33	161.77	162.00
玉　米	Corn	269.80	288.51	305.41
其他谷物	Other Cereal	3.24	7.04	8.30
(二)豆类合计	Beans	16.02	9.54	10.18
#大　豆	Soybean	15.16	9.12	9.58
绿　豆	Green Gram	0.68	0.19	0.37
红 小 豆	Ormosia	0.13	0.23	0.21
其他杂豆	Other Beans	0.05	0.00	0.02
(三)薯类	Tubers	1.05	0.60	0.73
二.油料作物	**Oil-bearing Crops**	**2.53**	**2.37**	**2.19**
#花　生	Peanuts	1.79	1.74	1.40
芝　麻	Sesame	0.20	0.15	0.10
葵 花 籽	Sunflower Seeds	0.46	0.39	0.61
其他油料	Other Oil-bearing Crops	0.08	0.09	0.08
三、棉　花	**Cotton**	**78.59**	**55.07**	**41.99**
四、蔬　菜(含菜用瓜)	**Vegetables (including melon-vegetable)**	**94.52**	**90.21**	**85.43**
五、瓜果类	**Melon**	**6.93**	**6.24**	**7.33**
六、其他农作物	**Other Crops**	**6.53**	**7.15**	**7.58**

Growth Rate of Major Indicators of Agricultural Economy since the 18th CPC National Congress

(%)

2016	2017	2018	2019	2020	2021	累计增长 Cumulative Growth Rate (%)	年均增长 Average Annual Growth Rate (%)
2.4	-0.4	-2.8	-4.4	2.2	4.3	-8.8	-1.0
2.8	-2.9	-0.3	-3.1	3.2	6.6	15.7	1.6
-25.5	60.2	-17.3	-17.5	-44.7	-53.2	-93.0	-25.6
401.1	-0.4	-62.5	-47.1	-24.1	6.4	-47.1	-6.8
-8.7	5.1	0.9	-2.8	9.5	-1.2	-17.0	-2.0
8.6	5.9	-1.2	6.5	2.2	9.5	52.8	4.8
-10.6	19.0	-26.8	-1.1	-43.6	-61.1	-92.7	-25.3
272.2	-6.0	-42.9	-43.1	-24.4	-1.1	-39.0	-5.3
-2.9	-1.8	-5.8	-4.4	9.8	-10.3	-28.1	-3.6
-1.4	-16.4	-6.3	-29.0	-1.9	5.1	-43.8	-6.2
2.3	-2.9	-14.4	-15.5	2.0	3.9	-21.4	-2.6
0.3	-13.0	-11.0	-30.4	5.4	13.4	-34.0	-4.5
-2.1	-16.3	-11.4	24.9	-3.3	-12.9	-25.3	-3.2
-1.0	-16.1	-6.2	-10.2	-2.7	3.0	-31.2	-4.1
1.4	-0.7	2.2	-0.2	7.6	-8.1	7.4	0.8
0.0	4.0	-7.7	-1.4	5.7	3.5	-8.2	-0.9

Sown Area of Farm Crops since the 18th CPC National Congress

(10000 mu)

2015	2016	2017	2018	2019	2020	2021
649.92	**665.26**	**659.06**	**643.91**	**615.41**	**628.76**	**655.50**
528.22	**543.01**	**527.10**	**525.32**	**508.90**	**525.31**	**560.21**
158.95	160.94	163.15	166.26	151.68	155.93	177.77
369.27	382.07	363.95	359.06	357.22	369.38	382.44
519.76	534.16	517.06	513.59	498.48	516.53	554.19
33.23	39.77	45.73	59.85	68.29	80.17	87.75
158.95	160.94	163.15	166.26	151.68	155.93	177.77
323.57	329.29	302.13	280.16	271.16	268.29	278.45
4.01	4.16	6.05	7.32	7.35	12.14	10.22
7.65	5.76	5.66	9.79	8.20	6.60	3.94
7.12	5.31	5.06	9.31	7.72	6.17	3.57
0.31	0.11	0.20	0.18	0.18	0.16	0.08
0.20	0.10	0.20	0.14	0.25	0.22	0.22
0.02	0.24	0.20	0.16	0.05	0.05	0.07
0.81	3.09	4.38	1.94	2.22	2.18	2.08
1.68	**8.16**	**8.15**	**3.14**	**1.66**	**1.26**	**1.34**
1.17	1.90	2.20	2.15	1.36	1.05	1.19
0.09	0.07	0.05	0.04	0.01	0.00	0.00
0.30	6.19	5.43	0.80	0.15	0.06	0.03
0.12	0.00	0.47	0.15	0.14	0.15	0.12
25.98	**19.39**	**31.00**	**25.65**	**21.16**	**11.70**	**5.48**
77.05	**70.34**	**73.92**	**74.62**	**72.51**	**79.38**	**78.45**
7.09	**6.92**	**6.51**	**7.16**	**6.62**	**7.44**	**6.04**
9.90	**17.44**	**12.38**	**8.02**	**4.56**	**3.67**	**3.98**

2-25 党的十八大以来农作物种植结构

单位：%

项　　目	Item	2012	2013	2014
农作物总播种面积	**Total Sown Area**	**100.0**	**100.0**	**100.0**
一、粮食作物	**Grain Crops**	**71.9**	**75.7**	**78.3**
#夏收粮食	Grain Harvested in Summer	24.7	24.4	24.4
秋收粮食	Grain Harvested in Autumn	47.2	51.3	53.9
(一)谷　物	Cereal	69.4	74.2	76.6
#稻　谷	Rice	4.1	5.1	5.0
小　麦	Wheat	24.7	24.4	24.4
玉　米	Corn	40.1	43.6	46.0
其他谷物	Other Cereal	0.5	1.1	1.2
(二)豆类合计	Beans	2.4	1.4	1.5
#大　豆	Soybean	2.3	1.4	1.4
绿　豆	Green Gram	0.1	0.0	0.1
红小豆	Ormosia	0.0	0.0	0.0
其他杂豆	Other Beans	0.0	0.0	0.0
(三)薯类	Tubers	0.1	0.1	0.2
二.油料作物	**Oil-bearing Crops**	**0.4**	**0.4**	**0.3**
#花　生	Peanuts	0.3	0.3	0.2
芝　麻	Sesame	0.0	0.0	0.0
葵花籽	Sunflower Seeds	0.1	0.1	0.1
其他油料	Other Oil-bearing Crops	0.0	0.0	0.0
三、棉　花	**Cotton**	**11.7**	**8.3**	**6.3**
四、蔬　菜(含菜用瓜)	**Vegetables (including melon-vegetable)**	**14.0**	**13.6**	**12.9**
五、瓜果类	**Melon**	**1.0**	**0.9**	**1.1**
六、其他农作物	**Other Crops**	**1.0**	**1.1**	**1.1**

Planting Structure of Farm Crops since the 18th CPC National Congress

(%)

2015	2016	2017	2018	2019	2020	2021
100.0	**100.0**	**100.0**	**100.0**	**100.0**	**100.0**	**100.0**
81.3	**81.7**	**80.0**	**81.6**	**82.7**	**83.5**	**85.5**
24.5	24.2	24.8	25.8	24.6	24.8	27.1
56.8	57.5	55.2	55.8	58.1	58.7	58.4
80.0	80.3	78.4	79.8	81.0	82.2	84.6
5.1	6.0	6.9	9.3	11.1	12.8	13.4
24.5	24.2	24.8	25.8	24.6	24.8	27.1
49.8	49.5	45.8	43.5	44.1	42.7	42.5
0.6	0.6	0.9	1.2	1.2	1.9	1.6
1.2	0.9	0.9	1.5	1.3	1.0	0.6
1.1	0.8	0.8	1.4	1.3	1.0	0.6
0.1	0.0	0.1	0.1	0.0	0.0	0.0
0.0	0.0	0.0	0.0	0.0	0.0	0.0
0.0	0.1	0.0	0.0	0.0	0.0	0.0
0.1	0.5	0.7	0.3	0.4	0.3	0.3
0.2	**1.2**	**1.2**	**0.5**	**0.3**	**0.2**	**0.2**
0.2	0.3	0.3	0.4	0.2	0.2	0.2
0.0	0.0	0.0	0.0	0.0	0.0	0.0
0.0	0.9	0.8	0.1	0.1	0.0	0.0
0.0	0.0	0.1	0.0	0.0	0.0	0.0
4.0	**2.9**	**4.7**	**4.0**	**3.4**	**1.9**	**0.8**
11.9	**10.6**	**11.2**	**11.6**	**11.8**	**12.6**	**12.0**
1.1	**1.0**	**1.0**	**1.1**	**1.1**	**1.2**	**0.9**
1.5	**2.6**	**1.9**	**1.2**	**0.7**	**0.6**	**0.6**

2-26 党的十八大以来农作物总产量

单位：万吨

项　目	Item	2012	2013	2014
一、粮食作物	**Grain Crops**	**163.56**	**177.44**	**178.19**
#夏收粮食	Grain Harvested in Summer	54.66	55.96	57.21
秋收粮食	Grain Harvested in Autumn	108.90	121.48	120.98
(一)谷　物	Cereal	161.93	176.47	176.99
#稻　谷	Rice	14.26	17.16	16.50
小　麦	Wheat	54.66	55.96	57.21
玉　米	Corn	92.73	102.50	101.80
其他谷物	Other Cereal	0.28	0.85	1.48
(二)豆类合计	Beans	1.30	0.79	0.90
#大　豆	Soybean	1.23	0.75	0.83
绿　豆	Green Gram	0.05	0.02	0.04
红小豆	Ormosia	0.01	0.02	0.02
其他杂豆	Other Beans	0.01	0.00	0.01
(三)薯类(折粮)	Tubers (converted into grain)	0.33	0.18	0.30
二.油料作物	**Oil-bearing Crops**	**0.50**	**0.51**	**0.45**
#花　生	Peanuts	0.39	0.41	0.31
芝　麻	Sesame	0.02	0.01	0.01
葵花籽	Sunflower Seeds	0.06	0.06	0.11
其他油料	Other Oil-bearing Crops	0.03	0.03	0.02
三、棉　花	**Cotton**	**5.44**	**4.54**	**3.54**
四、蔬　菜(含菜用瓜)	**Vegetables (including melon-vegetable)**	**332.59**	**321.72**	**309.63**
五、瓜果类	**Melon**	**23.15**	**21.69**	**24.86**

Yield of Farm Crops since the 18th CPC National Congress

(10000 tons)

2015	2016	2017	2018	2019	2020	2021
184.48	**200.40**	**212.27**	**209.69**	**223.25**	**228.18**	**249.87**
58.06	58.90	62.41	57.13	60.47	62.86	72.16
126.42	141.50	149.86	152.56	162.78	165.32	177.71
183.08	198.60	209.93	207.37	221.17	226.32	248.44
16.35	20.04	26.33	37.41	42.91	50.24	54.73
58.06	58.90	62.41	57.13	60.47	62.86	72.16
107.82	118.69	119.29	110.55	115.18	109.70	118.28
0.85	0.97	1.90	2.28	2.61	3.52	3.27
1.01	0.89	0.85	1.42	1.09	0.90	0.55
0.95	0.83	0.78	1.35	1.04	0.85	0.51
0.04	0.01	0.02	0.02	0.02	0.02	0.01
0.02	0.01	0.02	0.02	0.03	0.02	0.02
0.00	0.04	0.03	0.03	0.00	0.01	0.01
0.39	0.91	1.49	0.90	0.99	0.96	0.88
0.36	**1.30**	**1.23**	**0.72**	**0.41**	**0.31**	**0.31**
0.27	0.43	0.53	0.62	0.36	0.28	0.29
0.01	0.01	0.00	0.00	0.00	0.00	0.00
0.05	0.86	0.61	0.08	0.03	0.01	0.01
0.03	0.00	0.09	0.02	0.02	0.02	0.01
2.35	**2.10**	**2.50**	**1.83**	**1.81**	**1.02**	**0.40**
282.72	**274.43**	**269.61**	**253.98**	**242.78**	**266.47**	**238.98**
23.07	**21.77**	**20.26**	**22.64**	**21.67**	**24.67**	**19.18**

2-27 党的十八大以来畜牧业生产情况

项　目	Item	单位	Unit	2012	2013
一、畜禽存栏	**Livestock and Poultry Stocks**				
猪	Hogs	万头	10000 heads	187.71	193.70
牛	Cattle and Buffaloes	万头	10000 heads	24.95	23.64
1.肉牛	Beef Cattle	万头	10000 heads	12.05	11.53
2.奶牛	Cows	万头	10000 heads	12.80	12.01
羊	Sheep and Goats	万只	10000 heads	39.45	42.96
活家禽	Poultry	万只	10000 heads	2429.90	2606.62
其中：活鸡	Chickens	万只	10000 heads	2351.61	2489.05
二、畜禽出栏	**Number of Slaughtered Livestock and Poultry**				
猪	Hogs	万头	10000 heads	362.49	367.78
牛	Cattle and Buffaloes	万头	10000 heads	19.02	19.05
羊	Sheep and Goats	万只	10000 heads	61.97	61.39
活家禽	Poultry	万只	10000 heads	7654.99	7662.64
三、畜禽产品产量	**Output of Livestock and Poultry Products**				
猪肉	Pork	万吨	10000 tons	28.29	28.73
牛肉	Beef	万吨	10000 tons	3.26	3.28
羊肉	Mutton	万吨	10000 tons	1.40	1.41
禽肉	Poultry	万吨	10000 tons	10.81	10.83
禽蛋	Poultry Eggs	万吨	10000 tons	17.83	17.92
其中：鸡蛋	Hen's Eggs	万吨	10000 tons	12.04	12.16
牛奶	Cow Milk	万吨	10000 tons	56.46	56.77

Production of Animal Husbandry since the 18th CPC National Congress

2014	2015	2016	2017	2018	2019	2020	2021
191.52	187.80	180.80	179.95	196.91	124.26	162.33	171.18
24.40	23.16	23.21	25.85	24.57	25.68	28.16	29.06
12.22	12.32	12.39	13.84	13.27	14.68	17.45	18.68
12.08	10.74	10.75	11.95	11.30	11.00	10.71	10.38
43.87	44.63	43.82	43.48	41.93	39.23	45.22	49.98
2718.39	2590.18	2601.44	2294.51	2330.98	2432.77	2232.62	2150.90
2627.22	2498.61	2443.06	2158.35	2249.36	2334.01	2171.67	2115.50
370.45	360.39	355.43	297.22	278.56	197.78	193.99	203.87
19.43	19.62	20.07	19.49	16.69	14.10	14.39	14.94
62.97	63.32	63.51	55.22	49.17	34.21	36.05	40.89
7776.05	7492.90	7335.77	6137.62	5435.66	6786.50	6564.50	5717.73
28.78	27.85	27.67	22.59	21.24	15.64	15.35	17.07
3.36	3.39	3.45	3.39	2.85	2.53	2.67	2.79
1.47	1.49	1.49	1.42	1.18	0.85	0.87	1.04
10.91	10.73	10.39	8.67	8.55	11.27	10.56	9.43
18.28	18.87	19.13	18.99	19.41	19.36	20.83	19.15
17.17	16.26	17.78	17.75	19.08	19.03	20.47	18.70
57.31	50.03	50.04	52.05	48.04	47.37	50.07	51.81

三、人民生活

Chapter 3

PEOPLE’S LIVING CONDITIONS

3-1 全市居民家庭基本情况
Basic Conditions of Citywide Households (2017-2021)

项　目	Item	单位	Unit	2017	2018	2019	2020	2021
一、调查样本户数	**Number of Households Surveyed**	户	**household**	**3970**	**4000**	**4000**	**4000**	**4000**
1.城镇住户	Urban	户	household	3018	3200	3200	3200	3200
2.农村住户	Rural	户	household	952	800	800	800	800
二、调查样本户结构	**Structure of Household**							
1.城镇住户	Urban	%		76.0	80.0	80.0	80.0	80.0
2.农村住户	Rural	%		24.0	20.0	20.0	20.0	20.0
三、住户基本情况	**Basic Conditions of Households**							
户均常住成员	Average Number of Permanent Residents Per Household	人/户	person/household	2.87	2.86	2.85	2.84	2.80
户均就业成员	Average Number of Employees Per Household	人/户	person/household	1.48	1.43	1.39	1.31	1.33
平均每户就业人口比重	Average Employment Proportion Per Household	%		51.6	50.1	48.6	46.0	47.4
平均每一就业者负担人口	Average Number of Dependents Per Employee	人	person	1.94	1.99	2.06	2.18	2.11
四、住户常住成员户口登记地	**Registered Location of Permanent Residents**							
1.本村(居委会)	Home Village or Residents' Committee	%		80.7	73.5	74.6	74.4	75.7
2.村外乡(镇、街道)内	Outside Home Village	%		4.8	7.8	6.9	7.1	7.4
3.乡外县(区)内	Outside Home Township Residential District	%		3.4	5.7	5.7	5.8	5.1
4.县外市内	Outside Home County (District)	%		6.2	7.3	7.0	6.9	7.6
5.市外省内	Outside Home Municipality	%						
6.省外	Outside Home Province	%		4.9	5.7	5.7	5.8	4.3
7.其他(如户口待定)	Others	%						
五、住户6周岁及以上成员受教育程度	**Education Level of Residents Above 6-Year-Old**							
1.未上过学	Non-Educated	%		1.4	1.8	1.4	1.5	1.2
2.小学	Primary School	%		15.5	15.5	15.3	15.7	14.1
3.初中	Junior Middle School	%		36.7	31.3	31.5	31.4	31.5
4.高中	Senior Middle School	%		22.9	20.8	21.4	21.5	21.9
5.大学专科	Junior College	%		11.8	14.0	14.2	14.1	13.8
6.大学本科	Undergraduate College	%		10.6	15.0	14.5	14.2	15.8
7.研究生	Graduate	%		1.1	1.6	1.6	1.6	1.8
六、住户从业人员参加养老保险情况	**Pension Insurance**							
其中：1.新型农村社会养老保险	The New Rural Community Pension Insurance	%		0.8	0.9			
2.城镇职工基本养老保险	Urban Employee Pension Insurance	%		55.4	62.2	61.7	62.6	68.3
3.城乡居民基本养老保险	Urban-Rural Residents Basic Pension Insurance	%		25.2	22.0	23.0	23.1	22.8
4.商业养老保险	Business Pension Insurance	%		0.9	1.3	1.6	1.3	1.1
5.其他养老保险	Others	%						
6.没有参加任何养老保险	No Pension Insurance	%		17.7	13.6	14.5	13.6	8.4
七、住户从业人员参加医疗保险情况	**Medical Care Insurance**							
1.新型农村合作医疗	The New Rural Cooperative Medical Care Insurance	%		0.8	1.0	1.1	1.1	0.7
2.城镇职工基本医疗保险	Urban Employee Basic Medical Care Insurance	%		52.7	59.2	60.8	60.8	65.9
3.城乡居民基本医疗保险	Urban-Rural Residents Basic Medical Care Insurance	%		44.0	37.0	35.5	36.1	32.3
4.公费医疗	Socialized Medical Care	%						
5.商业医疗保险	Business Medical Care Insurance	%		0.9	1.4	2.5	2.4	2.6
6.其他医疗保险	Others	%						
7.没有参加任何医疗保险	No Medical Care Insurance	%		1.6	1.4	1.8	1.2	0.8

3-1 续表 1 continued

项目	Item	单位	Unit	2017	2018	2019	2020	2021
八、住户从业人员行业分布	**Industry Distribution**							
1.第一产业	Primary Industry	%		4.9	4.9	4.2	4.0	5.9
2.第二产业	Secondary Industry	%		34.8	29.8	29.1	29.8	30.1
3.第三产业	Tertiary Industry	%		60.3	65.3	66.7	66.2	64.0
九、住户从业人员职业分布	**Profession Distribution**							
1.国家机关、党群组织、企业、事业单位负责人	Directors of Government Agency, CPC or Mass Organizations, Enterprises and Institutions	%		1.3	1.0	1.2	1.0	1.1
2.专业技术人员	Professional Staff	%		18.9	19.3	17.9	17.5	17.0
3.办事人员和有关人员	Clerks	%		22.9	27.6	28.8	29.3	30.2
4.商业、服务业人员	Commercial and Service Personnel	%		24.5	25.7	27.4	28.3	28.4
5.农、林、牧、渔、水利业生产人员	Primary Industry and Irrigation Workers	%		5.1	5.1	4.3	4.1	6.1
6.生产、运输设备操作人员及有关人员	Equipment Operators	%		27.2	21.2	20.3	19.8	17.2
7.军人	Soldiers	%		0.1	0.1	0.1	0.1	0.0
8.不便分类的其他从业人员	Others	%						
十、住户从业人员就业分布	**Employment Distribution**							
1.雇主	Employers	%		0.3	0.3	0.3	0.1	0.3
2.公职人员	Public Servants	%		1.9	2.0	1.6	1.3	1.4
3.事业单位人员	Institutions Staff	%		5.0	7.9	7.3	7.0	7.2
4.国有企业雇员	State-Owned Enterprise Employees	%		12.3	11.5	10.7	9.9	10.8
5.其他雇员	Other Employees	%		66.7	66.0	68.3	70.3	67.8
6.农业自营	Agricultural Managers	%		4.3	4.1	3.3	3.2	4.8
7.非农自营	Secondary and Tertiary Industry Managers	%		9.5	8.2	8.4	8.2	7.6
十一、住户成员健康状况	**Health Condition**							
1.健康	Healthy	%		89.6	89.9	89.8	89.8	92.4
2.基本健康	General Healthy	%		8.4	7.7	7.5	7.6	5.8
3.不健康，但生活能自理	Unhealthy but Independent	%		1.8	2.0	2.1	2.1	1.5
4.生活不能自理	Dependent	%		0.2	0.4	0.6	0.5	0.4
十二、常住居民收入与支出	**Income and Expenditure**							
全体居民人均可支配收入	Per-Capita Disposable Income	元/人	yuan/person	37022	39506	42404	43854	47449
全体居民人均消费支出	Per-Capita Consumption Expenditure	元/人	yuan/person	27841	29903	31854	28461	33188
平均消费倾向	Average Propensity to Consume	%		75.2	75.7	75.1	64.9	69.9
十三、住户现住房居住空间样式	**Housing Style**							
1.单栋楼房	Single Building	%		0.5	0.9	0.8	0.8	1.1
2.单栋平房	Single Bungalow	%		24.3	22.7	21.5	21.8	21.9
3.四居室及以上单元房	Apartment with 4 Bedrooms or More	%		0.3	0.5	0.3	0.3	0.4
4.三居室单元房	Apartment with 3 Bedrooms	%		9.1	12.7	12.3	12.0	13.4
5.二居室单元房	Apartment with 2 Bedrooms	%		46.3	48.2	50.4	50.5	50.2
6.一居室单元房	Apartment with 1 Bedroom	%		13.5	12.9	12.6	12.5	11.3
7.筒子楼或连片平房	Tube-Shaped Apartment or Cottage	%		5.4	2.1	2.1	2.1	1.8
8.其他	Others	%		0.6				
十四、住户现住房房屋来源	**Source of House**							
1.租赁公房	Rent Public House	%		10.4	8.2	7.3	7.0	6.5
2.租赁私房	Rent Private House	%		2.3	4.4	4.4	4.3	2.5
3.自建住房	Self-Help House	%		25.6	23.2	22.6	22.7	22.5
4.购买商品房	Purchased Commercial House	%		31.0	41.5	43.1	42.9	47.0
5.购买房改住房	Purchased Public House	%		14.5	10.9	10.1	10.5	7.8
6.购买保障性住房	Purchased Social House	%		2.5	1.9	1.9	1.7	2.1
7.拆迁安置房	Resettlement House	%		10.1	8.2	8.6	9.0	10.0
8.其他	Others	%		3.6	1.7	2.1	1.8	1.6

3-1 续表 2 continued

项 目	Item	单位 Unit	2017	2018	2019	2020	2021
十五、住户主要饮用水来源情况	**Source of Drinking Water**						
1.经过净化处理的自来水	Tap Water	%	96.5	95.6	95.6	96.0	96.0
2.受保护的井水和泉水	Protected Wells and Springs	%	2.3	2.4	3.2	2.7	2.7
3.不受保护的井水和泉水	Unprotected Wells and Springs	%					
4.江河湖泊水	River and Lake Water	%					
5.收集雨水	Collected Rain Water	%					
6.桶装水	Bottled Water	%	1.2	2.0	1.3	1.3	1.3
7.其他水源	Others	%					
十六、住户主要取暖用能源状况	**Fuel for Heating**						
1.柴草	Firewood	%					
2.煤炭	Coal	%	20.8	13.5	5.5	4.4	2.1
3.罐装液化石油气	Canned Liquefied Petroleum Gas	%					
4.管道液化石油气	Pipeline Liquefied Petroleum Gas	%					
5.管道煤气	Pipeline Coal Gas	%					
6.管道天然气	Pipeline Natural Gas	%	2.9	11.0	7.3	9.2	7.6
7.电	Electricity	%	3.7	3.5	4.4	5.1	6.3
8.燃料用油	Fuel Oil	%					
9.沼气	Methane	%					
10.其他	Others	%					
11.集中供暖	Central Heating	%	72.6	72.0	82.8	81.3	84.0
十七、住户主要炊用能源状况	**Fuel for Cooking**						
1.柴草	Firewood	%	0.2	0.2	0.3	0.1	0.1
2.煤炭	Coal	%	1.7	1.0	0.1	0.1	
3.罐装液化石油气	Canned Liquefied Petroleum Gas	%	23.2	20.8	17.5	16.8	12.4
4.管道液化石油气	Pipeline Liquefied Petroleum Gas	%					
5.管道煤气	Pipeline Coal Gas	%					
6.管道天然气	Pipeline Natural Gas	%	69.7	74.8	78.8	79.7	83.5
7.电	Electricity	%	2.2	2.2	2.5	2.4	3.1
8.燃料用油	Fuel Oil	%					
9.沼气	Methane	%					
10.其他	Others	%					
11.无炊用行为	No Cooking Behavior	%	3.0	1.0	0.8	0.9	0.9
十八、住户厕所类型	**Toilet Type**						
1.水冲式卫生厕所	Sanitary Water Flush Toilet	%	85.3	87.9	94.0	96.6	99.2
2.水冲式非卫生厕所	Non-Sanitary Water Flush Toilet	%					
3.卫生旱厕	Sanitary Dry Toilet	%	4.4	2.1	2.9	2.3	0.7
4.普通旱厕	Common Dry Toilet	%	6.1	4.9	2.8	0.8	0.1
5.无厕所	No Toilet	%	4.2	5.1	0.3	0.3	
十九、住户洗澡设施情况	**Bath Facilities**						
1.统一供热水	Unified Supply of Hot Water	%	5.7	4.8	4.1	4.0	3.9
2.家庭自装热水器	Water Heater Installed by Household	%	88.4	91.6	92.4	93.3	94.3
3.其他	Others	%	1.4	0.5	1.0	1.1	0.6
4.无洗澡设施	No Bath Facilities	%	4.5	3.1	2.4	1.7	1.2

3-2 全市居民人均食品消费量
Per Capita Consumption of Foods of Citywide Households (2017-2021)

单位：公斤 (kg)

项　目	Item	2017	2018	2019	2020	2021
粮食	Grain	120.1	118.3	115.2	111.1	107.2
#谷物	Cereals	109.7	107.9	104.6	100.2	96.0
薯类	Tuber	3.1	3.2	3.2	3.5	3.3
豆类	Beans and Products	7.3	7.2	7.3	7.5	8.0
食用油	Edible Oil and Fats	11.9	9.9	8.7	9.6	8.5
蔬菜及食用菌	Vegetables and Edible Fungi	118.3	116.8	114.1	117.2	116.3
#鲜菜	Fresh Vegetables	114.8	113.2	110.6	113.5	112.4
肉及制品	Meat and Meat Products	26.5	26.9	24.7	23.8	27.5
#猪肉	Pork	15.8	16.8	15.0	14.1	17.6
牛羊肉	Beef and Mutton	6.2	5.6	5.4	5.6	5.4
家禽及制品	Poultry and Poultry Products	5.6	5.7	6.1	7.0	6.7
水产及制品	Aquatic Products	16.9	16.7	17.4	16.8	17.3
蛋类及蛋制品	Eggs and Related Products	18.3	17.7	18.5	21.5	20.0
#鲜蛋	Eggs	17.5	17.0	17.7	20.7	19.3
奶和奶制品	Milk and Dairy Products	18.4	18.6	17.0	16.8	17.2
干鲜瓜果类	Dried and Fresh Melons and Fruits	75.3	86.2	90.1	85.8	85.5
#鲜瓜果	Fresh Melons and Fruits	68.8	78.8	82.6	78.7	77.6
糖果糕点类	Confectionery	8.4	9.6	8.9	8.0	9.5
白酒	Wine	3.8	3.4	3.3	2.8	3.1

3-3 全市居民家庭年末每百户主要耐用消费品拥有量
Main Durable Goods Owned Per 100 Households Citywide (2017-2021)

项　目	Item	单位	unit	2017	2018	2019	2020	2021
摩托车	Motorcycle	辆	unit	6.4	4.4	4.0	3.9	2.7
助力车	Electric Bicycle	辆	unit	47.9	45.8	50.3	51.6	57.3
家用汽车	Automobile	辆	unit	41.2	44.8	47.8	52.7	57.6
洗衣机	Washing Machine	台	set	99.9	101.1	102.0	100.1	100.1
电冰箱(柜)	Refrigerator	台	set	101.0	103.3	104.4	104.1	104.6
彩色电视机	Color Television Set	台	set	118.8	111.5	112.0	111.4	109.9
家用电脑	Micro-Computer	台	set	70.2	70.6	68.6	66.9	60.8
照相机	Camera	架	set	29.6	20.7	19.3	18.5	12.8
微波炉	Microwave Oven	台	set	71.5	71.9	71.6	69.5	70.8
空调器	Air Conditioner	台	set	129.8	140.9	150.5	160.3	175.2
热水器	Water Heater	台	set	93.7	96.4	96.1	98.3	96.2
固定电话	Telephone	部	set	38.9	35.4	28.8	27.3	21.5
移动电话	Mobile Telephone	部	set	222.8	233.1	235.7	235.8	239.1

3-4 城乡居民人均可支配收入和消费支出

Per Capita Disposable Income and Consumption Expenditure of Urban and Rural Households (1978-2021)

单位：元 (yuan)

年 度 Year	人均可支配收入 Per Capita Disposable Income			人均消费支出 Per Capita Consumption Expenditure		
	城镇居民 Urban Households	农村居民 Rural Households	城乡居民收入比（农村居民收入＝100）Ratio of Urban-Rural Households' Income (Rural Households' Disposable Income=100)	城镇居民 Urban Households	农村居民 Rural Households	城乡居民消费支出比（农村居民消费＝100）Ratio of Urban-Rural Households' Consumption Expenditure (Rural Households' Consumption Expenditure=100)
1978	388	153	253.6	345	132	261.4
1979	425	179	237.4	385	135	285.2
1980	527	278	189.6	475	208	228.0
1981	540	298	181.3	486	249	195.0
1982	577	326	176.9	497	267	186.4
1983	604	412	146.7	521	336	154.8
1984	728	505	144.3	600	371	161.7
1985	876	565	155.2	771	426	180.9
1986	1070	635	168.5	949	480	197.6
1987	1187	749	158.4	1071	539	198.8
1988	1330	891	149.2	1279	714	179.1
1989	1478	1020	144.9	1291	781	165.2
1990	1639	1069	153.3	1440	733	196.6
1991	1845	1169	157.9	1586	796	199.3
1992	2238	1309	171.0	1907	847	225.3
1993	2769	1473	188.0	2322	938	247.6
1994	3982	1836	216.9	3301	1161	284.4
1995	4930	2406	204.9	4064	1548	262.5
1996	5967	3000	198.9	4680	1957	239.1
1997	6609	3244	203.8	5204	1882	276.5
1998	7053	3388	208.2	5482	2008	273.1
1999	7527	3396	221.7	5875	1963	299.3
2000	7946	3598	220.9	6158	2088	294.9
2001	8672	3911	221.7	7045	2179	323.4
2002	8968	4229	212.1	7265	2334	311.2
2003	9823	4502	218.2	7964	2543	313.2
2004	10831	4938	219.4	8930	2945	303.2
2005	11839	5475	216.2	9813	3442	285.1
2006	13266	6096	217.6	10745	3850	279.1
2007	15062	6845	220.1	12280	4142	296.5
2008	17726	7705	230.0	13732	4550	301.8
2009	19371	8441	229.5	15174	5167	293.7
2010	21800	9764	223.3	17015	6072	280.2
2011	24158	11941	202.3	18928	8273	228.8
2012	26586	13593	195.6	20572	10254	200.6
2013	28980	15353	188.8	22306	12491	178.6
2014	31506	17014	185.2	24290	13739	176.8
2015	34101	18482	184.5	26230	14739	178.0
2016	37110	20076	184.8	28345	15912	178.1
2017	40278	21754	185.2	30284	16386	184.8
2018	42976	23065	186.3	32655	16863	193.6
2019	46119	24804	185.9	34811	17843	195.1
2020	47659	25691	185.5	30895	16844	183.4
2021	51486	27955	184.2	36067	19285	187.0

注：本表2013年及以后为一体化住户调查新口径数据，2012年及以前数据为按可比口径回溯获得。表3-5至3-6同。

Note: The data of the year 2013 and later in the table are integrated household survey data in new scope, the year 2012 and before are reckoned at comparable coverage. Same as table 3-5 to 3-6.

3-5 城乡居民人均可支配收入和消费支出实际指数

Real Indices of Per Capita Disposable Income and Consumption Expenditure of Urban and Rural Households (1978-2021)

年度 Year	人均可支配收入实际指数 Real Index of Per Capita Disposable Income (1978=100)		人均消费支出实际指数 Real Index of Per Capita Consumption Expenditures(1978=100)	
	城镇居民 Urban Households	农村居民 Rural Households	城镇居民 Urban Households	农村居民 Rural Households
1978	100.0	100.0	100.0	100.0
1979	108.4	115.8	110.6	101.3
1980	127.8	171.2	129.6	148.7
1981	129.2	180.9	131.0	175.6
1982	137.5	197.2	133.3	187.0
1983	143.4	247.7	139.1	234.9
1984	169.8	298.2	157.4	254.4
1985	180.5	294.9	178.8	258.2
1986	206.5	310.8	206.3	272.4
1987	214.5	343.5	218.1	286.3
1988	205.5	349.7	222.6	324.4
1989	199.1	349.0	196.1	309.8
1990	214.5	354.9	212.4	282.2
1991	219.2	352.4	212.2	278.0
1992	238.7	354.2	229.2	265.5
1993	251.1	338.9	237.4	250.1
1994	291.3	340.6	272.3	249.6
1995	312.8	387.3	290.9	288.8
1996	347.6	443.1	307.2	335.0
1997	373.3	464.3	331.4	312.6
1998	400.1	487.1	350.6	335.1
1999	431.8	493.4	380.1	331.4
2000	457.7	524.5	399.9	353.9
2001	493.4	563.3	451.8	364.9
2002	512.1	611.2	467.7	392.6
2003	555.1	644.2	507.4	423.2
2004	598.4	690.6	556.1	479.1
2005	644.5	754.8	602.3	551.9
2006	711.5	828.0	649.9	608.2
2007	774.9	892.6	712.9	628.3
2008	865.5	953.3	756.4	655.3
2009	955.5	1055.3	844.1	751.6
2010	1038.7	1179.9	914.2	853.1
2011	1096.8	1375.7	969.0	1107.3
2012	1175.8	1524.3	1025.2	1336.5
2013	1242.8	1669.1	1077.5	1578.4
2014	1326.1	1814.3	1151.9	1703.1
2015	1411.0	1937.7	1223.3	1796.8
2016	1504.1	2061.7	1295.5	1901.0
2017	1598.9	2189.5	1355.0	1918.1
2018	1672.4	2274.9	1432.3	1935.4
2019	1747.5	2382.1	1486.7	1994.0
2020	1770.2	2417.9	1293.4	1844.5
2021	1887.1	2785.4	1389.1	2084.3

3-6 城乡居民平均消费率和恩格尔系数

The Average Consumption Rate & Engel's Coefficient of Urban and Rural Households (1978-2021)

单位：%　　　　(%)

年 度 Year	城镇居民 Urban Households		农村居民 Rural Households	
	平均消费率 Average Consumption Rate	恩格尔系数 Engel's Coefficient	平均消费率 Average Consumption Rate	恩格尔系数 Engel's Coefficient
1978	88.9	58.1	86.3	59.8
1979	90.6	57.0	75.4	64.4
1980	90.1	54.9	74.8	56.7
1981	90.0	55.8	83.8	50.6
1982	86.1	58.5	81.9	50.6
1983	86.2	61.2	81.7	48.7
1984	82.4	60.9	73.8	49.2
1985	88.0	54.4	75.5	47.4
1986	88.7	54.5	75.6	49.0
1987	90.2	54.0	72.0	49.9
1988	96.2	52.1	80.1	46.1
1989	87.4	58.6	76.6	47.8
1990	87.9	57.9	68.6	54.0
1991	85.9	58.6	68.1	52.4
1992	85.2	57.6	64.7	51.0
1993	83.9	54.6	63.7	50.6
1994	82.9	52.1	63.2	56.3
1995	82.4	52.1	64.3	57.0
1996	78.4	51.3	65.3	52.3
1997	78.7	46.7	58.0	51.1
1998	77.7	43.6	59.3	46.1
1999	78.1	41.8	57.8	47.6
2000	77.5	39.8	58.0	39.5
2001	81.2	36.3	55.7	42.0
2002	81.0	35.2	55.2	36.8
2003	81.1	36.0	56.5	36.8
2004	82.4	35.3	59.7	36.4
2005	82.9	34.5	62.9	36.0
2006	81.0	32.6	63.2	33.5
2007	81.5	32.9	60.5	35.4
2008	77.5	34.4	59.1	37.4
2009	78.3	33.7	61.2	39.5
2010	78.1	32.9	62.2	37.3
2011	78.4	32.9	69.3	30.6
2012	77.4	33.2	75.4	32.0
2013	77.0	32.6	81.4	30.9
2014	77.1	33.2	80.8	31.4
2015	76.9	32.2	79.8	29.5
2016	76.4	30.6	79.3	31.3
2017	75.2	31.2	75.3	29.6
2018	76.0	28.8	73.1	29.6
2019	75.5	27.9	71.9	30.8
2020	64.8	29.5	65.6	33.4
2021	70.1	26.9	69.0	33.1

3-7 全市居民人均可支配收入及构成
Per Capita Disposable Income and Composition of Citywide Households (2017-2021)

项目	Item	2017	2018	2019	2020	2021
人均可支配收入(元)	**Per Capita Disposable Income (yuan)**	**37022**	**39506**	**42404**	**43854**	**47449**
工资性收入	Income of Wages and Salaries	23165	25119	27002	27339	29775
经营净收入	Net Business Income	3262	3344	3095	2797	3243
财产净收入	Net Income from Property	3505	3587	3908	4240	4576
转移净收入	Net Income from Transfer	7090	7456	8398	9478	9855
#养老金或离退休金	Pensions and Retirement Pay	8349	8601	9675	10579	10996
人均可支配收入构成(%)	**Composition of Per Capita Disposable Income (%)**	**100.0**	**100.0**	**100.0**	**100.0**	**100.0**
工资性收入	Income of Wages and Salaries	62.6	63.6	63.7	62.3	62.8
经营净收入	Net Business Income	8.8	8.4	7.3	6.4	6.8
财产净收入	Net Income from Property	9.5	9.1	9.2	9.7	9.6
转移净收入	Net Income from Transfer	19.1	18.9	19.8	21.6	20.8
#养老金或离退休金	Pensions and Retirement Pay	22.6	21.8	22.8	24.1	23.2

3-8 全市居民人均消费支出及构成
Per Capita Consumption Expenditure and Composition of Citywide Households (2017-2021)

项目	Item	2017	2018	2019	2020	2021
人均消费支出(元)	**Per Capita Consumption Expenditure (yuan)**	**27841**	**29903**	**31854**	**28461**	**33188**
食品烟酒	Food, Tobacco and Liquor	8647	8648	8984	8516	9138
衣　着	Clothing and Footwear	1945	1990	2000	1712	1872
居　住	Housing	5922	6406	6946	7035	7520
生活用品及服务	Household Equipments, Furnishings and Services	1655	1818	1957	1669	1941
交通通信	Transport and Communications	3745	4281	4236	3779	4390
教育文化娱乐	Education, Culture and Recreation	2691	3187	3584	2254	3372
医疗保健	Health Care and Medical Services	2390	2677	2992	2646	3748
其他用品及服务	Miscellaneous Goods and Services	846	896	1155	850	1207
人均消费支出构成(%)	**Composition of Per Capita Consumption Expenditure (%)**	**100.0**	**100.0**	**100.0**	**100.0**	**100.0**
食品烟酒	Food, Tobacco and Liquor	31.1	28.9	28.2	29.9	27.5
衣　着	Clothing and Footwear	7.0	6.7	6.3	6.0	5.6
居　住	Housing	21.3	21.4	21.8	24.7	22.7
生活用品及服务	Household Equipments, Furnishings and Services	5.9	6.1	6.1	5.9	5.8
交通通信	Transport and Communications	13.4	14.3	13.3	13.3	13.2
教育文化娱乐	Education, Culture and Recreation	9.7	10.7	11.3	7.9	10.2
医疗保健	Health Care and Medical Services	8.6	8.9	9.4	9.3	11.3
其他用品及服务	Miscellaneous Goods and Services	3.0	3.0	3.6	3.0	3.6

3-9 全市居民人均消费支出
Per Capita Consumption Expenditure of Citywide Households (2017-2021)

单位：元 (yuan)

项目	Item	2017	2018	2019	2020	2021
人均消费支出	**Per Capita Consumption Expenditure**	**27841**	**29903**	**31854**	**28461**	**33188**
(一)食品烟酒	Food, Tobacco and Liquor	8647	8648	8984	8516	9138
1.食品	Food	5453	5338	5270	5652	5395
2.烟酒	Tobacco and Liquor	816	727	749	701	766
3.饮料	Drink	209	231	247	232	271
4.饮食服务	Catering Services	2169	2352	2717	1931	2707
(二)衣着	Clothing and Footwear	1945	1990	2000	1712	1872
1.衣类	Clothes	1468	1546	1557	1318	1470
2.鞋类	Shoes	477	444	442	394	402
(三)居住	Housing	5922	6406	6946	7035	7520
1.租赁房房租	Rent of Rental Housing	220	330	323	304	210
2.住房维修及管理	Housing Maintenance and Management	639	700	750	752	908
3.水电燃料及其他	Water, Electricity, Fuel and Others	1223	1321	1430	1408	1395
4.自有住房折算租金	Imputed Rents of Owner-occupied Dwelling	3840	4055	4444	4572	5007
(四)生活用品及服务	Household Equipments, Furnishings and Services	1655	1818	1957	1669	1941
1.家具及室内装饰品	Furniture and Interior Decoration	244	275	332	241	340
2.家用器具	Household Appliances	439	417	411	363	430
3.家用纺织品	Home Textiles	116	107	117	108	133
4.家庭日用杂品	Family Daily Groceries	447	476	490	384	398
5.个人用品	Personal Products	363	414	486	465	500
6.家庭服务	Family Services	46	129	120	109	140
(五)交通通信	Transport and Communications	3745	4281	4236	3779	4390
1.交通	Transportations	2525	3173	3250	2823	3456
2.通信	Communications	1220	1108	986	955	934
(六)教育文化娱乐	Education, Culture and Recreation	2691	3187	3584	2254	3372
1.教育	Education	1354	1665	2005	1420	2283
2.文化娱乐	Culture and Recreation	1337	1522	1579	833	1089
(七)医疗保健	Health Care and Medical Services	2390	2677	2992	2646	3748
1.医疗器具及药品	Medical Equipment and Medicine	723	753	672	706	956
2.医疗服务	Medical Services	1667	1924	2319	1940	2792
(八)其他用品及服务	Miscellaneous Goods and Services	846	896	1155	850	1207
1.其他用品	Other Goods	448	427	538	337	515
2.其他服务	Other Services	398	469	617	514	692

3-10 城镇居民家庭基本情况
Basic Conditions of Urban Households (2017-2021)

项 目	Item	单位 Unit	2017	2018	2019	2020	2021
一、住户基本情况	**Basic Conditions of Households**						
户均常住成员	Average Number of Permanent Residents Per Household	人/户 person/household	2.79	2.82	2.82	2.82	2.77
户均就业成员	Average Number of Employees Per Household	人/户 person/household	1.42	1.39	1.34	1.28	1.27
平均每户就业人口比重	Average Employment Proportion Per Household	%	50.7	49.2	47.7	45.3	45.9
平均每一就业者负担人口	Average Number of Dependents Per Employee	人 person	1.97	2.03	2.10	2.21	2.18
二、住户常住成员户口登记地	**Registered Location of Permanent Residents**						
1.本村(居委会)	Home Village or Residents' Committee	%	77.4	68.3	69.8	69.9	71.1
2.村外乡(镇、街道)内	Outside Home Village	%	5.4	9.1	8.1	8.3	8.7
3.乡外县(区)内	Outside Home Township Residential District	%	4.0	6.8	6.8	6.8	6.0
4.县外市内	Outside Home County (District)	%	7.5	8.9	8.5	8.2	9.1
5.市外省内	Outside Home Municipality	%					
6.省外	Outside Home Province	%	5.7	6.9	6.8	6.8	5.1
7.其他(如户口待定)	Others	%					
三、住户6周岁及以上成员受教育程度	**Education Level of Residents Above 6-Year-Old**						
1.未上过学	Non-Educated	%	1.3	1.6	1.1	1.3	0.8
2.小学	Primary School	%	13.6	13.0	13.2	13.6	12.0
3.初中	Junior Middle School	%	33.0	26.8	26.9	26.9	26.7
4.高中	Senior Middle School	%	25.3	22.9	23.4	23.4	23.8
5.大学专科	Junior College	%	13.4	16.2	16.3	16.2	15.9
6.大学本科	Undergraduate College	%	12.1	17.6	17.1	16.7	18.6
7.研究生	Graduate	%	1.3	1.9	2.0	1.9	2.1
四、住户从业人员参加养老保险情况	**Pension Insurance**						
其中：1.新型农村社会养老保险	The New Rural Community Pension Insurance	%	1.0	1.0			
2.城镇职工基本养老保险	Urban Employee Basic Pension Insurance	%	64.3	72.6	73.1	72.8	78.7
3.城乡居民基本养老保险	Urban-Rural Residents Basic Pension Insurance	%	21.2	16.1	16.4	16.6	15.2
4.商业养老保险	Business Pension Insurance	%	0.8	1.1	1.6	1.3	1.0
5.其他养老保险	Others	%					
6.没有参加任何养老保险	No Pension Insurance	%	12.7	9.2	9.7	9.9	5.6
五、住户从业人员参加医疗保险情况	**Medical Care Insurance**						
1.新型农村合作医疗	The New Rural Cooperative Medical Care Insurance	%	1.1	1.2	1.4	1.4	0.8
2.城镇职工基本医疗保险	Urban Employee Basic Medical Care Insurance	%	61.5	69.7	72.4	71.2	76.9
3.城乡居民基本医疗保险	Urban-Rural Residents Basic Medical Care Insurance	%	34.5	26.1	23.4	25.2	21.1
4.公费医疗	Socialized Medical Care	%					
5.商业医疗保险	Business Medical Care Insurance	%	1.0	1.5	2.5	2.5	2.3
6.其他医疗保险	Others	%					
7.没有参加任何医疗保险	No Medical Care Insurance	%	1.9	1.5	1.9	1.4	0.8
六、住户从业人员行业分布	**Industry Distribution**						
1.第一产业	Primary Industry	%	1.3	1.3	1.1	1.1	1.1
2.第二产业	Secondary Industry	%	32.1	27.7	26.8	27.7	28.0
3.第三产业	Tertiary Industry	%	66.6	71.0	72.1	71.2	70.9
七、住户从业人员职业分布	**Profession Distribution**						
1.国家机关、党群组织、企业、事业单位负责人	Directors of Government Agency, CPC or Mass Organizations, Enterprises and Institutions	%	1.4	1.1	1.5	1.1	1.3

3-10 续表 1 continued

项 目	Item	单位 Unit		2017	2018	2019	2020	2021
2.专业技术人员	Professional Staff	%		19.4	21.1	19.4	19.2	20.2
3.办事人员和有关人员	Clerks	%		25.4	32.2	33.4	33.5	35.8
4.商业、服务业人员	Commercial and Service Personnel	%		26.9	27.0	28.0	28.7	28.0
5.农、林、牧、渔、水利业生产人员	Primary Industry and Irrigation Workers	%		1.5	1.3	1.1	1.1	1.1
6.生产、运输设备操作人员及有关人员	Equipment Operators	%		25.3	17.2	16.4	16.3	13.5
7.军人	Soldiers	%		0.1	0.1	0.1	0.1	0.1
8.不便分类的其他从业人员	Others	%						
八、住户从业人员就业分布	**Employment Distribution**							
1.雇主	Employers	%		0.3	0.3	0.3	0.1	0.3
2.公职人员	Public Servants	%		2.3	2.5	1.9	1.6	1.8
3.事业单位人员	Institutions Staff	%		6.0	9.5	8.9	8.5	8.9
4.国有企业雇员	State-owned Enterprise Employees	%		15.1	14.0	13.2	12.1	13.5
5.其他雇员	Other Employees	%		66.1	65.1	67.0	69.1	67.4
6.农业自营	Agricultural Managers	%		1.0	1.0	0.8	0.8	0.7
7.非农自营	Secondary and Tertiary Industry Managers	%		9.2	7.6	7.9	7.8	7.4
九、住户成员健康状况	**Health Condition**							
1.健康	Healthy	%		88.9	90.2	89.9	89.9	93.0
2.基本健康	General Healthy	%		9.1	7.8	7.7	7.8	5.3
3.不健康，但生活能自理	Unhealthy but Independent	%		1.8	1.7	1.8	1.8	1.3
4.生活不能自理	Dependent	%		0.2	0.3	0.6	0.5	0.4
十、常住居民收入与支出	**Income and Expenditure of Urban Households**							
城镇居民人均可支配收入	Per-Capita Disposable Income of Urban Households	元/人	yuan/person	40278	42976	46119	47659	51486
城镇居民人均消费支出	Per-Capita Consumption Expenditure of Urban Households	元/人	yuan/person	30284	32655	34811	30895	36067
平均消费倾向	Average Propensity to Consume of Urban Households	%		75.2	76.0	75.5	64.8	70.1
十一、住户现住房居住空间样式	**Housing Style**							
1.单栋楼房	Single Building	%		0.5	0.9	0.9	0.8	1.0
2.单栋平房	Single Bungalow	%		14.0	8.5	7.5	7.6	7.9
3.四居室及以上单元房	Apartment with 4 Bedrooms or More	%		0.3	0.6	0.4	0.4	0.5
4.三居室单元房	Apartment with 3 Bedrooms	%		10.3	15.0	14.4	14.1	15.8
5.二居室单元房	Apartment with 2 Bedrooms	%		53.7	57.4	59.9	60.1	59.6
6.一居室单元房	Apartment with 1 Bedroom	%		15.8	15.4	14.9	14.9	13.4
7.筒子楼或连片平房	Tube-Shaped Apartment or Cottage	%		4.7	2.2	2.1	2.1	1.9
8.其他	Others	%		0.7				
十二、住户现住房房屋来源	**Source of House**							
1.租赁公房	Rent Public House	%		12.3	9.8	8.8	8.4	7.3
2.租赁私房	Rent Private House	%		2.7	5.1	4.8	4.7	2.9
3.自建住房	Self-Help House	%		13.9	8.8	8.3	8.4	8.2
4.购买商品房	Purchased Commercial House	%		35.7	49.5	51.6	51.4	55.9
5.购买房改住房	Purchased Public House	%		17.1	13.1	12.1	12.6	9.4
6.购买保障性住房	Purchased Social House	%		2.9	1.9	1.9	1.7	2.5
7.拆迁安置房	Resettlement House	%		11.2	9.8	10.2	10.7	11.7
8.其他	Others	%		4.2	2.0	2.4	2.1	2.2

3-10 续表 2 continued

项 目	Item	单位 Unit	2017	2018	2019	2020	2021
十三、住户主要饮用水来源情况	**Source of Drinking Water**						
1.经过净化处理的自来水	Tap Water	%	96.8	95.7	96.3	96.7	98.0
2.受保护的井水和泉水	Protected Wells And Springs	%	1.8	2.3	2.3	1.9	0.5
3.不受保护的井水和泉水	Unprotected Wells And Springs	%					
4.江河湖泊水	River And Lake Water	%					
5.收集雨水	Collected Rain Water	%					
6.桶装水	Bottled Water	%	1.4	2.0	1.4	1.4	1.5
7.其他水源	Others	%					
十四、住户主要取暖用能源状况	**Fuel for Heating**						
1.柴草	Firewood	%					
2.煤炭	Coal	%	11.8	5.6	2.2	2.0	0.7
3.罐装液化石油气	Canned Liquefied Petroleum Gas	%					
4.管道液化石油气	Pipeline Liquefied Petroleum Gas	%					
5.管道煤气	Pipeline Coal Gas	%					
6.管道天然气	Pipeline Natural Gas	%	1.5	7.2	3.8	4.3	3.4
7.电	Electricity	%	2.7	1.6	1.7	1.9	2.3
8.燃料用油	Fuel Oil	%					
9.沼气	Methane	%					
10.其他	Others	%					
11.集中供暖	Central Heating	%	84.0	85.6	92.3	91.7	93.6
十五、住户主要炊用能源状况	**Fuel for Cooking**						
1.柴草	Firewood	%			0.3		
2.煤炭	Coal	%	1.3	0.7	0.1	0.1	
3.罐装液化石油气	Canned Liquefied Petroleum Gas	%	13.7	10.0	8.3	8.0	6.2
4.管道液化石油气	Pipeline Liquefied Petroleum Gas	%					
5.管道煤气	Pipeline Coal Gas	%					
6.管道天然气	Pipeline Natural Gas	%	80.0	87.5	89.4	90.0	91.7
7.电	Electricity	%	1.5	0.6	1.0	0.9	1.0
8.燃料用油	Fuel Oil	%					
9.沼气	Methane	%					
10.其他	Others	%					
11.无炊用行为	No Cooking Behavior	%	3.5	1.2	1.0	1.0	1.0
十六、住户厕所类型	**Toilet Type**						
1.水冲式卫生厕所	Sanitary Water Flush Toilet	%	90.2	94.5	97.8	99.1	99.8
2.水冲式非卫生厕所	Non-Sanitary Water Flush Toilet	%					
3.卫生旱厕	Sanitary Dry Toilet	%	3.2	1.1	0.8	0.3	0.1
4.普通旱厕	Common Dry Toilet	%	4.1	1.6	1.1	0.5	0.0
5.无厕所	No Toilet	%	2.5	2.8	0.3	0.1	
十七、住户洗澡设施情况	**Bath Facilities**						
1.统一供热水	Unified Supply of Hot Water	%	6.5	5.1	4.4	4.3	4.1
2.家庭自装热水器	Water Heater Installed by Household	%	88.4	91.9	93.3	94.1	94.7
3.其他	Others	%	0.7	0.4	0.4	0.3	0.1
4.无洗澡设施	No Bath Facilities	%	4.4	2.6	1.9	1.3	1.0

3-11 城镇居民人均食品消费量
Per Capita Consumption of Foods of Urban Households (2017-2021)

单位：公斤 (kg)

项目	Item	2017	2018	2019	2020	2021
粮食	Grain	115.9	109.5	106.1	101.9	97.2
#谷物	Cereals	105.6	99.4	96.1	91.4	86.6
薯类	Tuber	3.1	3.1	3.1	3.4	3.1
豆类	Beans and Products	7.2	7.0	6.9	7.1	7.5
食用油	Edible Oil and Fats	12.1	9.4	8.1	9.0	7.5
蔬菜及食用菌	Vegetables and Edible Fungi	120.0	118.5	116.4	119.6	116.2
#鲜菜	Fresh Vegetables	116.3	114.8	112.7	115.8	112.3
肉及制品	Meat and Meat Products	27.5	27.1	25.0	24.5	27.5
#猪肉	Pork	16.2	16.5	14.8	14.2	17.3
牛羊肉	Beef and Mutton	6.8	6.1	5.9	6.2	5.8
家禽及制品	Poultry and Poultry Products	6.0	6.0	6.4	7.2	6.8
水产品及制品	Aquatic Products	17.8	17.3	18.0	17.3	17.6
蛋类及蛋制品	Eggs and Related Products	18.6	18.2	18.8	21.6	19.9
#鲜蛋	Eggs	17.7	17.5	18.0	20.8	19.2
奶和奶制品	Milk and Dairy Products	20.4	20.2	18.4	18.2	18.6
干鲜瓜果类	Dried and Fresh Melons and Fruits	78.1	88.1	90.8	86.4	84.6
#鲜瓜果	Fresh Melons and Fruits	71.6	80.8	83.5	79.5	77.0
糖果糕点类	Confectionery	9.1	9.9	9.0	8.1	9.5
白酒	Wine	3.6	3.1	3.1	2.7	2.9

3-12 城镇居民家庭年末每百户主要耐用消费品拥有量
Main Durable Goods Owned Per 100 Urban Households (2017-2021)

项目	Item	单位	Unit	2017	2018	2019	2020	2021
摩托车	Motorcycle	辆	unit	2.6	1.9	1.7	1.7	1.0
助力车	Electric Bicycle	辆	unit	38.3	32.7	36.2	37.4	40.1
家用汽车	Automobile	辆	unit	41.7	46.0	48.5	54.0	60.1
洗衣机	Washing Machine	台	set	101.7	101.4	101.9	99.7	99.2
电冰箱(柜)	Refrigerator	台	set	102.5	103.2	104.0	103.7	102.8
彩色电视机	Color Television Set	台	set	116.1	109.6	110.4	109.7	107.9
家用电脑	Micro-Computer	台	set	79.2	77.4	75.2	73.1	65.9
照相机	Camera	架	set	33.8	24.0	22.6	21.8	15.0
微波炉	Microwave Oven	台	set	79.4	80.1	79.1	76.8	77.3
空调器	Air Conditioner	台	set	135.3	146.6	156.9	165.7	178.5
热水器	Water Heater	台	set	93.9	97.2	97.1	98.9	97.7
固定电话	Telephone	部	set	35.6	33.6	27.3	25.9	20.7
移动电话	Mobile Telephone	部	set	221.2	233.0	236.4	236.4	237.6

3-13 城镇居民人均可支配收入及构成
Per Capita Disposable Income and Composition of Urban Households (2017-2021)

项　目	Item	2017	2018	2019	2020	2021
人均可支配收入(元)	**Per Capita Disposable Income (yuan)**	**40278**	**42976**	**46119**	**47659**	**51486**
工资性收入	Income of Wages and Salaries	25303	27557	29588	30053	32679
经营净收入	Net Business Income	2772	2924	2697	2216	2638
财产净收入	Net Income from Property	4037	4150	4515	4824	5259
转移净收入	Net Income from Transfer	8166	8345	9319	10565	10910
#养老金或离退休金	Pensions and Retirement Pay	9742	9974	11218	12234	12690
人均可支配收入构成(%)	**Composition of Per Capita Disposable Income (%)**	**100.0**	**100.0**	**100.0**	**100.0**	**100.0**
工资性收入	Income of Wages and Salaries	62.8	64.1	64.2	63.1	63.5
经营净收入	Net Business Income	6.9	6.8	5.8	4.7	5.1
财产净收入	Net Income from Property	10.0	9.7	9.8	10.1	10.2
转移净收入	Net Income from Transfer	20.3	19.4	20.2	22.2	21.2
#养老金或离退休金	Pensions and Retirement Pay	24.2	23.2	24.3	25.7	24.6

3-14 城镇居民人均消费支出及构成
Per Capita Consumption Expenditure and Composition of Urban Households (2017-2021)

项　目	Item	2017	2018	2019	2020	2021
人均消费支出(元)	**Per Capita Consumption Expenditure (yuan)**	**30284**	**32655**	**34811**	**30895**	**36067**
食品烟酒	Food, Tobacco and Liquor	9456	9421	9719	9122	9708
衣　着	Clothing and Footwear	2119	2201	2195	1860	2037
居　住	Housing	6470	7037	7702	7770	8315
生活用品及服务	Household Equipments, Furnishings and Services	1774	1916	2051	1804	2105
交通通信	Transport and Communications	3924	4637	4596	4046	4736
教育文化娱乐	Education, Culture and Recreation	2979	3598	4062	2531	3784
医疗保健	Health Care and Medical Services	2600	2825	3179	2811	4021
其他用品及服务	Miscellaneous Goods and Services	962	1020	1307	951	1360
人均消费支出构成(%)	**Composition of Per Capita Consumption Expenditure (%)**	**100.0**	**100.0**	**100.0**	**100.0**	**100.0**
食品烟酒	Food, Tobacco and Liquor	31.2	28.8	27.9	29.5	26.9
衣　着	Clothing and Footwear	7.0	6.7	6.3	6.0	5.6
居　住	Housing	21.4	21.6	22.1	25.1	23.1
生活用品及服务	Household Equipments, Furnishings and Services	5.8	5.9	5.9	5.8	5.8
交通通信	Transport and Communications	13.0	14.2	13.2	13.1	13.1
教育文化娱乐	Education, Culture and Recreation	9.8	11.0	11.7	8.2	10.5
医疗保健	Health Care and Medical Services	8.6	8.7	9.1	9.1	11.1
其他用品及服务	Miscellaneous Goods and Services	3.2	3.1	3.8	3.1	3.8

3-15 城镇居民人均消费支出
Per Capita Consumption Expenditure of Urban Households (2017-2021)

单位：元 (yuan)

项　目	Item	2017	2018	2019	2020	2021
人均消费支出	**Per Capita Consumption Expenditure**	**30284**	**32655**	**34811**	**30895**	**36067**
(一)食品烟酒	Food, Tobacco and Liquor	9456	9421	9719	9122	9708
1.食品	Food	5892	5735	5634	6016	5633
2.烟酒	Tobacco and Liquor	859	743	760	698	753
3.饮料	Drink	223	254	269	253	293
4.饮食服务	Catering Services	2482	2689	3056	2156	3030
(二)衣着	Clothing and Footwear	2119	2201	2195	1860	2037
1.衣类	Clothes	1607	1719	1717	1439	1607
2.鞋类	Shoes	512	482	477	421	430
(三)居住	Housing	6470	7037	7702	7770	8315
1.租赁房房租	Rent of Rental Housing	258	382	359	353	248
2.住房维修及管理	Housing Maintenance and Management	683	713	795	802	955
3.水电燃料及其他	Water, Electricity, Fuel and Others	1291	1355	1482	1404	1424
4.自有住房折算租金	Imputed Rents of Owner-occupied Dwelling	4238	4587	5065	5211	5688
(四)生活用品及服务	Household Equipments, Furnishings and Services	1774	1916	2051	1804	2105
1.家具及室内装饰品	Furniture and Interior Decoration	274	302	380	266	377
2.家用器具	Household Appliances	457	416	444	387	457
3.家用纺织品	Home Textiles	124	117	126	115	143
4.家庭日用杂品	Family Daily Groceries	475	468	421	396	414
5.个人用品	Personal Products	392	465	542	514	550
6.家庭服务	Family Services	52	148	139	127	164
(五)交通通信	Transport and Communications	3924	4637	4596	4046	4736
1.交通	Transportations	2626	3453	3553	3030	3750
2.通信	Communications	1298	1184	1043	1015	987
(六)教育文化娱乐	Education, Culture and Recreation	2979	3598	4062	2531	3784
1.教育	Education	1439	1832	2228	1580	2536
2.文化娱乐	Culture and Recreation	1540	1766	1834	951	1248
(七)医疗保健	Health Care and Medical Services	2600	2825	3179	2811	4021
1.医疗器具及药品	Medical Equipment and Medicine	762	766	694	736	940
2.医疗服务	Medical Services	1838	2059	2485	2075	3081
(八)其他用品及服务	Miscellaneous Goods and Services	962	1020	1307	951	1360
1.其他用品	Other Goods	506	482	605	377	586
2.其他服务	Other Services	456	538	702	574	774

3-16 农村居民家庭基本情况
Basic Conditions of Rural Households (2017-2021)

项　　目	Item	单位	Unit	2017	2018	2019	2020	2021
一、住户基本情况	**Basic Conditions of Households**							
户均常住成员	Average Number of Permanent Residents Per Household	人/户	person/household	3.34	3.05	3.03	2.97	2.94
户均就业成员	Average Number of Employees Per Household	人/户	person/household	1.87	1.66	1.60	1.47	1.61
平均每户就业人口比重	Average Employment Proportion Per Household	%		56.0	54.6	52.7	49.4	54.5
平均每一就业者负担人口	Average Number of Dependents Per Employee	人	person	1.79	1.83	1.90	2.03	1.83
二、住户常住成员户口登记地	**Registered Location Of Permanent Residents**							
1.本村(居委会)	Home Village or Residents' Committee	%		96.1	97.6	97.9	97.8	97.9
2.村外乡(镇、街道)内	Outside Home Village	%		2.2	1.5	1.2	1.2	1.0
3.乡外县(区)内	Outside Home Township Residential District	%		0.7	0.5	0.4	0.5	0.4
4.县外市内	Outside Home County (District)	%		0.4	0.1	0.1	0.1	0.1
5.市外省内	Outside Home Municipality	%						
6.省外	Outside Home Province	%		0.6	0.3	0.3	0.4	0.5
7.其他(如户口待定)	Others	%						
三、住户6周岁及以上成员受教育程度	**Education Level of Residents Above 6-Year-Old**							
1.未上过学	Non-Educated	%		2.0	2.6	2.8	2.8	2.8
2.小学	Primary School	%		24.6	26.9	25.4	25.6	24.1
3.初中	Junior Middle School	%		54.4	52.4	53.2	52.8	53.9
4.高中	Senior Middle School	%		11.6	11.1	11.8	12.1	12.8
5.大学专科	Junior College	%		4.0	4.1	4.2	4.2	3.8
6.大学本科	Undergraduate College	%		3.3	2.8	2.6	2.5	2.4
7.研究生	Graduate	%		0.1	0.1	0.1	0.0	0.3
四、住户从业人员参加养老保险情况	**Pension Insurance**							
其中：1.新型农村社会养老保险	The New Rural Community Pension Insurance	%						
2.城镇职工基本养老保险	Urban Employee Basic Pension Insurance	%		10.2	11.2	12.7	12.8	17.2
3.城乡居民基本养老保险	Urban-Rural Residents Basic Pension Insurance	%		46.3	51.7	51.5	52.1	55.9
4.商业养老保险	Business Pension Insurance	%		1.5	2.0	1.5	1.6	1.8
5.其他养老保险	Others	%						
6.没有参加任何养老保险	No Pension Insurance	%		42.0	35.1	34.9	34.0	26.2
五、住户从业人员参加医疗保险情况	**Medical Care Insurance**							
1.新型农村合作医疗	The New Rural Cooperative Medical Care Insurance	%						
2.城镇职工基本医疗保险	Urban Employee Basic Medical Care Insurance	%		7.2	8.1	11.0	9.6	11.4
3.城乡居民基本医疗保险	Urban-Rural Residents Basic Medical Care Insurance	%		92.1	90.1	87.4	89.7	87.6
4.公费医疗	Socialized Medical Care	%						
5.商业医疗保险	Business Medical Care Insurance	%		0.7	1.0	2.4	2.0	4.1
6.其他医疗保险	Others	%						
7.没有参加任何医疗保险	No Medical Care Insurance	%			0.8	1.3	0.4	0.9
六、住户从业人员行业分布	**Industry Distribution**							
1.第一产业	Primary Industry	%		20.0	20.6	17.5	16.7	25.5
2.第二产业	Secondary Industry	%		46.3	39.0	39.2	38.6	38.5
3.第三产业	Tertiary Industry	%		33.7	40.4	43.3	44.7	36.0
七、住户从业人员职业分布	**Profession Distribution**							
1.国家机关、党群组织、企业、事业单位负责人	Directors of Government Agency, CPC or Mass Organizations, Enterprises And Institutions	%		0.8	0.3	0.3	0.2	0.2

3-16 续表 1 continued

项目	Item	单位	Unit	2017	2018	2019	2020	2021
2.专业技术人员	Professional Staff	%		16.9	11.4	11.2	9.9	3.7
3.办事人员和有关人员	Clerks	%		12.2	8.0	9.3	11.0	7.5
4.商业、服务业人员	Commercial and Service Personnel	%		14.2	20.5	24.4	26.7	30.1
5.农、林、牧、渔、水利业生产人员	Primary Industry and Irrigation Workers	%		20.5	21.4	17.9	17.3	26.1
6.生产、运输设备操作人员及有关人员	Equipment Operators	%		35.3	38.4	36.9	35.0	32.4
7.军人	Soldiers	%		0.1				
8.不便分类的其他从业人员	Others	%						
八、住户从业人员就业分布	**Employment Distribution**							
1.雇主	Employers	%		0.4	0.4	0.3		0.2
2.公职人员	Public Servants	%		0.1			0.1	
3.事业单位人员	Institutions Staff	%		0.7	1.0	0.5	0.7	0.3
4.国有企业雇员	State-Owned Enterprise Employees	%		0.3	0.8	0.4	0.3	0.1
5.其他雇员	Other Employees	%		69.4	69.7	74.0	75.5	69.4
6.农业自营	Agricultural Managers	%		18.2	17.4	14.1	13.4	21.7
7.非农自营	Secondary and Tertiary Industry Managers	%		10.9	10.7	10.6	10.0	8.2
九、住户成员健康状况	**Health Condition**							
1.健康	Healthy	%		93.1	88.7	89.3	89.1	89.2
2.基本健康	General Healthy	%		4.9	7.3	6.6	6.7	8.0
3.不健康，但生活能自理	Unhealthy but Independent	%		1.8	3.6	3.6	3.7	2.4
4.生活不能自理	Dependent	%		0.2	0.4	0.4	0.5	0.4
十、常住居民收入与支出	**Income and Expenditure of Rural Households**							
农村居民人均可支配收入	Per-Capita Disposable Income of Rural Households	元/人	yuan/person	21754	23065	24804	25691	27955
农村居民人均消费支出	Per-Capita Consumption Expenditure of Rural Households	元/人	yuan/person	16386	16863	17843	16844	19285
平均消费倾向	Average Propensity to Consume of Rural Households	%		75.3	73.1	71.9	65.6	69.0
十一、住户现住房居住空间样式	**Housing Style**							
1.单栋楼房	Single Building	%		1.1	0.7	0.7	0.7	1.5
2.单栋平房	Single Bungalow	%		81.8	95.6	93.0	92.9	94.0
3.四居室及以上单元房	Apartment with 4 Bedrooms or More	%				0.1		
4.三居室单元房	Apartment with 3 Bedrooms	%		2.8	1.3	1.6	1.7	0.9
5.二居室单元房	Apartment with 2 Bedrooms	%		5.1	0.9	2.1	2.3	1.8
6.一居室单元房	Apartment with 1 Bedroom	%		0.3	0.2	0.6	0.5	0.5
7.筒子楼或连片平房	Tube-Shaped Apartment or Cottage	%		8.9	1.3	2.0	1.9	1.4
8.其他	Others	%						
十二、住户现住房房屋来源	**Source of House**							
1.租赁公房	Rent Public House	%						
2.租赁私房	Rent Private House	%		0.2	0.6	2.5	2.4	0.3
3.自建住房	Self-Help House	%		91.8	97.0	95.2	95.0	96.1
4.购买商品房	Purchased Commercial House	%		4.2	0.5	0.1	0.1	1.5
5.购买房改住房	Purchased Public House	%						
6.购买保障性住房	Purchased Social House	%			1.5	1.6	1.6	
7.拆迁安置房	Resettlement House	%		3.8	0.4	0.3	0.4	1.5
8.其他	Others	%		0.0	0.0	0.3	0.5	0.7

3-16 续表 2 continued

项　目	Item	单 位 Unit	2017	2018	2019	2020	2021
十三、住户主要饮用水来源情况	**Source of Drinking Water**						
1.经过净化处理的自来水	Tap Water	%	94.1	93.6	92.2	92.7	92.8
2.受保护的井水和泉水	Protected Wells and Springs	%	5.8	5.3	7.2	6.8	6.8
3.不受保护的井水和泉水	Unprotected Wells and Springs	%					
4.江河湖泊水	River and Lake Water	%					
5.收集雨水	Collected Rain Water	%					
6.桶装水	Bottled Water	%	0.1	1.1	0.6	0.5	0.4
7.其他水源	Others	%					
十四、住户主要取暖用能源状况	**Fuel for Heating**						
1.柴草	Firewood	%					
2.煤炭	Coal	%	70.8	53.9	22.3	16.0	9.2
3.罐装液化石油气	Canned Liquefied Petroleum Gas	%					
4.管道液化石油气	Pipeline Liquefied Petroleum Gas	%					
5.管道煤气	Pipeline Coal Gas	%					
6.管道天然气	Pipeline Natural Gas	%	11.2	30.6	25.0	34.0	29.4
7.电	Electricity	%	9.4	13.0	18.2	21.4	26.6
8.燃料用油	Fuel Oil	%					
9.沼气	Methane	%					
10.其他	Others	%					
11.集中供暖	Central Heating	%	8.6	2.5	34.5	28.7	34.8
十五、住户主要炊用能源状况	**Fuel for Cooking**						
1.柴草	Firewood	%	0.9	0.8	0.8	0.4	0.2
2.煤炭	Coal	%	4.3	2.9	0.1	0.1	
3.罐装液化石油气	Canned Liquefied Petroleum Gas	%	76.1	76.6	64.0	61.8	44.4
4.管道液化石油气	Pipeline Liquefied Petroleum Gas	%					
5.管道煤气	Pipeline Coal Gas	%					
6.管道天然气	Pipeline Natural Gas	%	12.2	9.7	25.1	28.2	41.5
7.电	Electricity	%	6.5	10.0	10.0	9.6	13.9
8.燃料用油	Fuel Oil	%					
9.沼气	Methane	%					
10.其他	Others	%					
11.无炊用行为	No Cooking Behavior	%					
十六、住户厕所类型	**Toilet Type**						
1.水冲式卫生厕所	Sanitary Water Flush Toilet	%	58.7	57.1	74.3	84.5	96.2
2.水冲式非卫生厕所	Non-Sanitary Water Flush Toilet	%					
3.卫生旱厕	Sanitary Dry Toilet	%	13.6	8.6	13.7	12.5	3.7
4.普通旱厕	Common Dry Toilet	%	20.6	17.4	12.1	2.0	0.1
5.无厕所	No Toilet	%	7.1	16.9		1.0	
十七、住户洗澡设施情况	**Bath Facilities**						
1.统一供热水	Unified Supply of Hot Water	%	0.9	3.5	2.7	2.5	2.1
2.家庭自装热水器	Water Heater Installed by Household	%	88.3	90.2	87.9	88.9	92.2
3.其他	Others	%	5.1	1.0	4.4	4.8	3.0
4.无洗澡设施	No Bath Facilities	%	5.7	5.3	4.9	3.7	2.7

3-17 农村居民人均食品消费量
Per Capita Consumption of Foods of Rural Households (2017-2021)

单位：公斤 (kg)

项 目	Item	2017	2018	2019	2020	2021
粮食	Grain	142.4	159.7	158.2	155.0	155.8
#谷物	Cereals	134.3	148.4	145.2	141.8	141.6
薯类	Tuber	2.9	3.4	3.8	4.0	4.1
豆类	Beans and Products	5.2	7.9	9.2	9.3	10.1
食用油	Edible Oil and Fats	10.1	12.2	11.6	12.8	13.3
蔬菜及食用菌	Vegetables and Edible Fungi	99.0	108.7	103.5	105.5	116.7
#鲜菜	Fresh Vegetables	96.1	105.9	100.2	102.1	112.9
肉及制品	Meat and Meat Products	22.0	25.8	23.2	20.5	27.1
#猪肉	Pork	14.4	18.2	16.1	13.7	19.2
牛羊肉	Beef and Mutton	3.2	3.2	2.9	2.7	3.2
家禽及制品	Poultry and Poultry Products	4.1	4.7	5.1	6.3	6.4
水产品及制品	Aquatic Products	12.6	13.9	15.0	14.7	15.8
蛋类及蛋制品	Eggs and Related Products	16.7	15.3	17.1	20.9	20.2
#鲜蛋	Eggs	16.2	14.9	16.5	20.3	19.6
奶和奶制品	Milk and Dairy Products	11.5	11.0	10.2	10.4	10.6
干鲜瓜果类	Dried and Fresh Melons and Fruits	71.3	77.3	86.8	83.3	90.3
#鲜瓜果	Fresh Melons and Fruits	63.8	69.2	78.1	74.9	80.5
糖果糕点类	Confectionery	6.3	8.0	8.1	7.6	9.4
白酒	Wine	4.3	4.9	4.3	3.7	4.1

3-18 农村居民家庭年末每百户主要耐用消费品拥有量
Main Durable Goods Owned Per 100 Rural Households (2017-2021)

项 目	Item	单 位	Unit	2017	2018	2019	2020	2021
摩托车	Motorcycle	辆	unit	29.8	17.7	16.0	14.9	11.8
助力车	Electric Bicycle	辆	unit	84.3	112.9	121.8	122.7	145.8
家用汽车	Automobile	辆	unit	38.6	42.5	44.5	46.3	44.7
洗衣机	Washing Machine	台	set	99.5	100.8	102.3	102.0	104.6
电冰箱(柜)	Refrigerator	台	set	100.3	104.2	106.5	106.1	113.5
彩色电视机	Color Television Set	台	set	120.8	121.1	120.4	120.0	120.2
家用电脑	Micro-Computer	台	set	45.3	35.9	35.2	35.9	34.5
照相机	Camera	架	set	6.2	3.7	2.6	2.3	1.1
微波炉	Microwave Oven	台	set	37.3	37.9	36.7	32.5	37.7
空调器	Air Conditioner	台	set	81.9	111.6	121.2	132.9	157.8
热水器	Water Heater	台	set	93.0	92.4	91.0	95.5	88.0
固定电话	Telephone	部	set	57.8	44.9	36.8	34.3	25.6
移动电话	Mobile Telephone	部	set	214.5	233.4	232.4	232.6	246.5

3-19 农村居民人均可支配收入及构成
Per Capita Disposable Income and Composition of Rural Households (2017-2021)

项　目	Item	2017	2018	2019	2020	2021
人均可支配收入(元)	**Per Capita Disposable Income (yuan)**	**21754**	**23065**	**24804**	**25691**	**27955**
工资性收入	Income of Wages and Salaries	13139	13568	14750	14385	15749
经营净收入	Net Business Income	5562	5335	4985	5568	6162
财产净收入	Net Income from Property	1008	921	1034	1451	1280
转移净收入	Net Income from Transfer	2045	3241	4035	4287	4764
#养老金或离退休金	Pensions and Retirement Pay	1814	2094	2365	2677	2815
人均可支配收入构成(%)	**Composition of Per Capita Disposable Income (%)**	**100.0**	**100.0**	**100.0**	**100.0**	**100.0**
工资性收入	Income of Wages and Salaries	60.4	58.8	59.5	56.0	56.3
经营净收入	Net Business Income	25.6	23.1	20.1	21.7	22.0
财产净收入	Net Income from Property	4.6	4.0	4.2	5.6	4.6
转移净收入	Net Income from Transfer	9.4	14.1	16.3	16.7	17.0
#养老金或离退休金	Pensions and Retirement Pay	8.3	9.1	9.5	10.4	10.1

3-20 农村居民人均消费支出及构成
Per Capita Consumption Expenditure and Composition of Rural Households (2017-2021)

项　目	Item	2017	2018	2019	2020	2021
人均消费支出(元)	**Per Capita Consumption Expenditure (yuan)**	**16386**	**16863**	**17843**	**16844**	**19285**
食品烟酒	Food, Tobacco and Liquor	4852	4984	5499	5622	6385
衣　着	Clothing and Footwear	1128	992	1074	1002	1073
居　住	Housing	3354	3415	3367	3528	3678
生活用品及服务	Household Equipments, Furnishings and Services	1101	1357	1510	1026	1145
交通通信	Transport and Communications	2902	2595	2532	2504	2720
教育文化娱乐	Education, Culture and Recreation	1343	1237	1322	932	1386
医疗保健	Health Care and Medical Services	1407	1975	2104	1858	2427
其他用品及服务	Miscellaneous Goods and Services	299	308	435	372	472
人均消费支出构成(%)	**Composition of Per Capita Consumption Expenditure (%)**	**100.0**	**100.0**	**100.0**	**100.0**	**100.0**
食品烟酒	Food, Tobacco and Liquor	29.6	29.6	30.8	33.4	33.1
衣　着	Clothing and Footwear	6.9	5.9	6.0	6.0	5.6
居　住	Housing	20.5	20.3	18.9	20.9	19.1
生活用品及服务	Household Equipments, Furnishings and Services	6.7	8.0	8.5	6.1	5.9
交通通信	Transport and Communications	17.7	15.4	14.2	14.9	14.1
教育文化娱乐	Education, Culture and Recreation	8.2	7.3	7.4	5.5	7.2
医疗保健	Health Care and Medical Services	8.6	11.7	11.8	11.0	12.6
其他用品及服务	Miscellaneous Goods and Services	1.8	1.8	2.4	2.2	2.4

3-21 农村居民人均消费支出
Per Capita Consumption Expenditure of Rural Households (2017-2021)

单位：元 (yuan)

项 目	Item	2017	2018	2019	2020	2021
人均消费支出	**Per Capita Consumption Expenditure**	**16386**	**16863**	**17843**	**16844**	**19285**
(一)食品烟酒	Food, Tobacco and Liquor	4852	4984	5499	5622	6385
1.食品	Food	3391	3453	3547	3914	4244
2.烟酒	Tobacco and Liquor	616	653	696	717	831
3.饮料	Drink	141	123	142	134	164
4.饮食服务	Catering Services	704	755	1114	856	1146
(二)衣着	Clothing and Footwear	1128	992	1074	1002	1073
1.衣类	Clothes	814	725	797	740	809
2.鞋类	Shoes	314	267	277	262	264
(三)居住	Housing	3354	3415	3367	3528	3678
1.租赁房房租	Rent of Rental Housing	41	84	148	69	27
2.住房维修及管理	Housing Maintenance and Management	436	637	535	515	678
3.水电燃料及其他	Water, Electricity, Fuel and Others	906	1161	1185	1424	1255
4.自有住房折算租金	Imputed Rents of Owner-occupied Dwelling	1971	1533	1499	1521	1717
(四)生活用品及服务	Household Equipments, Furnishings and Services	1101	1357	1510	1026	1145
1.家具及室内装饰品	Furniture and Interior Decoration	102	149	106	122	158
2.家用器具	Household Appliances	352	425	258	249	302
3.家用纺织品	Home Textiles	78	64	76	78	82
4.家庭日用杂品	Family Daily Groceries	319	510	818	326	323
5.个人用品	Personal Products	229	173	224	230	254
6.家庭服务	Family Services	21	36	28	22	25
(五)交通通信	Transport and Communications	2902	2595	2532	2504	2720
1.交通	Transportations	2048	1847	1817	1836	2041
2.通信	Communications	854	748	716	669	679
(六)教育文化娱乐	Education, Culture and Recreation	1343	1237	1322	932	1386
1.教育	Education	956	872	952	658	1065
2.文化娱乐	Culture and Recreation	387	365	369	273	322
(七)医疗保健	Health Care and Medical Services	1407	1975	2104	1858	2427
1.医疗器具及药品	Medical Equipment and Medicine	544	689	568	563	1031
2.医疗服务	Medical Services	863	1286	1536	1296	1396
(八)其他用品及服务	Miscellaneous Goods and Services	299	308	435	372	472
1.其他用品	Other Goods	173	164	223	144	174
2.其他服务	Other Services	126	144	212	228	298

3-22 全国31省(自治区、直辖市)城乡居民人均可支配收入和增速
Per Capita Disposable Income and Growth of Urban and Rural Households by 31 Regions (2021)

地 区	Regions	全体居民(元) Urban and Rural Households (yuan)	增速 Growth (%)	城镇居民(元) Urban Households (yuan)	增速 Growth (%)	农村居民(元) Rural Households (yuan)	增速 Growth (%)
全 国	**National Average**	**35128**	**9.1**	**47412**	**8.2**	**18931**	**10.5**
北 京	Beijing	75002	8.0	81518	7.8	33303	10.5
天 津	Tianjin	47449	8.2	51486	8.0	27955	8.8
河 北	Hebei	29383	8.3	39791	6.7	18179	10.4
山 西	Shanxi	27426	8.8	37433	7.6	15308	10.3
内蒙古	Inner Mongolia	34108	8.3	44377	7.3	18337	10.7
辽 宁	Liaoning	35112	7.2	43051	6.6	19217	10.1
吉 林	Jilin	27770	7.8	35646	6.7	17642	9.8
黑龙江	Heilongjiang	27159	9.1	33646	8.1	17888	10.6
上 海	Shanghai	78027	8.0	82429	7.8	38521	10.3
江 苏	Jiangsu	47498	9.5	57743	8.7	26791	10.7
浙 江	Zhejiang	57541	9.8	68487	9.2	35247	10.4
安 徽	Anhui	30904	10.0	43009	9.0	18368	10.5
福 建	Fujian	40659	9.3	51140	8.4	23229	11.2
江 西	Jiangxi	30610	9.3	41684	8.1	18684	10.0
山 东	Shandong	35705	8.6	47066	7.6	20794	10.9
河 南	Henan	26811	8.1	37095	6.7	17533	8.8
湖 北	Hubei	30829	10.6	40278	9.7	18259	12.0
湖 南	Hunan	31993	8.9	44866	7.6	18295	10.3
广 东	Guangdong	44993	9.7	54854	9.1	22306	10.7
广 西	Guangxi	26727	8.8	38530	7.4	16363	10.4
海 南	Hainan	30457	9.1	40213	8.4	18076	11.0
重 庆	Chongqing	33803	9.7	43502	8.7	18100	10.6
四 川	Sichuan	29080	9.6	41444	8.3	17575	10.3
贵 州	Guizhou	23996	10.1	39211	8.6	12856	10.4
云 南	Yunnan	25666	10.2	40905	9.1	14197	10.6
西 藏	Tibet	24950	14.7	46503	13.0	16935	16.0
陕 西	Shaanxi	28568	8.9	40713	7.5	14745	10.7
甘 肃	Gansu	22066	8.5	36187	7.0	11433	10.5
青 海	Qinghai	25919	7.8	37745	6.3	13604	10.2
宁 夏	Ningxia	27904	8.4	38291	7.2	15337	10.4
新 疆	Xinjiang	26075	9.4	37642	8.0	15575	10.8

3-23 全国31省(自治区、直辖市)城乡居民人均消费支出和增速
Per Capita Consumption Expenditure and Growth of Urban and Rural Households by 31 Regions (2021)

地区	Regions	全体居民(元) Urban and Rural Households (yuan)	增速 Growth (%)	城镇居民(元) Urban Households (yuan)	增速 Growth (%)	农村居民(元) Rural Households (yuan)	增速 Growth (%)
全国	**National Average**	**24100**	**13.6**	**30307**	**12.2**	**15916**	**16.1**
北京	Beijing	43640	12.2	46776	12.1	23574	12.7
天津	Tianjin	33188	16.6	36067	16.7	19285	14.5
河北	Hebei	19954	10.6	24192	4.4	15391	21.7
山西	Shanxi	17191	9.3	21965	8.0	11410	10.9
内蒙古	Inner Mongolia	22658	14.5	27194	13.8	15691	15.4
辽宁	Liaoning	23831	15.3	28438	14.4	14606	18.6
吉林	Jilin	19605	13.2	24421	12.9	13411	13.0
黑龙江	Heilongjiang	20636	21.0	24422	19.7	15225	23.2
上海	Shanghai	48879	14.9	51295	14.4	27205	23.1
江苏	Jiangsu	31451	19.9	36558	18.4	21130	24.1
浙江	Zhejiang	36668	17.2	42193	16.6	25415	17.9
安徽	Anhui	21911	16.1	26495	16.8	17163	14.2
福建	Fujian	28440	13.2	33942	11.3	19290	18.1
江西	Jiangxi	20290	13.0	24587	11.1	15663	15.3
山东	Shandong	22821	9.0	29314	7.4	14299	12.9
河南	Henan	18391	13.9	23178	12.3	14073	15.3
湖北	Hubei	23846	23.9	28506	24.6	17647	21.9
湖南	Hunan	22798	8.6	28294	5.6	16951	13.2
广东	Guangdong	31589	10.9	36621	9.3	20012	16.8
广西	Guangxi	18088	10.6	22555	7.9	14165	14.0
海南	Hainan	22242	17.2	27565	17.0	15487	17.6
重庆	Chongqing	24598	13.5	29850	12.8	16096	13.8
四川	Sichuan	21518	8.8	26971	7.3	16444	10.0
贵州	Guizhou	17957	20.7	25333	23.1	12557	16.1
云南	Yunnan	18851	12.3	27441	11.7	12386	11.9
西藏	Tibet	15342	16.0	28159	13.0	10577	18.6
陕西	Shaanxi	19347	11.1	24784	8.4	13158	15.7
甘肃	Gansu	17456	7.9	25757	4.6	11206	12.9
青海	Qinghai	19020	4.0	24513	0.8	13300	9.6
宁夏	Ningxia	20024	14.4	25386	13.4	13536	15.5
新疆	Xinjiang	18961	14.8	25724	12.1	12821	19.0

3-24 全国31省(自治区、直辖市)城乡居民人均可支配收入(分季度)
Per Capita Disposable Income of Urban and Rural Households by 31 Regions (by Quarters) (2021)

单位：元 (yuan)

地区	Regions	一季度 The First Quarter			上半年 The First Half		
		全体居民 Urban and Rural Households	城镇居民 Urban Households	农村居民 Rural Households	全体居民 Urban and Rural Households	城镇居民 Urban Households	农村居民 Rural Households
全 国	**National Average**	**9730**	**13120**	**5398**	**17642**	**24125**	**9248**
北 京	Beijing	19585	21189	9326	38138	41381	17383
天 津	Tianjin	13348	14512	7820	24625	26844	14013
河 北	Hebei	7383	9980	4745	14340	19134	9360
山 西	Shanxi	6779	9267	3879	12621	17637	6690
内蒙古	Inner Mongolia	9089	11536	5402	16259	22168	7295
辽 宁	Liaoning	9439	10999	6393	18083	21726	10854
吉 林	Jilin	7643	9044	5873	13690	17652	8640
黑龙江	Heilongjiang	7347	8361	5917	12205	15842	7037
上 海	Shanghai	21548	22636	12006	40357	42348	22535
江 苏	Jiangsu	15500	18194	10215	25119	30491	14455
浙 江	Zhejiang	18263	21600	11686	30998	36294	20357
安 徽	Anhui	8893	12104	5674	15969	21837	10010
福 建	Fujian	11684	15310	5801	21419	27665	11179
江 西	Jiangxi	7847	10807	4766	14195	20251	7801
山 东	Shandong	9832	12791	6075	18304	23604	11535
河 南	Henan	6994	9923	4468	12735	18487	7695
湖 北	Hubei	8799	11573	5208	15097	20621	7841
湖 南	Hunan	8670	12156	5102	15183	21492	8635
广 东	Guangdong	12636	15472	6225	23604	28897	11490
广 西	Guangxi	7411	10573	4699	13536	19304	8540
海 南	Hainan	7926	10550	4703	15670	20297	9926
重 庆	Chongqing	9603	12462	5149	17791	23267	9093
四 川	Sichuan	7901	11036	5091	14921	21065	9330
贵 州	Guizhou	6114	10396	3116	11573	19946	5594
云 南	Yunnan	6418	10419	3531	12235	20564	6132
西 藏	Tibet	4342	10604	2115	9639	22200	5134
陕 西	Shaanxi	7440	10410	4133	14287	20346	7448
甘 肃	Gansu	5727	9332	3114	10149	17142	5011
青 海	Qinghai	6599	9630	3557	11729	17726	5623
宁 夏	Ningxia	6544	9079	3547	12232	17756	5643
新 疆	Xinjiang	5354	9226	1946	10114	18823	2328

3-24 续表 continued

单位：元 (yuan)

地区	Regions	前三季度 The First Three Quarters			全年 All Year		
		全体居民 Urban and Rural Households	城镇居民 Urban Households	农村居民 Rural Households	全体居民 Urban and Rural Households	城镇居民 Urban Households	农村居民 Rural Households
全 国	**National Average**	**26265**	**35946**	**13726**	**35128**	**47412**	**18931**
北 京	Beijing	56498	61243	26125	75002	81518	33303
天 津	Tianjin	37572	41009	21136	47449	51486	27955
河 北	Hebei	21643	29274	13716	29383	39791	18179
山 西	Shanxi	19945	27718	10754	27426	37433	15308
内蒙古	Inner Mongolia	25132	33767	12031	34108	44377	18337
辽 宁	Liaoning	26499	32201	15187	35112	43051	19217
吉 林	Jilin	19914	26566	11436	27770	35646	17642
黑龙江	Heilongjiang	18865	24408	10987	27159	33646	17888
上 海	Shanghai	58907	61915	31985	78027	82429	38521
江 苏	Jiangsu	36227	44267	20267	47498	57743	26791
浙 江	Zhejiang	44712	52758	28474	57541	68487	35247
安 徽	Anhui	23361	32603	13988	30904	43009	18368
福 建	Fujian	31781	40577	17173	40659	51140	23229
江 西	Jiangxi	21883	30643	12635	30610	41684	18684
山 东	Shandong	27313	35497	16861	35705	47066	20794
河 南	Henan	19094	27203	11987	26811	37095	17533
湖 北	Hubei	22271	29918	12229	30829	40278	18259
湖 南	Hunan	22763	32249	12917	31993	44866	18295
广 东	Guangdong	35694	43592	17619	44993	54854	22306
广 西	Guangxi	19855	29037	11902	26727	38530	16363
海 南	Hainan	22735	30055	13650	30457	40213	18076
重 庆	Chongqing	26133	33962	13700	33803	43502	18100
四 川	Sichuan	21701	31156	13106	29080	41444	17575
贵 州	Guizhou	17428	29601	8737	23996	39211	12856
云 南	Yunnan	18420	30816	9336	25666	40905	14197
西 藏	Tibet	17081	35517	10470	24950	46503	16935
陕 西	Shaanxi	21665	31052	11070	28568	40713	14745
甘 肃	Gansu	15819	26947	7642	22066	36187	11433
青 海	Qinghai	18247	27119	9213	25919	37745	13604
宁 夏	Ningxia	19424	27489	9805	27904	38291	15337
新 疆	Xinjiang	15684	27785	4864	26075	37642	15575

3-25 全国31省(自治区、直辖市)城乡居民人均可支配收入增速(分季度)
Per Capita Disposable Income Growth of Urban and Rural Households by 31 Regions (by Quarters) (2021)

单位：% (%)

地区	Regions	一季度 The First Quarter			上半年 The First Half		
		全体居民 Urban and Rural Households	城镇居民 Urban Households	农村居民 Rural Households	全体居民 Urban and Rural Households	城镇居民 Urban Households	农村居民 Rural Households
全 国	**National Average**	**13.7**	**12.2**	**16.3**	**12.6**	**11.4**	**14.6**
北 京	Beijing	9.6	9.5	10.0	10.3	10.2	11.9
天 津	Tianjin	10.5	10.0	13.5	11.6	11.2	14.2
河 北	Hebei	12.8	10.3	16.6	11.5	9.4	14.6
山 西	Shanxi	12.7	10.7	16.5	11.5	9.5	15.4
内蒙古	Inner Mongolia	15.9	14.6	19.0	11.2	10.0	14.5
辽 宁	Liaoning	8.4	7.9	10.3	8.6	8.4	9.5
吉 林	Jilin	8.6	7.6	10.2	8.8	8.2	9.4
黑龙江	Heilongjiang	11.0	10.3	11.8	9.2	10.1	4.9
上 海	Shanghai	9.8	9.6	11.9	10.3	10.1	13.2
江 苏	Jiangsu	14.1	13.1	16.2	13.5	12.6	15.5
浙 江	Zhejiang	17.3	16.5	18.5	14.6	13.9	15.8
安 徽	Anhui	16.6	15.8	16.8	14.3	13.1	15.3
福 建	Fujian	12.8	11.1	18.7	12.8	11.5	16.7
江 西	Jiangxi	13.2	11.2	15.9	12.3	10.8	13.6
山 东	Shandong	10.7	9.3	14.1	11.1	9.7	14.6
河 南	Henan	11.3	9.2	13.4	11.4	9.4	13.6
湖 北	Hubei	24.4	23.0	27.5	21.5	20.5	23.3
湖 南	Hunan	12.3	10.6	14.6	11.5	9.7	14.1
广 东	Guangdong	15.3	14.7	16.9	13.6	12.8	16.1
广 西	Guangxi	13.0	11.1	15.4	12.9	11.5	14.5
海 南	Hainan	11.7	9.3	18.6	11.7	10.2	15.2
重 庆	Chongqing	13.2	11.7	16.4	13.1	12.1	13.8
四 川	Sichuan	13.8	11.5	16.3	12.2	10.7	13.2
贵 州	Guizhou	15.3	12.0	19.8	12.8	10.8	14.1
云 南	Yunnan	15.4	12.3	20.2	12.8	11.0	14.7
西 藏	Tibet	13.7	11.4	16.7	12.8	10.2	16.0
陕 西	Shaanxi	13.3	11.0	17.5	11.8	9.8	15.1
甘 肃	Gansu	10.4	8.3	13.4	10.2	8.2	13.3
青 海	Qinghai	11.1	9.5	13.7	9.4	7.5	12.8
宁 夏	Ningxia	15.3	13.5	18.8	12.3	11.3	13.5
新 疆	Xinjiang	9.0	7.2	13.0	11.3	10.1	12.6

3-25 续表 continued

单位：% (%)

地 区	Regions	前三季度 The First Three Quarters 全体居民 Urban and Rural Households	城镇居民 Urban Households	农村居民 Rural Households	全年 All Year 全体居民 Urban and Rural Households	城镇居民 Urban Households	农村居民 Rural Households
全 国	**National Average**	**10.4**	**9.5**	**11.6**	**9.1**	**8.2**	**10.5**
北 京	Beijing	9.1	8.9	11.3	8.0	7.8	10.5
天 津	Tianjin	9.0	8.7	10.7	8.2	8.0	8.8
河 北	Hebei	9.3	7.6	11.6	8.3	6.7	10.4
山 西	Shanxi	9.8	8.5	11.8	8.8	7.6	10.3
内蒙古	Inner Mongolia	9.5	8.7	11.4	8.3	7.3	10.7
辽 宁	Liaoning	7.5	7.0	9.9	7.2	6.6	10.1
吉 林	Jilin	8.1	7.2	9.6	7.8	6.7	9.8
黑龙江	Heilongjiang	10.5	9.9	10.9	9.1	8.1	10.6
上 海	Shanghai	8.8	8.6	11.3	8.0	7.8	10.3
江 苏	Jiangsu	10.9	10.2	11.8	9.5	8.7	10.7
浙 江	Zhejiang	11.4	11.0	11.6	9.8	9.2	10.4
安 徽	Anhui	11.6	10.9	11.7	10.0	9.0	10.5
福 建	Fujian	10.5	9.6	12.3	9.3	8.4	11.2
江 西	Jiangxi	10.6	9.4	11.3	9.3	8.1	10.0
山 东	Shandong	9.6	8.6	11.8	8.6	7.6	10.9
河 南	Henan	8.9	7.5	9.6	8.1	6.7	8.8
湖 北	Hubei	14.5	13.6	16.0	10.6	9.7	12.0
湖 南	Hunan	9.8	8.4	11.3	8.9	7.6	10.3
广 东	Guangdong	11.4	11.0	11.9	9.7	9.1	10.7
广 西	Guangxi	10.1	8.8	11.6	8.8	7.4	10.4
海 南	Hainan	10.0	9.1	12.1	9.1	8.4	11.0
重 庆	Chongqing	11.0	10.1	11.7	9.7	8.7	10.6
四 川	Sichuan	10.7	9.4	11.3	9.6	8.3	10.3
贵 州	Guizhou	11.3	9.8	11.6	10.1	8.6	10.4
云 南	Yunnan	12.3	11.4	11.9	10.2	9.1	10.6
西 藏	Tibet	15.3	14.2	15.8	14.7	13.0	16.0
陕 西	Shaanxi	10.0	8.5	12.0	8.9	7.5	10.7
甘 肃	Gansu	9.0	7.5	11.1	8.5	7.0	10.5
青 海	Qinghai	8.3	6.7	11.0	7.8	6.3	10.2
宁 夏	Ningxia	10.3	9.1	11.9	8.4	7.2	10.4
新 疆	Xinjiang	10.2	9.0	11.5	9.4	8.0	10.8

3-26 全国31省(自治区、直辖市)城乡居民人均消费支出(分季度)
Per Capita Consumption Expenditure of Urban and Rural Households by 31 Regions (by Quarters) (2021)

单位：元 (yuan)

地 区	Regions	一季度 The First Quarter			上半年 The First Half		
		全体居民 Urban and Rural Households	城镇居民 Urban Households	农村居民 Rural Households	全体居民 Urban and Rural Households	城镇居民 Urban Households	农村居民 Rural Households
全 国	**National Average**	**5978**	**7495**	**4039**	**11471**	**14566**	**7464**
北 京	Beijing	10998	11744	6226	21564	23068	11941
天 津	Tianjin	8172	8818	5105	16273	17641	9730
河 北	Hebei	4585	5599	3554	9252	11293	7133
山 西	Shanxi	4240	5232	3085	8260	10396	5734
内蒙古	Inner Mongolia	5697	6876	3921	10957	13438	7194
辽 宁	Liaoning	5720	6768	3673	11324	13687	6634
吉 林	Jilin	4525	5583	3189	9115	11654	5879
黑龙江	Heilongjiang	4917	5699	3813	9439	11403	6646
上 海	Shanghai	12172	12711	7444	23644	24818	13128
江 苏	Jiangsu	7991	9160	5697	14903	17493	9762
浙 江	Zhejiang	9201	10423	6792	17909	20226	13253
安 徽	Anhui	5913	6975	4848	10964	13235	8659
福 建	Fujian	6998	8426	4683	13809	16840	8839
江 西	Jiangxi	4949	6015	3839	9202	11374	6908
山 东	Shandong	5396	6792	3624	10110	12810	6662
河 南	Henan	4739	5932	3710	9087	11423	7040
湖 北	Hubei	6165	7290	4708	11586	13991	8428
湖 南	Hunan	5885	7377	4357	10820	13563	7972
广 东	Guangdong	8024	9318	5099	15241	17748	9505
广 西	Guangxi	4358	5344	3512	8591	10744	6726
海 南	Hainan	5419	6762	3769	10562	13132	7372
重 庆	Chongqing	6131	7636	3785	11700	14570	7142
四 川	Sichuan	5066	6571	3718	9841	12918	7041
贵 州	Guizhou	4228	5833	3104	8512	12610	5587
云 南	Yunnan	4599	6544	3197	8821	13063	5711
西 藏	Tibet	3448	7218	2108	6530	13431	4055
陕 西	Shaanxi	5008	6332	3534	9630	12404	6499
甘 肃	Gansu	4222	6099	2862	7957	11971	5007
青 海	Qinghai	4922	6335	3503	8940	11840	5988
宁 夏	Ningxia	4874	6027	3511	9628	12375	6351
新 疆	Xinjiang	4428	6340	2744	9071	13164	5412

3-26 续表 continued

单位：元 (yuan)

地 区	Regions	前三季度 The First Three Quarters			全年 All Year		
		全体居民 Urban and Rural Households	城镇居民 Urban Households	农村居民 Rural Households	全体居民 Urban and Rural Households	城镇居民 Urban Households	农村居民 Rural Households
全 国	**National Average**	**17275**	**21981**	**11179**	**24100**	**30307**	**15916**
北 京	Beijing	31781	34037	17348	43640	46776	23574
天 津	Tianjin	24387	26526	14163	33188	36067	19285
河 北	Hebei	13986	17165	10684	19954	24192	15391
山 西	Shanxi	12590	16076	8467	17191	21965	11410
内蒙古	Inner Mongolia	16243	20025	10505	22658	27194	15691
辽 宁	Liaoning	16955	20398	10123	23831	28438	14606
吉 林	Jilin	13848	17511	9180	19605	24421	13411
黑龙江	Heilongjiang	14140	16903	10213	20636	24422	15225
上 海	Shanghai	35499	37292	19446	48879	51295	27205
江 苏	Jiangsu	22701	26677	14807	31451	36558	21130
浙 江	Zhejiang	27060	30934	19243	36668	42193	25415
安 徽	Anhui	16166	19569	12715	21911	26495	17163
福 建	Fujian	20742	25221	13305	28440	33942	19290
江 西	Jiangxi	14129	17487	10585	20290	24587	15663
山 东	Shandong	15472	19729	10036	22821	29314	14299
河 南	Henan	13400	16917	10317	18391	23178	14073
湖 北	Hubei	17023	20512	12442	23846	28506	17647
湖 南	Hunan	15919	20200	11475	22798	28294	16951
广 东	Guangdong	23286	27105	14546	31589	36621	20012
广 西	Guangxi	12776	16269	9751	18088	22555	14165
海 南	Hainan	16046	20059	11067	22242	27565	15487
重 庆	Chongqing	17395	21618	10690	24598	29850	16096
四 川	Sichuan	15007	19637	10798	21518	26971	16444
贵 州	Guizhou	13030	19109	8690	17957	25333	12557
云 南	Yunnan	13788	20144	9130	18851	27441	12386
西 藏	Tibet	10127	20521	6399	15342	28159	10577
陕 西	Shaanxi	14536	18673	9867	19347	24784	13158
甘 肃	Gansu	12172	18515	7512	17456	25757	11206
青 海	Qinghai	13305	17506	9027	19020	24513	13300
宁 夏	Ningxia	14463	18573	9560	20024	25386	13536
新 疆	Xinjiang	13124	18840	8013	18961	25724	12821

3-27 全国31省(自治区、直辖市)城乡居民人均消费支出增速(分季度)
Per Capita Consumption Expenditure Growth of Urban and Rural Households by 31 Regions (by Quarters) (2021)

单位：% (%)

地 区	Regions	一季度 The First Quarter			上半年 The First Half		
		全体居民 Urban and Rural Households	城镇居民 Urban Households	农村居民 Rural Households	全体居民 Urban and Rural Households	城镇居民 Urban Households	农村居民 Rural Households
全 国	**National Average**	**17.6**	**15.7**	**21.1**	**18.0**	**16.7**	**20.2**
北 京	Beijing	9.9	10.0	9.4	15.8	15.9	14.7
天 津	Tianjin	16.0	15.8	16.4	22.5	22.3	23.1
河 北	Hebei	8.5	5.6	12.5	11.8	4.8	24.2
山 西	Shanxi	11.2	8.8	15.2	17.1	15.0	20.4
内蒙古	Inner Mongolia	20.6	20.9	19.2	24.5	25.4	21.5
辽 宁	Liaoning	13.9	11.4	24.0	17.7	17.1	20.0
吉 林	Jilin	14.8	12.7	18.9	21.8	21.3	22.0
黑龙江	Heilongjiang	24.4	19.3	35.9	32.8	31.6	34.9
上 海	Shanghai	16.9	16.3	25.6	17.6	17.3	21.5
江 苏	Jiangsu	24.6	22.7	29.7	22.0	21.4	22.9
浙 江	Zhejiang	16.6	15.8	18.1	19.2	18.6	19.8
安 徽	Anhui	24.9	23.4	26.5	21.6	22.9	19.1
福 建	Fujian	10.7	10.1	11.9	14.7	14.3	15.1
江 西	Jiangxi	17.5	16.3	18.4	16.2	14.5	18.0
山 东	Shandong	10.4	8.1	15.8	10.7	8.8	15.3
河 南	Henan	23.4	21.2	25.4	22.6	19.8	25.5
湖 北	Hubei	30.2	28.5	33.0	33.1	34.8	29.0
湖 南	Hunan	15.5	12.7	19.5	10.5	6.9	16.3
广 东	Guangdong	16.5	15.4	20.4	16.2	14.9	20.8
广 西	Guangxi	13.3	8.9	19.0	13.6	11.0	16.8
海 南	Hainan	17.1	15.8	20.0	17.1	14.4	23.5
重 庆	Chongqing	19.9	20.8	15.2	16.4	16.1	15.1
四 川	Sichuan	12.9	10.4	15.7	13.4	12.0	14.3
贵 州	Guizhou	15.7	13.8	17.1	25.8	27.7	21.0
云 南	Yunnan	25.4	24.0	26.3	14.2	12.5	15.5
西 藏	Tibet	14.1	13.8	13.8	13.8	12.3	14.9
陕 西	Shaanxi	24.5	24.6	22.9	20.0	18.9	20.7
甘 肃	Gansu	20.2	19.3	20.8	15.0	14.7	14.3
青 海	Qinghai	20.5	18.5	22.9	13.1	10.1	18.2
宁 夏	Ningxia	21.2	13.4	39.0	22.5	19.5	28.7
新 疆	Xinjiang	15.8	12.5	21.4	19.5	16.5	24.7

3-27 续表 continued

单位：% (%)

地区	Regions	前三季度 The First Three Quarters			全年 All Year		
		全体居民 Urban and Rural Households	城镇居民 Urban Households	农村居民 Rural Households	全体居民 Urban and Rural Households	城镇居民 Urban Households	农村居民 Rural Households
全 国	**National Average**	**15.8**	**14.2**	**18.6**	**13.6**	**12.2**	**16.1**
北 京	Beijing	13.7	13.7	14.3	12.2	12.1	12.7
天 津	Tianjin	16.9	16.7	18.3	16.6	16.7	14.5
河 北	Hebei	11.9	5.4	23.5	10.6	4.4	21.7
山 西	Shanxi	13.2	10.5	18.4	9.3	8.0	10.9
内蒙古	Inner Mongolia	19.1	19.9	16.1	14.5	13.8	15.4
辽 宁	Liaoning	16.9	15.7	21.6	15.3	14.4	18.6
吉 林	Jilin	18.6	17.7	20.0	13.2	12.9	13.0
黑龙江	Heilongjiang	25.7	24.0	28.9	21.0	19.7	23.2
上 海	Shanghai	15.7	15.2	22.4	14.9	14.4	23.1
江 苏	Jiangsu	20.9	20.5	21.1	19.9	18.4	24.1
浙 江	Zhejiang	17.8	17.4	18.0	17.2	16.6	17.9
安 徽	Anhui	18.9	19.5	17.3	16.1	16.8	14.2
福 建	Fujian	11.9	10.8	14.4	13.2	11.3	18.1
江 西	Jiangxi	15.1	13.7	16.6	13.0	11.1	15.3
山 东	Shandong	9.7	8.0	13.7	9.0	7.4	12.9
河 南	Henan	18.5	16.9	19.8	13.9	12.3	15.3
湖 北	Hubei	26.1	26.6	24.4	23.9	24.6	21.9
湖 南	Hunan	8.7	5.7	13.5	8.6	5.6	13.2
广 东	Guangdong	13.4	11.7	20.1	10.9	9.3	16.8
广 西	Guangxi	13.3	8.8	19.7	10.6	7.9	14.0
海 南	Hainan	19.3	17.0	24.5	17.2	17.0	17.6
重 庆	Chongqing	14.2	13.5	14.4	13.5	12.8	13.8
四 川	Sichuan	10.5	8.9	11.8	8.8	7.3	10.0
贵 州	Guizhou	23.8	26.3	18.5	20.7	23.1	16.1
云 南	Yunnan	17.2	13.9	21.4	12.3	11.7	11.9
西 藏	Tibet	11.2	6.7	16.1	16.0	13.0	18.6
陕 西	Shaanxi	16.8	14.1	21.3	11.1	8.4	15.7
甘 肃	Gansu	14.7	12.9	16.8	7.9	4.6	12.9
青 海	Qinghai	6.7	2.5	14.7	4.0	0.8	9.6
宁 夏	Ningxia	18.3	15.9	23.0	14.4	13.4	15.5
新 疆	Xinjiang	19.9	16.8	25.1	14.8	12.1	19.0

3-28 全市各区城乡居民人均可支配收入
Per Capita Disposable Income of Urban and Rural Households by Districts (2020-2021)

地 区	Districts	全体居民 Urban and Rural Households			城镇居民 Urban Households			农村居民 Rural Households		
		绝对数(元) Number(yuan)		增速 Growth (%)	绝对数(元) Number(yuan)		增速 Growth (%)	绝对数(元) Number(yuan)		增速 Growth (%)
		2020	2021		2020	2021		2020	2021	
全 市	**City Average**	**43854**	**47449**	**8.2**	**47659**	**51486**	**8.0**	**25691**	**27955**	**8.8**
和平区	Heping	59609	64509	8.2	59609	64509	8.2			
河东区	Hedong	48898	52680	7.7	48898	52680	7.7			
河西区	Hexi	56211	60838	8.2	56211	60838	8.2			
南开区	Nankai	54018	58525	8.3	54018	58525	8.3			
河北区	Hebei	50710	54584	7.6	50710	54584	7.6			
红桥区	Hongqiao	47542	51375	8.1	47542	51375	8.1			
东丽区	Dongli	41712	45102	8.1	42826	46306	8.1			
西青区	Xiqing	42462	46087	8.5	43920	47455	8.0			
津南区	Jinnan	40686	43834	7.7	41802	45037	7.7			
北辰区	Beichen	41055	44290	7.9	42346	45583	7.6			
武清区	Wuqing	33175	35940	8.3	40354	43625	8.1	26250	28497	8.6
宝坻区	Baodi	30509	33186	8.8	37583	40738	8.4	24531	26805	9.3
滨海新区	Binhai	54728	59262	8.3	55026	59582	8.3			
宁河区	Ninghe	29608	32014	8.1	36997	39830	7.7	24863	26996	8.6
静海区	Jinghai	31336	34028	8.6	37754	40767	8.0	25244	27579	9.2
蓟州区	Jizhou	29573	32008	8.2	36861	39807	8.0	24403	26475	8.5

3-29 全市各区城乡居民人均可支配收入(2021年一季度)
Per Capita Disposable Income of Urban and Rural Households by Districts (the First Quarter of 2021)

地 区	Districts	全体居民 Urban and Rural Households			城镇居民 Urban Households			农村居民 Rural Households		
		绝对数(元) Number(yuan)		增速 Growth (%)	绝对数(元) Number(yuan)		增速 Growth (%)	绝对数(元) Number(yuan)		增速 Growth (%)
		2020	2021		2020	2021		2020	2021	
全 市	**City Average**	**12081**	**13348**	**10.5**	**13188**	**14512**	**10.0**	**6887**	**7820**	**13.5**
和平区	Heping	15246	16865	10.6	15246	16865	10.6			
河东区	Hedong	13589	14868	9.4	13589	14868	9.4			
河西区	Hexi	14898	16477	10.6	14898	16477	10.6			
南开区	Nankai	14591	16160	10.8	14591	16160	10.8			
河北区	Hebei	13823	15128	9.4	13823	15128	9.4			
红桥区	Hongqiao	13336	14703	10.2	13336	14703	10.2			
东丽区	Dongli	11331	12472	10.1	11682	12857	10.1			
西青区	Xiqing	12327	13515	9.6	12806	14001	9.3			
津南区	Jinnan	11512	12690	10.2	11868	13082	10.2			
北辰区	Beichen	11201	12237	9.2	11411	12450	9.1			
武清区	Wuqing	9477	10639	12.3	11619	12874	10.8	7131	8190	14.9
宝坻区	Baodi	8484	9543	12.5	10972	12141	10.7	6391	7357	15.1
滨海新区	Binhai	14124	15462	9.5	14171	15512	9.5			
宁河区	Ninghe	7892	8784	11.3	9645	10606	10.0	6743	7589	12.5
静海区	Jinghai	8527	9524	11.7	10217	11253	10.1	6934	7895	13.9
蓟州区	Jizhou	7909	8779	11.0	9636	10559	9.6	6612	7442	12.6

3-30 全市各区城乡居民人均可支配收入(2021年上半年) Per Capita Disposable Income of Urban and Rural Households by Districts (the First Half of 2021)

地 区	Districts	全体居民 Urban and Rural Households			城镇居民 Urban Households			农村居民 Rural Households		
		绝对数(元) Number(yuan)		增速 Growth (%)	绝对数(元) Number(yuan)		增速 Growth (%)	绝对数(元) Number(yuan)		增速 Growth (%)
		2020	2021		2020	2021		2020	2021	
全 市	**City Average**	**22067**	**24625**	**11.6**	**24140**	**26844**	**11.2**	**12269**	**14013**	**14.2**
和平区	Heping	29616	33180	12.0	29616	33180	12.0			
河东区	Hedong	25363	27971	10.3	25363	27971	10.3			
河西区	Hexi	28603	32061	12.1	28603	32061	12.1			
南开区	Nankai	27722	30977	11.7	27722	30977	11.7			
河北区	Hebei	26020	28715	10.4	26020	28715	10.4			
红桥区	Hongqiao	24636	27505	11.6	24636	27505	11.6			
东丽区	Dongli	21396	23832	11.4	22058	24569	11.4			
西青区	Xiqing	22297	24802	11.2	23165	25707	11.0			
津南区	Jinnan	21518	23967	11.4	22161	24682	11.4			
北辰区	Beichen	20432	22644	10.8	21063	23313	10.7			
武清区	Wuqing	16785	18991	13.1	20680	23120	11.8	13011	14993	15.2
宝坻区	Baodi	14948	16978	13.6	18992	21348	12.4	11376	13119	15.3
滨海新区	Binhai	26688	29537	10.7	26848	29708	10.7			
宁河区	Ninghe	14083	15729	11.7	17391	19214	10.5	11736	13327	13.6
静海区	Jinghai	15599	17565	12.6	19127	21279	11.2	12223	14012	14.6
蓟州区	Jizhou	14368	16125	12.2	17957	19995	11.3	11683	13230	13.2

3-31 全市各区城乡居民人均可支配收入(2021年前三季度) Per Capita Disposable Income of Urban and Rural Households by Districts (the First Three Quarters of 2021)

地 区	Districts	全体居民 Urban and Rural Households			城镇居民 Urban Households			农村居民 Rural Households		
		绝对数(元) Number(yuan)		增速 Growth (%)	绝对数(元) Number(yuan)		增速 Growth (%)	绝对数(元) Number(yuan)		增速 Growth (%)
		2020	2021		2020	2021		2020	2021	
全 市	**City Average**	**34469**	**37572**	**9.0**	**37722**	**41009**	**8.7**	**19091**	**21136**	**10.7**
和平区	Heping	46916	51151	9.0	46916	51151	9.0			
河东区	Hedong	38646	41769	8.1	38646	41769	8.1			
河西区	Hexi	44631	48806	9.4	44631	48806	9.4			
南开区	Nankai	43276	47298	9.3	43276	47298	9.3			
河北区	Hebei	39234	42356	8.0	39234	42356	8.0			
红桥区	Hongqiao	37747	41269	9.3	37747	41269	9.3			
东丽区	Dongli	33747	36735	8.9	34805	37872	8.8			
西青区	Xiqing	34478	37486	8.7	35801	38845	8.5			
津南区	Jinnan	33207	36252	9.2	34214	37335	9.1			
北辰区	Beichen	32701	35454	8.4	33737	36521	8.3			
武清区	Wuqing	26183	28861	10.2	32510	35610	9.5	20055	22324	11.3
宝坻区	Baodi	23608	26020	10.2	30161	33039	9.5	17798	19821	11.4
滨海新区	Binhai	40111	43342	8.1	40341	43589	8.1			
宁河区	Ninghe	21920	23997	9.5	27565	29851	8.3	18013	19962	10.8
静海区	Jinghai	24138	26407	9.4	29480	31901	8.2	19027	21149	11.2
蓟州区	Jizhou	22566	24767	9.8	28718	31304	9.0	18018	19875	10.3

主要统计指标解释

一体化住户调查 从 2012 年四季度起，国家统计局对分别进行的城乡住户调查实施了一体化改革，改革后的农村住户调查，样本地域范围由涉农区县城乡结合区、镇中心区、乡村缩小到只包括乡村，城乡结合区和镇中心区均纳入城镇。同时，统一了城乡居民收入指标名称、分类和统计标准，建立了城乡统一的一体化住户调查《住户收支与生活状况调查》，并据此获得居民有关数据。自 2013 年起发布一体化住户调查新口径收支数据。目前，天津市住户调查样本涉及全市16个区的400个调查小区的4000个调查户，其中城镇3200户、农村 800 户。另外，城镇住户调查地域由 2013 年前的市内 6 区、滨海新区扩大到全市所有区。

常住成员 指住户成员中，经常在家居住或者调查期内居住时间超过一半的人员，以及本住户供养的学生。常住成员为住户收支的调查对象。

居民可支配收入 指调查户在调查期内获得的、可用于最终消费支出和储蓄的总和，及调查户可以用来支配的收入。即包括现金收入，也包括实物收入。按照收入的来源分四项:工资性收入、经营净收入、财产净收入和转移净收入。计算公式:

可支配收入=工资性收入+经营净收入+财产净收入+转移净收入

其中：经营净收入=经营收入-经营费用-生产性固定资产折旧-生产税

财产净收入=财产性收入-财产性支出

转移净收入=转移性收入-转移性支出

工资性收入 指就业人员通过各种途径得到的全部劳动报酬和各种福利，包括受雇于单位或个人、从事各种自由职业、兼职和零星劳动得到的全部劳动报酬和福利。

实物福利 指单位或雇主免费或低价提供给员工的各种实物产品和服务折价。由个人先行付款消费，后由单位或雇主给予报销的款额也视为实物福利。实物福利还包括单位或雇主自身生产过程所生产的货物与服务，如铁路或航空公司提供给员工的免费旅程，采矿企业提供给员工的免费煤炭等。

经营净收入 指住户或住户成员从事生产经营活动所获得的净收入，是全部经营收入中扣除经营费用、生产性固定资产折旧和生产税之后得到的净收入，包括第一、二、三产经营净收入。

财产净收入 指住户或住户成员将其所拥有的金融资产、住房等非金融资产和自然资源交由其他机构单位、住户或个人支配而获得的回报并扣除相关的费用之后得到的净收入。财产净收入包括利息净收入、红利净收入、储蓄性保险净收益、转让承包土地经营权租金净收入、出租房屋净收入、出租其他资产净收入和自有住房折算净租金等。

自有住房折算净租金（城镇） 指城镇居民现住房产权为自有住房（含自建住房、自购商品房、自购房改住房、自购保障性住房、拆迁安置房、继承或获赠住房）的住户为自身消费提供住房服务的折算价值扣除折旧后得到的净租金。它是一种财产性实物收入。

自有住房年度折算净租金=自有住房年度折算租金-购建房年度分摊成本

转移性收入 指国家、单位、社会团体对住户的各种经常性转移支付和住户之间的经常性收入转移。包括政府、非行政事业单位、社会团体对居民专一的养老金或退休金、社会救济和补助、惠农补贴、政策性生活补贴、救灾款、经常性捐赠和赔偿以及报销医疗费等；住户之间的赡养收入、经常性捐赠和赔偿以及农村地区（村委会）在外（含国外）工作的本住户非常住成员寄回带回的收入等。

居民消费支出 指住户用于满足日常生活消费需要的全部支出，包括用于消费品的支出和用于服务性消费的支出。根据用途不同，消费支出可划分为食品烟酒、衣着、居住、生活用品及服务、交通通信、教育文化娱乐、医疗保健、其他用品及服务八类。根据来源不同，消费支出可划分为现金消费支出、实物消费支出（含自产自用、来自单位、来自政府和其他社会组织）。

食品烟酒 指用于各种食品和烟草、酒类的支出，包括食品、烟酒消费、饮料和饮食服务。

衣着 指与居民穿着有关的支出，包括服装、服装材料、鞋类、其他衣类及配件、衣着相关加工服务费。

居住 指与居住有关的支出，包括房租、水、电、燃料、取暖费；住房装潢、住房维修、物业管理等方面的支出，也包括自有住房折算租金。

自有住房折算租金（消费） 指现住房为自有住房（含自建住房、自购商品房、自购房改住房、自购保障性住房、拆迁安置房、继承或获赠住房）的住户为自身消费提供住房服务的折算价值。目前自有住房折算租金采用折旧法计算。具体方法:

自有住房折算租金=自有住房市场现价估值 × 年折旧率（城乡不同）。

生活用品及服务 指用于家庭及个人的各类生活品及家庭服务的支出。包括家具及室内装饰品、家用器具、家用纺织品、家庭日用杂品、个人用品和家庭服务费。

交通通信 指用于交通和通信工具及相关的各种服务费、维修费和车辆保险费等。

教育文化娱乐 指用于教育和文化娱乐方面的支出。

教育 指按一定的目的要求，对受教育者的德育、智育、体育、爱好、技能等诸方面施以影响的一种有计划的活动，与这一活动直接相关的支出即为教育支出。包括学前教育、小学教育、初中教育、高中教育、中专职高教育、大专及以上教育、其他教育和培训的各项费用。如学杂费、培训费、赞助费、一揽子教育服务、教育用品等。

文化娱乐 指用于文娱耐用消费品、其他文娱用品和文化娱乐服务的费用。

医疗保健 指用于医疗和保健的药品、用品和服务的总费用。包括医疗器具及药品，以及医疗服务。

医疗器具及药品 包括购买药品、滋补保健品、医疗卫生器具及用品和保健器具费用。

医疗服务 包括门诊和住院的医疗总费用。其中包括从各种医疗保险或其他医疗救助计划中获得的医药费和医疗费的报销款额。报销医疗费应按收付实现制记录。

其他用品及服务 指无法直接归入各类支出的其他用品与服务支出。

其他用品 包括首饰、手表和其他杂项用品等支出。

其他服务 指用于个人消费中的服务费，包括旅馆住宿费、美容美发洗浴、其他杂项服务；以及丧葬费、请律师的诉讼费、公证费、房地产中介服务费等。

Explanatory Notes on Main Statistical Indicators

Integrated Household Survey means from the fourth quarter of 2012, the National Bureau of Statistics implemented the integrated reform for the independent urban and rural household survey. After the reform, the geographic area of the rural household survey has shrunk from urban-rural fringe zone and town center and villages of all the districts and counties to only villages. Urban-rural fringe zone and town center have been brought into urban area. Meanwhile, the reform has unified the indicators, classifies and statistical standards of urban and rural household income. Also it has established a unified and integrated household survey "the household budget and living conditions survey", and thus to obtain the data. Integrated household survey data in new scope has been published since 2013. There are 4000 samples involved in the Tianjin's 16 districts, including 3200 urban households and 800 rural households. In addition, the survey area of urban households has expanded from the city's 6 Districts and Binhai New District by 2013 to all the districts.

Permanent Member means household members who stay at home regularly or for over the half of the survey period. Also including the students supported by family. Permanent members are the respondents of the household survey.

Disposable Income means the total income of households earned in the survey period, which can be used for consumption and savings, including cash income and physical income. According to the source of income, it can be classified as income of wages and salaries, net business income, net income from property and net income from transfer. Calculation formula:

Disposable income = income of wages and salaries + net business income + net income from property + net income from transfer

Where:

Net business income=business income-business expenses-depreciation of productive fixed assets - production taxes

Net income from property=property income-property expenses

Net income from transfer=transfer income-transfer expenses

Income of Wages and Salaries means the total remuneration and benefits earned by employees who are employed by units or individuals, freelances and part-time workers.

Physical Benefit means physical products and services provided by the employer for free or at low prices. Consumption paid by personal, and then recouped by employers should be considered physical benefits. It also includes the products and services produced during the production process, such as free journey provided by railway or airline companies, free coal provided by mining companies, to their employees.

Net Business Income means net income earned by business activities, which are operated by households and their members. Business expenses, depreciation of productive fixed assets and production taxes should be deducted from income. It includes net income of primary, secondary and tertiary industries.

Net Income from Property means the net income obtained by authorizing other institutional units, households or individuals to dominate the financial assets, housing, other non-financial assets and natural resources owned by households and their members. Expenses should be deducted. Net income from property includes net interest income, bonus income, net income of savings insurance, net rent income from the transfer of land management right, net rent housing income, net rent other assets income and net conversion rental of private housing.

Net Imputed Rent of Owner-occupied Dwelling (urban area) means net rent income refers to the value of housing services provided residents' owner-occupied dwelling (including self-help housing, purchased commercial housing and social housing, resettlement housing and inherited or given housing). Depreciation should be deducted. It is a kind of property income.

Annual net imputed rent of owner-occupied dwelling = annual imputed rent of owner-occupied dwelling-annual purchasing or building cost.

Income from Transfer means recurrent income transfers from the state, units, social groups and other households. Including the pension, government, social benefits and subsidies, agricultural subsidies, policy living subsidies relief funds, regular donation and compensation and reimbursement of medical expenses from institutions, social groups ; alimony , regular donation and compensation from other households, and the income sent back by non-permanent members working nonlocal.

Consumption Expenditure of Households has a provincial coverage comparable between urban and rural households, and refers to the all the expenditures of households for consumption in daily life. It includes expenditures in cash and in kinds on eight categories: food, tobacco and liquor; clothing and footwear; housing; household equipments, furnishings and services; transport and communications; education, culture and recreation; health care and medical services; miscellaneous goods and services. (Includes self-made and consumed products from units, government and other social organizations.)

Food, Tobacco and Liquor means the expenditure on food, tobacco and liquor. It includes the expenditure on food, tobacco, liquor, drink and catering services.

Clothing and Footwear means the expenditure on clothing. It includes the expenditure of clothes, shoes, accessories and clothes processing fee.

Housing means the expenditure on residence. It includes

the expenditure of rents, water, electricity, fuels, heating fees, housing maintenance and management , property management fees, and imputed rents of owner-occupied dwelling.

Imputed Rents of Owner-occupied Dwelling (Expenditure) means the commuted value of owner-occupied housing. Imputed rents of owner-occupied dwelling using depreciation method to calculate.

Formula :

Imputed Rent of Owner-occupied Dwelling=the current prices of owner-occupied housing × annual depreciation (different between rural and urban)

Household Equipments, Furnishings and Services means the expenditure on household facilities, articles and services. It includes the expenditure on furniture and interior decoration, household appliances, home textiles, family daily groceries, personal products and family services.

Transport and Communications means the expenditure on transport and communications. It includes the expenditure on tools, service charges, allowances for repairs and maintenance, vehicle insurance premium and so on.

Education, Culture and Recreation means the expenditure on education, cultural and recreation.

Education means according to the certain requirements and purpose, training the educates in moral, knowledge, sports, hobbies, skills and all aspects. The education expenditure is directly related to activities for education. It includes the expenditure on the pre-school education, primary education, secondary education, high school education, secondary vocational education, junior college or above education, other education and training. Such as tuition and miscellaneous fees, training expenses, sponsorship, packages of education services, education supplies.

Culture and Recreation means the expenditure on recreational durable goods, other recreational goods and cultural & entertainment services.

Health Care and Medical Service means the expenditure on medical equipment , medicine and medical services.

Medical Equipment and Medicine means the expenditure on medicine, nourishing health products, medical & health care instruments.

Medical Services includes the expenditure in outpatient clinic and hospitalization. It includes the reimbursement amount from medical insurance or medical financial assistance. The reimbursement signed in cash basis.

Miscellaneous Goods and Services means the expenditure of miscellaneous goods and services which is hard to classify.

Other Goods includes the expenditure on jewelry, watch and so on.

Other Services means the expenditure on service charge. It includes hotel bills, grooming, salon fee, miscellaneous services, funeral expenses, court costs, notary fees, inter-ediation services and so on.

四、价格指数

Chapter 4

PRICE INDICES

4-1 居民消费价格分类指数
Consumer Price Indices by Category (2017-2021)

(上年=100) (preceding year=100)

项 目	Item	2017	2018	2019	2020	2021
居民消费价格指数	**Consumer Price Index**	**102.1**	**102.0**	**102.7**	**102.0**	**101.3**
#服务价格指数	Services Price Index	104.1	101.6	102.6	101.5	101.4
#消费品价格指数	Consumer Goods Price Index	100.7	102.3	102.7	102.5	101.3
一、食品烟酒	Food, Tobacco and Alcohol	100.3	103.1	104.6	106.5	101.3
1.食品	Food	99.9	103.4	106.0	107.6	100.2
(1)粮食	Grain	103.2	99.2	101.8	101.7	101.3
(2)薯类	Tubers	92.1	110.9	91.6	104.9	98.6
(3)豆类	Beans	100.7	100.4	102.2	109.9	108.5
(4)食用油	Edible Oil and Fats	101.8	100.7	100.4	98.9	106.3
(5)菜及食用菌	Vegetables and Edible Fungus	92.5	109.3	100.5	109.8	106.1
(6)畜肉类	Meat of Livestock	99.3	99.5	124.1	131.1	88.2
(7)禽肉类	Meat of Poultry	99.0	104.1	108.8	99.4	97.4
(8)水产品	Aquatic Products	102.9	104.5	96.4	102.7	106.6
(9)蛋类	Eggs	96.5	114.3	105.1	87.5	120.2
(10)奶类	Milk	99.5	99.9	101.6	100.0	101.1
(11)干鲜瓜果类	Fruits and Nuts	102.6	105.6	107.5	93.5	98.3
(12)糖果糕点类	Candy and Cake	101.8	103.2	101.3	101.2	102.1
(13)调味品	Flavoring	103.3	102.6	101.4	102.1	100.9
(14)其他食品类	Other Foods	101.6	102.1	100.3	102.0	101.8
2.茶及饮料	Tea and Beverages	100.6	102.6	101.5	101.5	101.8
3.烟酒	Tobacco and Alcohol	101.0	101.1	101.5	102.5	103.5
(1)卷烟	Tobacco	100.4	101.0	101.7	103.2	103.7
(2)酒类	Alcohol	101.7	101.1	101.2	101.8	103.1
4.在外餐饮	Dining out	101.2	102.9	102.4	104.9	102.9
二、衣着	Clothing	100.2	101.1	102.1	98.5	97.8
1.服装	Garments	100.0	101.0	102.0	99.0	99.2
2.鞋类	Footwear	100.1	101.2	102.2	96.1	93.3
三、居住	Residence	101.4	101.3	102.4	100.7	100.7
1.租赁房房租	Rent of Rental Housing	100.4	101.2	103.0	101.0	100.1
2.住房保养维修及管理	Housing Maintenance and Management	104.9	104.3	103.3	100.8	103.4
3.水电燃料	Water, Electricity and Fuels	100.0	100.8	100.4	99.9	98.8
4.自有住房	Private Housing	101.5	101.1	102.7	100.9	100.9
四、生活用品及服务	Articles for Daily Use and Services	100.8	101.1	100.9	100.2	101.0
1.家具及室内装饰品	Furniture and Interior Decorations	101.8	100.8	99.4	100.9	103.8
2.家用器具	Home Appliances	99.4	99.8	99.5	98.5	97.9
3.家用纺织品	Home Textiles	100.9	101.4	100.3	99.4	100.9
4.家庭日用杂品	Daily Use Household Articles	99.9	100.9	101.0	99.8	100.3
5.个人护理用品	Personal-care Supplies	101.0	100.4	100.5	100.7	101.9
6.家庭服务	Household Services	103.1	105.1	106.1	102.8	103.5
五、交通通信	Transport and Communications	100.1	101.3	99.3	97.1	104.7
1.交通	Transport	101.6	103.3	98.7	96.6	105.8
2.通信	Communications	97.6	97.8	100.3	98.0	101.1
六、教育文化娱乐	Education, Culture and Recreation	103.2	102.4	104.2	102.6	103.4
1.教育	Education	102.5	102.0	104.5	104.9	102.9
2.文化娱乐	Culture and Recreation	104.0	102.8	104.0	100.4	103.9
七、医疗保健	Health Care	115.4	102.6	100.9	99.9	100.0
1.药品及医疗器具	Medicine and Medical Instruments	103.5	104.3	101.8	99.8	99.0
2.医疗服务	Medical Services	127.5	101.1	100.1	100.0	100.5
八、其他用品及服务	Other Articles and Services	101.5	101.1	105.0	107.9	97.8
1.其他用品	Other Articles	102.6	98.7	107.8	116.8	98.8
2.其他服务	Other Services	100.6	103.1	102.8	100.6	97.0

注：2021年居民消费价格指数目录进行了调整。
Note: Consumer price index catalogue was adjusted in 2021.

4-2 商品零售价格分类指数
Retail Price Indices by Category (2017-2021)

(上年=100) (preceding year=100)

项　目	Item	2017	2018	2019	2020	2021
商品零售价格指数	**Retail Price Index**	**100.8**	**101.6**	**101.7**	**101.0**	**101.5**
一、食品	Food	100.3	103.2	105.1	106.9	101.2
1.粮食	Grain	103.2	99.7	102.1	101.8	101.2
2.薯类	Tuber	92.1	110.9	91.6	104.9	98.6
3.豆类	Beans	100.7	100.4	102.2	109.9	108.5
4.食用油	Edible Oil and Fats	101.8	100.7	100.4	98.9	106.3
5.菜及食用菌	Vegetables and Edible Fungus	92.4	109.3	100.5	109.8	106.1
6.畜肉类	Meat of Livestock	99.3	99.5	124.1	131.1	88.2
7.禽肉类	Meat of Poultry	99.0	104.1	108.8	99.4	97.3
8.水产品	Aquatic Products	102.8	104.6	96.3	102.7	106.7
9.蛋类	Eggs	96.5	114.3	105.1	87.5	120.2
10.奶类	Milk and Other Dairy Products	99.4	99.9	101.6	100.0	101.1
11.干鲜瓜果类	Fruits and Nuts	102.6	105.6	107.5	93.5	98.3
12.糖果糕点类	Candy and Cake	101.8	103.2	101.3	101.2	102.1
13.调味品	Flavoring	103.3	102.6	101.4	102.1	100.9
14.其他食品类	Other Foods	101.6	102.1	100.3	102.0	101.8
15.餐饮业零售	Dining Out	101.2	102.9	102.4	104.9	103.0
二、饮料、烟酒	Beverages, Tobacco and Alcohol	100.9	101.4	101.5	102.3	103.1
1.茶及饮料	Tea and Beverages	100.6	102.6	101.5	101.5	101.9
2.卷烟	Tobacco	100.4	101.0	101.7	103.2	103.7
3.酒类	Alcohol	101.7	101.1	101.2	101.8	103.1
三、服装、鞋帽	Garments, Shoes and Hats	100.1	101.0	101.8	98.2	97.9
1.服装	Garments	100.0	100.9	101.9	99.0	99.3
2.鞋帽袜	Footgear and Hats	100.2	101.2	101.4	96.5	93.9
3.其他衣着配件	Other Clothing Accessories	100.8	97.7	101.5	99.2	97.4
四、纺织品	Textiles	101.2	102.2	100.7	99.7	100.8
1.服装材料	Clothing	100.8	104.6	102.2	99.6	98.5
2.床上用品	Bedding	101.2	101.8	100.4	99.8	101.1
五、家用电器及音像器材	Household Appliances, Music and Video Equipment	99.2	97.8	99.4	97.9	98.9
1.家庭设备	Household Facilities	99.4	99.8	99.5	98.5	98.1
2.文娱用耐用消费品	Durable Consumer Goods for Cultural and Recreational Use	98.8	95.1	99.6	96.5	100.7
3.专业音像器材	Music and Video Equipment	99.3	96.8	98.4	99.0	104.3
六、文化办公用品	Cultural and Office Appliances	99.5	98.9	100.8	100.4	102.4
七、日用品	Articles for Daily Use	100.2	100.8	100.9	99.8	100.4
1.日用百货	General Merchandise for Daily Use	101.1	101.2	101.4	100.2	103.2
2.厨具餐具茶具	Kitchenware, Tableware and Tea Set	99.2	101.5	99.8	100.2	99.9
3.清洗用品	Cleaning Products	101.9	101.6	103.0	100.6	100.4
4.其他日用品	Other Articles for Daily Use	99.2	99.9	99.8	98.9	98.9
八、体育娱乐用品	Sports and Recreation Articles	102.8	100.2	102.8	100.7	102.8
1.体育户外用品	Sports and Outdoor Articles	97.1	98.4	100.2	99.3	101.7
2.娱乐用品	Recreation Articles	103.2	100.3	103.0	100.8	103.0
九、交通、通信用品	Transportation and Communication Appliances	98.0	98.4	100.2	97.9	100.5
1.交通运输机械	Transportation Appliances	97.9	98.5	99.6	98.1	99.2
2.通信器材	Communication Appliances	99.4	97.5	107.1	95.6	105.0
十、家具	Furniture	102.3	100.8	99.3	101.0	104.3
十一、化妆品	Cosmetics	101.4	100.6	100.6	100.6	101.8
十二、金银饰品	Gold and Silver Ornaments	104.2	97.5	112.6	125.6	99.7
十三、中西药品及医疗保健用品	Traditional Chinese and Western Medicines and Health Care Articles	103.9	104.7	102.0	99.4	98.7
1.医疗卫生器具	Medical Instruments	99.5	100.2	99.9	102.4	102.4
2.中药	Traditional Chinese Medicines	107.5	107.5	103.2	103.6	102.2
3.西药	Western Medicines	103.4	105.2	101.9	95.8	95.0
4.保健器具及用品	Healthcare Equipment and Articles	102.3	101.4	101.0	103.9	100.6
十四、书报杂志及电子出版物	Books, Newspapers, Magazines and Electronic Publications	101.5	101.9	102.4	103.4	101.4
1.教材及参考书	Teaching Materials and Reference Books	102.5	100.1	101.6	103.9	102.0
2.书报杂志及音像制品	Books, Newspapers, Magazines and Audio-visual Products	101.2	108.1	105.0	101.0	100.9
3.计算机办公软件	Computer Office Software	87.5	96.8	99.7	110.0	99.6
十五、燃料	Fuels	107.3	110.3	96.3	89.8	113.3
1.煤炭及制品	Coal and Its Products	108.7	102.5	100.1	101.1	107.1
2.石油及制品	Petroleum and Its Products	107.0	111.6	95.7	88.1	113.9
十六、建筑材料及五金电料	Building Materials and Hardware	101.7	102.5	101.5	99.4	100.7
1.建筑装潢材料	Building Decoration Materials	101.8	103.3	101.9	98.1	100.5
2.五金水暖	Hardware	101.4	101.3	100.8	101.5	101.0

4-3 主要商品和服务价格指数
Major Commodity and Services Price Indices (2017-2021)

(上年=100) (preceding year=100)

项　目	Item	2017	2018	2019	2020	2021
大米	Rice	104.1	97.4	100.5	101.6	99.2
面粉	Flour	101.4	99.0	102.5	99.4	100.1
食用植物油	Edible Vegetable Oil	101.8	100.7	100.4	98.9	106.4
鲜菜	Fresh Vegetables	91.7	110.1	100.3	109.8	106.3
猪肉	Pork	95.2	93.5	138.0	147.7	70.0
牛肉	Beef	100.0	105.6	113.9	112.1	102.2
羊肉	Mutton	105.6	112.0	111.8	105.0	106.9
淡水鱼	Freshwater Fish	108.4	100.9	97.8	104.0	121.5
海水鱼	Seawater Fish	101.4	100.2	100.7	105.4	96.2
鸡蛋	Eggs	95.7	115.0	104.8	85.8	122.1
鲜奶	Milk	98.8	99.4	100.4	99.8	101.6
鲜果	Fresh Fruits	102.6	107.1	109.0	90.7	98.6
食糖	Sugar	105.2	107.8	100.7	104.7	102.6
食用盐	Salt	99.6	98.7	100.4	97.5	97.9
卷烟	Tobacco	100.4	101.0	101.7	103.2	103.7
白酒	Wine	102.4	101.9	101.3	102.4	104.6
啤酒	Beer	99.1	98.8	101.2	100.3	101.1
男式衬衫T恤	Men's Shirt and T-shirt	103.3	98.0	100.2	100.3	99.3
男式裤子	Men's Trousers	102.3	100.4	95.9	100.1	98.8
女式外套	Women's Coat	98.3	101.7	105.4	97.5	101.4
女式衬衫T恤	Women's Shirt and T-shirt	101.2	104.7	100.9	97.3	101.0
鞋	Shoes	100.1	101.2	102.0	96.0	93.3
木地板	Floorboard	99.9	102.7	102.7	97.6	101.4
瓷砖	Ceramic Tile	99.7	99.5	101.1	102.4	100.0
水	Water	100.0	100.0	100.0	100.0	100.0
电	Electricity	100.0	100.0	100.0	100.0	100.0
管道燃气	Pipeline Gas	100.0	101.5	107.4	98.7	96.8
柜	Cabinet	102.7	99.9	98.6	101.3	103.7
桌	Desk	102.8	101.4	98.8	101.8	106.6
沙发	Sofa	102.0	103.3	103.3	100.1	101.5
洗衣机	Washing Machine	99.9	93.3	99.2	100.3	100.9
电冰箱(柜)	Refrigerator	101.1	101.2	98.9	100.2	100.7
空调器	Air-conditioner	99.3	100.8	96.6	97.2	93.8
热水器	Water Heater	101.0	99.8	102.6	100.3	100.0
清洗用品	Cleaning Supplies	101.9	101.6	103.0	100.6	100.4
燃油小汽车	Fuel Car	96.0	97.0	98.7	96.1	98.9
自行车	Bicycle	100.7	103.2	104.8	100.1	103.0
汽油	Gasoline	108.8	113.1	94.1	85.6	117.7
市内公共交通	Urban Public Transport	100.0	100.0	100.0	100.0	100.0
飞机票	Air Ticket	111.0	107.7	96.4	92.8	97.3
火车票	Railway Ticket	100.0	99.8	99.3	100.0	100.6
教材	Teaching Materials	100.0	98.3	99.4	106.1	101.2
电视机	TV Set	98.8	94.4	98.7	94.4	99.9
台式计算机	Desktop Computer	99.5	98.3	103.8	101.7	102.2
笔记本电脑	Laptop	100.5	98.3	101.1	98.2	100.5
音响	Sound System	100.6	102.3	100.7	94.4	97.3
景点门票	Park Ticket	104.5	102.6	97.1	99.7	100.2
电视服务	Cable Television	100.0	101.8	112.4	100.0	100.0
健身活动	Sport Activity	104.0	101.7	98.7	102.6	103.3
中药材	Traditional Chinese Medicinal Materials	109.1	104.7	105.8	100.7	101.4
中成药	Ready-made Traditional Chinese Medicine	107.3	108.0	102.8	104.1	102.7
消化系统用药	Digestive Medicine	102.1	110.5	100.2	93.6	93.2
呼吸系统用药	Respiratory Medicine	103.5	102.0	101.7	98.2	97.2
滋补保健品	Medical Products	102.5	101.4	101.1	104.2	100.7
金饰品	Gold Ornaments	104.5	97.9	113.4	126.7	95.8

4-4 居民货币购买力指数
Indices of Monetary Purchasing Power of Residents(1991-2021)

年 度 Year	上年=100 Preceding Year=100	年 度 Year	1990=100 Year of 1990=100
1991	90.7	1991	90.7
1992	89.8	1992	81.4
1993	85.0	1993	69.3
1994	80.6	1994	55.9
1995	86.7	1995	48.4
1996	91.7	1996	44.4
1997	97.0	1997	43.1
1998	100.5	1998	43.3
1999	101.1	1999	43.8
2000	100.4	2000	44.0
2001	98.8	2001	43.5
2002	100.4	2002	43.6
2003	99.0	2003	43.2
2004	97.8	2004	42.2
2005	98.5	2005	41.6
2006	98.5	2006	41.0
2007	96.0	2007	39.3
2008	94.9	2008	37.3
2009	101.0	2009	37.7
2010	96.6	2010	36.4
2011	95.3	2011	34.7
2012	97.4	2012	33.8
2013	97.0	2013	32.8
2014	98.1	2014	32.2
2015	98.3	2015	31.7
2016	98.0	2016	31.0
2017	98.0	2017	30.4
2018	98.0	2018	29.8
2019	97.4	2019	29.0
2020	98.0	2020	28.4
2021	98.7	2021	28.0

4-5 工业生产者出厂价格指数
Producer Price Indices for Industrial Products (2017-2021)

(上年=100) (preceding year=100)

项　　目	Item	2017	2018	2019	2020	2021
工业生产者出厂价格指数	**Producer Price Indices for Industrial Products**	**108.4**	**105.4**	**99.3**	**97.1**	**110.9**
#轻工业	Light Industry	101.2	100.2	102.6	102.5	103.9
以农产品为原料	Using Farm Products as Raw Materials	101.0	100.2	103.7	104.5	106.8
以非农产品为原料	Using Non-farm Products as Raw Materials	101.6	100.2	100.9	99.4	102.0
重工业	Heavy Industry	110.2	106.6	98.5	95.7	112.5
采　掘	Mining and Quarrying Industry	127.7	120.5	97.9	81.6	138.0
原材料	Raw Materials Industry	116.2	111.6	97.2	92.4	117.6
加　工	Processing Industry	105.9	102.5	99.2	99.1	107.2
#生产资料	Means of Production	112.0	107.4	98.8	95.8	113.5
采　掘	Mining & Quarrying Industry	127.7	120.5	97.9	81.6	138.0
原材料	Raw Materials Industry	116.3	112.0	97.5	92.2	117.7
加　工	Processing Industry	108.4	103.4	99.6	99.4	108.4
生活资料	Consumer Goods	97.9	99.0	100.8	100.9	101.0
食　品	Food	100.2	100.1	105.6	105.9	108.2
衣　着	Clothing	100.3	100.8	100.8	100.2	96.5
一般日用品	Articles for Daily Use	98.5	102.4	99.9	98.7	100.0
耐用消费品	Durable Consumer Goods	94.9	96.2	96.5	96.9	97.3
按行业分	**By Sector**					
煤炭开采和洗选业	Mining and Washing of Coal	121.2	101.8	100.0	100.0	96.8
石油和天然气开采业	Extraction of Petroleum and Natural Gas	134.6	131.8	96.0	66.9	150.6
黑色金属矿采选业	Mining and Processing of Ferrous Metal Ores	108.3	128.3	119.7	104.9	130.6
非金属矿采选业	Mining and Processing of Nonmetal Ores	102.1	103.4	108.2	98.6	134.6
开采专业及辅助性活动	Mining Specialty and Support Activities	99.7	99.5	98.4	104.7	100.1
农副食品加工业	Processing of Food from Agricultural Products	98.2	95.9	108.9	112.3	116.4
食品制造业	Processing of Foodstuff	101.2	102.4	103.9	103.3	100.9
酒、饮料和精制茶制造业	Manufacture of Wine, Beverages and refined tea	101.7	100.7	105.1	100.6	101.0
烟草制品业	Manufacture of Tobacco	100.0	100.6	102.3	102.7	102.7
纺织业	Manufacture of Textile	100.7	103.4	100.7	100.8	103.4
纺织服装、服饰业	Manufacture of Textile Wearing Apparel	100.3	99.4	99.7	100.0	96.2
皮革、毛皮、羽毛及其制品和制鞋业	Manufacture of Leather, Fur, Feather and Related Products, Footwear	100.8	104.5	106.2	102.1	100.8
木材加工及木、竹、藤、棕、草制品业	Processing of Timber, Manufacture of Wood, Bamboo, Rattan, Palm and Straw Products	99.5	100.3	99.4	99.3	101.7
家具制造业	Manufacture of Furniture	103.1	100.2	101.6	101.3	102.9
造纸及纸制品业	Manufacture of Paper and Paper Products	110.5	101.8	90.1	93.7	101.7
印刷和记录媒介复制业	Printing, Reproduction of Recording Media	102.9	102.2	103.7	105.8	103.3
文教、工美、体育和娱乐用品制造业	Manufacture of Articles for Culture, Education, Artwork, Sport Activities and Entertainment Goods	99.1	99.4	103.0	100.2	96.8
石油、煤炭及其他燃料加工业	Processing of Petroleum, Coal and other Fuels	114.1	119.9	99.2	86.3	119.5
化学原料及化学制品制造业	Manufacture of Raw Chemical Materials and Chemical Products	115.6	108.0	93.3	91.2	122.7
医药制造业	Manufacture of Medicines	98.2	105.3	96.6	98.4	100.3
化学纤维制造业	Manufacture of Chemical Fibers	93.0	100.9	99.2	100.5	86.7
橡胶和塑料制品业	Manufacture of Rubber and Plastics	104.9	101.5	99.4	98.7	100.3
非金属矿物制品业	Manufacture of Non-metallic Mineral Products	101.3	109.7	107.0	98.7	104.7
黑色金属冶炼和压延加工业	Smelting and Pressing of Ferrous Metals	126.3	109.9	100.0	98.6	127.8
有色金属冶炼和压延加工业	Smelting and Pressing of Non-ferrous Metals	116.5	103.2	96.5	101.8	134.1
金属制品业	Manufacture of Metal Products	113.6	106.2	97.1	96.4	105.2
通用设备制造业	Manufacture of General Purpose Machinery	100.4	99.5	100.1	102.6	101.9
专用设备制造业	Manufacture of Special Purpose Machinery	97.7	97.6	98.4	99.0	101.3
汽车制造业	Manufacture of Automobile	97.8	98.1	94.7	95.0	97.4
铁路、船舶、航空航天和其他运输设备制造业	Manufacture of Railway, Shipbuilding, Aerospace and Other Transportation Equipment	102.2	102.0	100.3	100.5	102.6
电气机械及器材制造业	Manufacture of Electrical Machinery and Equipment	101.6	100.5	99.8	97.5	104.7
计算机、通信和其他电子设备制造业	Manufacture of Computers, Communication Equipment and Other Electronic Equipment	95.4	96.2	101.2	101.2	100.8
仪器仪表制造业	Manufacture of Measuring Instruments	100.1	99.8	103.1	101.0	98.4
其他制造业	Other Manufacturing	100.0	100.0	99.6	95.1	91.8
废弃资源综合利用业	Recycling and Disposal of Waste	104.3	124.2	107.1	96.6	120.9
金属制品、机械和设备修理业	Metal Products, Machinery and Equipment Repair Industry	100.3	102.7	107.8	107.4	100.0
电力、热力的生产和供应业	Production and Supply of Electric Power and Heat Energy	95.4	100.3	99.1	97.9	99.2
燃气生产和供应业	Production and Supply of Gas	100.9	101.2	105.1	97.7	102.2
水的生产和供应业	Production and Supply of Tap Water	104.5	123.0	101.6	100.0	100.0

4-6 按工业部门分工业生产者出厂价格指数
Producer Price Indices for Industrial Products by Industrial Sector (2017-2021)

(上年=100) (preceding year=100)

项　目	Item	2017	2018	2019	2020	2021
按工业部门分	**By Industrial Sector**					
冶金工业	Metallurgical Industry	122.1	108.9	99.5	98.7	125.2
电力工业	Power Industry	95.4	100.3	99.0	97.9	99.2
煤炭及炼焦工业	Coal Industry	122.8	103.9	101.3	100.1	113.2
石油工业	Petroleum Industry	121.6	124.3	97.3	77.6	128.4
化学工业	Chemical Industry	109.4	106.1	95.6	94.6	113.1
机械工业	Mechanical Industry	98.5	98.6	99.0	99.1	100.5
建筑材料工业	Building Materials Industry	100.9	109.4	108.0	99.0	104.3
森林工业	Timber Industry	99.8	100.2	101.7	101.6	101.4
食品工业	Food Industry	100.2	99.9	105.8	106.4	108.9
纺织工业	Textile Industry	100.9	101.1	99.6	100.8	103.5
缝纫工业	Tailoring Industry	100.3	100.6	100.2	100.3	97.2
皮革工业	Leather Industry	101.1	101.6	101.2	101.3	95.9
造纸工业	Paper Industry	110.5	101.8	90.1	93.7	101.7
文教艺术用品工业	Cultural, Educational & Handicrafts Articles	101.3	101.2	102.1	102.5	102.7
其他工业	Other Industry	100.2	101.9	102.0	98.8	100.6

4-7 工业生产者出厂价格月度指数
Monthly Producer Price Indices for Industrial Products
(2021年1月)

项目	Item	环比	同比	1-1月平均
工业生产者出厂价格指数	**Producer Price Indices for Industrial Products**	**101.6**	**98.8**	**98.8**
#轻工业	Light Industry	100.5	101.7	101.7
以农产品为原料	Using Farm Products as Raw Materials	101.7	103.9	103.9
以非农产品为原料	Using Non-farm Products as Raw Materials	99.7	100.1	100.1
重工业	Heavy Industry	101.8	98.2	98.2
采　掘	Mining and Quarrying Industry	109.5	81.9	81.9
原材料	Raw Materials Industry	102.9	98.7	98.7
加　工	Processing Industry	100.4	101.2	101.2
#生产资料	Means of Production	101.9	98.7	98.7
采　掘	Mining and Quarrying Industry	109.5	81.9	81.9
原材料	Raw Materials Industry	102.9	98.7	98.7
加　工	Processing Industry	100.4	102.2	102.2
生活资料	Consumer Goods	100.5	99.2	99.2
食　品	Food	101.8	105.6	105.6
衣　着	Clothing	99.8	99.7	99.7
一般日用品	Articles for Daily Use	99.4	98.7	98.7
耐用消费品	Durable Consumer Goods	100.2	95.6	95.6
按工业部门分	**By Industrial Sector**			
冶金工业	Metallurgical Industry	102.2	110.0	110.0
电力工业	Power Industry	99.2	98.4	98.4
煤炭及炼焦工业	Coal Industry	105.1	105.2	105.2
石油工业	Petroleum Industry	108.2	83.0	83.0
化学工业	Chemical Industry	99.6	101.2	101.2
机械工业	Machine Building Industry	100.0	98.6	98.6
建筑材料工业	Building Materials Industry	99.4	97.8	97.8
森林工业	Timber Industry	100.4	102.3	102.3
食品工业	Food Industry	101.9	106.0	106.0
纺织工业	Textile Industry	99.6	99.2	99.2
缝纫工业	Tailoring Industry	99.9	100.1	100.1
皮革工业	Leather Industry	99.8	100.6	100.6
造纸工业	Paper Industry	101.2	95.5	95.5
文教艺术用品工业	Cultural, Educational & Handicrafts Articles	100.9	102.5	102.5
其他工业	Other Industry	100.4	98.0	98.0

4-8 工业生产者出厂价格月度指数
Monthly Producer Price Indices for Industrial Products
(2021年2月)

项 目	Item	环比	同比	1-2月平均
工业生产者出厂价格指数	**Producer Price Indices for Industrial Products**	**101.0**	**101.7**	**100.3**
#轻工业	Light Industry	100.2	102.1	101.9
以农产品为原料	Using Farm Products as Raw Materials	100.6	104.8	104.4
以非农产品为原料	Using Non-farm Products as Raw Materials	99.9	100.1	100.1
重工业	Heavy Industry	101.2	101.7	99.9
采 掘	Mining and Quarrying Industry	106.8	98.4	89.6
原材料	Raw Materials Industry	101.5	103.9	101.2
加 工	Processing Industry	100.1	101.4	101.3
#生产资料	Means of Production	101.3	102.7	100.7
采 掘	Mining and Quarrying Industry	106.8	98.4	89.6
原材料	Raw Materials Industry	101.5	103.9	101.2
加 工	Processing Industry	100.3	103.0	102.6
生活资料	Consumer Goods	99.7	97.9	98.5
食 品	Food	100.3	106.6	106.1
衣 着	Clothing	99.9	99.6	99.6
一般日用品	Articles for Daily Use	99.9	98.5	98.6
耐用消费品	Durable Consumer Goods	99.3	92.3	93.9
按工业部门分	**By Industrial Sector**			
冶金工业	Metallurgical Industry	101.1	113.4	111.7
电力工业	Power Industry	100.3	98.9	98.7
煤炭及炼焦工业	Coal Industry	102.1	109.2	107.2
石油工业	Petroleum Industry	105.6	96.9	89.6
化学工业	Chemical Industry	100.6	103.0	102.1
机械工业	Machine Building Industry	99.6	97.7	98.1
建筑材料工业	Building Materials Industry	98.9	97.1	97.5
森林工业	Timber Industry	99.5	102.0	102.2
食品工业	Food Industry	100.4	107.4	106.7
纺织工业	Textile Industry	100.4	99.6	99.4
缝纫工业	Tailoring Industry	100.2	100.4	100.2
皮革工业	Leather Industry	99.4	99.6	100.1
造纸工业	Paper Industry	101.4	95.6	95.5
文教艺术用品工业	Cultural, Educational & Handicrafts Articles	100.6	102.3	102.4
其他工业	Other Industry	98.6	97.4	97.7

4-9 工业生产者出厂价格月度指数
Monthly Producer Price Indices for Industrial Products
(2021年3月)

项目	Item	环比	同比	1-3月平均
工业生产者出厂价格指数	**Producer Price Indices for Industrial Products**	**102.6**	**107.8**	**102.7**
#轻工业	Light Industry	100.5	103.1	102.3
以农产品为原料	Using Farm Products as Raw Materials	100.9	106.9	105.2
以非农产品为原料	Using Non-farm Products as Raw Materials	100.2	100.5	100.3
重工业	Heavy Industry	103.1	108.8	102.8
采掘	Mining and Quarrying Industry	107.8	136.7	102.2
原材料	Raw Materials Industry	103.8	111.4	104.5
加工	Processing Industry	102.0	104.1	102.3
#生产资料	Means of Production	103.1	110.1	103.7
采掘	Mining and Quarrying Industry	107.8	136.7	102.2
原材料	Raw Materials Industry	103.9	111.4	104.5
加工	Processing Industry	102.1	105.8	103.7
生活资料	Consumer Goods	100.4	99.0	98.7
食品	Food	100.7	109.4	107.2
衣着	Clothing	100.1	98.8	99.4
一般日用品	Articles for Daily Use	99.6	98.7	98.6
耐用消费品	Durable Consumer Goods	100.6	93.0	93.6
按工业部门分	**By Industrial Sector**			
冶金工业	Metallurgical Industry	104.7	119.5	114.3
电力工业	Power Industry	99.8	98.6	98.6
煤炭及炼焦工业	Coal Industry	98.9	111.9	108.7
石油工业	Petroleum Industry	107.1	125.5	99.7
化学工业	Chemical Industry	103.2	107.5	103.9
机械工业	Machine Building Industry	100.5	98.6	98.3
建筑材料工业	Building Materials Industry	102.1	99.6	98.2
森林工业	Timber Industry	100.9	103.1	102.5
食品工业	Food Industry	100.9	110.2	107.9
纺织工业	Textile Industry	100.0	99.3	99.4
缝纫工业	Tailoring Industry	99.7	100.0	100.2
皮革工业	Leather Industry	100.0	94.3	98.1
造纸工业	Paper Industry	101.4	95.5	95.5
文教艺术用品工业	Cultural, Educational & Handicrafts Articles	99.7	101.9	102.2
其他工业	Other Industry	98.5	95.4	96.9

4-10 工业生产者出厂价格月度指数
Monthly Producer Price Indices for Industrial Products
(2021年4月)

项 目	Item	环比	同比	1-4月平均
工业生产者出厂价格指数	**Producer Price Indices for Industrial Products**	**101.1**	**113.8**	**105.3**
#轻工业	Light Industry	100.0	103.6	102.6
以农产品为原料	Using Farm Products as Raw Materials	99.4	107.1	105.7
以非农产品为原料	Using Non-farm Products as Raw Materials	100.4	101.2	100.5
重工业	Heavy Industry	101.4	116.2	105.9
采 掘	Mining and Quarrying Industry	97.9	191.7	116.3
原材料	Raw Materials Industry	101.2	117.7	107.6
加 工	Processing Industry	102.1	108.4	103.8
#生产资料	Means of Production	101.4	116.8	106.8
采 掘	Mining and Quarrying Industry	97.9	191.7	116.3
原材料	Raw Materials Industry	101.1	117.8	107.6
加 工	Processing Industry	102.1	109.0	105.0
生活资料	Consumer Goods	100.0	102.5	99.6
食 品	Food	99.6	108.6	107.5
衣 着	Clothing	97.1	97.3	98.8
一般日用品	Articles for Daily Use	100.7	99.4	98.8
耐用消费品	Durable Consumer Goods	100.1	100.6	95.2
按工业部门分	**By Industrial Sector**			
冶金工业	Metallurgical Industry	105.3	128.9	117.8
电力工业	Power Industry	100.0	98.2	98.5
煤炭及炼焦工业	Coal Industry	98.9	114.2	110.0
石油工业	Petroleum Industry	96.8	152.4	109.4
化学工业	Chemical Industry	102.6	113.3	106.2
机械工业	Machine Building Industry	100.4	100.8	98.9
建筑材料工业	Building Materials Industry	104.6	105.9	100.1
森林工业	Timber Industry	100.2	103.1	102.6
食品工业	Food Industry	99.6	109.4	108.2
纺织工业	Textile Industry	99.9	99.5	99.4
缝纫工业	Tailoring Industry	96.9	98.2	99.7
皮革工业	Leather Industry	99.6	94.9	97.3
造纸工业	Paper Industry	99.3	100.3	96.7
文教艺术用品工业	Cultural, Educational & Handicrafts Articles	100.2	102.7	102.3
其他工业	Other Industry	101.3	97.8	97.1

4-11 工业生产者出厂价格月度指数
Monthly Producer Price Indices for Industrial Products
(2021年5月)

项 目	Item	环比	同比	1-5月平均
工业生产者出厂价格指数	**Producer Price Indices for Industrial Products**	**102.0**	**115.0**	**107.2**
#轻工业	Light Industry	100.6	104.1	102.9
以农产品为原料	Using Farm Products as Raw Materials	100.0	107.2	106.0
以非农产品为原料	Using Non-farm Products as Raw Materials	101.0	102.1	100.8
重工业	Heavy Industry	102.3	117.5	108.2
采 掘	Mining and Quarrying Industry	104.3	188.3	126.6
原材料	Raw Materials Industry	102.7	121.5	110.3
加 工	Processing Industry	101.7	109.0	104.8
#生产资料	Means of Production	102.3	119.0	109.1
采 掘	Mining and Quarrying Industry	104.3	188.3	126.6
原材料	Raw Materials Industry	102.7	121.5	110.3
加 工	Processing Industry	101.8	110.8	106.1
生活资料	Consumer Goods	100.6	100.1	99.7
食 品	Food	101.3	109.2	107.9
衣 着	Clothing	97.0	94.5	98.0
一般日用品	Articles for Daily Use	101.0	100.7	99.2
耐用消费品	Durable Consumer Goods	100.2	94.6	95.1
按工业部门分	**By Industrial Sector**			
冶金工业	Metallurgical Industry	105.3	135.2	121.2
电力工业	Power Industry	100.0	97.8	98.4
煤炭及炼焦工业	Coal Industry	100.6	112.9	110.6
石油工业	Petroleum Industry	103.3	153.0	116.3
化学工业	Chemical Industry	100.3	114.9	107.8
机械工业	Machine Building Industry	100.5	99.8	99.1
建筑材料工业	Building Materials Industry	101.9	108.8	101.8
森林工业	Timber Industry	99.9	102.9	102.7
食品工业	Food Industry	101.3	109.9	108.6
纺织工业	Textile Industry	102.0	101.9	99.9
缝纫工业	Tailoring Industry	96.6	94.8	98.7
皮革工业	Leather Industry	99.1	94.7	96.8
造纸工业	Paper Industry	97.6	100.9	97.5
文教艺术用品工业	Cultural, Educational & Handicrafts Articles	99.8	102.3	102.3
其他工业	Other Industry	100.3	98.0	97.3

4-12 工业生产者出厂价格月度指数
Monthly Producer Price Indices for Industrial Products
(2021年6月)

项目	Item	环比	同比	1-6月平均
工业生产者出厂价格指数	**Producer Price Indices for Industrial Products**	**100.0**	**112.7**	**108.1**
#轻工业	Light Industry	100.1	104.2	103.1
以农产品为原料	Using Farm Products as Raw Materials	100.1	107.4	106.2
以非农产品为原料	Using Non-farm Products as Raw Materials	100.1	102.1	101.0
重工业	Heavy Industry	99.9	114.6	109.2
采　掘	Mining and Quarrying Industry	100.9	147.6	129.9
原材料	Raw Materials Industry	100.1	120.3	111.9
加　工	Processing Industry	99.7	108.3	105.4
#生产资料	Means of Production	100.0	115.8	110.2
采　掘	Mining and Quarrying Industry	100.9	147.6	129.9
原材料	Raw Materials Industry	100.1	120.3	111.9
加　工	Processing Industry	99.7	109.9	106.8
生活资料	Consumer Goods	100.0	100.6	99.9
食　品	Food	100.1	109.1	108.1
衣　着	Clothing	100.4	94.8	97.4
一般日用品	Articles for Daily Use	99.7	100.4	99.4
耐用消费品	Durable Consumer Goods	100.1	95.8	95.2
按工业部门分	**By Industrial Sector**			
冶金工业	Metallurgical Industry	98.5	129.9	122.7
电力工业	Power Industry	100.1	98.6	98.4
煤炭及炼焦工业	Coal Industry	102.3	112.1	110.8
石油工业	Petroleum Industry	101.4	135.4	119.3
化学工业	Chemical Industry	100.1	114.0	108.8
机械工业	Machine Building Industry	100.2	100.3	99.3
建筑材料工业	Building Materials Industry	100.8	109.8	103.1
森林工业	Timber Industry	99.9	101.2	102.5
食品工业	Food Industry	100.1	110.0	108.8
纺织工业	Textile Industry	100.8	104.4	100.7
缝纫工业	Tailoring Industry	100.8	95.5	98.2
皮革工业	Leather Industry	98.9	93.8	96.3
造纸工业	Paper Industry	99.5	102.0	98.2
文教艺术用品工业	Cultural, Educational & Handicrafts Articles	99.6	101.8	102.2
其他工业	Other Industry	101.8	100.4	97.8

4-13 工业生产者出厂价格月度指数
Monthly Producer Price Indices for Industrial Products
(2021年7月)

项　目	Item	环比	同比	1-7月平均
工业生产者出厂价格指数	**Producer Price Indices for Industrial Products**	**101.1**	**112.3**	**108.7**
#轻工业	Light Industry	100.5	104.6	103.3
以农产品为原料	Using Farm Products as Raw Materials	100.8	107.7	106.4
以非农产品为原料	Using Non-farm Products as Raw Materials	100.4	102.4	101.2
重工业	Heavy Industry	101.2	114.0	109.9
采　掘	Mining and Quarrying Industry	104.8	141.1	131.5
原材料	Raw Materials Industry	101.7	120.8	113.1
加　工	Processing Industry	100.4	107.8	105.7
#生产资料	Means of Production	101.3	115.3	110.9
采　掘	Mining and Quarrying Industry	104.8	141.1	131.5
原材料	Raw Materials Industry	101.7	120.8	113.1
加　工	Processing Industry	100.5	109.5	107.1
生活资料	Consumer Goods	100.3	100.6	100.0
食　品	Food	100.5	109.6	108.3
衣　着	Clothing	100.8	95.5	97.2
一般日用品	Articles for Daily Use	99.8	100.1	99.5
耐用消费品	Durable Consumer Goods	100.3	95.7	95.3
按工业部门分	**By Industrial Sector**			
冶金工业	Metallurgical Industry	101.4	129.1	123.6
电力工业	Power Industry	100.0	98.6	98.4
煤炭及炼焦工业	Coal Industry	100.4	111.8	111.0
石油工业	Petroleum Industry	103.7	132.0	121.1
化学工业	Chemical Industry	100.9	114.1	109.6
机械工业	Machine Building Industry	100.2	100.1	99.4
建筑材料工业	Building Materials Industry	99.5	109.2	104.0
森林工业	Timber Industry	100.1	100.3	102.1
食品工业	Food Industry	100.5	110.5	109.0
纺织工业	Textile Industry	100.6	105.3	101.3
缝纫工业	Tailoring Industry	101.0	96.4	97.9
皮革工业	Leather Industry	100.4	94.2	96.0
造纸工业	Paper Industry	101.5	101.0	98.6
文教艺术用品工业	Cultural, Educational & Handicrafts Articles	100.6	102.5	102.3
其他工业	Other Industry	101.1	102.5	98.5

4-14 工业生产者出厂价格月度指数
Monthly Producer Price Indices for Industrial Products
(2021年8月)

项目	Item	环比	同比	1-8月平均
工业生产者出厂价格指数	**Producer Price Indices for Industrial Products**	**100.7**	**112.7**	**109.2**
#轻工业	Light Industry	100.4	105.1	103.6
以农产品为原料	Using Farm Products as Raw Materials	100.6	108.6	106.7
以非农产品为原料	Using Non-farm Products as Raw Materials	100.2	102.6	101.4
重工业	Heavy Industry	100.7	114.4	110.5
采　掘	Mining and Quarrying Industry	95.6	133.3	131.7
原材料	Raw Materials Industry	101.9	122.8	114.3
加　工	Processing Industry	101.2	108.8	106.1
#生产资料	Means of Production	100.6	115.6	111.5
采　掘	Mining and Quarrying Industry	95.6	133.3	131.7
原材料	Raw Materials Industry	101.9	122.7	114.3
加　工	Processing Industry	101.1	110.4	107.6
生活资料	Consumer Goods	100.8	101.5	100.2
食　品	Food	100.6	109.8	108.5
衣　着	Clothing	100.1	95.1	96.9
一般日用品	Articles for Daily Use	99.7	100.1	99.6
耐用消费品	Durable Consumer Goods	101.6	97.4	95.6
按工业部门分	**By Industrial Sector**			
冶金工业	Metallurgical Industry	102.4	130.1	124.5
电力工业	Power Industry	100.0	98.3	98.4
煤炭及炼焦工业	Coal Industry	100.3	113.5	111.3
石油工业	Petroleum Industry	98.2	128.6	122.0
化学工业	Chemical Industry	101.5	116.4	110.4
机械工业	Machine Building Industry	100.7	101.1	99.6
建筑材料工业	Building Materials Industry	96.7	103.7	103.9
森林工业	Timber Industry	100.1	100.3	101.9
食品工业	Food Industry	100.6	110.6	109.2
纺织工业	Textile Industry	100.0	106.0	101.9
缝纫工业	Tailoring Industry	100.1	95.8	97.6
皮革工业	Leather Industry	100.3	93.8	95.7
造纸工业	Paper Industry	100.8	105.7	99.4
文教艺术用品工业	Cultural, Educational & Handicrafts Articles	99.3	101.8	102.2
其他工业	Other Industry	100.2	103.1	99.1

4-15 工业生产者出厂价格月度指数
Monthly Producer Price Indices for Industrial Products
(2021年9月)

项目	Item	环比	同比	1-9月平均
工业生产者出厂价格指数	**Producer Price Indices for Industrial Products**	**100.5**	**113.5**	**109.7**
#轻工业	Light Industry	100.4	104.7	103.7
以农产品为原料	Using Farm Products as Raw Materials	100.5	107.2	106.7
以非农产品为原料	Using Non-farm Products as Raw Materials	100.4	102.9	101.6
重工业	Heavy Industry	100.5	115.5	111.0
采掘	Mining and Quarrying Industry	101.4	142.2	132.9
原材料	Raw Materials Industry	100.7	123.2	115.3
加工	Processing Industry	100.3	109.2	106.5
#生产资料	Means of Production	100.6	116.6	112.1
采掘	Mining and Quarrying Industry	101.4	142.2	132.9
原材料	Raw Materials Industry	100.7	123.2	115.3
加工	Processing Industry	100.4	110.7	107.9
生活资料	Consumer Goods	100.3	101.4	100.3
食品	Food	100.2	107.9	108.4
衣着	Clothing	100.9	95.8	96.8
一般日用品	Articles for Daily Use	100.4	100.6	99.7
耐用消费品	Durable Consumer Goods	100.2	98.1	95.8
按工业部门分	**By Industrial Sector**			
冶金工业	Metallurgical Industry	100.6	130.0	125.1
电力工业	Power Industry	100.2	98.8	98.5
煤炭及炼焦工业	Coal Industry	102.8	115.9	111.8
石油工业	Petroleum Industry	100.5	133.9	123.3
化学工业	Chemical Industry	101.7	117.5	111.2
机械工业	Machine Building Industry	100.0	101.4	99.8
建筑材料工业	Building Materials Industry	101.3	105.0	104.1
森林工业	Timber Industry	100.2	99.2	101.6
食品工业	Food Industry	100.2	108.5	109.1
纺织工业	Textile Industry	100.1	105.6	102.3
缝纫工业	Tailoring Industry	101.1	96.4	97.5
皮革工业	Leather Industry	100.4	94.9	95.6
造纸工业	Paper Industry	101.4	106.8	100.2
文教艺术用品工业	Cultural, Educational & Handicrafts Articles	101.0	101.6	102.1
其他工业	Other Industry	101.8	104.4	99.6

4-16 工业生产者出厂价格月度指数
Monthly Producer Price Indices for Industrial Products
(2021年10月)

项　　目	Item	环比	同比	1-10月平均
工业生产者出厂价格指数	**Producer Price Indices for Industrial Products**	**102.4**	**116.9**	**110.4**
#轻工业	Light Industry	100.9	105.3	103.8
以农产品为原料	Using Farm Products as Raw Materials	101.4	107.9	106.9
以非农产品为原料	Using Non-farm Products as Raw Materials	100.6	103.5	101.7
重工业	Heavy Industry	102.8	119.6	111.9
采　掘	Mining and Quarrying Industry	111.3	164.0	135.8
原材料	Raw Materials Industry	103.7	127.3	116.5
加　工	Processing Industry	100.9	110.9	106.9
#生产资料	Means of Production	102.8	120.4	112.9
采　掘	Mining and Quarrying Industry	111.3	164.0	135.8
原材料	Raw Materials Industry	103.7	127.4	116.5
加　工	Processing Industry	101.0	111.9	108.3
生活资料	Consumer Goods	100.7	103.3	100.6
食　品	Food	101.5	108.6	108.4
衣　着	Clothing	99.9	95.8	96.7
一般日用品	Articles for Daily Use	100.6	101.3	99.8
耐用消费品	Durable Consumer Goods	100.1	101.2	96.4
按工业部门分	**By Industrial Sector**			
冶金工业	Metallurgical Industry	101.9	132.9	125.9
电力工业	Power Industry	100.1	100.0	98.6
煤炭及炼焦工业	Coal Industry	103.4	117.8	112.4
石油工业	Petroleum Industry	108.2	149.8	125.8
化学工业	Chemical Industry	104.9	119.3	112.0
机械工业	Machine Building Industry	100.4	102.7	100.1
建筑材料工业	Building Materials Industry	99.9	104.8	104.1
森林工业	Timber Industry	100.3	100.1	101.4
食品工业	Food Industry	101.5	109.4	109.2
纺织工业	Textile Industry	102.4	108.1	102.9
缝纫工业	Tailoring Industry	100.0	96.3	97.4
皮革工业	Leather Industry	100.0	96.9	95.7
造纸工业	Paper Industry	100.7	106.7	100.8
文教艺术用品工业	Cultural, Educational & Handicrafts Articles	102.5	104.4	102.4
其他工业	Other Industry	100.0	104.2	100.1

4-17 工业生产者出厂价格月度指数
Monthly Producer Price Indices for Industrial Products
(2021年11月)

项 目	Item	环比	同比	1-11月平均
工业生产者出厂价格指数	**Producer Price Indices for Industrial Products**	**99.6**	**115.5**	**110.9**
#轻工业	Light Industry	100.1	104.6	103.9
以农产品为原料	Using Farm Products as Raw Materials	100.2	107.0	106.9
以非农产品为原料	Using Non-farm Products as Raw Materials	100.0	102.8	101.8
重工业	Heavy Industry	99.5	118.1	112.5
采 掘	Mining and Quarrying Industry	99.8	162.1	138.1
原材料	Raw Materials Industry	100.4	125.9	117.4
加 工	Processing Industry	99.0	109.4	107.1
#生产资料	Means of Production	99.6	118.6	113.4
采 掘	Mining and Quarrying Industry	99.8	162.1	138.1
原材料	Raw Materials Industry	100.4	125.9	117.4
加 工	Processing Industry	99.1	110.1	108.5
生活资料	Consumer Goods	99.7	103.3	100.8
食 品	Food	100.0	107.7	108.4
衣 着	Clothing	99.9	95.7	96.6
一般日用品	Articles for Daily Use	99.9	100.7	99.9
耐用消费品	Durable Consumer Goods	99.3	102.1	96.8
按工业部门分	**By Industrial Sector**			
冶金工业	Metallurgical Industry	96.1	125.5	125.9
电力工业	Power Industry	100.1	99.9	98.7
煤炭及炼焦工业	Coal Industry	100.2	118.0	112.9
石油工业	Petroleum Industry	102.4	152.1	128.0
化学工业	Chemical Industry	101.7	119.2	112.7
机械工业	Machine Building Industry	99.7	102.5	100.3
建筑材料工业	Building Materials Industry	99.4	105.0	104.2
森林工业	Timber Industry	100.3	101.3	101.4
食品工业	Food Industry	100.0	108.3	109.1
纺织工业	Textile Industry	100.0	107.8	103.3
缝纫工业	Tailoring Industry	100.0	96.0	97.3
皮革工业	Leather Industry	99.7	96.9	95.8
造纸工业	Paper Industry	101.3	106.3	101.3
文教艺术用品工业	Cultural, Educational & Handicrafts Articles	99.2	103.2	102.5
其他工业	Other Industry	100.4	104.1	100.5

4-18 工业生产者出厂价格月度指数
Monthly Producer Price Indices for Industrial Products
(2021年12月)

项目	Item	环比	同比	1-12月平均
工业生产者出厂价格指数	**Producer Price Indices for Industrial Products**	**98.6**	**111.6**	**110.9**
#轻工业	Light Industry	100.1	104.3	103.9
以农产品为原料	Using Farm Products as Raw Materials	99.5	105.7	106.8
以非农产品为原料	Using Non-farm Products as Raw Materials	100.5	103.3	102.0
重工业	Heavy Industry	98.3	113.3	112.5
采　掘	Mining and Quarrying Industry	92.8	136.1	138.0
原材料	Raw Materials Industry	98.5	120.7	117.6
加　工	Processing Industry	99.3	107.3	107.2
#生产资料	Means of Production	98.3	113.8	113.5
采　掘	Mining and Quarrying Industry	92.8	136.1	138.0
原材料	Raw Materials Industry	98.5	120.7	117.7
加　工	Processing Industry	99.3	107.9	108.4
生活资料	Consumer Goods	99.9	102.9	101.0
食　品	Food	99.3	106.1	108.2
衣　着	Clothing	99.7	95.7	96.5
一般日用品	Articles for Daily Use	100.3	100.9	100.0
耐用消费品	Durable Consumer Goods	100.1	102.1	97.3
按工业部门分	**By Industrial Sector**			
冶金工业	Metallurgical Industry	97.7	118.1	125.2
电力工业	Power Industry	104.8	104.7	99.2
煤炭及炼焦工业	Coal Industry	100.6	116.5	113.2
石油工业	Petroleum Industry	94.1	132.3	128.4
化学工业	Chemical Industry	99.5	117.5	113.1
机械工业	Machine Building Industry	99.9	102.2	100.5
建筑材料工业	Building Materials Industry	100.2	104.8	104.3
森林工业	Timber Industry	99.9	101.6	101.4
食品工业	Food Industry	99.4	106.7	108.9
纺织工业	Textile Industry	100.2	106.0	103.5
缝纫工业	Tailoring Industry	99.9	96.1	97.2
皮革工业	Leather Industry	99.7	97.2	95.9
造纸工业	Paper Industry	99.8	106.0	101.7
文教艺术用品工业	Cultural, Educational & Handicrafts Articles	102.1	105.5	102.7
其他工业	Other Industry	98.2	102.5	100.6

4-19 工业生产者购进价格指数
Purchasing Price Indices for Industrial Producers (2017-2021)

(上年=100) (preceding year=100)

项目	Item	2017	2018	2019	2020	2021
工业生产者购进价格指数	**Purchasing Price Indices for Industrial Producers**	**111.1**	**106.2**	**98.8**	**96.9**	**114.7**
燃料、动力类	Fuels and Power	117.2	111.4	96.6	86.2	130.0
黑色金属材料类	Ferrous Metals	123.6	111.2	98.6	99.4	129.2
#钢材	Rolled-Steel	125.2	108.9	97.3	98.5	124.8
其他	Others	120.9	115.3	100.7	100.8	142.1
有色金属材料及电线类	Nonferrous Metals	119.0	104.4	97.4	100.1	123.8
化工原料类	Raw Chemical Materials	108.7	104.7	93.5	91.0	117.6
木材及纸浆类	Timber and Paper Pulp	102.6	106.6	98.3	96.1	103.0
建筑材料及非金属矿类	Building Materials	120.3	116.9	98.3	93.4	104.4
其他工业原材料及半成品类	Other Industrial Raw Materials and Semi-products	104.3	102.3	100.2	100.1	101.1
农副产品类	Agricultural Products	99.6	98.4	114.5	125.4	109.9
纺织原料类	Textile Materials	104.9	100.4	100.5	93.3	98.8

4-20 工业生产者购进价格月度指数
Monthly Purchasing Price Indices for Industrial Producers (2021年1月)

项目	Item	环比	同比	1-1月平均
工业生产者购进价格指数	**Purchasing Price Indices for Industrial Producers**	**102.9**	**102.6**	**102.6**
燃料、动力类	Fuels and Power	107.6	92.1	92.1
黑色金属材料类	Ferrous Metals	105.6	115.2	115.2
#钢材	Rolled-Steel	103.4	106.3	106.3
其他	Others	111.1	143.9	143.9
有色金属材料及电线类	Nonferrous Metals	100.9	107.8	107.8
化工原料类	Raw Chemical Materials	102.2	103.4	103.4
木材及纸浆类	Timber and Paper Pulp	100.3	98.1	98.1
建筑材料及非金属矿类	Building Materials	99.7	96.1	96.1
其他工业原材料及半成品类	Other Industrial Raw Materials and Semi-products	100.4	99.8	99.8
农副产品类	Agricultural Products	104.2	112.1	112.1
纺织原料类	Textile Materials	100.5	97.4	97.4

4-21 工业生产者购进价格月度指数
Monthly Purchasing Price Indices for Industrial Producers
(2021年2月)

项　目	Item	环比	同比	1-2月平均
工业生产者购进价格指数	**Purchasing Price Indices for Industrial Producers**	**101.3**	**104.6**	**103.6**
燃料、动力类	Fuels and Power	104.9	99.6	95.8
黑色金属材料类	Ferrous Metals	102.3	118.8	117.0
#钢　材	Rolled-Steel	101.6	108.7	107.5
其　他	Others	104.0	151.7	147.8
有色金属材料及电线类	Nonferrous Metals	100.4	108.5	108.1
化工原料类	Raw Chemical Materials	100.3	103.5	103.5
木材及纸浆类	Timber and Paper Pulp	101.0	98.8	98.4
建筑材料及非金属矿类	Building Materials	98.6	94.8	95.4
其他工业原材料及半成品类	Other Industrial Raw Materials and Semi-products	100.0	99.8	99.8
农副产品类	Agricultural Products	100.1	112.4	112.2
纺织原料类	Textile Materials	99.3	96.6	97.0

4-22 工业生产者购进价格月度指数
Monthly Purchasing Price Indices for Industrial Producers
(2021年3月)

项　目	Item	环比	同比	1-3月平均
工业生产者购进价格指数	**Purchasing Price Indices for Industrial Producers**	**102.1**	**109.1**	**105.4**
燃料、动力类	Fuels and Power	104.0	111.9	100.8
黑色金属材料类	Ferrous Metals	102.5	124.2	119.3
#钢　材	Rolled-Steel	103.1	115.2	110.0
其　他	Others	101.1	153.1	149.6
有色金属材料及电线类	Nonferrous Metals	107.7	120.1	112.1
化工原料类	Raw Chemical Materials	102.4	109.2	105.4
木材及纸浆类	Timber and Paper Pulp	101.4	101.2	99.4
建筑材料及非金属矿类	Building Materials	100.3	96.4	95.8
其他工业原材料及半成品类	Other Industrial Raw Materials and Semi-products	100.2	100.2	99.9
农副产品类	Agricultural Products	99.6	109.3	111.2
纺织原料类	Textile Materials	100.3	97.2	97.1

4-23 工业生产者购进价格月度指数
Monthly Purchasing Price Indices for Industrial Producers
(2021年4月)

项　目	Item	环比	同比	1-4月平均
工业生产者购进价格指数	**Purchasing Price Indices for Industrial Producers**	**102.2**	**116.4**	**108.1**
燃料、动力类	Fuels and Power	100.0	136.2	108.1
黑色金属材料类	Ferrous Metals	106.4	135.7	123.3
#钢　材	Rolled-Steel	106.1	125.9	113.8
其　他	Others	107.0	166.7	153.8
有色金属材料及电线类	Nonferrous Metals	102.0	128.7	116.0
化工原料类	Raw Chemical Materials	105.7	119.0	108.6
木材及纸浆类	Timber and Paper Pulp	100.5	103.7	100.4
建筑材料及非金属矿类	Building Materials	101.6	98.7	96.5
其他工业原材料及半成品类	Other Industrial Raw Materials and Semi-products	100.4	101.1	100.2
农副产品类	Agricultural Products	100.3	108.4	110.5
纺织原料类	Textile Materials	99.3	97.0	97.0

4-24 工业生产者购进价格月度指数
Monthly Purchasing Price Indices for Industrial Producers
(2021年5月)

项　目	Item	环比	同比	1-5月平均
工业生产者购进价格指数	**Purchasing Price Indices for Industrial Producers**	**102.5**	**121.3**	**110.6**
燃料、动力类	Fuels and Power	105.1	153.7	115.4
黑色金属材料类	Ferrous Metals	105.9	142.3	127.0
#钢　材	Rolled-Steel	105.3	131.6	117.3
其　他	Others	107.5	175.6	158.2
有色金属材料及电线类	Nonferrous Metals	104.4	135.1	119.7
化工原料类	Raw Chemical Materials	100.8	127.7	112.2
木材及纸浆类	Timber and Paper Pulp	100.4	104.3	101.2
建筑材料及非金属矿类	Building Materials	101.4	100.7	97.3
其他工业原材料及半成品类	Other Industrial Raw Materials and Semi-products	100.4	101.4	100.5
农副产品类	Agricultural Products	96.9	107.7	109.9
纺织原料类	Textile Materials	100.2	97.7	97.2

4-25 工业生产者购进价格月度指数
Monthly Purchasing Price Indices for Industrial Producers
(2021年6月)

项　　目	Item	环比	同比	1-6月平均
工业生产者购进价格指数	**Purchasing Price Indices for Industrial Producers**	**101.0**	**120.0**	**112.1**
燃料、动力类	Fuels and Power	101.6	142.4	119.4
黑色金属材料类	Ferrous Metals	102.5	142.0	129.5
#钢　材	Rolled-Steel	102.6	132.1	119.8
其　他	Others	102.5	171.9	160.6
有色金属材料及电线类	Nonferrous Metals	99.9	132.7	121.8
化工原料类	Raw Chemical Materials	100.8	125.0	114.2
木材及纸浆类	Timber and Paper Pulp	97.9	102.7	101.4
建筑材料及非金属矿类	Building Materials	103.3	103.6	98.4
其他工业原材料及半成品类	Other Industrial Raw Materials and Semi-products	100.3	101.9	100.7
农副产品类	Agricultural Products	100.4	107.7	109.5
纺织原料类	Textile Materials	99.5	97.5	97.2

4-26 工业生产者购进价格月度指数
Monthly Purchasing Price Indices for Industrial Producers
(2021年7月)

项　　目	Item	环比	同比	1-7月平均
工业生产者购进价格指数	**Purchasing Price Indices for Industrial Producers**	**100.5**	**118.3**	**113.0**
燃料、动力类	Fuels and Power	103.5	136.1	121.7
黑色金属材料类	Ferrous Metals	100.0	140.3	131.1
#钢　材	Rolled-Steel	99.3	129.5	121.2
其　他	Others	101.9	173.1	162.4
有色金属材料及电线类	Nonferrous Metals	99.8	127.2	122.6
化工原料类	Raw Chemical Materials	97.8	122.2	115.3
木材及纸浆类	Timber and Paper Pulp	100.7	101.9	101.5
建筑材料及非金属矿类	Building Materials	101.9	105.8	99.4
其他工业原材料及半成品类	Other Industrial Raw Materials and Semi-products	99.7	101.7	100.8
农副产品类	Agricultural Products	103.2	108.3	109.4
纺织原料类	Textile Materials	100.5	98.2	97.4

4-27 工业生产者购进价格月度指数
Monthly Purchasing Price Indices for Industrial Producers
(2021年8月)

项　目	Item	环比	同比	1-8月平均
工业生产者购进价格指数	**Purchasing Price Indices for Industrial Producers**	**100.6**	**118.0**	**113.6**
燃料、动力类	Fuels and Power	99.9	134.4	123.3
黑色金属材料类	Ferrous Metals	101.0	139.3	132.2
#钢　材	Rolled-Steel	102.0	130.1	122.3
其　他	Others	98.7	167.1	163.1
有色金属材料及电线类	Nonferrous Metals	102.2	125.7	123.0
化工原料类	Raw Chemical Materials	101.1	121.6	116.1
木材及纸浆类	Timber and Paper Pulp	100.5	102.7	101.7
建筑材料及非金属矿类	Building Materials	101.1	107.9	100.5
其他工业原材料及半成品类	Other Industrial Raw Materials and Semi-products	100.3	102.0	101.0
农副产品类	Agricultural Products	100.2	108.1	109.2
纺织原料类	Textile Materials	100.2	100.1	97.7

4-28 工业生产者购进价格月度指数
Monthly Purchasing Price Indices for Industrial Producers
(2021年9月)

项　目	Item	环比	同比	1-9月平均
工业生产者购进价格指数	**Purchasing Price Indices for Industrial Producers**	**100.5**	**116.9**	**114.0**
燃料、动力类	Fuels and Power	103.3	137.4	124.9
黑色金属材料类	Ferrous Metals	99.1	130.5	132.0
#钢　材	Rolled-Steel	101.8	130.9	123.3
其　他	Others	93.0	129.5	158.4
有色金属材料及电线类	Nonferrous Metals	100.8	125.0	123.2
化工原料类	Raw Chemical Materials	101.1	120.4	116.6
木材及纸浆类	Timber and Paper Pulp	101.5	104.7	102.0
建筑材料及非金属矿类	Building Materials	100.9	109.0	101.4
其他工业原材料及半成品类	Other Industrial Raw Materials and Semi-products	99.7	101.6	101.1
农副产品类	Agricultural Products	99.4	108.7	109.1
纺织原料类	Textile Materials	100.6	100.8	98.0

4-29 工业生产者购进价格月度指数
Monthly Purchasing Price Indices for Industrial Producers
(2021年10月)

项 目	Item	环比	同比	1-10月平均
工业生产者购进价格指数	**Purchasing Price Indices for Industrial Producers**	**101.8**	**118.9**	**114.5**
燃料、动力类	Fuels and Power	108.7	150.5	127.4
黑色金属材料类	Ferrous Metals	97.1	127.2	131.5
#钢 材	Rolled-Steel	101.1	132.5	124.2
其 他	Others	86.9	113.5	153.1
有色金属材料及电线类	Nonferrous Metals	101.2	126.7	123.6
化工原料类	Raw Chemical Materials	103.6	122.2	117.1
木材及纸浆类	Timber and Paper Pulp	100.8	105.0	102.3
建筑材料及非金属矿类	Building Materials	102.2	111.4	102.4
其他工业原材料及半成品类	Other Industrial Raw Materials and Semi-products	100.0	101.6	101.1
农副产品类	Agricultural Products	104.0	112.9	109.5
纺织原料类	Textile Materials	100.6	101.0	98.3

4-30 工业生产者购进价格月度指数
Monthly Purchasing Price Indices for Industrial Producers
(2021年11月)

项 目	Item	环比	同比	1-11月平均
工业生产者购进价格指数	**Purchasing Price Indices for Industrial Producers**	**100.3**	**118.5**	**114.9**
燃料、动力类	Fuels and Power	100.7	150.4	129.5
黑色金属材料类	Ferrous Metals	97.8	124.2	130.8
#钢 材	Rolled-Steel	98.7	130.6	124.8
其 他	Others	95.2	107.8	148.2
有色金属材料及电线类	Nonferrous Metals	100.2	126.2	123.8
化工原料类	Raw Chemical Materials	103.7	122.0	117.6
木材及纸浆类	Timber and Paper Pulp	101.9	105.8	102.6
建筑材料及非金属矿类	Building Materials	102.7	114.1	103.4
其他工业原材料及半成品类	Other Industrial Raw Materials and Semi-products	99.8	101.5	101.1
农副产品类	Agricultural Products	103.4	114.3	110.0
纺织原料类	Textile Materials	100.2	101.4	98.6

4-31 工业生产者购进价格月度指数
Monthly Purchasing Price Indices for Industrial Producers
(2021年12月)

项目	Item	环比	同比	1-12月平均
工业生产者购进价格指数	**Purchasing Price Indices for Industrial Producers**	**97.0**	**113.4**	**114.7**
燃料、动力类	Fuels and Power	92.9	136.0	130.0
黑色金属材料类	Ferrous Metals	93.5	113.8	129.2
#钢材	Rolled-Steel	97.7	124.7	124.8
其他	Others	80.3	85.5	142.1
有色金属材料及电线类	Nonferrous Metals	101.7	123.1	123.8
化工原料类	Raw Chemical Materials	97.4	118.0	117.6
木材及纸浆类	Timber and Paper Pulp	100.7	107.7	103.0
建筑材料及非金属矿类	Building Materials	101.2	115.7	104.4
其他工业原材料及半成品类	Other Industrial Raw Materials and Semi-products	99.9	101.1	101.1
农副产品类	Agricultural Products	97.1	108.8	109.9
纺织原料类	Textile Materials	99.5	100.7	98.8

4-32 住宅销售价格指数
Housing Price Indices of Residential Buildings
(2021年1-12月)

(上年同月=100) (same month of preceding year=100)

项目	Item	1月	2月	3月	4月	5月	6月
新建商品住宅	**Newly Constructed Commercial Residential Buildings**	**101.5**	**102.3**	**103.2**	**103.6**	**103.9**	**104.2**
90平方米以下	$90m^2$ and below	101.1	102.0	102.5	103.3	104.1	104.2
90-144平方米	$90\text{-}144m^2$	101.2	102.2	103.1	103.3	103.5	104.1
144平方米以上	Above $144m^2$	103.0	103.3	104.0	105.2	104.9	104.8
二手住宅	**Second-Hand Residential Buildings**	**96.6**	**97.1**	**98.0**	**98.5**	**99.4**	**100.0**
90平方米以下	$90m^2$ and below	96.8	97.2	98.4	99.3	100.9	101.4
90-144平方米	$90\text{-}144m^2$	96.7	97.5	98.0	98.0	98.0	98.3
144平方米以上	Above $144m^2$	95.3	95.1	96.3	96.5	97.6	99.1

4-32 续表 continued

(上年同月=100) (same month of preceding year=100)

项目	Item	7月	8月	9月	10月	11月	12月
新建商品住宅	**Newly Constructed Commercial Residential Buildings**	**104.3**	**104.3**	**104.1**	**104.0**	**103.0**	**102.4**
90平方米以下	$90m^2$ and below	103.7	103.6	103.4	103.4	102.4	101.7
90-144平方米	$90\text{-}144m^2$	104.2	104.1	104.1	103.9	102.7	102.2
144平方米以上	Above $144m^2$	105.1	105.5	104.9	104.9	104.7	103.7
二手住宅	**Second-Hand Residential Buildings**	**100.1**	**100.9**	**101.7**	**101.6**	**101.5**	**101.3**
90平方米以下	$90m^2$ and below	100.8	101.5	102.0	101.9	101.5	101.7
90-144平方米	$90\text{-}144m^2$	99.2	100.2	101.3	101.2	101.7	101.2
144平方米以上	Above $144m^2$	100.1	100.7	101.9	101.7	101.3	100.1

4-33 各省(自治区、直辖市)工业生产者出厂价格指数
Producer Price Indices for Industrial Products by Region (2017-2021)

(上年=100) (preceding year=100)

地区	Region	2017	2018	2019	2020	2021
全国	**National**	**106.3**	**103.5**	**99.7**	**98.2**	**108.1**
北京	Beijing	100.7	100.0	99.6	99.1	101.1
天津	Tianjin	108.4	105.4	99.3	97.1	110.9
河北	Hebei	115.0	106.2	100.2	98.5	116.4
山西	Shanxi	119.4	106.7	99.7	96.7	130.2
内蒙古	Inner Mongolia	110.6	103.2	102.1	99.7	128.5
辽宁	Liaoning	108.1	104.8	99.5	97.0	113.6
吉林	Jilin	103.1	102.8	98.9	98.6	105.1
黑龙江	Heilongjiang	109.3	109.0	98.2	93.4	112.3
上海	Shanghai	103.5	101.7	98.8	98.3	102.1
江苏	Jiangsu	104.8	102.8	98.9	97.8	106.3
浙江	Zhejiang	104.8	103.4	98.9	96.9	106.3
安徽	Anhui	108.0	103.0	100.3	99.1	107.7
福建	Fujian	104.1	102.8	100.6	98.4	104.9
江西	Jiangxi	107.9	104.2	98.9	98.3	110.5
山东	Shandong	105.5	103.7	99.7	98.1	110.3
河南	Henan	106.8	103.6	100.2	99.2	107.8
湖北	Hubei	105.6	104.2	100.2	99.1	104.1
湖南	Hunan	105.8	103.2	99.6	99.0	105.9
广东	Guangdong	103.3	101.8	100.2	99.0	103.4
广西	Guangxi	107.6	103.2	99.3	99.4	108.9
海南	Hainan	108.8	108.2	97.4	93.8	113.5
重庆	Chongqing	104.1	102.1	99.8	99.1	103.2
四川	Sichuan	106.5	103.6	100.4	98.8	105.9
贵州	Guizhou	107.2	101.8	99.8	98.3	106.5
云南	Yunnan	105.2	102.4	100.0	98.6	110.0
西藏	Tibet	110.0	100.1	98.9	99.4	101.5
陕西	Shaanxi	110.8	105.4	100.8	95.1	116.9
甘肃	Gansu	114.5	109.5	98.3	93.9	116.4
青海	Qinghai	116.7	104.8	98.5	96.6	114.5
宁夏	Ningxia	112.1	107.3	99.4	96.9	119.9
新疆	Xinjiang	113.7	111.2	98.5	91.6	119.4

4-34 各省(自治区、直辖市)工业生产者购进价格指数
Purchasing Price Indices for Industrial Producers by Region (2017-2021)

(上年=100) (preceding year=100)

地 区	Region	2017	2018	2019	2020	2021
全 国	**National**	**108.1**	**104.1**	**99.3**	**97.7**	**111.0**
北 京	Beijing	104.4	100.8	99.6	99.5	103.7
天 津	Tianjin	111.1	106.2	98.8	96.9	114.7
河 北	Hebei	114.5	104.0	102.1	98.4	119.8
山 西	Shanxi	115.2	105.5	101.1	97.2	116.3
内蒙古	Inner Mongolia	106.3	102.4	101.1	99.5	128.0
辽 宁	Liaoning	108.0	104.5	100.8	98.2	115.0
吉 林	Jilin	103.4	103.5	99.2	98.7	106.2
黑龙江	Heilongjiang	110.2	109.0	100.3	95.1	110.5
上 海	Shanghai	108.9	105.2	98.7	96.9	107.3
江 苏	Jiangsu	109.7	104.6	97.2	96.5	113.8
浙 江	Zhejiang	109.6	105.1	97.1	95.9	114.5
安 徽	Anhui	109.2	105.3	99.9	98.5	111.5
福 建	Fujian	105.3	102.8	99.0	98.6	109.2
江 西	Jiangxi	107.2	103.2	98.2	97.0	112.3
山 东	Shandong	107.3	103.6	99.2	97.5	109.5
河 南	Henan	107.3	104.0	101.2	99.4	109.5
湖 北	Hubei	108.3	104.8	99.3	98.4	108.5
湖 南	Hunan	107.2	103.5	100.2	98.9	108.1
广 东	Guangdong	105.3	102.5	99.2	97.4	108.0
广 西	Guangxi	106.5	103.4	99.5	98.5	110.7
海 南	Hainan	112.4	110.8	103.1	92.0	116.5
重 庆	Chongqing	104.4	102.5	100.1	99.9	107.2
四 川	Sichuan	108.3	105.3	100.6	98.1	107.5
贵 州	Guizhou	109.7	103.4	99.4	98.6	112.0
云 南	Yunnan	106.2	104.4	99.0	97.3	108.9
西 藏	Tibet					
陕 西	Shaanxi	106.4	104.2	100.3	97.6	116.3
甘 肃	Gansu	115.5	109.8	99.0	94.1	118.1
青 海	Qinghai	108.0	104.5	98.2	96.1	111.5
宁 夏	Ningxia	112.9	106.5	97.5	94.7	120.8
新 疆	Xinjiang	112.8	109.2	100.0	93.4	115.0

4-35 70个大中城市新建商品住宅销售价格指数
Housing Price Indices of Newly Constructed Residential Buildings in 70 Large and Medium-Sized Cities (2021年1-12月)

(上年同月=100) (same month of preceding year=100)

地区	City	1月	2月	3月	4月	5月	6月	7月	8月	9月	10月	11月	12月
北京	Beijing	102.9	103.4	103.6	104.5	104.3	104.9	105.4	104.9	104.5	104.9	105.4	105.1
天津	Tianjin	101.5	102.3	103.2	103.6	103.9	104.2	104.3	104.3	104.1	104.0	103.0	102.4
石家庄	Shijiazhuang	102.9	102.7	103.0	102.8	103.1	102.9	102.8	102.4	102.1	100.8	99.2	98.5
太原	Taiyuan	99.2	99.2	98.9	98.9	98.7	97.9	98.0	98.0	97.8	97.9	97.7	97.1
呼和浩特	Hohhot	104.7	104.5	104.1	103.6	103.1	103.1	102.3	102.1	101.2	100.1	99.3	99.1
沈阳	Shenyang	105.8	105.1	105.1	104.9	104.7	104.5	104.2	103.4	103.3	103.1	102.8	102.7
大连	Dalian	104.7	104.5	105.2	105.4	105.8	106.0	106.1	106.5	106.1	105.5	105.3	104.7
长春	Changchun	102.7	102.6	102.1	101.8	101.7	101.2	100.9	100.6	100.7	100.9	100.9	101.0
哈尔滨	Harbin	99.9	100.3	100.3	99.6	99.9	99.8	99.9	99.4	99.3	98.7	98.3	98.2
上海	Shanghai	104.4	105.0	105.3	104.9	104.5	104.6	104.5	104.3	104.0	103.8	104.0	104.2
南京	Nanjing	105.0	105.7	106.3	105.1	104.6	104.4	104.6	104.8	105.0	104.5	103.9	104.1
杭州	Hangzhou	104.2	104.5	103.5	103.3	103.2	102.6	102.8	103.0	103.4	103.9	104.7	105.5
宁波	Ningbo	104.3	104.9	105.4	105.9	105.0	104.8	104.7	104.2	103.9	103.7	103.5	103.3
合肥	Hefei	104.3	105.0	105.6	106.8	107.1	106.4	106.1	106.0	105.7	104.9	104.0	103.5
福州	Fuzhou	105.4	105.1	105.7	105.7	105.8	105.8	105.7	105.7	105.4	105.1	104.2	103.4
厦门	Xiamen	104.7	105.1	105.5	105.6	106.1	105.8	105.5	105.6	105.3	105.4	104.3	103.9
南昌	Nanchang	100.8	100.9	101.6	101.6	101.2	100.9	101.0	101.3	101.1	101.2	101.2	100.6
济南	Jinan	99.6	100.2	101.1	101.9	102.4	103.6	104.2	105.2	105.5	105.2	105.0	105.1
青岛	Qingdao	102.9	103.4	104.4	104.6	105.1	105.1	105.4	105.4	104.9	105.0	104.7	104.4
郑州	Zhengzhou	99.4	100.3	101.2	101.8	102.7	103.2	103.7	103.1	102.8	102.6	102.4	101.9
武汉	Wuhan	104.6	105.0	105.5	106.7	107.3	106.7	106.5	106.4	106.0	105.3	104.3	103.7
长沙	Changsha	104.9	105.6	105.9	106.3	106.7	106.7	107.1	106.8	106.9	107.1	107.5	107.5
广州	Guangzhou	105.9	106.9	108.6	109.9	111.2	111.6	110.9	109.8	109.0	107.9	106.3	105.0
深圳	Shenzhen	103.7	103.8	103.4	103.9	103.7	103.5	103.3	103.9	103.8	103.4	103.4	103.3
南宁	Nanning	105.0	105.5	106.1	106.0	105.9	105.4	104.9	103.7	102.7	102.1	102.1	101.7
海口	Haikou	103.2	103.8	104.1	104.6	105.4	105.8	106.5	105.8	105.6	105.4	104.5	104.0
重庆	Chongqing	104.9	105.7	106.2	106.7	108.0	108.0	108.3	108.8	108.3	108.0	108.0	107.9
成都	Chengdu	106.9	106.5	106.5	106.6	106.2	105.7	104.8	104.2	103.6	102.8	102.6	102.4
贵阳	Guiyang	103.4	103.2	103.7	105.0	105.2	104.7	104.9	104.2	103.7	102.9	101.1	100.2
昆明	Kunming	105.6	106.5	107.5	107.5	106.8	104.7	103.8	102.4	101.5	100.0	99.8	99.4
西安	Xi'an	106.5	107.4	107.8	108.0	108.0	108.2	108.1	107.7	107.5	107.4	107.4	106.3
兰州	Lanzhou	104.9	105.6	106.6	106.7	106.6	106.7	106.7	105.9	105.1	104.5	103.5	102.6
西宁	Xining	109.0	109.1	108.2	108.0	107.9	107.8	108.6	108.0	107.6	106.6	105.5	103.7
银川	Yinchuan	113.9	114.9	114.1	113.7	112.4	111.2	110.0	108.5	108.0	107.9	107.7	106.7
乌鲁木齐	Urumqi	103.4	104.6	105.1	104.5	104.7	103.7	103.5	104.3	104.2	103.3	102.6	102.8

4-35 续表 continued

(上年同月=100) (same month of preceding year=100)

地 区	City	1月	2月	3月	4月	5月	6月	7月	8月	9月	10月	11月	12月
唐 山	Tangshan	109.8	109.2	108.3	106.9	105.9	104.7	103.1	101.2	99.8	99.1	98.6	98.3
秦皇岛	Qinhuangdao	103.1	103.3	103.3	102.5	101.7	100.6	100.3	99.2	98.2	97.8	97.3	96.3
包 头	Baotou	102.6	102.5	102.9	103.4	103.3	103.3	103.0	102.3	101.6	101.2	101.0	100.2
丹 东	Dandong	106.2	106.3	105.9	105.6	105.5	105.8	105.1	104.6	103.9	103.7	102.7	101.7
锦 州	Jinzhou	106.4	106.9	106.7	106.0	105.7	105.6	104.8	103.7	104.4	104.6	103.7	103.2
吉 林	Jilin	103.0	103.4	103.2	103.2	103.4	103.4	103.5	102.9	101.8	101.8	101.7	102.2
牡丹江	Mudanjiang	98.0	97.6	97.6	98.7	99.3	99.6	99.9	99.4	98.7	98.7	98.5	98.5
无 锡	Wuxi	105.6	105.6	105.8	105.9	105.7	105.9	105.4	104.5	104.7	104.6	104.4	104.2
徐 州	Xuzhou	110.0	110.3	110.1	109.9	109.7	109.2	107.9	107.2	105.5	104.5	104.3	103.9
扬 州	Yangzhou	107.0	107.7	108.0	108.5	108.8	109.3	109.0	108.1	107.3	106.0	105.1	104.2
温 州	Wenzhou	104.3	104.9	105.5	105.2	105.2	104.6	104.4	103.2	103.7	103.4	103.7	104.0
金 华	Jinhua	105.9	106.3	107.0	106.9	106.6	106.3	106.1	105.3	105.2	105.2	104.8	104.1
蚌 埠	Bengbu	105.6	105.8	105.5	104.8	104.0	103.5	103.6	103.4	102.8	102.2	101.7	101.3
安 庆	Anqing	98.6	98.5	98.8	98.8	98.7	99.1	99.2	100.0	100.2	99.6	99.1	98.7
泉 州	Quanzhou	106.0	107.1	107.4	108.0	107.7	107.2	107.2	106.6	106.1	105.7	105.0	103.7
九 江	Jiujiang	103.2	103.6	104.3	104.0	103.8	103.3	103.4	103.8	103.1	102.6	102.5	101.8
赣 州	Ganzhou	104.8	105.1	105.5	105.2	105.3	105.2	104.3	103.7	103.5	102.9	102.3	102.5
烟 台	Yantai	105.0	104.6	104.8	105.1	105.2	104.9	105.0	103.6	102.8	101.8	101.3	100.9
济 宁	Jining	108.8	109.4	109.9	110.0	110.4	110.6	110.2	109.0	108.4	107.6	105.9	104.9
洛 阳	Luoyang	102.3	102.2	102.4	102.9	103.5	103.8	103.6	103.7	103.7	103.9	103.5	102.8
平顶山	Pingdingshan	103.3	103.6	103.8	104.0	103.8	103.3	102.7	102.9	102.8	103.0	102.1	101.7
宜 昌	Yichang	102.9	103.3	104.1	104.6	104.9	105.0	104.8	104.7	104.2	103.2	102.6	102.2
襄 阳	Xiangyang	103.6	103.7	104.1	105.0	105.4	105.2	105.0	104.7	104.1	103.5	102.3	101.1
岳 阳	Yueyang	101.0	101.8	101.3	100.9	100.9	99.9	99.1	98.3	97.6	97.6	98.0	97.6
常 德	Changde	98.5	98.3	99.0	99.2	98.6	98.3	97.9	97.6	97.5	97.7	97.8	97.5
韶 关	Shaoguan	100.0	101.2	101.8	102.3	102.9	103.5	103.0	103.1	102.6	101.2	100.9	100.5
湛 江	Zhanjiang	101.1	102.1	103.3	103.9	104.8	104.6	104.7	104.0	102.5	101.4	100.6	99.6
惠 州	Huizhou	107.1	107.4	107.9	108.0	107.5	106.3	105.1	102.8	101.8	100.9	101.4	100.9
桂 林	Guilin	100.3	101.2	102.0	101.8	101.8	101.8	101.6	102.3	101.1	100.0	99.8	99.9
北 海	Beihai	96.3	95.8	95.6	95.5	96.3	97.1	97.7	98.4	98.4	98.8	98.5	98.4
三 亚	Sanya	104.6	104.8	106.3	106.0	106.8	107.3	106.6	105.9	105.1	105.1	105.3	105.0
泸 州	Luzhou	99.4	99.8	100.8	100.5	100.6	99.9	99.7	99.1	97.8	97.3	96.7	96.8
南 充	Nanchong	99.4	100.8	100.8	100.0	98.5	99.0	99.0	98.9	98.8	98.7	98.4	97.8
遵 义	Zunyi	100.4	101.4	101.4	101.5	102.2	102.3	102.1	101.8	101.7	101.2	100.3	100.4
大 理	Dali	100.4	100.2	100.3	100.1	99.8	99.5	98.8	98.3	97.6	96.8	95.8	95.7

4-36 70个大中城市二手住宅销售价格指数
Housing Price Indices of Second-Hand Residential Buildings in 70 Large and Medium-Sized Cities (2021年1-12月)

(上年同月=100) (same month of preceding year=100)

地区	City	1月	2月	3月	4月	5月	6月	7月	8月	9月	10月	11月	12月
北京	Beijing	106.9	108.5	109.9	110.1	109.3	109.9	110.7	110.4	109.7	108.8	108.1	108.5
天津	Tianjin	96.6	97.1	98.0	98.5	99.4	100.0	100.1	100.9	101.7	101.6	101.5	101.3
石家庄	Shijiazhuang	97.9	97.7	97.8	98.4	98.7	98.4	98.5	98.4	98.1	97.9	97.3	96.6
太原	Taiyuan	97.1	97.4	96.0	96.3	96.9	97.9	98.6	97.8	97.9	97.9	97.3	96.2
呼和浩特	Hohhot	99.1	99.3	100.1	100.1	100.4	100.0	99.1	99.0	98.4	98.1	98.0	98.3
沈阳	Shenyang	107.2	107.4	107.6	106.3	105.9	105.5	105.2	104.5	104.2	103.3	102.4	101.8
大连	Dalian	106.5	107.0	107.2	106.8	106.5	106.3	106.0	105.7	105.5	105.3	104.9	104.1
长春	Changchun	98.9	98.3	97.8	97.3	97.6	97.5	98.1	98.3	98.7	99.0	99.0	99.3
哈尔滨	Harbin	96.0	96.3	96.5	96.5	96.9	98.1	99.0	99.4	99.4	99.3	98.8	98.4
上海	Shanghai	107.6	108.8	109.7	109.3	109.4	110.1	110.3	109.7	108.0	107.0	106.7	106.5
南京	Nanjing	104.7	105.2	105.9	106.1	106.2	106.4	106.5	106.4	106.1	105.4	104.5	103.8
杭州	Hangzhou	107.7	108.2	108.7	108.7	108.7	108.6	107.8	107.3	106.6	105.7	105.5	105.2
宁波	Ningbo	108.8	110.1	110.5	110.4	109.7	109.0	108.1	107.1	105.9	104.8	104.0	103.2
合肥	Hefei	105.0	105.8	106.3	106.3	106.1	106.3	106.1	105.6	105.0	104.3	103.5	102.5
福州	Fuzhou	103.4	104.1	105.2	105.1	104.6	105.0	105.7	105.6	105.1	104.3	104.2	103.1
厦门	Xiamen	105.1	105.6	105.9	105.8	104.9	104.4	104.2	104.2	104.0	103.3	102.5	101.4
南昌	Nanchang	100.2	100.1	100.7	100.9	100.2	100.2	100.6	101.0	101.0	101.0	100.4	99.6
济南	Jinan	97.7	98.0	98.2	98.9	99.2	100.0	100.2	100.9	101.0	101.1	101.1	101.5
青岛	Qingdao	97.9	98.8	99.7	100.2	100.7	100.8	101.3	101.0	101.2	101.5	101.4	101.2
郑州	Zhengzhou	97.0	97.2	98.3	99.3	100.6	101.3	101.8	101.7	102.0	101.7	101.3	100.9
武汉	Wuhan	101.1	101.6	102.0	102.8	103.1	104.2	104.1	103.3	102.8	102.5	102.3	102.2
长沙	Changsha	102.0	102.7	103.5	104.4	104.7	104.9	105.7	106.0	106.2	105.7	105.5	105.1
广州	Guangzhou	108.7	109.8	111.5	112.9	113.5	113.2	112.2	110.9	109.6	108.3	106.9	105.8
深圳	Shenzhen	115.3	116.0	114.6	112.9	110.9	108.7	107.0	105.4	103.6	102.5	101.7	100.6
南宁	Nanning	103.2	103.3	103.1	102.6	102.5	102.4	101.5	101.0	100.5	99.8	98.8	98.1
海口	Haikou	102.6	103.2	104.5	105.6	106.7	107.4	108.1	107.8	108.0	107.5	107.4	107.2
重庆	Chongqing	100.1	100.7	102.3	103.7	104.8	105.5	105.6	105.0	104.9	105.0	104.7	104.4
成都	Chengdu	109.3	109.3	109.3	107.4	106.8	106.7	106.0	105.3	105.1	104.8	103.7	103.8
贵阳	Guiyang	96.7	96.8	97.3	98.0	98.4	98.5	99.3	99.1	98.7	98.7	98.2	97.9
昆明	Kunming	103.9	104.4	104.2	104.2	104.1	103.1	102.6	102.4	101.3	100.6	100.1	100.5
西安	Xi'an	103.8	104.7	105.6	106.6	107.4	107.8	107.9	107.3	106.8	106.2	106.0	105.6
兰州	Lanzhou	103.9	104.4	105.3	105.2	105.3	105.0	104.6	104.2	103.4	102.6	101.9	101.2
西宁	Xining	108.6	108.7	108.6	108.1	107.7	106.8	106.2	105.8	105.5	104.4	103.1	102.1
银川	Yinchuan	109.7	110.0	110.4	109.8	109.3	108.4	107.4	106.1	105.4	104.3	103.5	103.0
乌鲁木齐	Urumqi	106.1	107.2	106.3	106.0	104.8	103.5	102.8	102.4	101.1	99.9	99.3	98.5

4-36 续表 continued

(上年同月=100) (same month of preceding year=100)

地 区	City	1月	2月	3月	4月	5月	6月	7月	8月	9月	10月	11月	12月
唐 山	Tangshan	107.8	107.7	106.8	105.5	104.3	103.5	102.2	100.8	99.7	99.5	99.4	98.8
秦皇岛	Qinhuangdao	103.0	103.3	103.6	103.2	102.4	101.4	99.9	98.8	98.1	97.8	97.3	97.1
包 头	Baotou	101.8	102.0	102.7	103.9	103.3	102.8	102.3	102.0	101.4	101.5	101.1	100.5
丹 东	Dandong	104.6	104.5	104.6	104.6	104.7	104.6	104.4	103.6	103.1	102.6	101.8	100.6
锦 州	Jinzhou	99.4	99.6	99.4	99.6	99.8	99.4	99.3	98.9	98.5	98.3	97.5	97.4
吉 林	Jilin	98.2	98.4	98.6	98.7	98.7	98.6	99.4	99.5	99.3	99.2	99.3	99.4
牡丹江	Mudanjiang	90.0	90.1	90.6	91.7	92.9	94.0	94.6	95.7	95.4	95.2	95.3	94.3
无 锡	Wuxi	107.9	108.5	109.0	108.7	108.2	107.5	106.7	105.7	104.9	104.5	104.0	103.4
徐 州	Xuzhou	109.1	108.8	109.8	110.6	110.9	110.4	109.4	108.1	106.4	105.4	104.1	103.2
扬 州	Yangzhou	105.0	105.5	106.1	106.5	107.1	107.8	108.0	107.1	106.1	104.9	104.2	102.6
温 州	Wenzhou	105.8	106.6	107.5	107.3	107.4	107.2	106.5	105.6	104.7	104.2	103.6	103.0
金 华	Jinhua	106.2	107.0	107.3	107.5	108.1	108.4	107.9	106.4	105.5	104.9	104.3	103.2
蚌 埠	Bengbu	103.9	104.2	105.0	104.8	104.6	104.9	105.0	104.6	104.2	103.7	102.7	101.9
安 庆	Anqing	98.4	98.4	98.0	97.4	97.3	97.2	97.3	97.2	96.8	96.5	96.3	96.2
泉 州	Quanzhou	105.0	106.1	107.1	108.2	108.2	108.3	108.4	107.7	106.9	106.0	104.8	103.6
九 江	Jiujiang	102.0	102.4	103.0	103.4	103.1	103.0	103.2	103.3	103.2	103.1	102.0	101.4
赣 州	Ganzhou	102.4	102.5	102.8	102.6	101.9	101.8	101.2	100.7	100.3	100.8	100.8	100.9
烟 台	Yantai	99.6	100.6	101.5	102.3	102.8	103.3	104.2	104.2	103.7	103.1	102.6	102.4
济 宁	Jining	105.4	106.0	106.3	106.3	106.9	106.8	105.9	104.6	104.2	103.6	103.2	101.9
洛 阳	Luoyang	102.9	102.8	102.9	103.8	104.1	104.2	103.7	103.3	103.3	103.2	102.5	101.5
平顶山	Pingdingshan	103.4	103.7	103.6	103.5	103.4	103.1	102.7	102.1	101.3	100.8	100.5	100.3
宜 昌	Yichang	99.3	99.1	99.9	99.9	100.0	99.9	98.9	98.9	98.4	98.1	97.7	97.5
襄 阳	Xiangyang	98.8	98.6	99.1	99.6	99.7	100.0	100.5	100.1	100.1	99.7	99.7	99.5
岳 阳	Yueyang	100.9	101.1	100.6	99.9	99.3	98.8	98.1	98.2	97.6	97.8	97.3	96.8
常 德	Changde	98.2	98.2	98.9	99.2	99.3	99.7	99.4	98.8	99.0	99.0	98.4	97.8
韶 关	Shaoguan	99.8	100.3	100.7	101.7	102.5	101.7	101.4	101.3	101.4	100.8	99.9	99.9
湛 江	Zhanjiang	98.1	98.8	100.0	101.1	101.4	102.1	102.2	101.9	100.9	100.4	100.2	100.0
惠 州	Huizhou	103.9	104.5	105.0	105.5	105.4	105.6	104.8	103.6	102.4	101.6	101.2	100.6
桂 林	Guilin	102.6	102.6	102.6	102.1	101.7	101.8	101.8	101.5	100.7	99.9	99.0	99.0
北 海	Beihai	96.6	96.7	96.6	96.7	97.3	98.1	98.7	98.6	98.7	98.9	98.9	98.3
三 亚	Sanya	100.6	101.3	102.5	103.5	105.1	105.3	105.4	106.3	105.9	106.3	106.0	104.7
泸 州	Luzhou	97.3	98.4	98.5	99.2	100.1	100.2	100.6	101.6	101.5	100.8	100.0	99.9
南 充	Nanchong	94.4	95.1	94.7	95.5	95.6	95.5	95.0	95.0	95.1	94.8	94.8	94.7
遵 义	Zunyi	99.9	100.9	101.2	101.2	100.8	100.6	100.4	99.7	99.3	99.0	98.7	98.6
大 理	Dali	102.0	102.6	102.6	102.7	102.5	102.3	101.5	100.4	99.6	98.9	98.1	97.6

4-37 36个大中城市居民消费价格指数
Consumer Price Indices for 36 Major Large and Medium-sized Cities (2017-2021)

(上年=100) (preceding year=100)

城市	City	2017	2018	2019	2020	2021
平均指数	**Average Index**	**101.8**	**102.2**	**102.8**	**102.1**	**101.1**
北京	Beijing	101.9	102.5	102.3	101.7	101.1
天津	Tianjin	102.1	102.0	102.7	102.0	101.3
石家庄	Shijiazhuang	101.4	102.3	102.7	102.3	100.9
太原	Taiyuan	101.8	101.8	102.7	102.6	101.0
呼和浩特	Hohhot	101.4	102.1	102.6	102.0	100.9
沈阳	Shenyang	101.4	103.0	102.4	102.3	101.3
大连	Dalian	102.1	103.0	102.4	102.1	101.4
长春	Changchun	101.3	102.0	102.9	101.9	100.5
哈尔滨	Harbin	101.6	102.5	102.6	101.4	100.6
上海	Shanghai	101.7	101.6	102.5	101.7	101.2
南京	Nanjing	101.9	102.4	103.1	102.4	101.5
杭州	Hangzhou	102.5	102.3	103.1	102.1	101.3
宁波	Ningbo	101.8	102.2	103.0	101.9	102.1
合肥	Hefei	101.4	102.0	102.9	102.3	101.7
福州	Fuzhou	101.4	101.5	102.5	102.4	100.6
厦门	Xiamen	102.0	101.8	103.0	102.5	101.2
南昌	Nanchang	102.1	102.3	102.8	102.5	101.0
济南	Jinan	102.0	102.6	103.3	102.4	101.5
青岛	Qingdao	102.0	102.1	103.3	102.4	101.5
郑州	Zhengzhou	101.8	102.4	103.1	102.3	101.1
武汉	Wuhan	101.9	101.9	103.2	102.4	100.6
长沙	Changsha	101.3	102.0	102.9	101.8	101.1
广州	Guangzhou	102.3	102.4	103.0	102.6	101.1
深圳	Shenzhen	101.4	102.8	103.4	102.3	100.9
南宁	Nanning	102.3	102.5	103.4	102.3	101.4
海口	Haikou	103.3	102.4	103.3	101.6	100.5
重庆	Chongqing	101.0	102.0	102.7	102.3	100.3
成都	Chengdu	102.0	101.4	102.8	102.5	100.5
贵阳	Guiyang	101.0	101.7	102.7	102.4	100.5
昆明	Kunming	100.5	101.7	102.3	103.1	100.2
拉萨	Lhasa	101.4	101.1	102.2	102.0	100.5
西安	Xi'an	102.0	101.9	102.7	102.1	101.7
兰州	Lanzhou	101.5	101.7	102.2	102.0	101.3
西宁	Xining	101.8	102.7	102.5	102.7	101.3
银川	Yinchuan	101.7	102.2	102.2	101.8	101.4
乌鲁木齐	Urumqi	102.8	102.2	102.0	100.9	101.3

4-38 36个大中城市商品零售价格指数
Retail Price Indices for 36 Major Large and Medium-sized Cities (2017-2021)

(上年=100) (preceding year=100)

城 市	City	2017	2018	2019	2020	2021
平均指数	**Average Index**	**100.9**	**101.7**	**101.6**	**101.2**	**101.6**
北 京	Beijing	99.2	101.1	100.5	101.0	101.7
天 津	Tianjin	100.8	101.6	101.7	101.0	101.5
石家庄	Shijiazhuang	100.9	101.9	101.6	101.3	101.7
太 原	Taiyuan	101.7	101.7	101.5	100.5	102.8
呼和浩特	Hohhot	101.2	101.6	101.3	99.9	105.3
沈 阳	Shenyang	101.0	101.7	101.4	100.8	102.5
大 连	Dalian	101.5	101.5	102.1	101.4	102.0
长 春	Changchun	101.2	102.9	102.2	100.0	101.8
哈尔滨	Harbin	99.7	100.7	102.2	101.5	101.8
上 海	Shanghai	100.9	101.6	100.4	100.9	101.3
南 京	Nanjing	101.6	102.8	102.1	101.4	102.1
杭 州	Hangzhou	101.0	102.0	103.1	100.9	101.6
宁 波	Ningbo	101.1	102.1	102.3	100.2	103.3
合 肥	Hefei	102.3	101.7	101.6	101.3	101.9
福 州	Fuzhou	100.3	101.5	101.8	100.8	100.9
厦 门	Xiamen	100.8	101.8	102.5	102.1	101.5
南 昌	Nanchang	101.0	100.8	101.3	101.5	101.6
济 南	Jinan	101.0	102.6	102.5	101.9	101.3
青 岛	Qingdao	100.8	101.8	102.4	101.5	101.4
郑 州	Zhengzhou	101.7	103.6	103.0	100.8	101.3
武 汉	Wuhan	100.1	101.4	102.5	102.2	101.3
长 沙	Changsha	101.4	102.5	102.2	100.8	102.0
广 州	Guangzhou	102.0	102.2	100.6	100.6	101.3
深 圳	Shenzhen	101.5	102.0	101.3	100.5	101.8
南 宁	Nanning	100.9	101.1	103.1	100.9	101.1
海 口	Haikou	101.7	102.4	102.4	101.3	101.4
重 庆	Chongqing	100.8	101.2	101.6	102.2	101.4
成 都	Chengdu	99.4	100.7	101.9	102.2	101.1
贵 阳	Guiyang	101.4	102.3	102.3	101.2	101.7
昆 明	Kunming	101.3	101.1	101.5	102.3	101.5
拉 萨	Lhasa	101.2	101.1	102.3	102.1	101.4
西 安	Xi'an	101.7	102.2	102.1	101.5	101.4
兰 州	Lanzhou	101.8	101.7	102.0	101.4	102.0
西 宁	Xining	101.4	102.0	101.9	102.4	101.3
银 川	Yinchuan	101.5	102.7	101.1	100.5	102.0
乌鲁木齐	Urumqi	100.7	100.5	101.2	100.7	102.2

4-39 36个大中城市居民消费价格分类指数(环比)
Consumer Price Indices by Category for 36 Major Large and Medium-sized Cities
(2021年1月)

(上月=100) (preceding month=100)

城市	City	居民消费价格指数 Consumer Price Index	食品烟酒 Food, Tobacco and Alcohol	粮食 Grain	鲜菜 Fresh Vegetables	畜肉 Meat	水产品 Aquatic Products	蛋 Eggs	鲜果 Fresh Fruits
平均指数	**Average Index**	**100.9**	**102.6**	**100.3**	**119.7**	**102.9**	**103.8**	**108.3**	**101.4**
北京	Beijing	100.7	102.9	100.5	129.6	103.4	100.8	107.0	100.4
天津	Tianjin	101.2	103.5	101.3	123.0	104.9	102.0	117.4	105.9
石家庄	Shijiazhuang	101.4	104.7	99.5	128.4	105.9	98.4	115.2	109.5
太原	Taiyuan	101.3	103.6	100.1	121.5	105.4	101.7	117.7	99.4
呼和浩特	Hohhot	101.1	102.8	100.1	113.9	105.0	102.9	112.4	107.5
沈阳	Shenyang	101.0	103.5	100.3	124.6	105.9	102.8	107.7	101.8
大连	Dalian	101.5	103.5	101.5	119.4	104.1	104.5	112.8	103.3
长春	Changchun	101.1	103.3	100.6	121.3	108.2	101.5	111.5	99.0
哈尔滨	Harbin	101.2	103.7	101.8	123.9	104.4	102.6	117.4	104.2
上海	Shanghai	100.9	102.4	100.3	122.0	101.5	106.3	103.5	99.6
南京	Nanjing	101.0	102.8	99.2	126.9	102.0	103.9	109.7	97.2
杭州	Hangzhou	100.8	102.0	99.8	118.3	100.1	104.3	102.7	99.6
宁波	Ningbo	101.3	104.2	99.1	128.0	103.2	109.1	102.7	102.4
合肥	Hefei	101.0	103.3	99.5	127.6	103.2	108.4	110.4	100.1
福州	Fuzhou	101.0	103.0	99.4	127.7	105.3	101.5	116.8	100.3
厦门	Xiamen	101.0	102.6	99.4	117.4	103.8	104.7	104.5	100.1
南昌	Nanchang	100.9	102.6	99.5	118.6	102.5	103.8	105.2	101.8
济南	Jinan	101.3	103.6	101.4	123.8	103.5	103.8	108.6	103.3
青岛	Qingdao	101.3	103.9	98.7	124.3	103.0	107.1	113.1	107.1
郑州	Zhengzhou	101.3	104.0	100.6	120.9	103.9	106.1	113.8	106.8
武汉	Wuhan	100.9	102.1	100.1	115.3	102.6	103.5	106.5	98.5
长沙	Changsha	101.0	102.5	100.3	117.8	103.6	101.4	106.1	102.2
广州	Guangzhou	100.9	101.3	100.7	107.6	103.2	101.8	107.2	98.2
深圳	Shenzhen	100.3	101.1	98.2	110.7	102.1	101.6	105.1	102.1
南宁	Nanning	100.7	101.7	98.8	111.2	102.2	102.3	107.0	101.5
海口	Haikou	100.5	100.9	98.6	107.5	100.8	100.4	104.2	98.2
重庆	Chongqing	100.9	102.9	100.8	119.1	102.3	102.3	106.8	100.7
成都	Chengdu	100.7	102.1	101.0	118.6	101.1	100.5	102.7	102.1
贵阳	Guiyang	100.8	102.5	104.4	113.9	103.4	103.4	104.2	102.0
昆明	Kunming	100.4	101.4	98.2	107.3	105.1	101.1	103.8	100.4
拉萨	Lasa	100.2	100.3	100.0	100.6	101.3	102.5	100.4	96.7
西安	Xi'an	101.0	103.0	102.3	119.7	103.0	100.6	119.1	108.8
兰州	Lanzhou	100.7	101.9	99.9	113.2	102.0	100.8	111.0	100.5
西宁	Xining	100.7	102.4	99.4	120.7	102.0	101.3	114.8	97.3
银川	Yinchuan	101.0	102.6	101.2	116.2	101.3	102.2	117.7	103.7
乌鲁木齐	Urumqi	100.4	101.9	100.5	115.6	102.3	103.8	114.2	100.6

4-39 续表 continued

(上月=100) (preceding month=100)

城 市	City	衣着 Clothing	居住 Residence	生活用品及服务 Articles for Daily Use and Services	交通通信 Transport and Communications	教育文化娱乐 Education, Culture and Recreation	医疗保健 Health Care	其他用品及服务 Other Articles and Services
平均指数	**Average Index**	**99.7**	**100.1**	**100.2**	**100.9**	**100.6**	**100.1**	**100.5**
北 京	Beijing	99.4	99.9	100.1	100.7	100.6	99.9	100.0
天 津	Tianjin	101.1	99.8	100.3	101.3	100.0	100.0	100.6
石家庄	Shijiazhuang	98.1	100.0	100.6	100.5	100.1	100.1	105.3
太 原	Taiyuan	97.9	99.8	100.6	100.5	103.8	100.0	100.8
呼和浩特	Hohhot	100.2	100.1	100.2	101.7	100.2	100.0	99.8
沈 阳	Shenyang	100.2	99.9	100.1	100.8	99.8	100.0	99.9
大 连	Dalian	100.4	100.1	100.0	101.1	102.5	100.0	101.2
长 春	Changchun	99.1	100.0	99.5	101.3	101.1	100.1	100.5
哈尔滨	Harbin	99.4	100.1	100.3	100.8	100.5	100.0	100.9
上 海	Shanghai	100.4	100.1	100.3	101.1	100.8	99.4	100.5
南 京	Nanjing	100.2	100.0	100.7	101.2	99.7	101.0	100.9
杭 州	Hangzhou	99.6	100.3	100.5	101.2	100.2	100.1	100.6
宁 波	Ningbo	100.1	99.9	100.0	101.3	100.1	99.7	100.2
合 肥	Hefei	98.2	100.2	100.7	100.8	100.3	100.0	100.4
福 州	Fuzhou	99.3	100.0	100.4	101.4	99.6	100.0	100.8
厦 门	Xiamen	99.2	100.0	101.3	100.9	100.3	100.0	100.5
南 昌	Nanchang	100.1	100.0	100.4	100.8	100.1	100.5	101.0
济 南	Jinan	99.6	100.0	99.9	101.8	101.7	100.0	100.0
青 岛	Qingdao	99.9	99.9	99.5	101.4	101.5	100.0	100.5
郑 州	Zhengzhou	99.8	100.4	100.1	100.6	100.7	100.0	100.3
武 汉	Wuhan	99.5	100.1	100.0	100.5	102.2	100.0	101.7
长 沙	Changsha	100.1	100.1	100.3	101.3	100.2	100.4	100.0
广 州	Guangzhou	100.8	100.1	100.5	101.1	102.7	100.0	100.8
深 圳	Shenzhen	98.5	99.9	100.2	100.4	100.1	99.9	100.3
南 宁	Nanning	99.8	100.2	100.5	100.7	100.6	100.1	100.0
海 口	Haikou	99.6	100.3	100.7	101.0	100.1	99.9	100.4
重 庆	Chongqing	99.3	100.2	100.1	100.3	99.7	100.1	100.5
成 都	Chengdu	99.7	99.9	99.6	100.2	98.8	102.9	99.9
贵 阳	Guiyang	98.2	100.0	99.8	100.6	100.6	100.2	100.0
昆 明	Kunming	100.3	100.5	100.0	101.0	97.8	100.3	99.5
拉 萨	Lasa	100.0	100.0	99.9	100.7	99.8	100.1	100.1
西 安	Xi'an	99.4	101.2	100.2	100.1	100.5	99.3	100.7
兰 州	Lanzhou	100.0	100.0	100.5	100.6	100.1	100.0	100.9
西 宁	Xining	99.8	99.5	100.2	100.4	100.4	100.1	100.3
银 川	Yinchuan	99.4	99.9	100.8	100.9	101.2	100.0	99.8
乌鲁木齐	Urumqi	100.1	99.0	99.9	101.3	99.7	99.8	98.9

4-40 36个大中城市居民消费价格分类指数(环比)
Consumer Price Indices by Category for 36 Major Large and Medium-sized Cities
(2021年2月)

(上月=100) (preceding month=100)

城市	City	居民消费价格指数 Consumer Price Index	食品烟酒 Food, Tobacco and Alcohol	粮食 Grain	鲜菜 Fresh Vegetables	畜肉 Meat	水产品 Aquatic Products	蛋 Eggs	鲜果 Fresh Fruits
平均指数	**Average Index**	**100.7**	**101.6**	**99.9**	**102.3**	**99.9**	**109.2**	**97.3**	**106.0**
北京	Beijing	100.4	101.0	100.4	103.3	98.8	103.9	97.7	106.6
天津	Tianjin	100.8	101.7	99.7	107.7	99.0	109.4	92.6	107.5
石家庄	Shijiazhuang	100.2	100.1	101.2	100.6	98.6	106.6	91.8	104.3
太原	Taiyuan	100.3	100.8	100.3	107.6	95.9	104.9	88.5	104.2
呼和浩特	Hohhot	100.5	101.1	100.0	105.2	98.7	112.0	93.9	111.7
沈阳	Shenyang	100.8	101.6	100.2	106.2	98.1	106.2	96.7	108.5
大连	Dalian	100.8	101.5	100.6	105.2	98.2	106.0	90.8	106.0
长春	Changchun	100.4	101.9	98.7	112.0	99.2	105.8	93.8	108.3
哈尔滨	Harbin	100.5	101.5	99.5	108.8	97.5	106.6	91.8	106.2
上海	Shanghai	100.6	101.6	98.6	103.9	99.4	109.5	97.5	103.9
南京	Nanjing	100.4	100.8	101.1	99.3	100.3	109.2	96.0	103.3
杭州	Hangzhou	101.1	102.6	99.6	106.6	102.4	113.7	103.8	103.7
宁波	Ningbo	101.0	103.1	100.5	108.0	101.1	110.0	100.1	107.4
合肥	Hefei	100.7	101.3	99.5	94.7	99.9	115.6	94.4	106.3
福州	Fuzhou	100.7	101.4	101.3	90.3	101.5	109.0	92.0	106.2
厦门	Xiamen	100.6	100.9	100.0	88.6	100.6	109.7	98.1	103.0
南昌	Nanchang	100.7	101.2	100.7	93.7	101.0	113.1	98.9	107.8
济南	Jinan	100.7	101.9	100.2	102.3	97.9	114.2	93.9	109.6
青岛	Qingdao	100.5	101.9	101.4	103.7	98.0	107.1	94.5	109.9
郑州	Zhengzhou	100.5	101.2	99.6	107.5	98.3	116.0	91.4	107.5
武汉	Wuhan	100.9	101.5	100.3	102.1	100.1	109.7	103.1	106.5
长沙	Changsha	100.5	100.4	100.3	94.7	100.7	106.5	98.8	103.5
广州	Guangzhou	101.3	102.8	101.5	102.6	102.5	106.3	99.4	110.1
深圳	Shenzhen	101.2	103.3	100.5	104.7	104.6	109.7	99.4	104.5
南宁	Nanning	100.7	101.3	99.8	98.8	102.7	108.2	99.6	103.4
海口	Haikou	101.4	102.4	99.3	98.6	102.1	112.8	100.2	105.8
重庆	Chongqing	100.4	100.0	97.3	96.1	98.0	108.1	101.3	106.9
成都	Chengdu	100.8	99.9	99.3	96.6	97.9	109.9	99.3	103.0
贵阳	Guiyang	100.6	101.3	100.8	100.1	100.4	117.1	100.6	105.7
昆明	Kunming	100.4	100.8	100.0	103.7	99.7	108.4	99.3	101.2
拉萨	Lasa	100.3	101.5	99.7	107.2	102.3	104.0	100.6	99.0
西安	Xi'an	100.4	101.6	102.3	107.9	97.9	108.6	91.8	107.0
兰州	Lanzhou	100.4	101.0	100.0	108.3	98.3	103.5	99.8	104.4
西宁	Xining	100.3	100.2	99.1	96.6	98.5	104.3	96.1	106.7
银川	Yinchuan	99.9	99.9	99.3	98.6	99.5	105.0	97.7	103.3
乌鲁木齐	Urumqi	100.7	101.0	100.8	100.5	100.8	107.9	100.9	104.0

4-40 续表 continued

(上月=100) (preceding month=100)

城市	City	衣着 Clothing	居住 Residence	生活用品及服务 Articles for Daily Use and Services	交通通信 Transport and Communications	教育文化娱乐 Education, Culture and Recreation	医疗保健 Health Care	其他用品及服务 Other Articles and Services
平均指数	**Average Index**	**99.5**	**100.2**	**100.2**	**100.9**	**101.3**	**100.0**	**99.4**
北京	Beijing	99.6	100.2	99.5	99.7	102.1	100.0	98.9
天津	Tianjin	99.7	100.2	99.9	100.6	101.8	100.5	99.7
石家庄	Shijiazhuang	101.3	100.0	99.5	100.6	100.1	100.1	99.9
太原	Taiyuan	98.8	100.0	99.9	101.2	100.5	100.0	99.0
呼和浩特	Hohhot	99.7	99.9	99.8	101.1	100.9	99.9	98.9
沈阳	Shenyang	100.0	99.7	102.5	101.6	100.1	100.0	99.6
大连	Dalian	100.0	100.0	99.9	101.0	102.0	100.0	99.5
长春	Changchun	99.4	100.0	99.4	100.3	99.3	100.0	99.5
哈尔滨	Harbin	101.0	100.0	99.6	100.4	100.2	100.0	99.2
上海	Shanghai	99.3	100.1	100.2	101.1	100.6	100.0	99.2
南京	Nanjing	98.8	100.5	100.1	100.7	100.3	100.0	99.5
杭州	Hangzhou	100.2	100.2	100.2	101.0	101.8	99.9	99.3
宁波	Ningbo	99.1	100.0	100.5	100.7	100.5	99.7	99.2
合肥	Hefei	99.0	100.1	100.1	101.4	101.3	100.0	99.6
福州	Fuzhou	99.3	100.1	100.8	101.1	100.3	100.2	100.5
厦门	Xiamen	99.0	100.7	100.7	100.8	101.3	100.0	99.6
南昌	Nanchang	99.3	100.1	99.7	101.4	101.4	100.0	99.8
济南	Jinan	99.6	100.4	100.2	101.0	100.3	100.1	99.6
青岛	Qingdao	100.0	100.0	99.5	100.2	99.9	100.1	99.8
郑州	Zhengzhou	100.0	100.4	99.7	100.6	100.2	99.8	99.4
武汉	Wuhan	99.8	100.6	100.3	102.8	100.0	100.0	99.6
长沙	Changsha	100.0	100.5	100.1	101.2	100.5	100.0	100.0
广州	Guangzhou	98.7	100.3	100.9	100.8	102.6	100.0	99.0
深圳	Shenzhen	97.6	100.2	101.1	100.6	101.9	100.1	99.5
南宁	Nanning	100.0	100.3	99.6	100.7	101.1	100.1	100.1
海口	Haikou	99.8	100.2	100.7	102.7	101.5	99.9	99.7
重庆	Chongqing	99.3	100.2	100.0	101.3	102.4	100.0	100.1
成都	Chengdu	100.0	100.0	101.1	102.5	104.1	100.2	99.8
贵阳	Guiyang	99.2	100.0	100.2	100.9	101.3	100.0	99.4
昆明	Kunming	99.4	100.0	99.6	100.6	101.8	100.0	99.2
拉萨	Lasa	100.4	100.0	99.7	98.2	100.0	100.0	100.2
西安	Xi'an	99.1	100.0	100.3	100.4	100.1	100.1	99.3
兰州	Lanzhou	100.0	99.9	99.7	101.0	100.2	100.0	98.8
西宁	Xining	100.0	100.0	99.9	101.2	100.2	100.1	99.5
银川	Yinchuan	99.3	99.3	99.2	101.4	100.3	100.1	98.6
乌鲁木齐	Urumqi	101.7	99.7	100.1	102.3	100.6	100.0	99.1

4-41 36个大中城市居民消费价格分类指数(环比)
Consumer Price Indices by Category for 36 Major Large and Medium-sized Cities
(2021年3月)

(上月=100) (preceding month=100)

城市	City	居民消费价格指数 Consumer Price Index	食品烟酒 Food, Tobacco and Alcohol	粮食 Grain	鲜菜 Fresh Vegetables	畜肉 Meat	水产品 Aquatic Products	蛋 Eggs	鲜果 Fresh Fruits
平均指数	**Average Index**	**99.6**	**97.7**	**99.9**	**85.0**	**93.8**	**97.9**	**96.6**	**100.7**
北京	Beijing	99.8	97.6	99.8	80.6	96.3	100.3	96.5	99.8
天津	Tianjin	99.8	98.0	101.7	82.6	95.4	99.6	94.6	97.5
石家庄	Shijiazhuang	99.1	97.0	96.1	84.6	95.0	101.3	95.5	94.2
太原	Taiyuan	100.1	98.2	100.6	85.7	94.5	100.6	97.3	104.6
呼和浩特	Hohhot	99.8	98.0	100.0	84.3	95.4	99.4	95.3	100.2
沈阳	Shenyang	99.2	96.4	100.8	81.6	90.4	96.3	96.8	98.2
大连	Dalian	99.3	97.8	100.2	85.4	93.1	100.3	96.8	98.9
长春	Changchun	99.6	97.9	99.7	86.1	91.0	101.0	97.0	105.4
哈尔滨	Harbin	99.5	96.9	99.7	83.4	93.7	97.0	98.4	96.5
上海	Shanghai	99.7	98.3	99.4	85.2	95.6	96.6	100.0	106.0
南京	Nanjing	99.5	97.7	101.3	78.3	95.0	101.4	94.2	101.9
杭州	Hangzhou	99.6	98.2	100.0	85.8	93.3	99.8	97.7	97.3
宁波	Ningbo	99.5	96.9	99.4	82.9	92.8	95.0	98.9	98.5
合肥	Hefei	99.9	97.4	100.0	81.4	93.2	97.3	96.6	102.9
福州	Fuzhou	99.4	98.2	99.8	93.7	93.1	98.0	97.5	101.2
厦门	Xiamen	99.4	97.6	101.1	92.5	93.8	93.0	97.4	99.6
南昌	Nanchang	99.6	97.7	97.1	90.0	92.2	100.0	96.2	102.3
济南	Jinan	99.7	97.5	99.6	81.6	94.3	97.7	98.3	102.1
青岛	Qingdao	99.6	97.1	100.5	81.7	94.6	98.3	94.9	96.5
郑州	Zhengzhou	99.3	97.3	100.1	80.1	95.7	96.9	97.4	100.9
武汉	Wuhan	99.6	98.1	100.2	85.5	91.9	102.1	95.7	105.5
长沙	Changsha	99.5	97.6	100.0	85.8	92.2	103.3	98.6	99.6
广州	Guangzhou	99.1	97.7	100.3	91.8	95.0	96.3	94.4	100.7
深圳	Shenzhen	99.4	97.5	99.4	88.8	91.1	94.0	99.2	105.9
南宁	Nanning	99.9	97.9	99.8	91.4	92.1	94.8	98.1	101.5
海口	Haikou	99.2	97.6	103.2	91.0	97.0	90.5	99.0	98.8
重庆	Chongqing	99.5	97.2	99.1	86.8	90.4	100.1	93.7	100.2
成都	Chengdu	99.6	97.8	99.3	86.8	92.5	102.8	98.3	101.3
贵阳	Guiyang	99.8	97.3	98.2	88.0	93.0	97.0	97.4	98.6
昆明	Kunming	99.6	97.9	101.8	89.4	93.8	96.2	98.8	97.8
拉萨	Lasa	99.8	99.1	100.0	94.4	98.8	100.3	99.0	103.2
西安	Xi'an	99.5	97.2	100.4	81.7	94.6	103.4	94.3	94.1
兰州	Lanzhou	99.4	97.6	100.8	79.9	96.2	98.9	94.4	102.6
西宁	Xining	99.6	97.9	101.9	79.5	99.4	100.5	91.4	98.9
银川	Yinchuan	100.1	98.0	98.8	86.1	97.1	101.5	94.1	97.5
乌鲁木齐	Urumqi	99.9	97.7	99.9	81.5	97.4	96.1	91.4	98.0

4-41 续表 continued

(上月=100) (preceding month=100)

城市	City	衣着 Clothing	居住 Residence	生活用品及服务 Articles for Daily Use and Services	交通通信 Transport and Communications	教育文化娱乐 Education, Culture and Recreation	医疗保健 Health Care	其他用品及服务 Other Articles and Services
平均指数	**Average Index**	**100.7**	**100.4**	**99.8**	**101.6**	**99.0**	**99.9**	**99.4**
北京	Beijing	100.8	100.9	100.1	102.6	97.7	100.0	99.7
天津	Tianjin	100.5	100.3	100.6	101.9	100.0	99.9	99.4
石家庄	Shijiazhuang	98.6	100.0	99.4	101.0	100.2	100.0	99.2
太原	Taiyuan	102.6	101.2	100.1	101.4	99.9	100.0	100.0
呼和浩特	Hohhot	99.9	100.7	99.9	101.4	100.0	100.1	99.5
沈阳	Shenyang	100.4	100.1	98.2	101.4	100.9	100.0	99.1
大连	Dalian	100.6	100.2	99.8	101.1	97.9	99.8	98.6
长春	Changchun	100.0	100.0	100.3	101.4	100.0	100.0	99.5
哈尔滨	Harbin	102.1	100.0	100.0	102.3	99.8	99.9	100.0
上海	Shanghai	99.4	100.2	99.5	101.3	99.7	99.6	100.0
南京	Nanjing	100.3	100.1	98.8	101.4	99.6	99.9	99.3
杭州	Hangzhou	100.4	100.2	100.3	101.2	98.5	99.9	99.3
宁波	Ningbo	101.9	100.2	99.8	101.5	99.8	100.3	99.8
合肥	Hefei	102.3	100.2	99.4	101.9	101.5	100.0	99.6
福州	Fuzhou	99.1	100.1	98.7	101.0	99.8	100.1	98.3
厦门	Xiamen	101.2	100.2	99.0	101.3	99.3	100.0	99.2
南昌	Nanchang	100.4	100.1	100.0	101.4	100.6	100.0	99.5
济南	Jinan	100.3	101.3	100.0	101.2	99.2	100.2	97.4
青岛	Qingdao	101.0	100.4	100.3	101.8	100.3	100.0	98.8
郑州	Zhengzhou	99.8	100.2	100.2	100.7	99.9	99.7	99.2
武汉	Wuhan	100.4	100.6	99.8	100.6	100.0	99.8	98.5
长沙	Changsha	100.3	100.1	99.8	101.1	100.0	100.0	99.1
广州	Guangzhou	100.6	100.7	99.2	101.6	95.1	100.0	99.4
深圳	Shenzhen	102.7	100.4	99.3	101.3	97.9	100.0	99.6
南宁	Nanning	100.1	99.8	99.7	100.8	104.0	100.0	99.0
海口	Haikou	99.9	100.4	99.6	100.6	99.3	100.0	98.5
重庆	Chongqing	101.8	100.4	100.0	102.3	98.3	99.9	98.8
成都	Chengdu	100.1	100.2	99.9	102.5	98.9	99.9	100.6
贵阳	Guiyang	102.4	100.1	100.5	102.4	100.3	100.0	100.0
昆明	Kunming	100.0	100.1	100.1	101.7	99.5	100.1	99.9
拉萨	Lasa	100.1	100.0	99.9	101.4	100.0	100.1	97.6
西安	Xi'an	101.8	100.2	100.0	100.7	99.9	100.0	99.6
兰州	Lanzhou	99.3	100.0	100.1	101.0	100.3	100.0	99.7
西宁	Xining	100.2	100.4	99.6	100.9	99.7	100.0	99.5
银川	Yinchuan	101.6	100.8	100.2	101.6	100.9	99.9	100.2
乌鲁木齐	Urumqi	100.9	100.6	100.3	102.1	100.2	100.0	99.7

4-42 36个大中城市居民消费价格分类指数(环比)
Consumer Price Indices by Category for 36 Major Large and Medium-sized Cities (2021年4月)

(上月=100) (preceding month=100)

城市	City	居民消费价格指数 Consumer Price Index	食品烟酒 Food, Tobacco and Alcohol	粮食 Grain	鲜菜 Fresh Vegetables	畜肉 Meat	水产品 Aquatic Products	蛋 Eggs	鲜果 Fresh Fruits
平均指数	**Average Index**	**99.9**	**98.6**	**100.3**	**90.8**	**94.8**	**102.0**	**101.4**	**95.8**
北京	Beijing	100.0	97.8	100.0	85.3	95.5	101.1	102.4	94.9
天津	Tianjin	99.9	97.9	99.9	84.3	96.0	100.5	103.4	93.8
石家庄	Shijiazhuang	99.3	97.5	100.2	84.8	94.8	104.6	103.8	89.3
太原	Taiyuan	99.4	98.1	97.8	89.5	97.3	101.9	104.2	93.6
呼和浩特	Hohhot	100.0	98.9	100.0	89.6	96.6	109.5	104.9	98.2
沈阳	Shenyang	99.7	97.8	100.1	85.0	94.6	102.9	102.8	96.0
大连	Dalian	99.8	98.1	99.6	87.3	93.5	101.3	104.6	98.2
长春	Changchun	99.4	97.4	99.9	85.5	95.0	103.6	101.2	92.8
哈尔滨	Harbin	99.7	97.7	98.2	87.6	93.6	104.1	101.0	96.2
上海	Shanghai	100.0	98.8	99.7	91.9	96.1	101.2	100.6	93.3
南京	Nanjing	100.1	99.6	99.9	93.9	94.1	109.3	103.2	95.6
杭州	Hangzhou	99.7	98.3	100.2	91.2	94.9	101.3	99.8	92.0
宁波	Ningbo	99.7	98.4	99.7	90.2	93.9	101.7	100.0	91.5
合肥	Hefei	99.8	99.2	100.3	87.4	93.8	104.8	102.9	102.2
福州	Fuzhou	99.9	98.4	99.9	88.9	92.8	103.7	102.1	94.2
厦门	Xiamen	100.0	98.3	100.0	94.7	92.3	97.2	98.7	99.4
南昌	Nanchang	100.1	99.6	103.1	98.1	93.8	103.9	100.7	95.6
济南	Jinan	99.7	98.0	100.3	86.3	95.0	100.7	101.4	95.8
青岛	Qingdao	99.9	98.1	101.1	88.5	94.8	99.7	101.3	92.8
郑州	Zhengzhou	99.9	98.8	100.6	90.1	95.8	107.1	102.9	94.5
武汉	Wuhan	99.8	99.1	100.2	93.8	96.4	105.4	100.3	96.6
长沙	Changsha	99.9	99.0	100.0	93.3	93.5	106.7	101.5	100.6
广州	Guangzhou	99.8	99.3	101.4	96.4	94.8	101.2	100.2	98.0
深圳	Shenzhen	100.2	99.1	100.0	93.8	94.3	98.3	100.3	98.5
南宁	Nanning	100.0	99.0	100.3	94.9	93.4	99.8	100.5	99.3
海口	Haikou	100.2	98.9	99.1	91.9	97.0	99.4	101.0	100.4
重庆	Chongqing	100.0	98.5	102.0	92.8	93.0	105.1	100.8	96.5
成都	Chengdu	100.1	98.7	101.3	93.0	94.2	105.0	100.1	100.0
贵阳	Guiyang	99.8	98.6	100.7	94.1	93.5	105.3	100.9	96.8
昆明	Kunming	100.0	98.7	99.3	95.1	91.9	103.4	100.4	103.9
拉萨	Lasa	99.7	98.6	100.0	94.4	97.3	103.0	100.4	99.9
西安	Xi'an	100.1	99.1	101.0	88.6	95.7	106.8	103.9	101.5
兰州	Lanzhou	100.1	100.0	100.0	92.1	97.0	105.1	99.3	98.3
西宁	Xining	100.4	99.1	99.6	93.3	97.7	105.7	101.9	97.1
银川	Yinchuan	100.6	99.3	100.5	89.9	97.6	108.0	102.3	99.0
乌鲁木齐	Urumqi	99.8	98.8	100.2	87.7	97.4	103.6	101.8	99.4

4-42 续表 continued

(上月=100) (preceding month=100)

城市	City	衣着 Clothing	居住 Residence	生活用品及服务 Articles for Daily Use and Services	交通通信 Transport and Communications	教育文化娱乐 Education, Culture and Recreation	医疗保健 Health Care	其他用品及服务 Other Articles and Services
平均指数	**Average Index**	**100.1**	**100.1**	**100.4**	**100.7**	**101.2**	**100.0**	**100.8**
北京	Beijing	99.5	100.2	100.3	101.7	102.1	100.1	100.9
天津	Tianjin	100.1	100.7	100.0	100.4	101.5	100.1	100.8
石家庄	Shijiazhuang	98.8	100.0	100.0	100.6	100.0	100.0	100.8
太原	Taiyuan	98.0	99.7	100.4	100.5	100.1	100.0	100.0
呼和浩特	Hohhot	99.5	100.8	100.6	100.0	101.4	99.9	100.6
沈阳	Shenyang	100.6	100.3	100.6	100.3	101.3	99.6	100.8
大连	Dalian	99.9	100.2	100.3	100.5	101.1	100.4	101.3
长春	Changchun	99.1	100.0	100.2	100.0	101.2	100.1	99.9
哈尔滨	Harbin	102.1	100.0	100.9	100.5	100.4	100.0	100.4
上海	Shanghai	100.4	99.9	100.4	100.3	102.3	99.5	101.4
南京	Nanjing	100.0	100.1	101.5	100.1	100.2	100.0	101.1
杭州	Hangzhou	100.0	99.9	100.4	100.1	100.9	100.0	100.3
宁波	Ningbo	100.0	100.2	100.3	100.1	100.9	99.9	100.4
合肥	Hefei	98.8	100.3	100.6	99.6	100.6	100.0	100.5
福州	Fuzhou	100.6	100.2	100.3	100.7	101.4	100.0	101.2
厦门	Xiamen	101.9	100.5	100.0	100.8	100.9	100.0	101.0
南昌	Nanchang	100.4	100.1	100.9	100.6	100.2	100.0	99.7
济南	Jinan	100.6	100.2	100.1	100.4	100.3	100.4	101.5
青岛	Qingdao	99.8	100.1	101.3	100.9	101.2	100.7	101.9
郑州	Zhengzhou	100.5	100.1	100.2	100.4	100.6	100.3	100.3
武汉	Wuhan	99.2	100.0	100.0	100.1	100.6	100.0	100.3
长沙	Changsha	100.1	100.0	100.2	100.4	100.9	100.1	100.4
广州	Guangzhou	100.1	99.5	100.6	100.8	100.4	100.0	100.1
深圳	Shenzhen	101.1	99.9	100.6	102.6	100.2	100.1	100.9
南宁	Nanning	99.0	100.3	100.5	100.9	101.2	99.9	100.0
海口	Haikou	102.0	100.1	100.1	101.8	101.9	99.9	100.0
重庆	Chongqing	99.8	100.2	100.6	101.4	101.4	100.1	100.5
成都	Chengdu	100.1	99.9	99.8	100.3	104.0	100.0	101.6
贵阳	Guiyang	100.5	100.0	99.8	100.1	101.1	100.0	100.3
昆明	Kunming	100.1	100.1	100.1	101.5	100.5	99.5	101.0
拉萨	Lasa	100.0	100.0	100.3	100.7	100.1	100.2	100.9
西安	Xi'an	99.9	100.4	100.3	100.8	100.9	99.9	101.7
兰州	Lanzhou	100.0	100.0	100.4	100.0	99.8	100.1	101.4
西宁	Xining	100.3	100.0	101.3	100.8	101.7	102.7	99.9
银川	Yinchuan	100.7	100.7	100.6	100.0	102.0	103.0	101.5
乌鲁木齐	Urumqi	100.3	99.9	100.5	100.0	100.5	100.1	99.4

4-43 36个大中城市居民消费价格分类指数(环比) Consumer Price Indices by Category for 36 Major Large and Medium-sized Cities (2021年5月)

(上月=100) (preceding month=100)

城市	City	居民消费价格指数 Consumer Price Index	食品烟酒 Food, Tobacco and Alcohol	粮食 Grain	鲜菜 Fresh Vegetables	畜肉 Meat	水产品 Aquatic Products	蛋 Eggs	鲜果 Fresh Fruits
平均指数	**Average Index**	**99.9**	**99.2**	**99.9**	**95.0**	**94.9**	**101.7**	**102.5**	**98.4**
北京	Beijing	99.9	99.5	99.8	91.3	96.6	102.6	100.6	102.1
天津	Tianjin	99.8	99.3	99.6	92.1	96.8	103.9	105.5	92.9
石家庄	Shijiazhuang	99.7	98.8	101.1	89.2	95.7	108.7	104.3	91.3
太原	Taiyuan	100.3	99.4	103.4	87.8	96.0	104.9	105.1	103.4
呼和浩特	Hohhot	99.9	99.1	100.0	92.3	96.7	110.4	104.1	97.8
沈阳	Shenyang	99.6	98.5	99.6	88.2	95.6	104.1	104.0	94.8
大连	Dalian	100.0	100.0	100.1	89.4	95.8	106.5	103.9	104.2
长春	Changchun	99.8	99.1	100.7	89.2	95.7	107.8	105.0	95.6
哈尔滨	Harbin	99.5	98.3	100.9	89.4	94.1	105.0	105.1	92.5
上海	Shanghai	99.9	99.2	99.4	95.7	95.9	98.2	100.7	100.1
南京	Nanjing	100.1	99.0	100.1	102.6	94.2	98.1	102.2	95.0
杭州	Hangzhou	99.7	98.4	99.8	95.4	94.4	97.5	99.4	94.0
宁波	Ningbo	99.8	98.5	101.1	94.9	95.3	97.9	100.5	94.6
合肥	Hefei	99.9	99.1	99.2	96.9	92.5	100.4	102.8	104.0
福州	Fuzhou	99.9	99.2	100.0	96.5	93.8	103.7	101.5	93.7
厦门	Xiamen	100.0	99.3	99.9	101.1	94.4	101.2	102.3	98.7
南昌	Nanchang	100.2	99.9	100.9	99.4	94.1	103.5	102.7	103.9
济南	Jinan	99.9	99.1	99.1	90.5	95.6	108.2	103.0	93.9
青岛	Qingdao	100.2	98.9	100.3	93.8	94.8	99.1	104.1	99.0
郑州	Zhengzhou	99.8	99.1	100.0	93.4	95.5	106.1	103.1	92.4
武汉	Wuhan	99.9	99.1	100.0	96.4	94.9	104.6	100.9	96.8
长沙	Changsha	100.0	99.0	100.0	99.9	90.9	105.6	102.3	98.4
广州	Guangzhou	100.1	99.8	99.6	97.2	95.1	103.4	102.2	98.0
深圳	Shenzhen	100.2	99.7	100.1	97.0	94.5	104.5	100.1	98.5
南宁	Nanning	100.0	99.1	99.2	96.9	92.4	102.6	101.1	98.5
海口	Haikou	99.8	99.4	100.1	99.2	97.2	100.9	100.1	98.9
重庆	Chongqing	100.0	99.4	100.0	94.5	92.9	106.2	105.2	107.5
成都	Chengdu	99.7	98.8	98.2	95.9	93.0	103.3	100.3	99.9
贵阳	Guiyang	99.9	98.7	100.7	96.8	92.5	106.1	102.7	99.6
昆明	Kunming	99.9	98.9	101.1	97.2	93.3	102.6	101.3	96.4
拉萨	Lasa	99.5	98.6	100.7	97.4	95.8	104.6	100.8	99.3
西安	Xi'an	100.3	100.7	100.7	94.9	95.8	108.6	106.6	101.6
兰州	Lanzhou	100.0	99.4	100.0	95.8	95.7	105.5	103.7	99.0
西宁	Xining	99.9	99.0	101.1	96.7	95.3	104.8	105.2	94.9
银川	Yinchuan	100.0	99.1	100.3	89.5	99.1	106.9	103.9	91.3
乌鲁木齐	Urumqi	100.0	99.1	100.3	92.3	98.3	103.8	104.7	97.0

4-43 续表 continued

(上月=100) (preceding month=100)

城 市	City	衣着 Clothing	居住 Residence	生活用品及服务 Articles for Daily Use and Services	交通通信 Transport and Communications	教育文化娱乐 Education, Culture and Recreation	医疗保健 Health Care	其他用品及服务 Other Articles and Services
平均指数	**Average Index**	**100.3**	**100.1**	**99.9**	**100.3**	**100.3**	**100.0**	**100.9**
北 京	Beijing	100.0	100.3	99.8	99.3	100.0	99.9	100.7
天 津	Tianjin	99.9	99.6	100.0	100.5	99.6	100.0	101.1
石 家 庄	Shijiazhuang	99.9	100.1	99.9	100.2	99.5	100.0	100.2
太 原	Taiyuan	104.3	99.9	99.8	101.0	100.2	100.0	100.0
呼和浩特	Hohhot	100.2	99.9	99.6	100.3	100.8	100.2	100.0
沈 阳	Shenyang	100.3	99.5	99.9	100.7	100.0	100.0	100.5
大 连	Dalian	99.8	99.6	99.8	100.5	100.1	100.0	101.2
长 春	Changchun	100.1	100.0	99.6	100.4	99.8	100.0	101.6
哈 尔 滨	Harbin	98.9	99.9	99.8	100.6	100.3	100.0	100.9
上 海	Shanghai	100.0	100.1	100.0	100.6	99.3	100.1	101.1
南 京	Nanjing	101.8	100.2	100.2	101.1	100.3	100.0	101.2
杭 州	Hangzhou	100.0	100.1	99.9	100.5	100.4	100.0	100.5
宁 波	Ningbo	100.4	100.2	99.7	99.9	100.8	100.0	101.1
合 肥	Hefei	101.1	100.3	99.8	100.4	99.8	100.0	100.7
福 州	Fuzhou	100.1	100.1	100.2	100.3	100.0	100.4	100.7
厦 门	Xiamen	100.8	100.3	100.1	99.9	100.0	100.1	102.0
南 昌	Nanchang	100.7	100.0	100.1	100.6	100.3	100.0	100.7
济 南	Jinan	100.4	100.1	99.6	100.4	100.2	100.0	101.7
青 岛	Qingdao	100.1	100.1	100.0	102.0	100.9	100.0	103.3
郑 州	Zhengzhou	100.0	100.2	99.7	100.0	100.3	100.0	100.2
武 汉	Wuhan	100.6	100.0	99.6	100.5	100.4	100.0	100.7
长 沙	Changsha	100.2	100.4	100.1	100.7	100.5	100.1	100.6
广 州	Guangzhou	100.5	100.3	99.8	100.2	100.8	100.1	100.6
深 圳	Shenzhen	102.8	100.0	100.1	100.3	101.3	100.0	100.2
南 宁	Nanning	99.8	100.5	100.1	100.6	100.0	100.0	101.2
海 口	Haikou	99.5	100.0	99.5	99.8	100.2	100.0	101.0
重 庆	Chongqing	99.7	100.1	99.9	99.7	101.6	100.0	101.2
成 都	Chengdu	99.9	100.2	100.0	100.1	100.1	100.0	100.5
贵 阳	Guiyang	100.5	100.0	100.5	100.5	101.0	100.0	100.5
昆 明	Kunming	100.0	100.2	99.9	99.7	101.6	100.0	100.4
拉 萨	Lasa	100.0	100.0	99.7	99.5	100.2	100.0	101.2
西 安	Xi'an	99.7	100.3	99.9	100.5	100.1	100.0	101.2
兰 州	Lanzhou	100.7	100.0	99.8	100.3	100.1	100.0	101.5
西 宁	Xining	100.3	100.0	99.7	100.1	100.6	100.0	101.8
银 川	Yinchuan	100.2	100.3	100.3	101.1	100.2	100.2	100.6
乌鲁木齐	Urumqi	99.9	100.4	99.9	100.1	101.8	100.0	100.8

4-44 36个大中城市居民消费价格分类指数(环比)
Consumer Price Indices by Category for 36 Major Large and Medium-sized Cities
(2021年6月)

(上月=100) (preceding month=100)

城市	City	居民消费价格指数 Consumer Price Index	食品烟酒 Food, Tobacco and Alcohol	粮食 Grain	鲜菜 Fresh Vegetables	畜肉 Meat	水产品 Aquatic Products	蛋 Eggs	鲜果 Fresh Fruits
平均指数	**Average Index**	**99.7**	**98.8**	**100.1**	**98.2**	**93.3**	**99.8**	**99.2**	**94.7**
北京	Beijing	99.6	98.0	100.5	93.0	94.6	100.5	99.6	90.1
天津	Tianjin	99.9	98.7	99.5	94.0	93.2	101.5	97.6	98.9
石家庄	Shijiazhuang	99.6	98.5	99.6	92.1	93.5	98.4	98.6	92.5
太原	Taiyuan	99.0	97.5	99.8	93.5	92.8	101.9	98.2	89.8
呼和浩特	Hohhot	99.4	98.0	100.0	92.2	95.1	99.6	97.7	92.0
沈阳	Shenyang	99.4	98.1	100.1	91.2	94.3	101.2	98.4	92.1
大连	Dalian	99.7	99.0	100.1	94.3	94.3	102.0	100.8	97.8
长春	Changchun	99.3	97.4	99.4	91.5	92.6	100.2	98.1	91.2
哈尔滨	Harbin	99.3	98.3	100.4	90.0	94.0	100.8	99.4	93.9
上海	Shanghai	99.7	98.4	100.3	101.0	93.9	97.2	99.1	90.1
南京	Nanjing	99.8	98.9	100.5	97.1	93.3	100.4	99.2	95.7
杭州	Hangzhou	99.9	99.4	99.5	101.9	93.6	100.1	99.5	99.0
宁波	Ningbo	99.8	99.4	99.5	104.1	93.2	99.8	99.6	96.7
合肥	Hefei	99.9	98.4	100.9	98.0	91.4	98.3	99.1	97.1
福州	Fuzhou	99.6	99.0	100.0	103.4	91.7	98.8	97.8	96.1
厦门	Xiamen	99.7	99.0	99.2	107.8	92.3	98.3	98.8	99.6
南昌	Nanchang	99.7	99.1	99.8	97.6	93.1	101.8	99.0	96.4
济南	Jinan	99.6	98.2	100.1	93.2	94.1	99.0	98.7	90.7
青岛	Qingdao	99.6	98.2	99.7	95.6	91.8	98.2	98.1	96.1
郑州	Zhengzhou	99.4	97.6	100.0	95.1	91.5	97.3	98.7	90.7
武汉	Wuhan	99.9	99.5	100.4	97.4	94.4	101.4	100.5	100.7
长沙	Changsha	99.6	98.7	100.0	100.8	91.0	98.8	100.5	98.2
广州	Guangzhou	99.9	99.8	99.7	103.3	94.5	102.4	101.5	99.1
深圳	Shenzhen	99.7	99.7	100.4	102.7	93.4	100.4	103.3	97.6
南宁	Nanning	99.6	99.0	100.2	101.7	92.0	99.3	100.8	94.0
海口	Haikou	99.4	99.4	98.2	102.9	96.6	98.3	99.3	97.1
重庆	Chongqing	99.5	98.2	100.6	94.4	91.3	100.9	95.9	90.6
成都	Chengdu	99.3	98.6	101.6	100.4	90.8	98.8	100.0	96.4
贵阳	Guiyang	99.4	98.7	100.2	97.8	92.4	98.5	98.5	97.5
昆明	Kunming	99.6	98.7	100.0	101.9	89.3	102.0	100.9	99.4
拉萨	Lasa	99.9	99.2	100.0	97.6	97.9	103.3	101.7	99.8
西安	Xi'an	99.3	98.1	100.3	98.2	92.5	98.8	98.5	86.6
兰州	Lanzhou	99.9	99.7	100.0	91.4	92.9	100.6	100.4	113.1
西宁	Xining	99.7	97.8	98.4	90.7	92.6	99.3	99.2	95.2
银川	Yinchuan	99.7	98.8	99.8	92.3	97.1	100.2	99.2	93.8
乌鲁木齐	Urumqi	99.7	98.5	100.2	89.7	96.6	100.9	96.9	94.9

4-44 续表 continued

(上月=100) (preceding month=100)

城市	City	衣着 Clothing	居住 Residence	生活用品及服务 Articles for Daily Use and Services	交通通信 Transport and Communications	教育文化娱乐 Education, Culture and Recreation	医疗保健 Health Care	其他用品及服务 Other Articles and Services
平均指数	**Average Index**	**99.5**	**100.3**	**99.9**	**100.0**	**99.7**	**100.0**	**99.9**
北京	Beijing	99.1	100.5	99.5	100.2	99.5	100.1	100.1
天津	Tianjin	100.0	100.5	100.3	100.7	100.1	100.1	99.6
石家庄	Shijiazhuang	99.2	100.0	99.6	100.4	99.9	100.0	100.1
太原	Taiyuan	98.3	99.7	99.8	99.5	99.2	100.0	100.6
呼和浩特	Hohhot	99.3	99.7	99.8	100.6	99.4	100.0	100.9
沈阳	Shenyang	99.4	100.1	99.7	99.9	99.3	100.0	99.6
大连	Dalian	99.4	100.4	99.7	100.2	99.3	100.0	99.9
长春	Changchun	99.8	100.0	100.3	100.4	98.8	100.0	99.8
哈尔滨	Harbin	97.4	99.9	99.7	99.4	100.5	100.1	100.0
上海	Shanghai	98.8	100.4	99.9	100.1	100.3	100.1	100.0
南京	Nanjing	101.2	100.3	99.2	100.1	100.4	100.0	99.2
杭州	Hangzhou	99.9	100.2	100.1	100.3	99.7	100.0	101.0
宁波	Ningbo	98.7	100.0	100.1	100.3	99.5	100.2	100.0
合肥	Hefei	101.2	100.8	100.1	99.9	100.5	100.0	100.1
福州	Fuzhou	100.1	100.0	99.9	100.0	99.1	100.0	100.2
厦门	Xiamen	98.8	100.4	100.4	99.7	99.5	100.1	98.6
南昌	Nanchang	99.8	100.0	99.7	100.2	99.7	100.0	100.1
济南	Jinan	100.2	99.8	100.0	100.5	100.0	100.3	100.1
青岛	Qingdao	101.0	100.1	99.5	100.0	99.7	100.0	99.6
郑州	Zhengzhou	100.0	100.1	99.8	100.4	99.8	100.1	100.5
武汉	Wuhan	100.1	100.2	99.8	100.0	99.9	100.0	99.5
长沙	Changsha	100.1	100.0	99.9	100.1	99.7	100.1	100.1
广州	Guangzhou	99.5	100.3	99.9	99.6	99.4	100.0	99.7
深圳	Shenzhen	98.3	100.1	100.1	99.3	99.0	100.0	100.2
南宁	Nanning	100.5	100.1	99.6	99.2	99.8	99.9	99.7
海口	Haikou	99.4	100.3	99.8	98.2	98.6	99.6	99.2
重庆	Chongqing	99.5	100.4	99.9	100.1	99.6	100.0	99.2
成都	Chengdu	99.3	99.5	100.4	99.4	99.2	100.0	99.2
贵阳	Guiyang	99.7	100.0	98.8	100.0	98.8	100.0	100.2
昆明	Kunming	99.7	100.0	99.7	99.8	100.1	100.0	100.3
拉萨	Lasa	100.0	100.0	99.7	101.4	100.0	100.0	100.6
西安	Xi'an	99.2	100.2	99.7	100.0	99.4	100.0	99.0
兰州	Lanzhou	100.0	100.0	99.7	100.2	100.0	100.0	99.7
西宁	Xining	99.6	100.4	100.2	101.1	100.4	100.1	102.4
银川	Yinchuan	100.6	100.0	100.1	99.7	100.2	100.0	99.8
乌鲁木齐	Urumqi	99.5	99.9	99.6	101.5	100.0	100.0	100.9

4-45 36个大中城市居民消费价格分类指数(环比)
Consumer Price Indices by Category for 36 Major Large and Medium-sized Cities (2021年7月)

(上月=100) (preceding month=100)

城市	City	居民消费价格指数 Consumer Price Index	食品烟酒 Food, Tobacco and Alcohol	粮食 Grain	鲜菜 Fresh Vegetables	畜肉 Meat	水产品 Aquatic Products	蛋 Eggs	鲜果 Fresh Fruits
平均指数	**Average Index**	**100.4**	**99.8**	**100.0**	**101.5**	**98.2**	**99.9**	**100.8**	**97.7**
北京	Beijing	100.7	100.0	99.7	106.5	98.0	100.2	100.6	96.4
天津	Tianjin	100.8	100.6	100.5	109.9	97.8	100.1	101.2	99.0
石家庄	Shijiazhuang	100.5	101.1	100.3	111.8	98.6	97.9	101.7	113.3
太原	Taiyuan	100.2	99.3	99.3	99.0	101.4	97.9	99.6	93.2
呼和浩特	Hohhot	100.3	99.4	100.0	97.7	99.5	98.9	100.5	94.4
沈阳	Shenyang	100.2	99.5	99.9	102.2	99.2	98.3	100.4	95.9
大连	Dalian	100.5	99.9	99.5	108.8	98.8	100.1	95.9	96.7
长春	Changchun	100.6	99.7	100.8	99.5	100.6	100.1	99.9	97.1
哈尔滨	Harbin	100.4	99.3	100.8	97.1	100.9	100.2	99.7	94.6
上海	Shanghai	100.3	99.7	100.5	102.9	98.2	98.2	100.3	97.7
南京	Nanjing	100.7	101.5	99.6	106.1	100.0	103.5	102.6	99.1
杭州	Hangzhou	100.5	100.2	98.9	102.2	98.0	103.8	99.7	96.1
宁波	Ningbo	100.5	100.7	101.0	105.1	97.3	102.6	100.2	98.1
合肥	Hefei	100.5	100.5	100.5	104.6	99.8	100.3	102.8	99.5
福州	Fuzhou	100.3	99.5	98.7	97.1	97.0	99.7	104.7	100.6
厦门	Xiamen	100.2	99.1	100.3	96.7	94.9	99.5	101.4	97.4
南昌	Nanchang	100.2	99.2	100.1	98.1	96.1	96.2	101.1	98.3
济南	Jinan	100.4	100.4	100.8	107.7	97.6	97.7	102.0	103.8
青岛	Qingdao	100.4	99.1	98.7	105.7	99.8	98.0	101.7	84.4
郑州	Zhengzhou	100.2	100.3	100.0	108.1	97.9	98.1	102.4	99.7
武汉	Wuhan	100.2	99.7	100.4	97.0	97.8	98.1	99.6	100.2
长沙	Changsha	100.3	99.6	99.9	99.0	97.2	99.1	101.5	99.2
广州	Guangzhou	100.4	99.3	101.1	98.2	97.3	99.2	100.4	98.2
深圳	Shenzhen	100.4	99.9	99.4	100.8	95.8	99.5	99.3	97.9
南宁	Nanning	100.4	100.0	100.0	102.0	98.6	101.3	100.7	97.2
海口	Haikou	100.3	99.7	102.7	99.4	97.9	99.5	99.2	98.3
重庆	Chongqing	100.2	99.3	100.9	98.5	99.4	98.3	102.4	93.5
成都	Chengdu	100.9	99.7	98.3	95.2	99.1	99.5	100.4	99.7
贵阳	Guiyang	100.3	98.6	99.9	96.1	98.1	99.7	100.9	96.9
昆明	Kunming	100.3	99.1	98.2	97.1	96.7	99.6	100.5	97.9
拉萨	Lasa	99.8	98.5	100.0	101.8	94.9	103.1	100.0	97.1
西安	Xi'an	100.4	100.1	99.4	98.3	100.5	98.2	102.1	104.1
兰州	Lanzhou	100.2	99.3	100.1	95.9	96.8	99.8	98.2	98.9
西宁	Xining	100.7	99.9	99.7	97.0	98.9	99.1	101.2	98.4
银川	Yinchuan	100.5	100.2	100.7	101.8	100.9	99.5	100.0	97.1
乌鲁木齐	Urumqi	100.4	98.8	99.9	89.7	98.6	98.5	100.8	97.7

4-45 续表 continued

(上月=100) (preceding month=100)

城市	City	衣着 Clothing	居住 Residence	生活用品及服务 Articles for Daily Use and Services	交通通信 Transport and Communications	教育文化娱乐 Education, Culture and Recreation	医疗保健 Health Care	其他用品及服务 Other Articles and Services
平均指数	**Average Index**	**99.6**	**100.3**	**100.3**	**101.7**	**101.6**	**100.0**	**100.2**
北京	Beijing	99.6	100.3	100.5	102.4	102.7	100.3	100.6
天津	Tianjin	99.8	100.3	100.4	101.7	102.4	100.3	99.9
石家庄	Shijiazhuang	98.9	100.1	101.0	101.0	100.8	100.0	99.9
太原	Taiyuan	97.9	100.3	100.2	102.1	101.1	100.0	100.3
呼和浩特	Hohhot	99.9	100.0	100.5	101.7	102.0	100.0	100.9
沈阳	Shenyang	99.2	100.0	100.3	102.1	100.5	100.0	100.4
大连	Dalian	100.2	99.7	100.3	102.4	101.4	100.1	101.6
长春	Changchun	99.7	100.0	100.1	102.4	102.7	100.0	99.9
哈尔滨	Harbin	99.5	99.9	100.4	102.8	101.7	100.0	100.9
上海	Shanghai	100.0	100.2	100.4	101.0	101.1	99.8	100.7
南京	Nanjing	99.9	100.1	100.4	101.5	100.7	100.0	99.4
杭州	Hangzhou	100.0	100.2	99.9	101.3	101.5	100.0	99.5
宁波	Ningbo	99.4	100.0	100.2	101.6	100.9	100.0	99.9
合肥	Hefei	98.5	100.3	100.0	101.7	101.3	100.2	99.4
福州	Fuzhou	100.0	100.0	100.4	101.4	101.8	100.0	99.1
厦门	Xiamen	98.4	100.8	99.6	101.9	101.1	100.1	100.1
南昌	Nanchang	99.6	100.0	99.8	101.7	101.8	100.0	99.6
济南	Jinan	99.5	100.2	100.6	101.0	100.6	100.3	100.2
青岛	Qingdao	98.9	100.8	100.2	102.7	100.8	100.0	102.0
郑州	Zhengzhou	100.0	100.3	100.1	100.6	100.3	100.0	99.9
武汉	Wuhan	100.0	100.3	100.6	101.3	100.6	100.0	99.3
长沙	Changsha	100.0	100.7	100.2	101.2	100.8	100.0	100.0
广州	Guangzhou	98.7	100.6	100.4	101.7	102.8	100.0	99.5
深圳	Shenzhen	98.7	100.0	100.5	102.1	101.7	100.1	99.2
南宁	Nanning	99.9	100.1	100.6	102.2	100.7	100.2	99.8
海口	Haikou	99.5	100.2	99.9	101.3	101.5	100.1	99.8
重庆	Chongqing	99.8	100.0	100.3	102.1	101.2	100.0	100.3
成都	Chengdu	99.7	100.5	100.6	102.3	104.2	99.9	100.9
贵阳	Guiyang	99.6	100.2	101.4	101.8	102.4	100.1	101.0
昆明	Kunming	99.9	100.0	99.8	102.2	102.3	100.0	99.6
拉萨	Lasa	100.0	100.0	100.1	102.3	100.1	100.0	99.3
西安	Xi'an	99.5	100.3	100.2	101.0	101.0	100.0	101.0
兰州	Lanzhou	99.5	100.7	100.4	101.6	100.3	100.2	100.7
西宁	Xining	100.0	100.0	100.1	103.0	101.4	100.0	104.6
银川	Yinchuan	98.7	100.2	100.2	102.0	101.6	100.1	100.1
乌鲁木齐	Urumqi	100.0	100.1	100.2	102.5	102.4	100.0	101.0

4-46 36个大中城市居民消费价格分类指数(环比)
Consumer Price Indices by Category for 36 Major Large and Medium-sized Cities
(2021年8月)

(上月=100) (preceding month=100)

城市	City	居民消费价格指数 Consumer Price Index	食品烟酒 Food, Tobacco and Alcohol	粮食 Grain	鲜菜 Fresh Vegetables	畜肉 Meat	水产品 Aquatic Products	蛋 Eggs	鲜果 Fresh Fruits
平均指数	**Average Index**	**100.0**	**100.5**	**99.9**	**108.0**	**99.0**	**97.5**	**106.4**	**99.2**
北京	Beijing	100.1	100.6	99.4	109.6	99.0	97.8	104.1	99.5
天津	Tianjin	99.7	100.0	99.1	105.9	98.4	97.0	109.5	96.7
石家庄	Shijiazhuang	99.9	99.5	98.8	106.1	100.1	94.8	107.3	90.3
太原	Taiyuan	100.1	100.8	101.0	111.3	98.6	97.5	109.1	101.8
呼和浩特	Hohhot	99.9	100.0	100.0	106.0	98.8	93.6	107.0	98.3
沈阳	Shenyang	100.0	100.5	99.6	114.1	97.9	95.9	106.1	99.6
大连	Dalian	99.9	99.2	99.9	106.8	98.6	93.3	113.8	93.3
长春	Changchun	100.2	100.4	99.4	112.9	100.3	95.6	109.9	96.8
哈尔滨	Harbin	100.2	100.8	100.4	119.5	99.2	97.2	109.6	96.8
上海	Shanghai	100.1	100.9	99.5	110.7	100.1	97.0	103.4	99.4
南京	Nanjing	100.2	101.1	100.0	110.2	99.9	101.2	107.7	101.5
杭州	Hangzhou	99.9	100.3	99.9	111.2	99.4	95.2	103.7	101.2
宁波	Ningbo	99.9	100.0	100.4	105.5	99.0	95.9	103.9	102.5
合肥	Hefei	100.0	100.6	101.0	113.7	99.1	97.4	109.4	97.4
福州	Fuzhou	100.6	101.2	100.5	117.8	98.5	98.5	110.5	103.8
厦门	Xiamen	100.0	100.5	100.2	109.8	99.5	99.3	106.4	99.8
南昌	Nanchang	99.8	100.0	100.2	104.6	98.5	95.1	105.3	101.7
济南	Jinan	100.0	100.2	98.9	108.2	98.4	96.3	105.0	101.0
青岛	Qingdao	100.0	100.5	100.5	108.9	98.4	94.9	107.4	101.1
郑州	Zhengzhou	100.5	102.3	100.0	115.7	100.5	97.5	111.0	106.3
武汉	Wuhan	100.0	100.4	100.0	104.4	101.6	97.7	106.4	98.7
长沙	Changsha	100.5	100.4	100.1	103.8	100.0	98.5	106.3	99.8
广州	Guangzhou	99.9	100.1	99.0	102.9	97.2	99.7	105.8	101.6
深圳	Shenzhen	100.1	100.5	102.1	103.3	99.3	99.1	105.1	98.9
南宁	Nanning	100.1	100.8	100.3	103.2	99.1	101.0	104.0	101.5
海口	Haikou	100.0	100.1	99.9	101.1	96.2	101.4	102.3	100.0
重庆	Chongqing	100.0	100.9	100.7	110.2	98.4	99.4	107.7	100.5
成都	Chengdu	100.0	100.6	99.8	107.5	98.8	99.6	102.7	98.4
贵阳	Guiyang	99.8	99.4	98.8	102.2	97.3	98.7	99.4	95.4
昆明	Kunming	99.7	99.5	99.8	98.3	97.9	98.0	103.6	99.1
拉萨	Lasa	100.1	99.8	100.0	100.4	100.1	97.6	100.0	98.4
西安	Xi'an	99.9	100.4	100.1	109.8	97.1	97.0	112.7	97.0
兰州	Lanzhou	99.9	99.3	100.0	105.9	98.3	95.7	107.7	89.4
西宁	Xining	99.9	100.5	100.5	109.2	98.9	97.6	107.0	96.4
银川	Yinchuan	99.7	99.9	100.3	105.4	97.9	96.0	108.8	98.3
乌鲁木齐	Urumqi	99.5	99.6	100.4	110.8	99.1	96.5	113.8	88.1

4-46 续表 continued

(上月=100) (preceding month=100)

城市	City	衣着 Clothing	居住 Residence	生活用品及服务 Articles for Daily Use and Services	交通通信 Transport and Communications	教育文化娱乐 Education, Culture and Recreation	医疗保健 Health Care	其他用品及服务 Other Articles and Services
平均指数	**Average Index**	**100.1**	**100.1**	**100.0**	**99.3**	**99.9**	**100.0**	**98.8**
北京	Beijing	101.0	100.0	100.3	99.9	99.9	99.9	97.9
天津	Tianjin	100.3	99.6	99.8	99.1	99.3	100.0	99.3
石家庄	Shijiazhuang	101.2	100.2	99.8	99.4	100.2	100.0	98.3
太原	Taiyuan	98.8	100.7	100.2	98.5	100.2	100.0	99.4
呼和浩特	Hohhot	100.4	100.0	100.2	99.3	99.7	100.0	100.1
沈阳	Shenyang	100.1	100.2	100.1	99.0	100.0	100.0	99.6
大连	Dalian	100.0	100.7	100.1	99.7	100.8	99.9	98.7
长春	Changchun	101.0	100.0	100.0	99.4	101.1	100.0	99.5
哈尔滨	Harbin	101.9	100.0	99.4	99.0	100.4	100.0	98.6
上海	Shanghai	100.6	100.1	100.0	99.3	99.3	100.1	98.8
南京	Nanjing	99.3	99.9	100.6	99.7	99.9	100.0	99.0
杭州	Hangzhou	99.6	100.2	98.8	99.4	99.8	100.1	99.1
宁波	Ningbo	99.5	100.0	100.2	99.5	99.9	100.2	99.7
合肥	Hefei	98.8	99.9	100.2	99.7	99.8	100.0	98.7
福州	Fuzhou	100.1	101.2	99.8	99.6	100.1	100.0	99.0
厦门	Xiamen	99.6	100.3	100.4	99.1	99.8	100.0	98.8
南昌	Nanchang	99.4	99.9	100.5	99.2	99.8	100.2	99.8
济南	Jinan	99.8	100.2	100.1	99.6	99.9	100.1	98.9
青岛	Qingdao	100.0	100.1	99.8	99.3	100.1	100.0	96.7
郑州	Zhengzhou	100.0	100.0	100.3	99.7	99.9	100.0	98.9
武汉	Wuhan	98.2	99.8	100.3	99.8	100.5	100.0	98.8
长沙	Changsha	100.3	101.6	100.2	99.9	100.2	100.1	99.2
广州	Guangzhou	99.8	100.2	100.2	99.0	100.4	99.9	99.2
深圳	Shenzhen	100.1	100.3	100.1	98.9	100.0	100.0	98.9
南宁	Nanning	99.2	100.1	100.7	98.8	100.9	99.8	99.0
海口	Haikou	99.1	100.1	100.0	100.1	100.0	100.1	99.1
重庆	Chongqing	100.0	100.1	100.1	98.6	100.0	99.7	98.8
成都	Chengdu	100.0	99.8	100.0	99.2	100.6	99.6	97.7
贵阳	Guiyang	100.6	100.0	100.2	99.4	99.8	100.0	99.6
昆明	Kunming	100.1	100.1	100.2	99.0	100.0	100.0	100.0
拉萨	Lasa	100.0	100.1	100.3	101.1	99.9	99.7	99.5
西安	Xi'an	99.7	100.3	100.1	98.9	99.9	99.8	98.1
兰州	Lanzhou	100.0	100.7	100.0	99.5	100.1	100.0	98.9
西宁	Xining	100.1	100.0	99.9	98.8	100.2	99.8	98.7
银川	Yinchuan	99.1	99.7	99.9	99.8	99.9	99.9	98.2
乌鲁木齐	Urumqi	100.2	99.5	100.3	98.9	99.5	99.3	99.0

4-47 36个大中城市居民消费价格分类指数(环比)
Consumer Price Indices by Category for 36 Major Large and Medium-sized Cities (2021年9月)

(上月=100) (preceding month=100)

城市	City	居民消费价格指数 Consumer Price Index	食品烟酒 Food, Tobacco and Alcohol	粮食 Grain	鲜菜 Fresh Vegetables	畜肉 Meat	水产品 Aquatic Products	蛋 Eggs	鲜果 Fresh Fruits
平均指数	**Average Index**	**100.0**	**99.6**	**99.8**	**101.0**	**98.2**	**97.9**	**100.0**	**100.9**
北京	Beijing	99.9	99.7	98.9	101.0	99.4	99.3	100.0	100.3
天津	Tianjin	99.7	99.1	99.2	99.9	98.1	94.7	99.5	97.8
石家庄	Shijiazhuang	100.1	99.1	101.0	102.5	97.5	94.7	99.5	97.0
太原	Taiyuan	100.3	98.9	99.8	100.4	97.6	98.6	100.1	95.4
呼和浩特	Hohhot	99.6	100.0	100.0	100.1	100.1	96.2	100.2	96.1
沈阳	Shenyang	99.8	98.6	100.2	92.3	97.8	94.4	99.9	98.1
大连	Dalian	99.6	98.1	100.1	92.6	97.0	89.7	102.5	100.6
长春	Changchun	99.5	98.5	96.8	92.5	99.0	95.0	100.0	99.7
哈尔滨	Harbin	100.2	98.2	99.3	85.1	98.8	97.0	99.7	99.2
上海	Shanghai	100.0	99.7	100.8	100.4	98.5	100.1	100.2	101.9
南京	Nanjing	99.7	99.1	99.9	100.0	97.6	93.8	100.5	103.1
杭州	Hangzhou	100.7	99.2	99.8	100.2	97.0	95.9	99.9	102.5
宁波	Ningbo	100.2	100.1	100.6	102.0	97.6	97.9	100.2	105.3
合肥	Hefei	100.4	99.7	100.5	99.9	99.2	97.7	99.1	98.9
福州	Fuzhou	100.4	99.6	100.5	102.4	96.8	98.0	101.5	99.7
厦门	Xiamen	99.9	100.0	99.8	103.1	97.4	101.0	100.2	100.2
南昌	Nanchang	100.1	100.3	99.9	104.4	101.2	100.0	100.4	95.4
济南	Jinan	99.9	99.9	100.0	107.2	95.2	101.4	100.7	98.9
青岛	Qingdao	99.9	100.4	99.7	104.8	96.2	101.9	100.4	100.9
郑州	Zhengzhou	99.7	98.7	100.0	98.3	96.1	93.1	96.9	100.1
武汉	Wuhan	100.3	100.0	100.3	101.9	96.2	96.8	98.9	103.3
长沙	Changsha	100.0	100.0	100.1	103.8	98.2	97.7	98.9	102.0
广州	Guangzhou	100.4	100.5	99.6	101.7	98.7	100.2	100.1	102.0
深圳	Shenzhen	100.1	99.5	100.0	102.3	97.4	100.3	101.6	101.7
南宁	Nanning	100.3	100.6	100.9	102.5	98.8	99.3	100.8	101.7
海口	Haikou	100.0	100.0	98.6	102.5	98.1	97.5	99.9	101.9
重庆	Chongqing	99.8	99.7	99.5	101.9	100.4	95.8	100.4	102.4
成都	Chengdu	99.6	100.0	99.4	104.0	98.7	97.6	100.1	101.8
贵阳	Guiyang	99.9	99.8	99.9	101.6	98.1	95.2	102.0	101.1
昆明	Kunming	100.0	99.9	99.7	100.6	97.7	99.5	100.4	99.0
拉萨	Lasa	99.7	100.0	100.0	102.3	99.5	91.6	104.5	99.8
西安	Xi'an	100.6	99.4	99.6	99.6	98.5	95.5	99.4	98.1
兰州	Lanzhou	100.2	100.0	100.0	103.1	97.6	97.9	101.7	100.6
西宁	Xining	99.7	99.1	99.8	100.0	97.8	96.9	102.1	99.7
银川	Yinchuan	99.8	100.1	99.6	100.7	99.8	99.7	98.0	99.3
乌鲁木齐	Urumqi	99.1	98.8	99.2	95.5	98.0	98.0	94.5	99.5

4-47 续表 continued

(上月=100) (preceding month=100)

城市	City	衣着 Clothing	居住 Residence	生活用品及服务 Articles for Daily Use and Services	交通通信 Transport and Communications	教育文化娱乐 Education, Culture and Recreation	医疗保健 Health Care	其他用品及服务 Other Articles and Services
平均指数	**Average Index**	**101.1**	**100.1**	**99.9**	**99.7**	**100.8**	**99.9**	**100.4**
北京	Beijing	101.3	99.8	99.6	99.5	100.3	100.0	101.0
天津	Tianjin	100.4	99.9	100.1	99.9	99.7	99.7	100.4
石家庄	Shijiazhuang	101.2	100.0	100.0	100.7	100.9	100.0	100.7
太原	Taiyuan	104.3	99.7	99.9	101.6	100.7	100.0	100.4
呼和浩特	Hohhot	99.7	99.6	99.8	99.5	98.5	100.1	97.9
沈阳	Shenyang	100.1	100.0	99.8	99.5	101.8	100.0	100.4
大连	Dalian	100.4	100.5	99.8	99.7	101.2	99.8	99.1
长春	Changchun	99.0	100.0	99.9	99.9	99.2	100.2	100.5
哈尔滨	Harbin	100.1	103.9	100.2	99.5	99.5	100.0	100.3
上海	Shanghai	101.9	100.1	99.8	100.1	99.7	99.7	99.7
南京	Nanjing	100.2	100.1	100.1	99.0	100.5	100.0	100.2
杭州	Hangzhou	100.8	100.0	100.2	100.0	107.2	100.1	101.4
宁波	Ningbo	101.1	100.1	99.6	100.3	101.3	99.7	99.7
合肥	Hefei	102.6	99.7	100.0	100.8	102.3	100.2	100.7
福州	Fuzhou	102.3	101.1	100.7	99.9	100.5	100.0	101.5
厦门	Xiamen	101.3	100.2	100.0	99.3	99.3	99.9	100.0
南昌	Nanchang	101.8	100.0	99.3	99.7	100.4	100.0	100.0
济南	Jinan	100.4	100.1	100.0	99.7	99.7	100.0	99.6
青岛	Qingdao	100.9	99.9	99.8	98.9	99.6	100.0	99.9
郑州	Zhengzhou	100.4	100.1	99.5	99.4	100.8	100.1	100.5
武汉	Wuhan	102.3	100.5	100.1	99.5	101.1	100.1	99.5
长沙	Changsha	100.2	100.1	99.9	99.6	100.1	100.1	100.0
广州	Guangzhou	101.1	100.5	100.3	100.1	100.4	100.2	100.4
深圳	Shenzhen	101.0	100.0	99.8	100.1	101.5	99.9	101.8
南宁	Nanning	100.4	100.3	99.7	100.3	100.8	99.8	99.8
海口	Haikou	100.6	100.2	99.9	99.0	100.4	99.7	100.4
重庆	Chongqing	101.2	99.8	99.6	99.6	99.6	100.0	100.4
成都	Chengdu	100.3	100.2	99.9	99.0	97.0	99.7	100.9
贵阳	Guiyang	101.7	100.1	99.7	98.9	100.0	100.0	99.7
昆明	Kunming	99.9	100.2	99.8	99.6	100.5	100.0	101.0
拉萨	Lasa	100.2	100.0	99.5	97.9	100.1	100.0	100.5
西安	Xi'an	102.9	100.3	99.9	99.4	104.8	100.0	99.4
兰州	Lanzhou	100.0	101.4	100.0	99.5	100.0	100.0	99.8
西宁	Xining	101.0	100.5	99.8	98.8	100.8	99.8	96.3
银川	Yinchuan	100.8	99.6	99.2	99.5	98.9	100.1	100.0
乌鲁木齐	Urumqi	100.6	99.0	99.7	97.8	99.3	100.1	99.8

4-48 36个大中城市居民消费价格分类指数(环比)
Consumer Price Indices by Category for 36 Major Large and Medium-sized Cities
(2021年10月)

(上月=100) (preceding month=100)

城市	City	居民消费价格指数 Consumer Price Index	食品烟酒 Food, Tobacco and Alcohol	粮食 Grain	鲜菜 Fresh Vegetables	畜肉 Meat	水产品 Aquatic Products	蛋 Eggs	鲜果 Fresh Fruits
平均指数	**Average Index**	**100.7**	**101.5**	**100.4**	**118.0**	**98.5**	**98.0**	**98.2**	**103.5**
北京	Beijing	100.9	103.5	100.8	133.9	99.7	99.1	99.4	109.0
天津	Tianjin	100.8	102.4	100.5	132.9	98.9	94.0	97.5	105.4
石家庄	Shijiazhuang	100.6	103.0	99.8	133.8	98.8	98.0	98.9	108.4
太原	Taiyuan	100.8	102.5	100.3	131.7	97.3	97.9	97.5	100.7
呼和浩特	Hohhot	100.9	102.1	100.5	131.5	99.8	95.7	99.1	107.0
沈阳	Shenyang	100.8	102.6	99.8	129.3	99.9	99.0	98.3	107.0
大连	Dalian	101.0	101.8	100.0	128.1	99.8	95.5	95.0	106.1
长春	Changchun	100.5	102.0	102.7	127.2	97.7	98.1	98.2	103.5
哈尔滨	Harbin	100.7	102.1	100.5	119.7	102.3	97.0	98.8	106.3
上海	Shanghai	100.9	101.3	100.3	110.3	96.8	99.8	99.2	108.9
南京	Nanjing	100.4	101.2	100.3	115.4	98.6	95.4	98.8	106.4
杭州	Hangzhou	100.8	100.7	99.9	112.1	97.7	95.0	99.7	107.1
宁波	Ningbo	100.6	100.9	99.9	113.7	99.2	98.7	98.5	102.6
合肥	Hefei	100.5	100.4	99.6	116.0	99.7	95.6	97.9	93.0
福州	Fuzhou	100.5	100.1	99.0	116.5	94.5	96.9	96.7	96.9
厦门	Xiamen	100.7	101.1	99.8	113.3	98.5	99.8	97.8	101.7
南昌	Nanchang	100.4	100.2	98.7	114.5	98.3	95.1	99.1	96.3
济南	Jinan	100.6	102.0	100.4	130.0	96.8	97.3	97.8	102.6
青岛	Qingdao	100.5	101.7	101.3	117.5	97.6	100.0	95.1	109.3
郑州	Zhengzhou	100.5	100.1	100.0	111.7	97.2	95.1	97.2	101.1
武汉	Wuhan	100.5	100.0	100.2	107.4	98.9	97.4	99.6	96.5
长沙	Changsha	100.6	100.9	100.0	116.8	98.8	96.3	99.9	99.8
广州	Guangzhou	100.8	101.7	101.6	114.3	97.3	100.6	97.7	96.4
深圳	Shenzhen	100.4	101.1	100.4	113.9	98.3	101.2	99.5	100.5
南宁	Nanning	100.4	101.5	100.6	112.2	97.6	99.1	99.9	104.9
海口	Haikou	101.1	102.3	101.0	126.7	98.1	102.5	99.7	103.0
重庆	Chongqing	100.6	101.3	100.8	114.7	99.5	96.5	94.4	101.2
成都	Chengdu	100.6	101.6	101.7	116.5	100.6	96.3	99.8	100.1
贵阳	Guiyang	100.9	100.9	100.7	110.4	99.9	97.1	100.1	95.5
昆明	Kunming	100.0	100.4	100.1	107.3	98.5	96.4	99.2	103.0
拉萨	Lasa	100.1	100.0	100.0	102.7	99.2	99.6	100.0	101.7
西安	Xi'an	100.7	101.6	99.7	122.4	99.2	96.1	96.7	100.6
兰州	Lanzhou	101.1	101.5	100.0	122.4	98.6	99.6	100.6	99.2
西宁	Xining	100.6	101.6	98.6	124.3	98.8	97.3	100.0	99.2
银川	Yinchuan	100.9	102.2	99.3	124.2	100.7	97.9	100.4	106.6
乌鲁木齐	Urumqi	100.8	102.6	101.0	132.1	101.2	99.3	99.7	105.9

4-48 续表 continued

(上月=100) (preceding month=100)

城市	City	衣着 Clothing	居住 Residence	生活用品及服务 Articles for Daily Use and Services	交通通信 Transport and Communications	教育文化娱乐 Education, Culture and Recreation	医疗保健 Health Care	其他用品及服务 Other Articles and Services
平均指数	**Average Index**	**100.5**	**100.1**	**100.4**	**101.0**	**100.3**	**100.5**	**100.2**
北京	Beijing	101.2	99.8	100.4	100.6	100.1	100.3	99.6
天津	Tianjin	101.4	99.6	100.0	101.4	99.4	100.2	101.0
石家庄	Shijiazhuang	98.5	100.0	100.0	99.9	99.8	100.0	99.9
太原	Taiyuan	99.3	99.4	100.1	102.6	100.2	100.0	100.7
呼和浩特	Hohhot	100.2	100.1	100.3	102.1	100.4	100.0	98.7
沈阳	Shenyang	100.1	99.8	100.1	101.5	99.8	100.0	99.6
大连	Dalian	100.3	101.5	100.1	101.0	100.2	100.0	99.7
长春	Changchun	99.0	100.2	100.4	100.4	100.1	100.0	100.0
哈尔滨	Harbin	98.1	100.4	100.5	101.9	99.7	100.0	99.7
上海	Shanghai	100.9	100.0	100.8	101.0	100.3	104.2	100.4
南京	Nanjing	99.2	99.9	100.6	100.3	100.5	99.9	99.7
杭州	Hangzhou	101.9	100.5	101.7	101.3	100.4	100.0	100.0
宁波	Ningbo	99.3	100.3	100.3	101.4	100.4	100.4	100.2
合肥	Hefei	99.4	100.4	100.1	101.7	101.0	100.0	100.5
福州	Fuzhou	102.9	100.0	100.4	101.4	101.0	100.0	100.0
厦门	Xiamen	101.1	100.2	100.1	101.9	100.0	100.0	99.2
南昌	Nanchang	100.5	100.4	100.2	101.5	100.4	100.0	100.0
济南	Jinan	99.6	99.7	100.3	101.1	100.0	100.1	100.1
青岛	Qingdao	100.2	99.9	100.5	100.3	100.1	100.0	100.3
郑州	Zhengzhou	100.4	99.7	100.3	101.0	103.0	100.0	99.8
武汉	Wuhan	100.7	100.2	100.3	101.3	101.3	100.0	100.9
长沙	Changsha	100.6	100.0	100.4	102.2	99.8	100.1	99.9
广州	Guangzhou	100.4	100.1	99.9	101.1	100.8	100.0	100.5
深圳	Shenzhen	100.2	100.0	100.2	100.0	100.7	100.1	100.5
南宁	Nanning	99.0	100.2	100.0	100.1	100.0	99.9	99.7
海口	Haikou	100.5	100.5	100.3	100.6	100.7	99.9	101.1
重庆	Chongqing	99.5	100.1	100.2	100.7	101.3	99.9	100.8
成都	Chengdu	100.1	100.1	100.3	102.0	98.7	99.9	100.6
贵阳	Guiyang	101.2	100.7	100.9	101.7	100.4	100.1	99.6
昆明	Kunming	100.4	100.2	100.1	100.7	97.7	100.2	99.7
拉萨	Lasa	100.0	100.0	100.3	100.7	99.8	100.3	99.3
西安	Xi'an	101.3	100.4	100.2	100.8	99.6	100.0	100.1
兰州	Lanzhou	100.8	101.8	100.4	101.0	100.3	100.0	100.2
西宁	Xining	101.0	100.1	100.4	100.3	100.2	100.0	97.9
银川	Yinchuan	99.8	100.3	101.5	101.2	99.9	99.9	101.1
乌鲁木齐	Urumqi	99.9	100.4	100.2	100.4	100.1	100.0	99.5

4-49 36个大中城市居民消费价格分类指数(环比)
Consumer Price Indices by Category for 36 Major Large and Medium-sized Cities
(2021年11月)

(上月=100) (preceding month=100)

城市	City	居民消费价格指数 Consumer Price Index	食品烟酒 Food, Tobacco and Alcohol	粮食 Grain	鲜菜 Fresh Vegetables	畜肉 Meat	水产品 Aquatic Products	蛋 Eggs	鲜果 Fresh Fruits
平均指数	**Average Index**	**100.2**	**101.2**	**100.6**	**105.1**	**104.3**	**98.7**	**103.2**	**103.2**
北京	Beijing	100.0	101.5	101.3	106.7	103.2	98.9	103.4	101.0
天津	Tianjin	100.1	100.9	100.8	102.3	103.8	97.1	103.8	102.8
石家庄	Shijiazhuang	100.2	101.5	99.5	101.7	102.2	99.8	102.7	116.9
太原	Taiyuan	100.0	100.8	100.9	104.0	103.0	97.1	102.3	103.8
呼和浩特	Hohhot	100.8	102.4	101.4	108.7	102.3	97.6	105.5	106.8
沈阳	Shenyang	101.1	104.4	100.9	131.6	105.2	98.2	104.3	107.0
大连	Dalian	100.5	102.8	100.9	118.2	106.2	98.5	110.7	101.3
长春	Changchun	100.8	103.3	103.5	124.3	106.1	98.7	102.6	104.5
哈尔滨	Harbin	101.0	104.3	99.6	133.0	103.3	98.7	103.1	109.9
上海	Shanghai	100.1	100.9	100.8	98.9	102.2	100.6	101.6	107.6
南京	Nanjing	100.0	100.4	101.8	95.9	103.6	97.2	101.9	103.1
杭州	Hangzhou	100.1	100.6	100.4	101.4	104.1	98.4	100.0	100.9
宁波	Ningbo	100.0	100.4	101.4	98.7	104.7	97.2	102.7	101.1
合肥	Hefei	100.3	101.1	101.0	106.4	105.3	95.4	103.4	103.3
福州	Fuzhou	100.5	102.1	99.5	109.9	107.7	99.4	103.9	106.7
厦门	Xiamen	100.2	100.3	100.9	99.3	105.4	98.9	101.6	98.3
南昌	Nanchang	100.1	101.0	98.4	100.9	108.0	96.8	102.2	107.1
济南	Jinan	100.1	100.8	99.9	100.1	104.1	99.9	103.9	100.9
青岛	Qingdao	100.0	101.1	101.6	100.1	104.4	99.6	104.0	106.2
郑州	Zhengzhou	100.5	101.6	103.7	104.5	104.6	97.4	104.5	103.1
武汉	Wuhan	100.2	101.2	100.1	109.6	103.9	98.1	100.9	97.0
长沙	Changsha	100.2	101.3	100.0	100.5	108.5	99.0	102.9	103.9
广州	Guangzhou	99.6	98.9	99.0	100.2	99.4	100.2	99.6	98.7
深圳	Shenzhen	100.1	100.5	99.7	100.0	103.5	98.9	101.1	99.4
南宁	Nanning	100.2	100.8	98.9	110.0	105.7	97.8	101.2	101.9
海口	Haikou	99.7	99.7	100.2	94.3	99.7	96.7	102.2	102.7
重庆	Chongqing	100.6	102.8	99.7	113.2	110.6	96.2	111.0	105.1
成都	Chengdu	100.8	102.8	101.6	111.3	108.4	100.1	101.1	105.4
贵阳	Guiyang	100.6	102.3	100.6	108.2	105.8	95.4	100.9	111.2
昆明	Kunming	100.3	102.6	101.1	114.3	110.1	97.6	103.3	98.3
拉萨	Lasa	100.4	101.1	100.0	109.0	100.5	99.3	106.3	101.6
西安	Xi'an	100.2	101.2	100.6	105.3	102.9	96.7	103.2	104.0
兰州	Lanzhou	100.3	101.7	99.9	109.8	101.6	101.1	101.4	108.0
西宁	Xining	100.7	102.7	103.0	114.2	103.5	99.0	103.1	108.5
银川	Yinchuan	100.7	102.1	100.4	114.3	101.3	99.7	103.2	105.1
乌鲁木齐	Urumqi	100.4	103.6	100.7	128.7	101.3	100.7	101.3	109.3

4-49 续表 continued

(上月=100) (preceding month=100)

城市	City	衣着 Clothing	居住 Residence	生活用品及服务 Articles for Daily Use and Services	交通通信 Transport and Communications	教育文化娱乐 Education, Culture and Recreation	医疗保健 Health Care	其他用品及服务 Other Articles and Services
平均指数	**Average Index**	**100.0**	**100.0**	**99.6**	**100.2**	**99.1**	**100.0**	**99.6**
北京	Beijing	98.6	99.7	99.5	100.4	98.3	100.0	99.4
天津	Tianjin	100.4	99.8	100.1	100.5	98.7	100.0	98.8
石家庄	Shijiazhuang	99.6	100.0	99.3	99.8	98.9	100.8	99.8
太原	Taiyuan	103.9	99.6	99.2	98.6	99.4	99.7	97.8
呼和浩特	Hohhot	100.3	100.1	99.7	101.0	99.4	99.9	100.8
沈阳	Shenyang	101.0	99.9	99.7	99.0	99.8	100.0	100.1
大连	Dalian	100.1	99.1	99.5	100.4	99.3	100.0	99.1
长春	Changchun	101.8	100.1	99.4	99.9	98.6	100.0	99.8
哈尔滨	Harbin	100.8	100.0	99.4	98.8	99.5	100.0	100.0
上海	Shanghai	98.3	100.0	99.4	100.1	99.8	100.2	100.1
南京	Nanjing	100.1	99.8	99.3	101.0	99.2	99.3	98.8
杭州	Hangzhou	99.9	100.0	100.2	100.6	99.0	99.9	100.7
宁波	Ningbo	99.6	100.0	99.8	100.4	98.9	100.0	99.9
合肥	Hefei	102.3	99.8	99.1	100.7	98.9	100.0	99.5
福州	Fuzhou	99.5	100.2	99.5	100.1	98.9	100.1	100.2
厦门	Xiamen	102.8	100.1	99.7	100.0	99.8	100.0	99.6
南昌	Nanchang	97.8	100.0	99.6	100.0	99.8	100.0	99.7
济南	Jinan	99.7	99.5	99.5	100.5	99.9	99.5	100.4
青岛	Qingdao	99.6	100.1	99.3	100.0	98.6	100.0	98.3
郑州	Zhengzhou	100.5	99.8	100.2	101.3	99.8	99.8	100.2
武汉	Wuhan	99.9	99.9	99.4	100.2	99.9	100.1	99.3
长沙	Changsha	99.7	99.7	99.7	100.2	99.5	100.0	99.9
广州	Guangzhou	102.4	100.2	99.4	100.0	98.7	100.1	99.5
深圳	Shenzhen	98.5	100.1	99.6	100.4	99.6	100.0	99.9
南宁	Nanning	100.1	100.1	99.7	99.6	99.9	99.8	100.5
海口	Haikou	100.2	99.8	99.5	99.6	99.2	99.6	99.5
重庆	Chongqing	100.8	100.1	99.7	100.3	97.7	99.8	99.1
成都	Chengdu	100.4	100.8	100.5	99.7	98.5	100.1	99.3
贵阳	Guiyang	100.5	100.0	99.0	100.1	99.6	100.1	99.4
昆明	Kunming	99.7	99.5	99.1	99.3	98.7	101.2	99.7
拉萨	Lasa	100.0	100.0	99.3	100.3	99.6	100.0	101.3
西安	Xi'an	100.8	99.8	99.4	99.7	99.8	100.0	98.8
兰州	Lanzhou	100.5	99.3	99.5	100.2	99.9	100.0	99.2
西宁	Xining	100.6	100.0	100.1	99.7	99.6	100.0	98.6
银川	Yinchuan	100.7	100.0	99.8	100.9	99.8	100.0	99.6
乌鲁木齐	Urumqi	99.0	99.4	99.5	98.6	98.8	100.0	99.0

4-50 36个大中城市居民消费价格分类指数(环比)
Consumer Price Indices by Category for 36 Major Large and Medium-sized Cities
(2021年12月)

(上月=100) (preceding month=100)

城市	City	居民消费价格指数 Consumer Price Index	食品烟酒 Food, Tobacco and Alcohol	粮食 Grain	鲜菜 Fresh Vegetables	畜肉 Meat	水产品 Aquatic Products	蛋 Eggs	鲜果 Fresh Fruits
平均指数	**Average Index**	**99.7**	**99.6**	**100.6**	**91.2**	**100.5**	**100.9**	**98.2**	**102.3**
北京	Beijing	99.7	99.4	100.7	88.9	100.4	100.0	98.9	103.6
天津	Tianjin	99.8	99.9	100.2	91.8	101.6	102.4	96.4	103.2
石家庄	Shijiazhuang	99.7	99.6	102.2	92.9	100.5	102.1	96.1	101.7
太原	Taiyuan	99.8	101.2	99.5	93.0	100.5	100.0	98.3	113.0
呼和浩特	Hohhot	99.5	99.6	100.4	91.2	99.5	98.3	96.8	104.5
沈阳	Shenyang	99.4	98.7	100.2	84.8	99.5	101.3	96.1	103.0
大连	Dalian	99.5	98.7	99.9	87.3	99.4	103.4	89.3	99.3
长春	Changchun	99.7	99.0	101.3	87.9	100.2	100.2	98.1	102.1
哈尔滨	Harbin	99.7	100.1	100.0	93.0	101.7	99.9	97.5	108.5
上海	Shanghai	99.8	99.7	99.9	93.1	100.8	102.4	100.0	97.4
南京	Nanjing	100.0	99.6	99.9	90.6	101.0	100.0	98.5	99.1
杭州	Hangzhou	99.7	100.0	100.4	91.9	99.8	100.0	99.8	103.9
宁波	Ningbo	99.7	100.0	99.0	91.8	100.8	102.4	99.9	106.7
合肥	Hefei	99.9	100.4	99.5	93.3	101.0	100.9	97.0	105.8
福州	Fuzhou	99.1	98.8	100.4	80.5	102.7	99.5	98.5	105.1
厦门	Xiamen	99.3	99.4	100.3	88.7	100.9	101.6	98.0	101.3
南昌	Nanchang	99.7	99.4	99.9	89.9	99.6	99.9	99.8	106.2
济南	Jinan	99.6	99.6	101.5	89.1	100.1	101.4	99.0	110.5
青岛	Qingdao	99.7	99.9	101.7	95.3	99.2	103.6	98.0	101.9
郑州	Zhengzhou	99.8	99.9	101.0	94.9	100.2	100.4	96.5	104.9
武汉	Wuhan	99.8	99.9	100.0	98.0	100.9	100.7	100.2	99.1
长沙	Changsha	99.5	99.5	100.5	91.3	100.5	99.1	99.7	103.6
广州	Guangzhou	99.6	99.6	101.1	89.3	101.7	100.2	98.8	99.7
深圳	Shenzhen	99.8	99.7	101.0	90.1	101.6	100.8	99.7	100.9
南宁	Nanning	99.6	99.0	101.1	84.2	101.6	102.0	100.0	101.0
海口	Haikou	99.7	99.5	98.9	92.6	100.7	100.6	99.7	99.7
重庆	Chongqing	99.5	98.9	100.0	91.3	98.4	96.5	95.3	102.8
成都	Chengdu	99.6	98.5	103.8	85.7	98.4	99.0	99.4	102.8
贵阳	Guiyang	99.6	100.0	102.6	93.6	100.9	98.0	101.0	104.5
昆明	Kunming	99.9	100.1	101.7	95.2	101.0	100.0	99.6	103.1
拉萨	Lasa	100.2	100.6	100.0	104.0	100.5	99.7	100.0	102.2
西安	Xi'an	100.1	101.3	100.3	101.5	103.2	100.8	102.2	106.8
兰州	Lanzhou	99.5	99.5	101.7	95.4	99.1	97.5	99.0	96.8
西宁	Xining	99.9	100.2	100.6	94.6	101.0	98.1	94.9	110.0
银川	Yinchuan	99.7	100.4	101.8	96.6	99.1	100.3	96.7	103.9
乌鲁木齐	Urumqi	100.0	99.8	98.7	96.2	100.3	98.8	99.5	101.9

4-50 续表 continued

(上月=100) (preceding month=100)

城　市	City	衣着 Clothing	居住 Residence	生活用品及服务 Articles for Daily Use and Services	交通通信 Transport and Communications	教育文化娱乐 Education, Culture and Recreation	医疗保健 Health Care	其他用品及服务 Other Articles and Services
平均指数	**Average Index**	**100.1**	**99.9**	**100.3**	**98.7**	**100.1**	**99.9**	**99.6**
北　京	Beijing	100.9	99.9	100.2	98.4	99.9	100.1	99.3
天　津	Tianjin	99.3	100.2	100.2	98.3	100.5	100.0	99.4
石家庄	Shijiazhuang	99.0	100.0	100.0	99.1	100.1	100.0	99.7
太　原	Taiyuan	97.7	99.5	100.5	98.2	100.2	99.8	99.6
呼和浩特	Hohhot	98.9	99.9	100.0	98.1	100.4	100.0	100.5
沈　阳	Shenyang	100.0	99.4	100.2	98.9	99.8	100.1	100.0
大　连	Dalian	99.4	99.7	100.4	98.8	100.3	100.3	99.7
长　春	Changchun	99.2	100.0	100.8	98.8	100.9	100.6	99.4
哈尔滨	Harbin	99.7	98.8	100.3	99.5	99.8	100.0	100.0
上　海	Shanghai	99.7	100.1	100.8	99.1	100.1	98.9	99.2
南　京	Nanjing	100.6	99.9	100.6	99.1	100.5	101.9	100.5
杭　州	Hangzhou	99.8	99.9	99.6	98.7	100.3	100.1	99.4
宁　波	Ningbo	98.4	99.9	99.9	98.8	99.9	100.1	98.7
合　肥	Hefei	100.1	99.9	100.9	98.2	100.1	99.9	99.8
福　州	Fuzhou	99.0	99.2	100.0	98.7	99.6	100.0	99.4
厦　门	Xiamen	97.8	99.0	100.7	98.8	100.3	100.0	100.3
南　昌	Nanchang	101.3	99.9	100.4	98.4	99.6	100.0	100.6
济　南	Jinan	100.0	99.8	100.2	98.6	99.9	100.0	99.4
青　岛	Qingdao	99.4	100.0	100.7	98.4	99.9	100.0	99.8
郑　州	Zhengzhou	100.2	99.4	100.4	98.7	100.5	100.1	99.6
武　汉	Wuhan	100.0	99.9	100.3	98.6	100.1	99.9	100.5
长　沙	Changsha	100.3	99.5	100.2	98.6	99.5	100.0	99.6
广　州	Guangzhou	99.4	99.5	100.5	99.1	100.2	100.0	99.8
深　圳	Shenzhen	104.2	99.8	100.1	98.6	99.8	100.0	99.8
南　宁	Nanning	99.7	99.9	100.0	99.1	100.4	99.6	100.1
海　口	Haikou	99.8	99.3	100.7	99.3	100.6	100.0	100.6
重　庆	Chongqing	99.6	100.3	100.2	98.3	99.8	99.9	99.4
成　都	Chengdu	102.8	100.1	100.3	97.6	101.0	100.1	100.1
贵　阳	Guiyang	98.2	100.0	100.4	98.5	99.9	100.0	99.8
昆　明	Kunming	100.2	99.9	100.3	98.8	100.0	100.1	99.9
拉　萨	Lasa	100.0	100.0	100.2	100.2	100.0	100.0	98.8
西　安	Xi'an	100.1	99.7	100.0	99.0	99.9	100.0	99.3
兰　州	Lanzhou	100.0	99.4	100.3	98.5	99.9	100.0	98.6
西　宁	Xining	100.0	100.1	100.3	98.9	99.3	100.0	100.1
银　川	Yinchuan	99.1	99.8	100.1	98.3	99.9	99.5	98.9
乌鲁木齐	Urumqi	99.5	100.5	100.2	100.0	100.0	100.1	100.4

4-51 36个大中城市居民消费价格分类指数(同比)
Consumer Price Indices by Category for 36 Major Large and Medium-sized Cities (2021年1月)

(上年同月=100) (same month of preceding year=100)

城市	City	居民消费价格指数 Consumer Price Index	食品烟酒 Food, Tobacco and Alcohol	粮食 Grain	鲜菜 Fresh Vegetables	畜肉 Meat	水产品 Aquatic Products	蛋 Eggs	鲜果 Fresh Fruits
平均指数	**Average Index**	**99.4**	**101.0**	**101.8**	**109.1**	**98.7**	**98.6**	**100.4**	**100.2**
北京	Beijing	99.2	101.5	102.0	105.3	100.6	96.2	100.7	96.5
天津	Tianjin	99.4	102.0	102.3	100.8	102.2	100.4	109.9	103.1
石家庄	Shijiazhuang	100.9	103.6	102.1	104.8	103.5	101.6	103.5	113.8
太原	Taiyuan	99.4	101.7	102.7	102.3	103.4	101.4	105.6	101.8
呼和浩特	Hohhot	99.0	101.3	100.2	95.5	106.7	101.5	105.5	95.9
沈阳	Shenyang	100.1	102.5	107.8	105.3	103.3	99.1	100.0	107.1
大连	Dalian	99.7	101.4	102.5	101.2	103.3	97.2	109.3	104.8
长春	Changchun	98.8	101.3	102.0	94.8	107.1	99.5	107.9	96.3
哈尔滨	Harbin	98.6	101.7	102.3	103.1	100.9	102.9	110.6	104.9
上海	Shanghai	99.8	100.6	102.9	106.2	99.6	97.0	100.7	99.4
南京	Nanjing	100.4	103.7	102.0	122.0	98.0	101.9	104.6	109.2
杭州	Hangzhou	99.3	100.1	101.8	101.8	94.5	98.6	97.6	107.4
宁波	Ningbo	100.9	102.9	103.2	121.6	98.9	98.8	101.0	104.0
合肥	Hefei	99.5	101.4	101.5	118.4	97.6	107.0	98.1	97.4
福州	Fuzhou	98.9	99.4	99.3	117.2	94.6	93.2	103.6	100.3
厦门	Xiamen	100.1	101.1	101.1	116.4	95.8	99.6	99.1	106.7
南昌	Nanchang	100.2	103.3	102.1	136.9	96.8	102.4	100.9	100.5
济南	Jinan	99.3	100.7	98.5	102.3	98.5	101.2	97.7	98.7
青岛	Qingdao	99.8	101.7	101.0	102.5	100.6	106.9	105.1	100.3
郑州	Zhengzhou	99.8	102.1	101.2	104.2	102.3	103.8	98.0	108.1
武汉	Wuhan	98.5	100.9	100.5	119.6	98.7	100.1	96.1	92.4
长沙	Changsha	100.4	103.0	103.6	133.0	97.9	99.8	94.8	105.5
广州	Guangzhou	99.3	100.0	102.7	104.2	97.1	98.7	98.7	100.4
深圳	Shenzhen	97.7	97.8	97.9	104.3	91.4	96.1	93.2	95.2
南宁	Nanning	99.5	100.3	100.6	112.9	96.3	99.0	99.3	101.5
海口	Haikou	97.7	99.5	99.9	106.1	97.7	92.6	95.6	95.3
重庆	Chongqing	99.0	101.0	101.0	119.0	97.0	96.7	97.2	94.0
成都	Chengdu	98.6	101.7	102.7	118.1	96.8	92.7	97.2	97.3
贵阳	Guiyang	98.8	101.3	98.2	117.3	96.2	99.5	95.9	99.1
昆明	Kunming	99.1	101.0	98.5	99.8	106.5	98.3	95.7	91.1
拉萨	Lasa	100.7	102.6	100.2	103.4	101.5	102.7	108.5	95.7
西安	Xi'an	100.4	102.4	101.7	106.7	101.3	99.3	109.2	99.8
兰州	Lanzhou	100.5	102.5	101.8	108.9	106.1	98.9	101.7	103.9
西宁	Xining	100.0	101.9	101.9	115.7	106.2	99.6	105.6	96.5
银川	Yinchuan	99.1	101.9	104.9	109.7	101.5	99.9	105.6	113.5
乌鲁木齐	Urumqi	99.3	100.2	105.5	99.7	104.9	106.2	107.2	92.7

4-51 续表 continued

(上年同月=100) (same month of preceding year=100)

城市	City	衣着 Clothing	居住 Residence	生活用品及服务 Articles for Daily Use and Services	交通通信 Transport and Communications	教育文化娱乐 Education, Culture and Recreation	医疗保健 Health Care	其他用品及服务 Other Articles and Services
平均指数	**Average Index**	**99.7**	**99.6**	**100.1**	**94.9**	**99.4**	**99.7**	**99.1**
北京	Beijing	99.8	99.3	100.6	93.3	99.2	99.1	102.0
天津	Tianjin	96.1	100.0	100.5	94.7	100.4	98.6	98.6
石家庄	Shijiazhuang	101.6	99.9	99.3	96.6	101.8	100.6	102.4
太原	Taiyuan	101.8	98.0	100.1	94.4	100.9	99.9	97.5
呼和浩特	Hohhot	96.5	99.0	100.0	94.1	99.5	100.8	102.1
沈阳	Shenyang	99.3	99.9	96.3	96.2	102.1	99.7	100.3
大连	Dalian	101.7	100.5	100.2	93.3	99.2	100.2	100.4
长春	Changchun	100.6	99.8	99.9	93.4	97.4	98.7	97.2
哈尔滨	Harbin	101.4	95.4	100.1	94.4	97.9	100.0	98.9
上海	Shanghai	100.1	100.9	100.2	95.1	101.0	98.2	100.7
南京	Nanjing	98.2	100.1	101.0	95.8	99.2	100.7	104.0
杭州	Hangzhou	99.5	100.3	100.8	96.5	97.2	100.4	98.2
宁波	Ningbo	99.4	100.6	103.0	97.1	102.9	100.6	97.1
合肥	Hefei	98.9	99.6	99.8	95.1	100.6	100.8	94.7
福州	Fuzhou	100.0	99.8	99.6	94.9	100.1	99.7	95.7
厦门	Xiamen	105.4	100.9	101.6	94.6	101.2	97.5	96.0
南昌	Nanchang	99.4	99.6	100.4	94.3	100.9	100.3	100.1
济南	Jinan	100.4	100.0	98.0	95.3	97.5	99.9	103.6
青岛	Qingdao	99.3	100.6	97.6	95.1	100.5	100.5	98.0
郑州	Zhengzhou	98.4	98.8	100.5	95.7	102.0	99.6	95.7
武汉	Wuhan	99.0	96.1	100.0	95.0	100.0	99.8	98.0
长沙	Changsha	100.9	100.4	100.0	96.4	99.5	100.5	99.3
广州	Guangzhou	101.1	100.6	98.9	94.8	99.1	100.6	96.2
深圳	Shenzhen	99.8	97.8	100.8	93.4	99.9	99.5	96.2
南宁	Nanning	105.7	99.1	100.0	93.9	99.9	102.1	98.8
海口	Haikou	103.9	97.4	101.0	93.8	93.9	97.9	99.1
重庆	Chongqing	100.3	97.5	100.1	95.3	99.0	100.0	96.9
成都	Chengdu	97.5	99.3	100.2	93.3	92.1	103.0	99.9
贵阳	Guiyang	95.8	100.0	99.4	94.9	96.0	100.2	100.9
昆明	Kunming	98.4	100.3	100.0	95.1	95.5	100.9	100.4
拉萨	Lasa	101.0	99.8	100.0	96.9	101.9	100.1	106.9
西安	Xi'an	100.2	100.3	100.1	96.9	102.0	97.6	102.0
兰州	Lanzhou	100.8	100.0	100.7	97.2	99.9	100.0	101.2
西宁	Xining	102.8	99.3	99.6	95.5	99.9	101.3	99.5
银川	Yinchuan	98.0	99.4	99.8	93.9	97.4	100.5	100.6
乌鲁木齐	Urumqi	102.9	100.3	100.8	94.7	97.5	99.8	99.5

4-52 36个大中城市居民消费价格分类指数(同比)
Consumer Price Indices by Category for 36 Major Large and Medium-sized Cities
(2021年2月)

(上年同月=100) (same month of preceding year=100)

城市	City	居民消费价格指数 Consumer Price Index	食品烟酒 Food, Tobacco and Alcohol	粮食 Grain	鲜菜 Fresh Vegetables	畜肉 Meat	水产品 Aquatic Products	蛋 Eggs	鲜果 Fresh Fruits
平均指数	**Average Index**	**99.7**	**100.1**	**100.7**	**101.7**	**92.5**	**105.1**	**101.4**	**102.2**
北京	Beijing	99.9	100.9	101.4	97.6	97.5	99.1	101.2	106.6
天津	Tianjin	99.9	101.6	101.5	97.7	98.3	108.8	112.3	105.3
石家庄	Shijiazhuang	100.6	101.7	103.1	95.3	99.2	104.5	104.8	114.3
太原	Taiyuan	99.2	99.8	101.0	99.8	95.4	104.2	103.4	98.3
呼和浩特	Hohhot	99.4	101.1	100.2	92.9	104.7	112.8	109.3	100.6
沈阳	Shenyang	100.9	103.3	107.9	105.5	100.6	104.6	100.3	113.0
大连	Dalian	100.2	100.9	103.2	92.4	98.5	102.5	114.6	107.3
长春	Changchun	99.1	101.7	100.3	99.5	105.1	101.6	108.9	101.0
哈尔滨	Harbin	98.3	100.6	102.0	96.6	95.6	107.0	105.4	106.5
上海	Shanghai	100.3	100.8	100.0	103.6	96.3	107.3	99.1	100.0
南京	Nanjing	100.1	100.5	103.5	106.2	91.4	104.3	105.4	102.6
杭州	Hangzhou	99.8	99.4	97.3	96.2	89.4	108.7	102.5	106.4
宁波	Ningbo	101.5	103.1	102.2	122.4	89.7	105.6	103.0	106.7
合肥	Hefei	99.6	100.0	100.7	98.7	93.1	114.3	100.6	98.1
福州	Fuzhou	99.3	99.1	100.3	102.4	91.3	99.5	95.3	101.3
厦门	Xiamen	100.3	99.7	101.1	96.8	90.3	107.2	100.0	104.8
南昌	Nanchang	99.7	99.9	101.1	108.7	89.1	107.6	100.4	96.2
济南	Jinan	100.4	102.3	98.3	103.2	95.5	113.8	96.2	106.5
青岛	Qingdao	100.3	102.0	102.4	100.9	96.0	111.9	111.1	107.3
郑州	Zhengzhou	99.7	101.0	100.7	104.8	94.6	119.0	98.3	103.9
武汉	Wuhan	97.9	96.5	100.7	95.1	83.6	103.1	92.6	92.7
长沙	Changsha	100.4	100.6	103.9	118.4	89.3	103.2	94.2	104.9
广州	Guangzhou	100.1	99.8	102.1	98.0	89.9	101.7	99.8	102.2
深圳	Shenzhen	99.4	100.0	97.7	108.4	90.1	104.1	94.4	97.5
南宁	Nanning	99.6	99.8	100.3	104.2	93.7	104.2	102.5	101.2
海口	Haikou	98.7	100.6	98.9	109.1	97.0	96.8	96.3	98.9
重庆	Chongqing	98.2	96.7	95.7	102.0	84.8	97.7	100.0	94.8
成都	Chengdu	98.7	98.8	102.3	106.6	87.4	95.9	99.4	93.6
贵阳	Guiyang	98.8	100.2	98.2	109.0	91.3	111.8	98.6	100.4
昆明	Kunming	98.9	99.0	98.6	98.7	95.1	101.1	98.6	88.9
拉萨	Lasa	101.1	102.1	99.9	96.7	102.5	106.7	108.7	91.4
西安	Xi'an	100.2	100.6	104.0	98.4	92.8	102.9	113.4	98.3
兰州	Lanzhou	100.2	100.7	101.8	97.3	100.0	101.0	105.4	107.0
西宁	Xining	99.8	100.3	99.6	101.4	101.2	102.1	113.6	100.3
银川	Yinchuan	98.4	99.8	104.2	97.1	99.3	103.3	106.4	108.8
乌鲁木齐	Urumqi	99.4	100.1	105.2	100.6	100.5	112.3	110.3	95.9

4-52 续表 continued

(上年同月=100) (same month of preceding year=100)

城市	City	衣着 Clothing	居住 Residence	生活用品及服务 Articles for Daily Use and Services	交通通信 Transport and Communications	教育文化娱乐 Education, Culture and Recreation	医疗保健 Health Care	其他用品及服务 Other Articles and Services
平均指数	**Average Index**	**99.4**	**99.9**	**99.9**	**98.0**	**100.4**	**99.7**	**98.9**
北京	Beijing	99.4	99.8	99.1	98.7	100.6	99.1	100.4
天津	Tianjin	95.8	100.1	100.4	97.5	102.1	98.9	97.9
石家庄	Shijiazhuang	100.7	99.9	98.4	99.0	102.0	100.6	102.9
太原	Taiyuan	101.0	97.9	99.4	96.8	101.4	99.9	96.7
呼和浩特	Hohhot	96.3	98.8	99.1	97.0	100.4	100.7	101.4
沈阳	Shenyang	99.4	99.7	99.0	99.1	102.2	99.7	100.2
大连	Dalian	102.2	100.5	99.8	95.9	101.2	100.2	100.8
长春	Changchun	100.7	99.9	98.1	94.7	96.7	99.6	96.5
哈尔滨	Harbin	102.7	95.4	99.3	94.2	98.1	100.0	98.3
上海	Shanghai	100.1	101.1	99.8	98.6	100.5	98.1	99.5
南京	Nanjing	97.9	101.1	100.1	97.4	99.6	100.7	103.9
杭州	Hangzhou	99.7	100.6	100.7	99.3	99.0	100.3	97.9
宁波	Ningbo	99.0	100.6	103.6	99.9	103.4	100.3	97.6
合肥	Hefei	98.9	99.7	99.5	98.0	101.9	99.9	95.8
福州	Fuzhou	99.5	99.9	100.3	97.5	100.5	99.8	96.4
厦门	Xiamen	104.7	101.6	102.6	97.1	102.4	97.5	96.0
南昌	Nanchang	98.4	99.8	99.7	97.4	102.3	100.3	99.8
济南	Jinan	100.0	100.4	97.6	100.2	97.8	99.8	103.0
青岛	Qingdao	99.6	100.6	96.8	98.7	100.5	100.3	97.5
郑州	Zhengzhou	98.4	99.1	99.6	97.6	102.3	98.9	95.0
武汉	Wuhan	98.9	96.6	99.8	99.2	100.1	99.4	97.9
长沙	Changsha	100.9	100.9	99.9	99.2	100.0	100.5	99.6
广州	Guangzhou	100.9	101.0	99.7	97.8	101.6	100.5	97.3
深圳	Shenzhen	97.5	99.1	101.7	97.1	101.7	99.6	96.7
南宁	Nanning	105.1	99.3	99.3	95.1	101.1	102.2	100.2
海口	Haikou	103.6	97.7	101.6	96.4	95.3	98.0	99.2
重庆	Chongqing	99.7	97.7	99.8	98.1	100.9	100.0	97.6
成都	Chengdu	97.3	99.3	100.6	96.8	95.8	103.3	99.9
贵阳	Guiyang	94.9	100.0	99.2	96.0	97.2	100.3	101.0
昆明	Kunming	97.9	100.3	99.0	96.7	97.2	100.9	99.7
拉萨	Lasa	101.4	99.8	98.8	100.7	102.0	100.1	107.4
西安	Xi'an	99.7	100.3	99.9	99.8	102.0	97.6	101.8
兰州	Lanzhou	100.8	100.0	100.0	99.3	100.2	100.0	100.4
西宁	Xining	103.6	99.3	98.8	97.1	100.1	101.4	99.4
银川	Yinchuan	96.9	98.7	98.8	94.7	97.7	100.6	98.3
乌鲁木齐	Urumqi	104.4	100.1	100.0	95.2	98.1	99.8	98.6

4-53 36个大中城市居民消费价格分类指数(同比)

Consumer Price Indices by Category for 36 Major Large and Medium-sized Cities

(2021年3月)

(上年同月=100) (same month of preceding year=100)

城市	City	居民消费价格指数 Consumer Price Index	食品烟酒 Food, Tobacco and Alcohol	粮食 Grain	鲜菜 Fresh Vegetables	畜肉 Meat	水产品 Aquatic Products	蛋 Eggs	鲜果 Fresh Fruits
平均指数	**Average Index**	**100.4**	**100.1**	**100.6**	**99.1**	**90.8**	**106.7**	**101.7**	**104.0**
北京	Beijing	100.6	100.2	100.1	93.9	94.4	99.5	100.9	107.0
天津	Tianjin	100.6	101.5	103.2	98.5	94.2	110.4	110.5	103.2
石家庄	Shijiazhuang	100.9	100.7	98.3	96.9	96.5	108.1	105.9	107.1
太原	Taiyuan	100.5	100.6	101.5	96.5	91.0	107.5	111.7	109.1
呼和浩特	Hohhot	100.2	100.5	100.2	88.9	101.9	112.1	110.0	100.8
沈阳	Shenyang	101.1	101.5	108.5	94.8	93.9	108.6	101.0	111.6
大连	Dalian	100.7	101.4	103.7	95.9	93.1	109.6	115.0	105.5
长春	Changchun	100.2	101.3	100.0	99.7	97.2	107.8	108.9	105.1
哈尔滨	Harbin	98.7	98.5	101.1	88.5	91.1	104.1	107.3	102.0
上海	Shanghai	100.7	100.9	99.1	102.0	93.5	107.6	101.6	107.9
南京	Nanjing	100.9	101.5	104.3	97.9	93.0	116.3	104.4	105.3
杭州	Hangzhou	100.4	100.3	98.3	97.3	88.8	113.1	103.6	103.2
宁波	Ningbo	101.8	102.3	100.8	109.2	89.6	107.5	102.6	105.3
合肥	Hefei	100.9	100.2	100.8	93.0	94.3	116.6	103.6	98.9
福州	Fuzhou	99.7	98.9	100.5	105.1	86.7	98.5	94.0	108.0
厦门	Xiamen	101.1	100.1	103.1	101.0	88.6	103.7	99.0	105.5
南昌	Nanchang	100.5	99.5	98.3	107.5	87.8	111.7	100.8	98.0
济南	Jinan	101.1	101.9	97.4	97.3	93.0	113.3	95.8	113.2
青岛	Qingdao	101.0	101.3	101.8	96.6	92.1	112.2	108.9	106.8
郑州	Zhengzhou	100.1	100.6	100.8	94.4	94.1	115.6	103.9	111.0
武汉	Wuhan	97.8	94.6	100.9	84.3	76.7	101.7	86.0	97.7
长沙	Changsha	101.0	100.3	103.9	108.4	89.3	109.8	97.7	104.8
广州	Guangzhou	100.7	100.2	102.7	102.6	88.4	102.4	98.9	102.4
深圳	Shenzhen	100.1	99.7	98.6	105.1	88.3	102.4	95.1	103.7
南宁	Nanning	100.9	100.2	100.8	106.3	91.6	103.6	103.9	104.9
海口	Haikou	99.8	99.8	101.9	106.1	95.9	93.3	96.2	98.7
重庆	Chongqing	99.7	97.5	95.6	98.8	85.9	101.2	100.0	99.0
成都	Chengdu	100.0	100.0	102.7	106.3	90.8	104.8	99.4	97.0
贵阳	Guiyang	99.7	99.9	96.5	107.1	92.4	113.0	100.5	101.4
昆明	Kunming	100.0	98.8	100.3	97.8	93.6	101.6	101.1	90.9
拉萨	Lasa	101.5	102.3	99.9	96.6	104.0	105.7	107.6	91.1
西安	Xi'an	100.9	101.2	104.3	104.2	92.8	108.7	117.2	96.3
兰州	Lanzhou	100.5	100.1	102.6	92.2	97.8	101.5	109.3	106.9
西宁	Xining	100.5	100.0	102.3	95.9	101.7	102.3	110.9	99.8
银川	Yinchuan	99.5	99.0	102.9	95.0	96.2	104.4	109.6	105.2
乌鲁木齐	Urumqi	100.7	100.3	105.1	96.8	101.7	108.2	107.7	96.2

4-53 续表 continued

(上年同月=100) (same month of preceding year=100)

城市	City	衣着 Clothing	居住 Residence	生活用品及服务 Articles for Daily Use and Services	交通通信 Transport and Communications	教育文化娱乐 Education, Culture and Recreation	医疗保健 Health Care	其他用品及服务 Other Articles and Services
平均指数	**Average Index**	**100.1**	**100.4**	**100.0**	**103.3**	**99.6**	**99.5**	**98.2**
北京	Beijing	100.4	100.5	99.4	106.3	98.3	99.0	99.4
天津	Tianjin	96.2	100.4	100.6	102.2	102.0	98.6	96.9
石家庄	Shijiazhuang	102.8	99.9	98.2	103.0	102.2	100.2	102.1
太原	Taiyuan	101.9	98.9	99.9	101.9	102.4	99.9	96.8
呼和浩特	Hohhot	96.8	100.2	99.4	101.6	100.6	100.7	100.0
沈阳	Shenyang	99.8	99.7	99.1	103.8	103.4	99.7	99.9
大连	Dalian	102.5	100.2	100.0	102.1	99.1	99.9	98.8
长春	Changchun	101.4	100.0	98.9	102.6	97.0	99.7	96.2
哈尔滨	Harbin	105.3	95.3	100.4	99.4	98.0	99.9	98.4
上海	Shanghai	99.2	101.2	99.8	102.7	100.4	97.6	100.1
南京	Nanjing	96.7	101.4	99.7	101.8	99.3	100.6	103.6
杭州	Hangzhou	100.4	100.7	101.0	103.3	97.6	100.1	96.2
宁波	Ningbo	100.9	100.3	103.5	104.2	103.2	100.4	96.9
合肥	Hefei	101.7	100.2	99.9	103.3	103.5	100.1	94.7
福州	Fuzhou	98.5	100.0	99.2	101.6	100.2	99.9	95.0
厦门	Xiamen	105.8	102.2	101.6	101.5	101.7	98.0	95.1
南昌	Nanchang	99.1	100.1	99.9	102.7	102.8	100.4	99.1
济南	Jinan	100.8	102.8	97.1	103.7	97.4	99.7	99.0
青岛	Qingdao	100.6	100.7	97.3	104.5	100.9	100.1	96.4
郑州	Zhengzhou	99.1	99.7	99.9	100.9	102.1	98.8	93.9
武汉	Wuhan	99.3	97.2	99.8	102.0	100.1	99.2	96.9
长沙	Changsha	100.7	101.8	99.9	103.3	100.2	100.5	98.9
广州	Guangzhou	101.0	101.7	98.8	103.7	97.9	100.4	96.7
深圳	Shenzhen	97.9	99.6	101.7	103.7	100.1	99.7	96.7
南宁	Nanning	105.3	99.9	99.3	98.9	105.0	101.9	100.3
海口	Haikou	100.5	100.2	101.1	104.0	94.8	98.1	97.8
重庆	Chongqing	102.7	99.4	100.5	104.2	99.3	99.7	95.9
成都	Chengdu	97.9	99.4	100.6	104.0	94.9	103.2	101.3
贵阳	Guiyang	97.0	100.0	100.2	101.6	97.3	100.4	100.3
昆明	Kunming	100.1	100.4	99.3	103.6	96.7	100.9	99.9
拉萨	Lasa	101.3	99.8	99.4	103.6	102.0	100.1	104.9
西安	Xi'an	100.8	100.9	100.3	103.3	102.0	96.6	101.9
兰州	Lanzhou	100.4	100.1	100.3	102.5	100.5	100.0	100.4
西宁	Xining	104.3	100.0	98.6	101.1	100.1	101.4	98.2
银川	Yinchuan	97.9	98.7	99.6	102.2	98.7	100.6	99.5
乌鲁木齐	Urumqi	106.2	99.7	100.9	103.5	98.1	99.8	98.5

4-54 36个大中城市居民消费价格分类指数(同比)
Consumer Price Indices by Category for 36 Major Large and Medium-sized Cities
(2021年4月)

(上年同月=100) (same month of preceding year=100)

城市	City	居民消费价格指数 Consumer Price Index	食品烟酒 Food, Tobacco and Alcohol	粮食 Grain	鲜菜 Fresh Vegetables	畜肉 Meat	水产品 Aquatic Products	蛋 Eggs	鲜果 Fresh Fruits
平均指数	**Average Index**	**101.0**	**100.1**	**100.4**	**97.7**	**90.0**	**108.7**	**105.6**	**102.6**
北京	Beijing	101.1	100.1	99.9	99.5	92.1	102.1	104.7	101.8
天津	Tianjin	101.2	101.4	102.3	101.3	93.7	109.8	115.2	99.5
石家庄	Shijiazhuang	101.2	100.8	97.6	99.1	94.0	112.7	111.1	105.8
太原	Taiyuan	101.2	102.0	98.8	105.1	93.5	110.8	116.1	110.3
呼和浩特	Hohhot	101.2	101.5	100.0	93.7	102.6	122.5	117.7	102.5
沈阳	Shenyang	102.0	102.0	108.4	102.9	93.6	112.1	105.4	107.2
大连	Dalian	101.5	101.8	102.9	108.8	90.2	110.7	124.0	103.8
长春	Changchun	100.4	100.1	99.4	100.5	94.6	112.4	110.5	97.2
哈尔滨	Harbin	99.7	99.6	99.0	96.6	89.3	111.4	115.5	100.9
上海	Shanghai	100.9	100.1	99.0	97.2	91.2	107.2	104.1	104.1
南京	Nanjing	101.4	102.0	104.8	96.1	92.4	123.8	107.8	103.8
杭州	Hangzhou	100.8	99.3	96.9	91.7	88.7	112.5	104.2	96.1
宁波	Ningbo	102.2	102.1	101.0	101.8	90.9	108.8	102.4	98.5
合肥	Hefei	101.8	101.2	100.2	91.4	93.3	119.1	112.1	104.0
福州	Fuzhou	100.1	98.3	100.3	91.9	85.1	102.9	102.2	103.7
厦门	Xiamen	101.4	99.2	103.1	95.8	86.0	100.9	98.8	104.6
南昌	Nanchang	101.2	100.2	101.5	102.7	88.3	116.4	104.5	98.3
济南	Jinan	101.7	101.7	98.1	102.7	89.6	114.5	98.8	111.2
青岛	Qingdao	101.7	101.5	100.6	101.5	91.6	109.5	109.0	105.9
郑州	Zhengzhou	101.0	101.8	100.6	99.3	94.8	124.3	110.3	113.3
武汉	Wuhan	99.0	97.4	101.1	92.0	81.3	110.8	94.4	101.3
长沙	Changsha	101.2	100.5	103.5	97.7	89.9	117.4	103.1	107.1
广州	Guangzhou	100.5	99.1	103.0	95.7	86.7	104.4	101.4	102.1
深圳	Shenzhen	100.7	99.8	98.1	97.5	88.3	100.1	98.4	102.6
南宁	Nanning	101.3	99.3	100.5	94.5	90.4	103.1	108.6	102.8
海口	Haikou	100.7	99.4	99.6	97.2	95.2	92.0	97.6	99.7
重庆	Chongqing	100.9	98.1	96.0	95.0	85.6	111.5	105.9	105.2
成都	Chengdu	101.1	99.8	102.8	100.7	89.6	113.1	100.5	100.5
贵阳	Guiyang	100.5	99.4	97.0	101.5	90.2	119.8	104.2	102.6
昆明	Kunming	100.8	99.0	99.8	98.9	89.6	106.8	103.0	99.1
拉萨	Lasa	101.5	101.6	99.9	96.5	102.2	108.5	114.8	95.7
西安	Xi'an	101.8	102.2	105.2	107.2	92.6	115.8	119.2	103.3
兰州	Lanzhou	101.2	101.2	102.3	96.1	95.5	107.8	110.7	106.2
西宁	Xining	101.6	101.3	102.3	99.9	100.8	109.3	114.3	101.2
银川	Yinchuan	101.5	101.4	103.0	103.7	96.3	114.4	118.9	112.1
乌鲁木齐	Urumqi	101.4	100.1	103.5	92.5	101.2	112.4	112.4	95.6

4-54 续表 continued

(上年同月=100) (same month of preceding year=100)

城市	City	衣着 Clothing	居住 Residence	生活用品及服务 Articles for Daily Use and Services	交通通信 Transport and Communications	教育文化娱乐 Education, Culture and Recreation	医疗保健 Health Care	其他用品及服务 Other Articles and Services
平均指数	**Average Index**	**100.2**	**100.4**	**100.5**	**105.6**	**101.3**	**99.6**	**99.1**
北京	Beijing	99.5	100.9	99.8	108.2	99.5	99.2	100.9
天津	Tianjin	96.4	100.9	100.8	104.7	103.7	98.8	97.3
石家庄	Shijiazhuang	102.7	99.9	98.8	104.9	102.1	100.2	102.6
太原	Taiyuan	101.9	98.9	101.1	104.3	102.9	99.9	96.6
呼和浩特	Hohhot	96.8	101.2	100.1	104.3	102.0	100.6	99.3
沈阳	Shenyang	101.2	100.0	100.7	106.7	104.5	99.5	100.6
大连	Dalian	102.9	100.3	100.1	105.7	100.3	100.2	99.3
长春	Changchun	100.6	100.0	99.6	104.8	97.9	99.9	97.6
哈尔滨	Harbin	106.4	95.1	101.5	103.8	98.5	99.9	99.0
上海	Shanghai	98.7	100.7	100.6	104.8	102.8	97.4	101.2
南京	Nanjing	98.7	101.1	101.5	103.6	99.4	100.6	104.6
杭州	Hangzhou	101.1	100.4	101.1	104.9	101.3	100.0	96.1
宁波	Ningbo	100.4	100.3	103.4	105.9	104.8	100.3	96.8
合肥	Hefei	100.7	101.0	100.6	105.0	104.6	100.6	94.5
福州	Fuzhou	98.9	100.1	100.1	104.7	101.7	99.8	96.3
厦门	Xiamen	106.1	102.0	101.5	104.8	102.6	97.8	96.4
南昌	Nanchang	98.7	100.2	101.0	105.2	103.7	100.5	98.8
济南	Jinan	102.1	102.5	97.2	105.9	98.6	100.4	100.2
青岛	Qingdao	99.2	100.9	98.8	107.6	102.6	100.5	98.3
郑州	Zhengzhou	100.5	100.0	100.0	102.9	102.2	100.1	94.1
武汉	Wuhan	98.8	97.3	99.8	104.4	100.7	99.1	98.3
长沙	Changsha	100.8	100.7	100.3	104.8	101.2	100.6	99.5
广州	Guangzhou	100.9	100.8	99.5	105.6	99.0	100.4	97.3
深圳	Shenzhen	98.8	99.9	101.7	106.2	100.3	99.9	97.9
南宁	Nanning	103.6	100.7	99.8	102.1	106.4	101.8	101.7
海口	Haikou	100.9	100.9	102.1	108.3	96.9	98.2	98.8
重庆	Chongqing	103.4	101.0	101.8	107.1	100.9	99.9	96.8
成都	Chengdu	98.1	99.4	100.7	106.0	102.0	103.1	103.2
贵阳	Guiyang	97.8	100.0	100.4	104.7	100.3	100.3	101.5
昆明	Kunming	101.8	100.5	99.8	107.4	98.1	100.4	100.6
拉萨	Lasa	101.2	99.8	99.8	104.9	102.2	100.3	105.6
西安	Xi'an	100.5	101.5	100.8	105.1	102.8	97.0	104.9
兰州	Lanzhou	101.4	100.1	100.7	104.3	100.0	100.1	102.8
西宁	Xining	102.7	100.1	99.7	104.2	101.8	102.6	98.6
银川	Yinchuan	98.7	99.9	100.4	105.1	101.0	103.6	101.3
乌鲁木齐	Urumqi	106.3	99.2	101.7	107.9	99.5	99.9	97.9

4-55 36个大中城市居民消费价格分类指数(同比)
Consumer Price Indices by Category for 36 Major Large and Medium-sized Cities
(2021年5月)

(上年同月=100) (same month of preceding year=100)

城市	City	居民消费价格指数 Consumer Price Index	食品烟酒 Food, Tobacco and Alcohol	粮食 Grain	鲜菜 Fresh Vegetables	畜肉 Meat	水产品 Aquatic Products	蛋 Eggs	鲜果 Fresh Fruits
平均指数	**Average Index**	**101.4**	**101.1**	**100.4**	**104.5**	**89.6**	**110.5**	**111.9**	**102.3**
北京	Beijing	101.2	101.3	100.1	108.4	92.6	102.8	107.3	102.0
天津	Tianjin	101.6	102.1	101.3	105.9	94.4	109.0	127.0	96.4
石家庄	Shijiazhuang	101.3	101.9	98.3	110.0	92.0	119.8	121.0	103.5
太原	Taiyuan	101.3	102.9	102.4	105.8	93.2	113.0	125.6	112.1
呼和浩特	Hohhot	101.6	102.4	100.0	101.4	103.0	133.6	124.0	103.6
沈阳	Shenyang	101.7	100.6	104.9	100.9	90.8	110.6	111.2	98.5
大连	Dalian	101.4	101.9	102.4	111.9	90.2	110.7	136.6	103.8
长春	Changchun	100.8	101.3	99.5	106.8	92.1	117.7	120.7	99.2
哈尔滨	Harbin	100.5	100.7	100.5	104.6	88.0	117.3	124.0	102.2
上海	Shanghai	101.2	100.7	98.4	102.9	90.6	104.7	106.8	105.2
南京	Nanjing	101.9	102.4	104.8	106.7	90.2	121.3	115.3	101.4
杭州	Hangzhou	101.3	100.3	98.9	94.5	88.5	114.7	107.5	97.8
宁波	Ningbo	102.7	103.1	104.6	106.1	90.0	110.1	105.1	102.2
合肥	Hefei	102.0	102.1	98.6	106.4	90.1	119.6	123.5	103.6
福州	Fuzhou	100.8	99.8	100.3	104.2	84.5	109.1	113.8	97.3
厦门	Xiamen	101.6	99.6	102.8	106.6	85.6	100.6	106.3	104.8
南昌	Nanchang	101.9	102.2	102.5	120.7	86.9	113.7	110.8	101.4
济南	Jinan	102.0	102.5	96.2	114.1	88.4	121.8	102.7	109.8
青岛	Qingdao	102.5	102.4	100.8	110.8	90.8	111.9	118.1	104.5
郑州	Zhengzhou	101.7	103.4	100.9	105.4	96.8	132.1	120.1	107.8
武汉	Wuhan	101.0	100.4	100.7	105.7	87.1	119.5	105.0	101.3
长沙	Changsha	101.6	101.2	103.2	106.4	86.5	122.4	107.8	107.3
广州	Guangzhou	101.3	100.7	103.3	103.7	86.8	107.1	106.0	103.8
深圳	Shenzhen	101.4	100.7	97.8	101.8	86.7	103.9	100.1	102.8
南宁	Nanning	102.1	100.1	98.9	105.6	86.1	106.0	112.7	103.8
海口	Haikou	101.1	100.2	99.5	101.6	96.4	94.1	101.7	100.6
重庆	Chongqing	101.2	99.2	95.2	100.4	84.2	118.5	115.6	101.1
成都	Chengdu	100.9	100.1	100.3	104.8	88.0	117.3	101.9	101.1
贵阳	Guiyang	101.2	99.7	99.7	101.2	88.0	125.3	109.2	102.5
昆明	Kunming	101.1	99.2	100.9	102.0	87.5	108.8	107.0	96.2
拉萨	Lasa	101.3	100.9	100.5	97.5	99.4	115.2	114.1	96.1
西安	Xi'an	102.5	104.1	106.6	112.1	92.9	122.5	133.4	103.7
兰州	Lanzhou	101.5	102.1	101.6	106.9	93.6	114.0	120.4	106.6
西宁	Xining	101.5	101.0	102.7	108.2	96.5	112.4	121.8	100.3
银川	Yinchuan	102.0	102.1	102.5	108.9	98.1	122.4	127.7	105.4
乌鲁木齐	Urumqi	102.5	101.6	103.5	101.4	101.5	117.6	121.6	98.3

4-55 续表 continued

(上年同月=100) (same month of preceding year=100)

城市	City	衣着 Clothing	居住 Residence	生活用品及服务 Articles for Daily Use and Services	交通通信 Transport and Communications	教育文化娱乐 Education, Culture and Recreation	医疗保健 Health Care	其他用品及服务 Other Articles and Services
平均指数	**Average Index**	**100.5**	**100.7**	**100.5**	**105.9**	**101.5**	**100.0**	**99.9**
北京	Beijing	99.8	101.0	99.9	106.0	99.5	99.6	101.4
天津	Tianjin	96.7	100.7	100.7	105.3	103.4	100.3	98.1
石家庄	Shijiazhuang	100.6	99.9	98.9	105.2	101.7	100.1	102.5
太原	Taiyuan	98.3	98.5	100.7	106.2	103.4	99.0	96.5
呼和浩特	Hohhot	97.2	101.3	100.0	104.9	102.7	100.6	98.4
沈阳	Shenyang	101.5	99.5	101.4	107.9	104.3	99.6	100.6
大连	Dalian	102.9	99.3	100.1	106.0	100.4	100.3	99.9
长春	Changchun	100.9	100.1	99.3	105.3	98.0	100.1	98.6
哈尔滨	Harbin	105.3	95.0	101.2	108.0	98.8	100.7	99.5
上海	Shanghai	99.5	100.7	100.5	105.4	102.0	98.0	102.4
南京	Nanjing	99.6	101.1	102.0	105.4	99.6	100.6	105.5
杭州	Hangzhou	101.4	100.7	101.0	105.4	102.0	100.0	96.7
宁波	Ningbo	101.6	100.9	102.9	105.6	105.7	100.9	97.5
合肥	Hefei	99.4	101.2	100.4	106.0	103.5	100.7	95.2
福州	Fuzhou	98.5	100.2	100.1	105.3	101.8	100.6	96.3
厦门	Xiamen	106.5	102.2	101.4	104.8	101.8	99.0	97.5
南昌	Nanchang	99.3	100.2	101.2	105.9	104.0	100.7	98.5
济南	Jinan	103.4	102.5	97.2	105.4	98.8	100.4	101.9
青岛	Qingdao	100.6	101.7	99.1	107.5	103.6	100.6	101.2
郑州	Zhengzhou	100.6	100.7	100.3	103.2	102.9	100.1	93.8
武汉	Wuhan	99.1	100.4	99.6	106.6	101.4	99.5	98.6
长沙	Changsha	100.8	100.8	100.5	105.5	101.6	100.6	99.8
广州	Guangzhou	101.7	101.3	99.4	105.9	99.5	100.5	97.8
深圳	Shenzhen	100.8	100.0	101.7	107.2	101.6	100.0	98.8
南宁	Nanning	101.1	101.7	99.9	103.9	106.2	103.4	102.3
海口	Haikou	101.4	101.4	101.6	106.6	97.1	99.5	100.3
重庆	Chongqing	103.1	100.4	101.0	106.5	102.2	99.8	98.1
成都	Chengdu	98.2	99.9	101.0	106.3	98.4	103.1	103.3
贵阳	Guiyang	98.2	100.4	101.2	105.7	103.1	100.4	101.6
昆明	Kunming	101.3	100.6	99.9	107.2	99.8	100.4	101.1
拉萨	Lasa	101.1	99.8	99.6	105.6	102.2	100.3	104.0
西安	Xi'an	100.4	102.2	100.6	104.4	102.9	98.2	105.5
兰州	Lanzhou	102.2	100.0	100.5	104.7	99.6	100.1	103.3
西宁	Xining	101.0	100.1	99.4	104.8	102.7	102.5	98.2
银川	Yinchuan	100.0	100.4	100.9	106.0	101.0	103.5	100.8
乌鲁木齐	Urumqi	106.2	101.7	101.7	107.6	100.8	100.0	98.5

4-56 36个大中城市居民消费价格分类指数(同比)
Consumer Price Indices by Category for 36 Major Large and Medium-sized Cities
(2021年6月)

(上年同月=100) (same month of preceding year=100)

城市	City	居民消费价格指数 Consumer Price Index	食品烟酒 Food, Tobacco and Alcohol	粮食 Grain	鲜菜 Fresh Vegetables	畜肉 Meat	水产品 Aquatic Products	蛋 Eggs	鲜果 Fresh Fruits
平均指数	**Average Index**	**101.3**	**100.0**	**100.5**	**98.2**	**82.7**	**111.5**	**114.9**	**103.3**
北京	Beijing	100.9	99.1	99.6	91.7	87.1	103.4	109.0	98.7
天津	Tianjin	101.5	100.5	101.3	93.6	87.0	110.7	131.9	97.1
石家庄	Shijiazhuang	100.8	100.4	98.7	95.1	84.2	116.1	122.7	106.0
太原	Taiyuan	100.6	101.2	100.6	99.7	86.0	112.9	127.2	112.7
呼和浩特	Hohhot	101.1	100.5	100.0	98.6	93.8	129.5	123.9	105.0
沈阳	Shenyang	101.7	100.6	103.8	106.5	85.0	111.2	113.7	101.2
大连	Dalian	101.4	102.0	102.8	109.3	83.1	113.2	143.6	108.8
长春	Changchun	100.6	100.7	98.8	107.7	84.1	115.2	120.3	107.3
哈尔滨	Harbin	100.4	100.8	100.1	111.8	81.9	116.5	128.2	105.2
上海	Shanghai	101.2	100.0	98.6	99.2	84.9	106.3	106.8	105.7
南京	Nanjing	101.8	100.7	104.0	94.1	82.5	120.5	119.6	103.4
杭州	Hangzhou	101.2	99.6	98.7	88.7	82.5	117.7	109.3	97.9
宁波	Ningbo	102.6	102.3	103.4	101.6	83.4	111.8	105.0	104.3
合肥	Hefei	101.9	100.4	99.7	93.2	79.3	116.5	125.2	112.8
福州	Fuzhou	100.2	98.2	100.7	95.1	76.1	110.3	114.6	95.4
厦门	Xiamen	101.3	98.1	100.5	100.7	78.3	102.0	106.6	103.7
南昌	Nanchang	101.3	99.9	102.6	103.1	79.3	112.9	112.8	107.8
济南	Jinan	101.8	101.2	97.7	93.3	81.2	121.7	114.3	119.6
青岛	Qingdao	101.8	100.6	99.6	99.4	80.9	110.6	118.4	108.3
郑州	Zhengzhou	101.2	101.3	100.9	98.7	85.9	129.8	125.5	106.9
武汉	Wuhan	101.7	100.9	101.1	110.8	82.3	119.3	113.5	107.1
长沙	Changsha	101.1	99.4	103.0	101.1	77.3	121.5	113.7	106.2
广州	Guangzhou	101.5	100.5	102.9	102.1	83.5	109.8	109.8	100.2
深圳	Shenzhen	101.1	100.1	97.1	97.2	81.0	104.1	111.6	104.1
南宁	Nanning	102.0	99.3	99.3	100.6	78.1	108.4	116.3	105.2
海口	Haikou	100.7	100.0	99.8	100.1	94.2	94.5	103.5	100.6
重庆	Chongqing	100.9	98.3	98.5	98.9	74.9	117.5	113.8	101.9
成都	Chengdu	100.1	98.2	102.7	98.3	77.5	117.7	102.7	105.8
贵阳	Guiyang	101.1	99.2	101.0	98.0	82.5	123.5	113.4	104.5
昆明	Kunming	101.0	98.9	100.5	108.0	80.1	112.2	111.2	98.4
拉萨	Lasa	100.8	99.5	100.7	93.5	96.7	116.9	111.2	98.4
西安	Xi'an	101.9	102.1	106.6	98.7	83.1	118.7	137.8	100.3
兰州	Lanzhou	101.3	101.6	101.0	103.7	85.7	114.9	126.6	112.9
西宁	Xining	101.1	98.7	102.2	97.1	88.0	111.8	127.1	102.3
银川	Yinchuan	102.1	102.3	101.5	101.8	95.8	122.4	128.9	106.6
乌鲁木齐	Urumqi	102.5	101.9	104.2	87.3	96.6	119.8	119.9	114.8

4-56 续表 continued

(上年同月=100) (same month of preceding year=100)

城市	City	衣着 Clothing	居住 Residence	生活用品及服务 Articles for Daily Use and Services	交通通信 Transport and Communications	教育文化娱乐 Education, Culture and Recreation	医疗保健 Health Care	其他用品及服务 Other Articles and Services
平均指数	**Average Index**	**100.4**	**101.1**	**100.4**	**106.0**	**101.5**	**100.0**	**99.8**
北京	Beijing	99.3	101.8	99.3	106.2	98.9	99.8	101.1
天津	Tianjin	97.0	101.2	101.1	106.6	103.6	100.3	98.0
石家庄	Shijiazhuang	99.2	99.9	98.6	105.5	101.7	100.1	102.3
太原	Taiyuan	97.9	98.4	100.4	106.4	101.7	98.9	96.9
呼和浩特	Hohhot	97.1	101.2	99.7	106.1	102.1	100.2	100.2
沈阳	Shenyang	101.5	99.6	101.2	108.1	103.8	99.6	100.2
大连	Dalian	101.5	99.7	99.7	106.4	99.4	100.3	100.6
长春	Changchun	100.7	100.1	99.5	106.4	96.7	100.2	98.1
哈尔滨	Harbin	103.7	95.0	100.9	107.5	99.5	100.8	100.6
上海	Shanghai	98.9	101.2	100.3	105.8	102.3	98.0	102.7
南京	Nanjing	103.0	101.7	101.3	105.7	100.1	101.1	102.5
杭州	Hangzhou	101.2	100.9	100.9	105.6	101.9	100.0	97.9
宁波	Ningbo	100.6	100.9	102.6	106.6	105.7	101.1	97.6
合肥	Hefei	100.5	101.8	100.6	106.6	103.9	100.7	95.8
福州	Fuzhou	98.9	100.2	100.0	105.4	100.9	100.6	96.4
厦门	Xiamen	105.4	102.8	101.5	105.0	101.5	100.1	96.2
南昌	Nanchang	99.7	100.2	100.4	106.2	103.9	100.7	98.3
济南	Jinan	102.5	102.4	99.1	106.0	99.3	100.8	101.4
青岛	Qingdao	100.8	100.7	98.9	108.4	103.5	100.6	100.3
郑州	Zhengzhou	100.7	100.9	99.9	103.8	102.8	100.0	94.6
武汉	Wuhan	99.4	102.6	99.5	106.8	101.2	99.6	98.4
长沙	Changsha	100.9	101.0	100.5	105.7	101.3	100.7	99.7
广州	Guangzhou	102.3	101.4	100.2	105.1	102.3	100.5	98.2
深圳	Shenzhen	100.1	100.0	102.2	106.3	101.9	99.9	99.0
南宁	Nanning	102.2	102.1	99.7	104.2	106.3	103.5	102.3
海口	Haikou	102.3	102.2	101.3	104.3	95.8	99.3	99.3
重庆	Chongqing	102.6	101.1	100.7	106.2	102.1	99.8	97.3
成都	Chengdu	97.5	99.8	101.0	106.0	97.1	103.0	102.4
贵阳	Guiyang	99.1	100.6	99.5	106.1	103.2	100.3	102.1
昆明	Kunming	101.8	100.7	99.5	107.3	100.0	100.0	100.3
拉萨	Lasa	101.4	99.8	99.2	105.8	101.4	100.2	103.6
西安	Xi'an	100.9	102.4	100.1	104.4	102.1	98.7	104.3
兰州	Lanzhou	102.3	100.0	100.2	105.0	99.6	100.1	103.0
西宁	Xining	99.9	100.5	99.8	105.5	102.7	102.6	100.4
银川	Yinchuan	100.3	100.8	101.7	105.6	100.8	103.3	100.3
乌鲁木齐	Urumqi	106.9	100.9	101.4	108.6	99.5	100.0	99.0

4-57 36个大中城市居民消费价格分类指数(同比)
Consumer Price Indices by Category for 36 Major Large and Medium-sized Cities (2021年7月)

(上年同月=100) (same month of preceding year=100)

城市	City	居民消费价格指数 Consumer Price Index	食品烟酒 Food, Tobacco and Alcohol	粮食 Grain	鲜菜 Fresh Vegetables	畜肉 Meat	水产品 Aquatic Products	蛋 Eggs	鲜果 Fresh Fruits
平均指数	**Average Index**	**101.4**	**98.8**	**100.3**	**94.4**	**76.8**	**110.6**	**112.9**	**104.8**
北京	Beijing	101.5	98.8	98.4	99.0	82.4	102.7	108.7	99.1
天津	Tianjin	102.0	99.9	100.6	100.3	80.4	110.6	126.5	95.1
石家庄	Shijiazhuang	101.0	100.1	98.8	103.3	80.3	114.0	117.6	109.5
太原	Taiyuan	101.2	100.1	99.6	96.3	83.5	111.2	122.9	109.0
呼和浩特	Hohhot	101.2	99.3	99.9	100.2	88.9	126.2	119.9	105.1
沈阳	Shenyang	101.5	99.5	103.1	99.1	80.0	111.0	110.7	106.3
大连	Dalian	101.6	100.9	102.3	109.8	76.5	114.3	125.9	110.3
长春	Changchun	101.0	100.2	99.2	107.6	79.4	115.1	116.9	115.4
哈尔滨	Harbin	101.8	99.8	101.3	109.3	76.9	118.1	130.5	105.7
上海	Shanghai	101.3	99.1	98.2	94.7	80.4	106.6	107.5	110.2
南京	Nanjing	101.8	99.8	102.3	92.7	76.8	118.2	118.5	103.9
杭州	Hangzhou	101.2	98.4	97.7	84.2	76.4	114.4	108.5	100.2
宁波	Ningbo	102.3	100.6	101.8	96.1	75.7	110.0	105.0	103.5
合肥	Hefei	102.0	98.9	99.9	88.1	74.3	112.1	118.3	115.6
福州	Fuzhou	100.0	96.3	99.5	83.4	69.9	110.0	120.0	95.2
厦门	Xiamen	101.2	96.5	101.8	94.7	69.5	102.7	109.3	104.0
南昌	Nanchang	100.9	97.5	101.6	90.7	72.3	110.4	110.0	103.6
济南	Jinan	102.0	101.0	98.0	95.7	74.8	121.1	108.4	140.7
青岛	Qingdao	101.8	98.8	98.5	98.5	75.9	107.9	114.8	101.3
郑州	Zhengzhou	101.3	100.8	100.9	102.3	79.7	128.8	122.6	112.6
武汉	Wuhan	101.3	98.7	101.6	91.9	75.9	115.1	115.3	109.7
长沙	Changsha	100.4	96.8	102.9	90.9	69.4	120.4	113.2	103.3
广州	Guangzhou	101.6	99.1	104.1	97.2	77.5	111.1	109.0	101.2
深圳	Shenzhen	101.4	99.9	96.2	97.0	74.9	104.7	108.4	104.3
南宁	Nanning	101.7	98.0	99.2	94.4	72.9	111.0	117.5	102.4
海口	Haikou	100.8	98.8	100.9	95.4	88.8	93.3	103.9	99.5
重庆	Chongqing	100.3	95.4	100.3	86.0	67.5	113.8	111.7	103.2
成都	Chengdu	101.1	97.1	102.3	92.9	72.2	116.1	101.2	106.8
贵阳	Guiyang	101.0	96.5	100.6	91.3	75.5	122.8	111.5	103.3
昆明	Kunming	100.9	96.9	98.8	102.6	71.7	112.8	112.2	98.1
拉萨	Lasa	99.9	97.4	100.7	96.7	90.9	118.5	108.6	96.6
西安	Xi'an	102.1	101.6	106.3	98.6	78.8	114.3	126.8	104.7
兰州	Lanzhou	101.4	100.7	101.0	98.8	78.9	114.8	121.2	118.4
西宁	Xining	101.7	98.7	101.0	95.2	84.4	110.6	122.3	107.3
银川	Yinchuan	102.3	102.1	101.9	100.6	93.2	122.5	127.5	105.7
乌鲁木齐	Urumqi	102.7	99.9	101.7	80.9	90.1	117.5	111.6	121.3

4-57 续表 continued

(上年同月=100) (same month of preceding year=100)

城市	City	衣着 Clothing	居住 Residence	生活用品及服务 Articles for Daily Use and Services	交通通信 Transport and Communications	教育文化娱乐 Education, Culture and Recreation	医疗保健 Health Care	其他用品及服务 Other Articles and Services
平均指数	**Average Index**	**100.5**	**101.3**	**100.4**	**107.3**	**103.4**	**100.1**	**99.1**
北京	Beijing	99.4	102.0	99.5	108.2	102.3	100.1	101.1
天津	Tianjin	97.3	101.7	101.4	108.3	105.8	100.7	97.1
石家庄	Shijiazhuang	98.9	100.0	99.4	106.0	102.4	100.4	101.6
太原	Taiyuan	98.7	99.8	100.3	108.4	103.3	98.9	97.1
呼和浩特	Hohhot	97.7	101.1	99.8	107.1	104.2	100.3	100.6
沈阳	Shenyang	101.0	99.6	101.0	108.9	104.5	99.6	99.9
大连	Dalian	101.9	99.6	99.7	107.7	102.7	100.3	100.0
长春	Changchun	100.4	100.1	99.4	109.2	98.3	100.2	97.2
哈尔滨	Harbin	103.3	99.8	101.1	109.9	101.8	100.8	101.5
上海	Shanghai	99.1	101.2	100.4	106.1	104.3	98.0	102.0
南京	Nanjing	104.7	101.6	101.8	106.7	101.0	101.1	100.6
杭州	Hangzhou	101.2	101.2	101.0	106.3	103.5	99.9	96.4
宁波	Ningbo	99.7	100.9	102.1	107.7	106.5	101.0	96.7
合肥	Hefei	100.8	102.2	100.2	108.2	105.9	100.9	94.9
福州	Fuzhou	99.0	100.2	100.2	106.5	102.9	100.6	94.8
厦门	Xiamen	104.1	103.5	100.9	106.8	102.3	100.3	95.5
南昌	Nanchang	99.9	100.3	100.6	107.0	105.6	100.7	97.3
济南	Jinan	102.8	102.4	99.6	106.7	99.8	101.2	100.8
青岛	Qingdao	100.6	101.3	99.1	110.2	103.3	100.6	100.5
郑州	Zhengzhou	100.7	101.3	99.8	103.9	103.5	100.2	93.8
武汉	Wuhan	99.9	102.9	99.7	107.3	101.7	99.6	97.0
长沙	Changsha	100.9	100.8	100.4	106.4	101.1	100.6	99.0
广州	Guangzhou	101.4	101.9	99.9	106.8	104.8	100.4	96.4
深圳	Shenzhen	100.5	99.9	101.9	108.4	103.3	100.0	98.0
南宁	Nanning	101.7	102.7	100.7	105.3	107.2	100.2	101.6
海口	Haikou	102.6	102.9	101.3	104.7	98.7	99.4	98.9
重庆	Chongqing	102.6	100.5	100.3	108.2	103.8	99.7	97.0
成都	Chengdu	98.3	100.1	101.1	108.4	104.8	102.8	102.7
贵阳	Guiyang	99.8	100.8	100.7	107.3	105.2	100.4	102.4
昆明	Kunming	101.7	100.7	99.0	108.8	102.3	100.0	100.0
拉萨	Lasa	101.1	99.8	98.7	106.5	99.9	100.3	98.0
西安	Xi'an	101.3	102.5	100.0	105.3	103.1	99.1	104.5
兰州	Lanzhou	101.9	100.7	100.3	105.9	100.1	100.3	102.8
西宁	Xining	101.3	100.6	100.0	107.3	104.0	102.6	100.7
银川	Yinchuan	99.8	101.0	101.8	106.6	102.5	103.4	99.0
乌鲁木齐	Urumqi	108.5	101.4	101.2	111.1	101.8	99.9	99.9

4-58 36个大中城市居民消费价格分类指数(同比)
Consumer Price Indices by Category for 36 Major Large and Medium-sized Cities (2021年8月)

(上年同月=100) (same month of preceding year=100)

城市	City	居民消费价格指数 Consumer Price Index	食品烟酒 Food, Tobacco and Alcohol	粮食 Grain	鲜菜 Fresh Vegetables	畜肉 Meat	水产品 Aquatic Products	蛋 Eggs	鲜果 Fresh Fruits
平均指数	**Average Index**	**101.1**	**98.7**	**100.0**	**97.3**	**75.3**	**108.7**	**111.7**	**104.4**
北京	Beijing	101.4	98.7	98.5	102.0	81.8	100.5	108.1	96.9
天津	Tianjin	101.3	99.3	100.0	96.5	78.8	108.3	123.4	95.5
石家庄	Shijiazhuang	100.8	99.7	98.3	105.7	79.8	107.9	116.9	108.4
太原	Taiyuan	101.2	98.5	99.7	97.8	80.3	108.0	112.2	104.2
呼和浩特	Hohhot	101.0	98.3	99.9	101.8	86.5	119.8	114.0	95.6
沈阳	Shenyang	101.2	99.0	101.7	105.0	76.7	110.9	109.2	106.8
大连	Dalian	101.6	100.1	102.1	108.7	74.6	112.3	125.6	107.4
长春	Changchun	101.4	99.7	98.5	115.4	78.4	110.2	115.1	109.7
哈尔滨	Harbin	101.5	100.1	101.0	125.6	75.9	115.8	119.9	104.3
上海	Shanghai	101.3	99.9	97.7	104.1	79.8	104.7	104.5	111.1
南京	Nanjing	101.5	99.6	102.3	94.7	76.4	115.5	116.3	105.3
杭州	Hangzhou	101.0	98.7	97.6	93.5	75.2	110.6	105.3	102.1
宁波	Ningbo	101.9	100.3	101.2	99.3	74.0	108.4	105.9	106.9
合肥	Hefei	102.0	99.0	100.8	97.9	72.4	110.4	117.7	111.2
福州	Fuzhou	100.4	97.5	99.9	97.7	68.4	110.1	120.8	96.6
厦门	Xiamen	101.1	96.9	101.1	100.8	69.0	103.7	108.7	101.0
南昌	Nanchang	100.8	97.5	101.9	94.9	71.7	103.5	110.2	107.2
济南	Jinan	101.6	99.5	97.6	90.3	73.1	117.8	108.8	128.2
青岛	Qingdao	101.7	99.2	100.1	95.2	74.7	107.9	115.8	105.6
郑州	Zhengzhou	101.5	101.6	100.9	109.3	79.2	125.1	124.7	117.5
武汉	Wuhan	101.3	98.7	101.6	92.7	77.0	112.0	111.6	110.3
长沙	Changsha	100.7	96.7	103.1	93.0	68.7	118.1	112.1	102.2
广州	Guangzhou	100.9	98.6	103.6	95.2	74.9	111.3	108.8	103.2
深圳	Shenzhen	101.3	100.2	98.7	97.9	73.6	104.0	110.2	103.4
南宁	Nanning	101.6	97.9	99.8	95.7	71.3	112.5	115.6	101.5
海口	Haikou	101.0	98.3	100.8	91.4	84.3	97.0	102.4	98.2
重庆	Chongqing	100.3	95.5	99.6	91.0	65.3	110.7	112.9	107.1
成都	Chengdu	100.4	95.8	99.0	86.3	69.8	114.8	100.5	103.8
贵阳	Guiyang	100.2	94.8	98.6	90.5	70.0	121.6	102.3	99.5
昆明	Kunming	100.0	95.3	98.7	97.5	66.4	111.4	113.4	98.8
拉萨	Lasa	99.5	96.9	100.7	96.3	90.7	115.0	101.5	94.7
西安	Xi'an	101.4	100.3	107.1	98.3	75.9	110.0	122.0	104.8
兰州	Lanzhou	100.9	99.3	101.0	97.5	76.7	110.1	110.3	108.0
西宁	Xining	101.3	98.2	101.6	98.2	81.8	108.2	113.2	103.9
银川	Yinchuan	102.1	100.9	102.1	94.9	90.3	117.5	123.2	104.0
乌鲁木齐	Urumqi	101.5	99.2	102.6	94.0	87.2	112.2	110.8	110.2

4-58 续表 continued

(上年同月=100) (same month of preceding year=100)

城市	City	衣着 Clothing	居住 Residence	生活用品及服务 Articles for Daily Use and Services	交通通信 Transport and Communications	教育文化娱乐 Education, Culture and Recreation	医疗保健 Health Care	其他用品及服务 Other Articles and Services
平均指数	**Average Index**	**100.6**	**101.3**	**100.7**	**106.1**	**103.7**	**100.0**	**96.0**
北京	Beijing	99.9	102.0	99.9	107.4	102.8	100.0	96.5
天津	Tianjin	97.6	101.0	101.2	106.9	105.2	100.5	94.7
石家庄	Shijiazhuang	100.3	99.8	99.3	105.0	102.8	100.5	98.2
太原	Taiyuan	100.1	101.0	100.8	106.5	106.0	99.2	95.3
呼和浩特	Hohhot	98.5	101.5	100.3	106.0	105.3	100.1	98.1
沈阳	Shenyang	100.9	99.8	101.3	107.6	104.5	99.6	98.0
大连	Dalian	102.0	100.1	99.9	106.9	105.1	100.1	97.1
长春	Changchun	100.0	100.1	99.0	107.4	105.6	100.2	94.1
哈尔滨	Harbin	103.5	99.7	100.2	107.6	103.4	100.1	97.1
上海	Shanghai	99.4	101.2	101.0	105.1	104.5	98.1	99.2
南京	Nanjing	105.6	100.7	101.4	106.4	101.5	101.1	97.3
杭州	Hangzhou	100.7	101.3	99.9	105.4	103.2	100.0	93.8
宁波	Ningbo	99.4	101.0	102.1	106.7	106.6	100.2	94.5
合肥	Hefei	101.7	102.0	100.3	108.0	106.4	100.9	93.3
福州	Fuzhou	98.9	101.7	100.2	105.8	102.1	100.7	91.3
厦门	Xiamen	104.2	103.7	101.7	105.6	101.9	100.2	92.5
南昌	Nanchang	100.0	100.4	100.5	105.9	106.1	100.8	95.4
济南	Jinan	102.6	102.5	99.5	106.0	101.6	101.4	96.9
青岛	Qingdao	101.1	101.3	98.9	109.6	104.1	100.6	93.3
郑州	Zhengzhou	100.7	101.3	100.4	103.4	104.7	100.1	90.5
武汉	Wuhan	98.7	102.5	100.7	106.7	104.2	99.6	93.8
长沙	Changsha	101.3	102.2	100.9	106.0	101.7	100.7	97.0
广州	Guangzhou	101.3	101.8	100.2	105.5	102.0	100.2	94.4
深圳	Shenzhen	101.6	100.1	102.1	106.0	103.2	100.1	95.3
南宁	Nanning	100.9	102.6	101.4	103.7	109.0	100.0	98.6
海口	Haikou	102.1	103.0	101.2	104.7	101.7	99.5	96.2
重庆	Chongqing	102.2	102.1	101.0	106.5	103.2	99.5	94.5
成都	Chengdu	98.2	99.7	101.6	106.5	105.9	102.6	98.9
贵阳	Guiyang	100.3	100.9	100.9	105.8	104.8	100.4	99.4
昆明	Kunming	100.4	100.8	99.4	106.4	102.2	99.9	98.3
拉萨	Lasa	101.1	99.9	99.2	105.4	100.1	100.0	94.2
西安	Xi'an	101.1	102.5	100.3	103.7	103.4	98.9	99.2
兰州	Lanzhou	101.9	101.5	100.5	104.5	100.5	100.3	98.7
西宁	Xining	102.0	100.9	100.1	105.2	104.7	102.7	97.5
银川	Yinchuan	100.1	100.4	101.7	107.0	104.7	103.3	95.7
乌鲁木齐	Urumqi	108.7	100.9	101.6	105.7	101.4	99.2	97.8

4-59 36个大中城市居民消费价格分类指数(同比)

Consumer Price Indices by Category for 36 Major Large and Medium-sized Cities (2021年9月)

(上年同月=100) (same month of preceding year=100)

城市	City	居民消费价格指数 Consumer Price Index	食品烟酒 Food, Tobacco and Alcohol	粮食 Grain	鲜菜 Fresh Vegetables	畜肉 Meat	水产品 Aquatic Products	蛋 Eggs	鲜果 Fresh Fruits
平均指数	**Average Index**	**101.1**	**98.0**	**100.1**	**96.1**	**74.2**	**107.0**	**111.1**	**98.9**
北京	Beijing	101.2	97.9	97.9	99.0	81.1	100.4	106.2	91.4
天津	Tianjin	101.0	98.3	99.6	94.0	77.7	104.5	121.7	90.8
石家庄	Shijiazhuang	100.3	97.7	98.8	104.8	77.6	102.6	113.7	90.7
太原	Taiyuan	101.0	97.4	99.8	92.3	78.5	107.1	112.2	97.5
呼和浩特	Hohhot	100.3	97.7	100.0	92.7	86.7	116.1	112.3	88.7
沈阳	Shenyang	100.3	96.2	101.4	88.4	75.2	104.8	109.0	94.6
大连	Dalian	101.1	97.6	102.1	93.0	73.1	104.6	120.7	102.7
长春	Changchun	100.2	96.1	95.8	90.8	77.8	106.2	114.6	94.4
哈尔滨	Harbin	101.2	96.9	101.1	90.1	75.0	110.5	118.5	97.5
上海	Shanghai	101.1	99.1	98.3	102.6	78.3	104.6	103.7	104.4
南京	Nanjing	101.3	99.2	102.2	95.4	76.0	114.4	116.7	100.2
杭州	Hangzhou	101.5	97.3	97.5	90.4	72.7	107.1	105.0	98.2
宁波	Ningbo	101.7	99.8	102.4	99.5	72.3	105.9	105.9	106.6
合肥	Hefei	102.1	98.5	100.9	99.7	72.8	111.9	118.6	97.5
福州	Fuzhou	101.0	97.3	100.3	98.1	68.0	108.9	121.5	94.1
厦门	Xiamen	100.9	96.4	101.3	99.5	67.3	104.4	108.2	98.5
南昌	Nanchang	100.8	97.7	103.2	96.1	72.5	106.8	110.5	99.1
济南	Jinan	101.4	98.9	96.2	99.8	71.1	115.4	108.2	108.9
青岛	Qingdao	101.3	97.9	100.2	99.6	71.6	103.6	114.1	92.9
郑州	Zhengzhou	100.9	99.9	100.7	107.6	76.2	116.8	118.6	108.7
武汉	Wuhan	101.6	99.0	101.9	95.5	74.2	112.6	111.6	109.4
长沙	Changsha	100.9	95.7	103.2	93.2	66.8	115.0	111.3	99.0
广州	Guangzhou	101.6	99.2	104.3	97.2	74.5	109.7	109.1	102.1
深圳	Shenzhen	101.4	100.0	99.4	100.0	72.3	104.8	112.5	102.8
南宁	Nanning	101.5	98.1	99.8	97.5	70.8	109.6	113.3	98.3
海口	Haikou	101.2	98.6	101.3	94.3	82.5	96.3	102.5	98.5
重庆	Chongqing	99.8	95.0	100.1	90.0	66.1	107.7	113.0	98.4
成都	Chengdu	99.9	95.6	98.7	88.8	69.7	113.6	100.2	102.1
贵阳	Guiyang	100.0	94.0	97.7	88.4	68.5	113.7	103.9	97.4
昆明	Kunming	100.0	94.8	98.2	94.3	64.2	110.3	111.7	98.1
拉萨	Lasa	99.5	97.3	100.7	103.7	90.2	104.4	104.9	92.7
西安	Xi'an	101.6	99.8	106.1	99.4	74.9	109.3	124.9	96.5
兰州	Lanzhou	101.0	98.7	100.8	93.5	74.5	108.2	115.4	107.3
西宁	Xining	101.2	97.2	100.5	96.0	80.6	105.3	115.3	101.5
银川	Yinchuan	101.6	101.1	100.5	95.7	89.9	117.9	120.0	99.6
乌鲁木齐	Urumqi	100.9	98.3	101.9	91.4	88.7	111.4	113.5	94.0

4-59 续表 continued

(上年同月=100) (same month of preceding year=100)

城市	City	衣着 Clothing	居住 Residence	生活用品及服务 Articles for Daily Use and Services	交通通信 Transport and Communications	教育文化娱乐 Education, Culture and Recreation	医疗保健 Health Care	其他用品及服务 Other Articles and Services
平均指数	**Average Index**	**100.5**	**101.4**	**100.7**	**106.0**	**104.2**	**99.9**	**97.3**
北京	Beijing	99.9	101.9	99.8	106.6	103.6	100.0	98.2
天津	Tianjin	97.7	100.8	101.2	106.8	105.4	100.4	95.5
石家庄	Shijiazhuang	99.4	99.8	100.6	105.9	102.0	100.2	100.1
太原	Taiyuan	99.4	100.9	100.6	107.4	105.8	99.2	96.0
呼和浩特	Hohhot	98.2	100.8	100.2	105.9	102.0	100.1	96.9
沈阳	Shenyang	101.1	99.8	101.2	106.7	103.8	99.6	98.5
大连	Dalian	101.2	100.8	100.0	107.3	106.1	99.9	97.6
长春	Changchun	99.0	100.1	99.0	107.2	103.7	100.4	96.3
哈尔滨	Harbin	102.2	103.6	100.4	106.5	102.5	100.1	98.4
上海	Shanghai	99.1	101.1	101.2	105.4	104.1	97.8	100.1
南京	Nanjing	103.3	101.0	102.1	106.0	101.7	101.1	97.0
杭州	Hangzhou	101.2	101.5	99.9	105.6	109.9	99.8	96.1
宁波	Ningbo	99.9	101.1	101.7	107.2	104.3	99.9	95.1
合肥	Hefei	102.0	101.8	100.7	108.6	106.4	101.3	96.0
福州	Fuzhou	101.3	102.9	100.9	106.2	101.7	100.7	94.4
厦门	Xiamen	104.0	103.7	101.5	105.0	101.4	100.2	93.4
南昌	Nanchang	101.6	100.4	99.6	105.9	105.3	100.8	96.1
济南	Jinan	101.6	102.4	99.8	105.9	101.4	101.4	97.5
青岛	Qingdao	102.0	101.4	99.0	107.9	104.2	100.6	96.3
郑州	Zhengzhou	100.6	101.5	100.0	103.3	102.5	100.4	92.0
武汉	Wuhan	100.9	102.2	100.9	106.6	105.2	99.7	94.6
长沙	Changsha	101.2	104.2	100.8	105.8	102.0	100.8	97.2
广州	Guangzhou	101.3	102.4	100.6	105.6	104.4	100.3	95.6
深圳	Shenzhen	100.7	100.3	101.9	107.0	103.5	99.9	97.9
南宁	Nanning	100.3	102.5	101.0	103.4	109.1	99.8	99.6
海口	Haikou	101.2	103.5	100.7	104.6	102.4	99.3	97.3
重庆	Chongqing	101.0	101.2	100.5	106.5	102.5	99.5	96.4
成都	Chengdu	98.3	99.6	101.3	105.6	103.6	102.1	99.2
贵阳	Guiyang	101.5	100.9	100.9	105.0	104.9	100.3	100.2
昆明	Kunming	100.2	101.0	99.2	106.5	102.9	99.8	100.3
拉萨	Lasa	101.3	99.9	99.0	103.7	100.2	100.0	96.7
西安	Xi'an	101.7	102.2	100.1	103.4	106.3	99.0	100.2
兰州	Lanzhou	101.3	102.9	100.4	104.3	100.4	100.3	100.6
西宁	Xining	102.8	101.3	100.7	105.0	104.8	102.6	98.1
银川	Yinchuan	100.5	100.3	100.5	106.1	101.7	103.4	96.1
乌鲁木齐	Urumqi	108.8	100.9	102.4	102.9	101.1	99.3	98.1

4-60 36个大中城市居民消费价格分类指数(同比)

Consumer Price Indices by Category for 36 Major Large and Medium-sized Cities (2021年10月)

(上年同月=100) (same month of preceding year=100)

城市	City	居民消费价格指数 Consumer Price Index	食品烟酒 Food, Tobacco and Alcohol	粮食 Grain	鲜菜 Fresh Vegetables	畜肉 Meat	水产品 Aquatic Products	蛋 Eggs	鲜果 Fresh Fruits
平均指数	**Average Index**	**101.9**	**100.1**	**100.4**	**116.9**	**75.6**	**106.3**	**111.2**	**101.2**
北京	Beijing	102.0	101.8	98.1	139.8	83.0	99.8	107.9	99.7
天津	Tianjin	102.4	102.5	100.1	135.1	80.8	103.0	121.9	95.8
石家庄	Shijiazhuang	101.2	100.9	97.8	138.4	78.7	103.2	117.1	96.6
太原	Taiyuan	102.2	100.9	103.0	133.9	79.7	106.1	115.5	92.1
呼和浩特	Hohhot	101.6	101.1	100.6	124.7	89.5	114.4	115.1	99.7
沈阳	Shenyang	101.4	99.6	101.4	127.2	78.0	101.1	111.2	96.8
大连	Dalian	102.5	100.6	101.8	131.9	76.6	100.7	124.7	105.1
长春	Changchun	100.8	99.1	98.5	121.4	78.8	107.1	116.3	96.8
哈尔滨	Harbin	101.9	99.5	101.6	115.2	80.7	106.7	122.5	97.6
上海	Shanghai	102.2	101.3	98.6	121.6	77.1	105.7	105.6	108.6
南京	Nanjing	102.2	101.8	102.4	118.8	77.6	112.9	115.0	104.0
杭州	Hangzhou	102.6	99.1	97.4	110.0	73.5	104.4	104.9	101.2
宁波	Ningbo	102.4	102.1	102.9	121.4	74.0	107.1	105.5	111.2
合肥	Hefei	102.8	99.9	100.9	118.1	74.5	111.7	118.1	94.4
福州	Fuzhou	101.8	98.1	99.3	118.7	66.8	105.4	117.8	90.1
厦门	Xiamen	101.9	98.5	100.9	117.7	70.8	104.2	104.7	99.5
南昌	Nanchang	101.5	98.4	101.1	109.8	72.1	106.8	108.6	94.9
济南	Jinan	102.3	102.4	100.1	135.9	73.2	112.7	109.2	108.3
青岛	Qingdao	102.1	100.4	102.0	127.4	73.1	101.1	113.1	98.3
郑州	Zhengzhou	101.7	100.6	100.7	124.2	76.6	110.7	116.9	104.2
武汉	Wuhan	102.1	99.5	102.1	100.0	76.4	113.4	110.7	104.7
长沙	Changsha	101.5	96.9	101.1	105.1	68.3	111.0	112.2	99.9
广州	Guangzhou	101.8	100.5	104.0	109.6	73.9	109.4	107.4	100.7
深圳	Shenzhen	102.0	101.1	101.2	111.4	72.8	106.0	113.2	102.9
南宁	Nanning	101.9	99.8	101.9	108.7	70.7	104.9	114.4	104.5
海口	Haikou	101.9	100.3	103.7	109.4	80.6	98.8	103.7	100.5
重庆	Chongqing	100.2	96.8	99.7	101.3	69.2	106.8	110.4	98.4
成都	Chengdu	100.7	98.1	100.0	106.8	73.9	113.1	99.7	101.5
贵阳	Guiyang	100.8	95.0	99.1	97.1	70.6	111.2	105.4	92.6
昆明	Kunming	100.1	95.1	98.3	95.9	65.4	106.1	110.5	100.8
拉萨	Lasa	99.9	97.7	100.7	109.8	89.8	103.9	104.9	99.0
西安	Xi'an	102.4	101.9	106.1	123.3	77.4	108.7	122.5	95.8
兰州	Lanzhou	102.3	100.6	100.8	114.8	74.7	107.2	117.2	106.8
西宁	Xining	101.8	99.5	98.5	122.9	81.2	104.4	116.9	100.6
银川	Yinchuan	102.4	102.2	100.0	119.8	91.1	116.4	120.5	95.8
乌鲁木齐	Urumqi	101.6	100.7	103.0	109.0	91.4	110.6	114.9	106.1

4-60 续表 continued

(上年同月=100) (same month of preceding year=100)

城市	City	衣着 Clothing	居住 Residence	生活用品及服务 Articles for Daily Use and Services	交通通信 Transport and Communications	教育文化娱乐 Education, Culture and Recreation	医疗保健 Health Care	其他用品及服务 Other Articles and Services
平均指数	**Average Index**	**100.6**	**101.4**	**101.1**	**107.2**	**103.6**	**100.5**	**99.6**
北京	Beijing	100.3	101.6	100.3	108.0	101.4	100.3	97.8
天津	Tianjin	98.9	100.4	101.3	109.1	103.2	100.7	99.9
石家庄	Shijiazhuang	99.0	100.1	99.8	106.4	101.4	100.4	103.9
太原	Taiyuan	99.8	100.6	101.1	110.0	104.4	99.3	100.8
呼和浩特	Hohhot	98.3	100.9	100.8	108.5	101.9	100.1	97.2
沈阳	Shenyang	101.1	99.5	101.6	108.5	103.0	99.6	98.9
大连	Dalian	100.8	102.8	100.2	107.9	106.5	99.9	98.0
长春	Changchun	98.3	100.3	99.1	106.5	102.1	100.5	99.4
哈尔滨	Harbin	100.7	104.0	101.2	106.8	101.8	100.0	100.4
上海	Shanghai	100.4	101.2	101.7	106.9	103.7	102.1	101.3
南京	Nanjing	101.7	100.7	102.7	107.3	101.9	100.8	101.1
杭州	Hangzhou	103.3	101.9	101.6	107.3	109.1	99.7	100.6
宁波	Ningbo	98.1	101.2	101.5	108.5	103.4	100.1	99.1
合肥	Hefei	99.1	102.4	101.6	109.8	106.6	101.2	100.4
福州	Fuzhou	104.2	102.8	101.4	107.5	102.5	100.7	100.1
厦门	Xiamen	103.3	103.8	101.5	107.0	101.0	101.2	98.1
南昌	Nanchang	102.1	100.7	100.0	108.1	105.1	100.8	99.6
济南	Jinan	101.2	101.8	100.5	107.5	101.4	101.5	97.2
青岛	Qingdao	101.6	101.3	100.1	109.1	103.3	100.6	96.4
郑州	Zhengzhou	101.0	101.4	100.7	104.4	105.3	100.1	98.1
武汉	Wuhan	101.3	102.2	100.9	107.4	106.8	99.7	98.2
长沙	Changsha	101.9	103.9	101.3	108.5	101.4	100.9	98.7
广州	Guangzhou	98.8	102.1	101.1	106.4	102.9	100.2	98.6
深圳	Shenzhen	101.8	100.6	102.1	106.9	103.8	100.1	101.9
南宁	Nanning	99.2	102.4	101.0	103.8	108.2	99.7	99.5
海口	Haikou	100.3	103.8	100.9	104.9	102.9	99.2	99.6
重庆	Chongqing	99.4	100.7	101.0	106.5	102.4	99.3	99.3
成都	Chengdu	98.9	99.8	101.4	107.4	101.1	102.1	100.4
贵阳	Guiyang	102.3	101.6	101.9	106.8	105.2	100.4	99.8
昆明	Kunming	99.9	101.3	99.5	106.9	101.3	100.0	101.1
拉萨	Lasa	101.0	99.9	99.6	105.0	100.2	100.3	96.9
西安	Xi'an	101.7	103.2	100.7	103.3	106.0	99.1	98.0
兰州	Lanzhou	101.9	104.7	100.9	105.7	100.9	100.3	102.0
西宁	Xining	102.7	100.8	101.1	105.2	104.4	102.6	99.5
银川	Yinchuan	100.2	100.6	102.7	106.2	103.5	103.3	97.2
乌鲁木齐	Urumqi	106.1	100.5	100.9	104.5	102.6	99.3	97.7

4-61 36个大中城市居民消费价格分类指数(同比)
Consumer Price Indices by Category for 36 Major Large and Medium-sized Cities
(2021年11月)

(上年同月=100) (same month of preceding year=100)

城市	City	居民消费价格指数 Consumer Price Index	食品烟酒 Food, Tobacco and Alcohol	粮食 Grain	鲜菜 Fresh Vegetables	畜肉 Meat	水产品 Aquatic Products	蛋 Eggs	鲜果 Fresh Fruits
平均指数	**Average Index**	**102.6**	**102.4**	**101.0**	**130.9**	**81.9**	**106.9**	**116.3**	**103.9**
北京	Beijing	102.4	103.9	99.7	150.7	87.5	101.9	111.2	103.1
天津	Tianjin	103.0	104.3	101.4	145.3	86.6	101.7	127.3	100.4
石家庄	Shijiazhuang	101.4	103.1	98.4	145.1	83.7	103.1	122.3	109.8
太原	Taiyuan	102.3	102.2	104.8	139.3	84.6	102.8	122.4	96.1
呼和浩特	Hohhot	102.9	104.1	102.0	133.9	93.8	115.1	121.5	110.3
沈阳	Shenyang	102.5	104.0	102.3	166.3	84.5	98.6	118.0	99.2
大连	Dalian	103.4	103.8	102.4	153.8	83.7	98.6	141.8	105.5
长春	Changchun	102.0	102.4	102.3	145.7	87.0	107.0	119.8	97.9
哈尔滨	Harbin	103.0	102.7	101.0	139.1	85.9	103.8	128.2	101.7
上海	Shanghai	102.5	102.8	98.7	129.9	81.1	107.6	107.9	115.2
南京	Nanjing	102.5	103.5	103.9	126.2	82.5	113.8	119.4	104.4
杭州	Hangzhou	103.4	101.2	97.3	128.7	79.9	104.5	105.4	101.9
宁波	Ningbo	102.9	103.9	102.6	136.4	80.3	107.2	107.7	107.6
合肥	Hefei	103.6	102.6	101.7	137.9	81.2	111.4	124.4	101.2
福州	Fuzhou	103.3	102.9	98.7	154.9	78.1	106.7	125.2	97.5
厦门	Xiamen	102.5	99.8	100.9	127.1	78.4	103.9	108.7	98.9
南昌	Nanchang	102.3	101.5	100.5	127.1	82.1	107.8	111.9	101.6
济南	Jinan	102.9	104.5	104.6	146.9	79.5	114.1	117.6	105.5
青岛	Qingdao	102.8	102.6	104.2	134.9	78.7	104.4	118.6	102.5
郑州	Zhengzhou	102.5	102.9	104.5	133.9	82.6	109.3	125.4	104.1
武汉	Wuhan	102.8	102.1	102.2	117.6	83.8	114.7	114.0	99.8
长沙	Changsha	102.5	100.2	100.8	118.2	78.4	113.0	116.6	106.4
广州	Guangzhou	102.3	100.7	103.0	116.7	76.5	111.4	108.1	99.6
深圳	Shenzhen	102.5	102.3	99.1	120.0	78.3	106.0	114.8	105.3
南宁	Nanning	102.6	102.1	98.8	130.7	77.3	104.9	117.2	103.7
海口	Haikou	101.9	100.7	101.7	109.2	82.7	97.7	106.9	102.9
重庆	Chongqing	101.6	100.9	99.8	123.3	80.9	105.1	125.3	99.0
成都	Chengdu	102.7	102.4	102.6	129.0	82.3	114.8	104.2	108.6
贵阳	Guiyang	102.2	99.0	104.8	110.2	78.8	111.9	107.2	100.9
昆明	Kunming	100.7	98.0	98.2	109.5	75.1	104.0	113.8	97.9
拉萨	Lasa	100.1	98.5	100.7	112.7	90.7	108.5	113.6	99.2
西安	Xi'an	102.8	103.8	105.9	135.7	82.6	109.5	132.9	100.9
兰州	Lanzhou	102.7	102.3	100.7	120.5	78.1	108.4	118.9	116.3
西宁	Xining	102.7	101.9	101.6	128.4	85.5	105.5	123.3	104.4
银川	Yinchuan	103.4	103.8	100.2	130.9	93.7	116.8	125.2	96.9
乌鲁木齐	Urumqi	101.8	102.8	103.3	126.7	94.1	111.8	119.8	103.9

4-61 续表 continued

(上年同月=100) (same month of preceding year=100)

城市	City	衣着 Clothing	居住 Residence	生活用品及服务 Articles for Daily Use and Services	交通通信 Transport and Communications	教育文化娱乐 Education, Culture and Recreation	医疗保健 Health Care	其他用品及服务 Other Articles and Services
平均指数	**Average Index**	**100.6**	**101.5**	**100.8**	**107.8**	**103.7**	**100.5**	**99.7**
北京	Beijing	99.2	101.4	99.4	108.5	101.8	100.4	97.9
天津	Tianjin	100.9	100.3	101.5	109.8	102.9	100.8	99.8
石家庄	Shijiazhuang	95.3	100.2	99.4	105.6	100.7	101.3	104.4
太原	Taiyuan	100.9	100.3	100.1	109.1	104.7	99.2	98.7
呼和浩特	Hohhot	99.0	101.0	100.2	110.3	102.7	99.9	99.0
沈阳	Shenyang	102.0	99.6	100.8	107.6	103.6	99.6	99.1
大连	Dalian	100.6	101.8	99.4	109.5	106.5	99.9	99.4
长春	Changchun	97.9	100.4	99.1	108.0	103.7	100.5	99.7
哈尔滨	Harbin	100.8	104.0	99.9	108.3	102.6	100.0	100.5
上海	Shanghai	100.1	101.2	101.1	107.3	103.4	102.2	101.2
南京	Nanjing	101.7	100.8	101.9	107.5	101.3	100.1	99.1
杭州	Hangzhou	102.8	101.9	102.0	108.2	109.3	99.9	101.4
宁波	Ningbo	98.4	101.2	101.0	108.6	103.1	100.0	100.1
合肥	Hefei	100.1	102.2	100.3	110.9	107.0	100.2	99.8
福州	Fuzhou	103.4	103.0	101.3	108.0	102.4	100.8	100.9
厦门	Xiamen	103.9	104.0	101.4	107.1	101.5	101.2	98.2
南昌	Nanchang	99.9	100.6	99.9	108.7	104.8	100.8	98.9
济南	Jinan	100.1	101.4	100.2	108.7	101.7	100.9	99.1
青岛	Qingdao	101.2	101.4	100.5	109.8	102.8	100.6	99.9
郑州	Zhengzhou	101.4	101.2	100.7	106.0	105.4	99.9	98.3
武汉	Wuhan	100.8	102.2	99.9	107.7	106.6	99.8	97.8
长沙	Changsha	101.8	103.5	100.9	109.0	102.3	101.0	99.2
广州	Guangzhou	100.9	102.8	100.9	106.9	103.6	100.3	98.4
深圳	Shenzhen	100.5	100.9	101.6	107.7	103.8	100.1	101.4
南宁	Nanning	98.0	102.3	101.0	104.9	109.2	99.2	99.3
海口	Haikou	100.1	102.9	100.3	106.1	103.1	98.6	98.7
重庆	Chongqing	100.2	101.1	100.7	107.7	101.8	99.2	99.1
成都	Chengdu	100.0	100.9	102.0	108.5	103.2	102.1	100.5
贵阳	Guiyang	102.7	101.6	101.7	107.5	105.7	100.4	100.3
昆明	Kunming	99.6	100.8	98.5	106.8	100.5	101.2	100.2
拉萨	Lasa	100.8	99.9	98.6	105.0	99.8	100.3	99.4
西安	Xi'an	102.0	103.5	100.1	103.0	106.0	99.1	98.1
兰州	Lanzhou	100.9	103.9	100.4	106.7	101.0	100.4	101.1
西宁	Xining	103.0	100.8	101.1	106.0	105.3	102.6	98.4
银川	Yinchuan	101.9	100.8	102.1	108.2	104.8	103.3	98.4
乌鲁木齐	Urumqi	103.3	98.8	100.2	106.0	103.2	99.3	96.6

4-62 36个大中城市居民消费价格分类指数(同比)
Consumer Price Indices by Category for 36 Major Large and Medium-sized Cities
(2021年12月)

(上年同月=100) (same month of preceding year=100)

城市	City	居民消费价格指数 Consumer Price Index	食品烟酒 Food, Tobacco and Alcohol	粮食 Grain	鲜菜 Fresh Vegetables	畜肉 Meat	水产品 Aquatic Products	蛋 Eggs	鲜果 Fresh Fruits
平均指数	**Average Index**	**101.8**	**100.6**	**101.9**	**110.4**	**79.8**	**107.0**	**112.0**	**103.2**
北京	Beijing	101.8	101.3	101.6	116.9	85.4	104.4	110.3	102.3
天津	Tianjin	102.2	101.9	101.8	116.0	84.4	101.4	117.9	100.0
石家庄	Shijiazhuang	100.3	100.3	99.1	117.1	82.2	104.3	114.3	103.8
太原	Taiyuan	101.5	100.8	102.7	116.0	81.5	104.5	116.2	100.7
呼和浩特	Hohhot	101.6	101.3	102.4	104.1	87.8	112.8	117.0	113.2
沈阳	Shenyang	100.9	99.9	101.8	114.8	79.4	99.8	111.1	100.7
大连	Dalian	102.0	100.1	102.4	112.4	80.1	99.7	114.1	105.1
长春	Changchun	100.9	99.8	103.3	117.6	85.4	107.0	114.8	94.5
哈尔滨	Harbin	101.9	100.8	101.1	115.9	84.0	105.6	121.1	102.8
上海	Shanghai	101.8	100.9	99.5	111.6	80.6	106.5	106.0	104.2
南京	Nanjing	101.9	101.7	103.6	108.3	81.1	112.9	114.2	100.3
杭州	Hangzhou	102.6	99.9	98.1	114.3	77.0	103.7	105.7	96.5
宁波	Ningbo	101.9	102.3	101.6	118.9	79.5	107.1	107.4	106.4
合肥	Hefei	102.9	101.3	101.4	111.6	79.3	110.8	115.6	110.0
福州	Fuzhou	101.9	100.4	99.0	115.8	76.7	106.2	123.3	103.3
厦门	Xiamen	101.1	97.9	101.1	108.6	75.9	103.4	104.7	99.0
南昌	Nanchang	101.5	100.0	98.1	106.0	79.4	108.1	110.6	112.2
济南	Jinan	101.6	100.9	102.3	109.0	75.4	117.2	111.8	110.7
青岛	Qingdao	101.8	100.6	105.2	113.0	75.1	107.1	111.8	102.0
郑州	Zhengzhou	101.5	100.6	105.6	113.6	78.9	109.1	114.7	106.3
武汉	Wuhan	102.1	100.6	102.2	105.4	80.8	115.5	112.7	98.7
长沙	Changsha	101.6	98.8	101.3	102.8	76.6	111.9	117.7	111.0
广州	Guangzhou	102.0	100.5	104.7	103.1	78.6	111.6	106.8	100.1
深圳	Shenzhen	102.0	101.5	101.3	105.1	77.5	107.9	114.4	106.3
南宁	Nanning	101.9	100.7	99.9	105.1	77.6	107.0	114.2	106.0
海口	Haikou	101.1	99.7	99.6	103.0	82.9	99.2	106.8	104.6
重庆	Chongqing	101.0	99.0	101.4	107.7	75.9	104.5	114.1	106.4
成都	Chengdu	101.7	99.1	105.2	105.3	75.6	112.3	104.1	111.2
贵阳	Guiyang	101.4	98.1	107.7	99.8	77.0	110.1	108.7	103.8
昆明	Kunming	100.3	98.0	100.9	105.1	76.2	104.4	111.5	99.1
拉萨	Lasa	99.7	97.5	100.5	111.1	88.5	108.3	114.3	98.5
西安	Xi'an	102.6	103.7	106.8	122.5	82.0	110.4	131.3	108.4
兰州	Lanzhou	101.6	100.8	102.6	105.9	76.7	105.7	117.3	109.4
西宁	Xining	101.9	100.3	101.6	107.8	85.1	103.6	116.2	100.9
银川	Yinchuan	102.6	102.5	102.1	108.6	91.5	117.6	121.9	97.6
乌鲁木齐	Urumqi	100.8	100.0	101.6	106.5	91.5	107.4	118.4	94.8

4-62 续表 continued

(上年同月=100) (same month of preceding year=100)

城市	City	衣着 Clothing	居住 Residence	生活用品及服务 Articles for Daily Use and Services	交通通信 Transport and Communications	教育文化娱乐 Education, Culture and Recreation	医疗保健 Health Care	其他用品及服务 Other Articles and Services
平均指数	**Average Index**	**101.0**	**101.4**	**100.9**	**105.1**	**104.0**	**100.5**	**99.7**
北京	Beijing	100.9	101.5	99.7	105.3	103.1	100.6	98.1
天津	Tianjin	103.0	100.7	101.7	106.5	103.0	100.9	99.8
石家庄	Shijiazhuang	94.2	100.5	99.2	103.3	100.5	101.1	103.7
太原	Taiyuan	101.4	99.5	100.7	105.8	105.4	99.4	98.5
呼和浩特	Hohhot	98.0	100.8	100.5	107.0	103.1	100.0	98.6
沈阳	Shenyang	101.3	99.0	100.9	104.9	103.2	99.7	99.6
大连	Dalian	100.8	101.6	99.9	106.6	106.3	100.2	99.7
长春	Changchun	97.3	100.3	99.8	104.7	102.8	101.1	99.8
哈尔滨	Harbin	101.0	102.7	100.4	105.5	102.2	100.0	100.8
上海	Shanghai	99.6	101.3	101.4	105.2	103.3	101.4	101.1
南京	Nanjing	101.5	100.9	102.1	105.2	101.8	102.0	98.9
杭州	Hangzhou	102.0	101.7	101.7	105.5	109.8	99.9	101.2
宁波	Ningbo	97.4	101.0	100.4	106.0	103.0	100.2	98.7
合肥	Hefei	102.2	101.9	101.0	107.0	107.4	100.2	99.6
福州	Fuzhou	102.3	102.2	101.0	105.7	102.1	100.8	100.8
厦门	Xiamen	101.9	102.8	102.0	104.5	101.6	100.2	98.9
南昌	Nanchang	101.1	100.4	100.5	105.4	104.3	100.7	100.4
济南	Jinan	100.1	101.3	100.6	105.9	101.8	101.0	98.9
青岛	Qingdao	100.8	101.5	100.4	106.0	102.6	100.7	100.6
郑州	Zhengzhou	101.6	100.6	100.5	103.4	105.9	99.9	98.7
武汉	Wuhan	100.5	102.1	100.4	105.1	106.7	100.0	98.6
长沙	Changsha	101.9	102.9	101.1	106.6	101.7	101.0	98.9
广州	Guangzhou	101.8	102.3	101.6	104.9	104.1	100.2	98.4
深圳	Shenzhen	103.5	100.9	101.6	104.8	103.6	100.2	101.0
南宁	Nanning	97.6	102.0	100.8	103.0	109.6	99.0	99.0
海口	Haikou	99.8	101.3	100.8	103.9	103.9	98.7	99.3
重庆	Chongqing	100.3	102.0	100.6	104.7	102.5	99.4	99.2
成都	Chengdu	102.5	101.1	102.4	104.8	104.8	102.2	101.0
贵阳	Guiyang	102.4	101.4	101.1	105.0	105.3	100.5	99.4
昆明	Kunming	99.7	100.7	98.8	103.9	100.3	101.3	100.3
拉萨	Lasa	100.8	100.1	99.0	104.5	99.8	100.3	99.3
西安	Xi'an	103.4	103.1	100.4	101.3	106.0	99.2	98.2
兰州	Lanzhou	100.7	103.3	100.8	103.5	100.9	100.4	99.4
西宁	Xining	102.9	101.2	101.5	104.0	104.6	102.6	99.3
银川	Yinchuan	100.1	100.6	102.0	106.6	104.9	102.8	98.3
乌鲁木齐	Urumqi	101.5	98.5	100.4	105.5	102.9	99.5	97.3

4-63 36个大中城市居民消费价格分类指数(累计比)
Consumer Price Indices by Category for 36 Major Large and Medium-sized Cities
(2021年1月)

(上年同期=100) (same period of preceding year=100)

城市	City	居民消费价格指数 Consumer Price Index	食品烟酒 Food, Tobacco and Alcohol	粮食 Grain	鲜菜 Fresh Vegetables	畜肉 Meat	水产品 Aquatic Products	蛋 Eggs	鲜果 Fresh Fruits
平均指数	**Average Index**	**99.4**	**101.0**	**101.8**	**109.1**	**98.7**	**98.6**	**100.4**	**100.2**
北京	Beijing	99.2	101.5	102.0	105.3	100.6	96.2	100.7	96.5
天津	Tianjin	99.4	102.0	102.3	100.8	102.2	100.4	109.9	103.1
石家庄	Shijiazhuang	100.9	103.6	102.1	104.8	103.5	101.6	103.5	113.8
太原	Taiyuan	99.4	101.7	102.7	102.3	103.4	101.4	105.6	101.8
呼和浩特	Hohhot	99.0	101.3	100.2	95.5	106.7	101.5	105.5	95.9
沈阳	Shenyang	100.1	102.5	107.8	105.3	103.3	99.1	100.0	107.1
大连	Dalian	99.7	101.4	102.5	101.2	103.3	97.2	109.3	104.8
长春	Changchun	98.8	101.3	102.0	94.8	107.1	99.5	107.9	96.3
哈尔滨	Harbin	98.6	101.7	102.3	103.1	100.9	102.9	110.6	104.9
上海	Shanghai	99.8	100.6	102.9	106.2	99.6	97.0	100.7	99.4
南京	Nanjing	100.4	103.7	102.0	122.0	98.0	101.9	104.6	109.2
杭州	Hangzhou	99.3	100.1	101.8	101.8	94.5	98.6	97.6	107.4
宁波	Ningbo	100.9	102.9	103.2	121.6	98.9	98.8	101.0	104.0
合肥	Hefei	99.5	101.4	101.5	118.4	97.6	107.0	98.1	97.4
福州	Fuzhou	98.9	99.4	99.3	117.2	94.6	93.2	103.6	100.3
厦门	Xiamen	100.1	101.1	101.1	116.4	95.8	99.6	99.1	106.7
南昌	Nanchang	100.2	103.3	102.1	136.9	96.8	102.4	100.9	100.5
济南	Jinan	99.3	100.7	98.5	102.3	98.5	101.2	97.7	98.7
青岛	Qingdao	99.8	101.7	101.0	102.5	100.6	106.9	105.1	100.3
郑州	Zhengzhou	99.8	102.1	101.2	104.2	102.3	103.8	98.0	108.1
武汉	Wuhan	98.5	100.9	100.5	119.6	98.7	100.1	96.1	92.4
长沙	Changsha	100.4	103.0	103.6	133.0	97.9	99.8	94.8	105.5
广州	Guangzhou	99.3	100.0	102.7	104.2	97.1	98.7	98.7	100.4
深圳	Shenzhen	97.7	97.8	97.9	104.3	91.4	96.1	93.2	95.2
南宁	Nanning	99.5	100.3	100.6	112.9	96.3	99.0	99.3	101.5
海口	Haikou	97.7	99.5	99.9	106.1	97.7	92.6	95.6	95.3
重庆	Chongqing	99.0	101.0	101.0	119.0	97.0	96.7	97.2	94.0
成都	Chengdu	98.6	101.7	102.7	118.1	96.8	92.7	97.2	97.3
贵阳	Guiyang	98.8	101.3	98.2	117.3	96.2	99.5	95.9	99.1
昆明	Kunming	99.1	101.0	98.5	99.8	106.5	98.3	95.7	91.1
拉萨	Lasa	100.7	102.6	100.2	103.4	101.5	102.7	108.5	95.7
西安	Xi'an	100.4	102.4	101.7	106.7	101.3	99.3	109.2	99.8
兰州	Lanzhou	100.5	102.5	101.8	108.9	106.1	98.9	101.7	103.9
西宁	Xining	100.0	101.9	101.9	115.7	106.2	99.6	105.6	96.5
银川	Yinchuan	99.1	101.9	104.9	109.7	101.5	99.9	105.6	113.5
乌鲁木齐	Urumqi	99.3	100.2	105.5	99.7	104.9	106.2	107.2	92.7

4-63 续表 continued

(上年同期=100) (same period of preceding year=100)

城市	City	衣着 Clothing	居住 Residence	生活用品及服务 Articles for Daily Use and Services	交通通信 Transport and Communications	教育文化娱乐 Education, Culture and Recreation	医疗保健 Health Care	其他用品及服务 Other Articles and Services
平均指数	**Average Index**	**99.7**	**99.6**	**100.1**	**94.9**	**99.4**	**99.7**	**99.1**
北京	Beijing	99.8	99.3	100.6	93.3	99.2	99.1	102.0
天津	Tianjin	96.1	100.0	100.5	94.7	100.4	98.6	98.6
石家庄	Shijiazhuang	101.6	99.9	99.3	96.6	101.8	100.6	102.4
太原	Taiyuan	101.8	98.0	100.1	94.4	100.9	99.9	97.5
呼和浩特	Hohhot	96.5	99.0	100.0	94.1	99.5	100.8	102.1
沈阳	Shenyang	99.3	99.9	96.3	96.2	102.1	99.7	100.3
大连	Dalian	101.7	100.5	100.2	93.3	99.2	100.2	100.4
长春	Changchun	100.6	99.8	99.9	93.4	97.4	98.7	97.2
哈尔滨	Harbin	101.4	95.4	100.1	94.4	97.9	100.0	98.9
上海	Shanghai	100.1	100.9	100.2	95.1	101.0	98.2	100.7
南京	Nanjing	98.2	100.1	101.0	95.8	99.2	100.7	104.0
杭州	Hangzhou	99.5	100.3	100.8	96.5	97.2	100.4	98.2
宁波	Ningbo	99.4	100.6	103.0	97.1	102.9	100.6	97.1
合肥	Hefei	98.9	99.6	99.8	95.1	100.6	100.8	94.7
福州	Fuzhou	100.0	99.8	99.6	94.9	100.1	99.7	95.7
厦门	Xiamen	105.4	100.9	101.6	94.6	101.2	97.5	96.0
南昌	Nanchang	99.4	99.6	100.4	94.3	100.9	100.3	100.1
济南	Jinan	100.4	100.0	98.0	95.3	97.5	99.9	103.6
青岛	Qingdao	99.3	100.6	97.6	95.1	100.5	100.5	98.0
郑州	Zhengzhou	98.4	98.8	100.5	95.7	102.0	99.6	95.7
武汉	Wuhan	99.0	96.1	100.0	95.0	100.0	99.8	98.0
长沙	Changsha	100.9	100.4	100.0	96.4	99.5	100.5	99.3
广州	Guangzhou	101.1	100.6	98.9	94.8	99.1	100.6	96.2
深圳	Shenzhen	99.8	97.8	100.8	93.4	99.9	99.5	96.2
南宁	Nanning	105.7	99.1	100.0	93.9	99.9	102.1	98.8
海口	Haikou	103.9	97.4	101.0	93.8	93.9	97.9	99.1
重庆	Chongqing	100.3	97.5	100.1	95.3	99.0	100.0	96.9
成都	Chengdu	97.5	99.3	100.2	93.3	92.1	103.0	99.9
贵阳	Guiyang	95.8	100.0	99.4	94.9	96.0	100.2	100.9
昆明	Kunming	98.4	100.3	100.0	95.1	95.5	100.9	100.4
拉萨	Lasa	101.0	99.8	100.0	96.9	101.9	100.1	106.9
西安	Xi'an	100.2	100.3	100.1	96.9	102.0	97.6	102.0
兰州	Lanzhou	100.8	100.0	100.7	97.2	99.9	100.0	101.2
西宁	Xining	102.8	99.3	99.6	95.5	99.9	101.3	99.5
银川	Yinchuan	98.0	99.4	99.8	93.9	97.4	100.5	100.6
乌鲁木齐	Urumqi	102.9	100.3	100.8	94.7	97.5	99.8	99.5

4-64 36个大中城市居民消费价格分类指数(累计比)
Consumer Price Indices by Category for 36 Major Large and Medium-sized Cities
(2021年1-2月)

(上年同期=100) (same period of preceding year=100)

城市	City	居民消费价格指数 Consumer Price Index	食品烟酒 Food, Tobacco and Alcohol	粮食 Grain	鲜菜 Fresh Vegetables	畜肉 Meat	水产品 Aquatic Products	蛋 Eggs	鲜果 Fresh Fruits
平均指数	**Average Index**	**99.5**	**100.6**	**101.2**	**105.2**	**95.5**	**101.9**	**100.9**	**101.2**
北京	Beijing	99.6	101.2	101.7	101.3	99.0	97.6	101.0	101.5
天津	Tianjin	99.6	101.8	101.9	99.2	100.3	104.6	111.0	104.2
石家庄	Shijiazhuang	100.8	102.6	102.6	99.8	101.3	103.1	104.1	114.1
太原	Taiyuan	99.3	100.7	101.8	101.0	99.3	102.8	104.5	100.0
呼和浩特	Hohhot	99.2	101.2	100.2	94.2	105.7	107.2	107.3	98.3
沈阳	Shenyang	100.5	102.9	107.9	105.4	101.9	101.9	100.1	110.1
大连	Dalian	99.9	101.2	102.9	96.5	100.8	99.8	111.7	106.1
长春	Changchun	99.0	101.5	101.1	97.2	106.1	100.6	108.4	98.7
哈尔滨	Harbin	98.5	101.2	102.1	99.6	98.2	105.0	108.1	105.7
上海	Shanghai	100.1	100.7	101.4	104.9	98.0	102.1	99.9	99.7
南京	Nanjing	100.2	102.1	102.7	113.6	94.6	103.1	105.0	105.8
杭州	Hangzhou	99.5	99.8	99.5	98.8	91.8	103.7	100.0	106.9
宁波	Ningbo	101.2	103.0	102.7	122.0	94.1	102.2	102.0	105.4
合肥	Hefei	99.6	100.7	101.1	107.9	95.3	110.8	99.3	97.8
福州	Fuzhou	99.1	99.2	99.8	109.7	92.9	96.4	99.5	100.8
厦门	Xiamen	100.2	100.4	101.1	106.3	92.9	103.4	99.5	105.8
南昌	Nanchang	99.9	101.6	101.6	121.7	92.7	105.1	100.6	98.2
济南	Jinan	99.8	101.5	98.4	102.8	97.0	107.6	97.0	102.7
青岛	Qingdao	100.0	101.9	101.7	101.7	98.3	109.4	107.9	103.9
郑州	Zhengzhou	99.7	101.5	101.0	104.5	98.3	111.4	98.1	105.9
武汉	Wuhan	98.2	98.6	100.6	105.9	90.5	101.7	94.3	92.6
长沙	Changsha	100.4	101.8	103.8	125.5	93.4	101.5	94.5	105.2
广州	Guangzhou	99.7	99.9	102.4	101.0	93.3	100.2	99.3	101.3
深圳	Shenzhen	98.5	98.9	97.8	106.4	90.7	100.1	93.8	96.4
南宁	Nanning	99.6	100.0	100.4	108.4	94.9	101.6	100.9	101.4
海口	Haikou	98.2	100.1	99.4	107.6	97.3	94.8	95.9	97.1
重庆	Chongqing	98.6	98.8	98.3	110.0	90.6	97.2	98.6	94.4
成都	Chengdu	98.6	100.2	102.5	112.2	91.9	94.3	98.3	95.4
贵阳	Guiyang	98.8	100.7	98.2	113.0	93.7	105.8	97.3	99.8
昆明	Kunming	99.0	100.0	98.6	99.2	100.5	99.7	97.1	90.0
拉萨	Lasa	100.9	102.3	100.1	99.8	102.0	104.7	108.6	93.5
西安	Xi'an	100.3	101.5	102.8	102.2	96.9	101.2	111.2	99.1
兰州	Lanzhou	100.3	101.6	101.8	102.6	103.0	100.0	103.5	105.5
西宁	Xining	99.9	101.1	100.7	108.2	103.7	100.9	109.4	98.4
银川	Yinchuan	98.7	100.8	104.5	103.1	100.4	101.6	106.0	111.1
乌鲁木齐	Urumqi	99.3	100.1	105.3	100.2	102.6	109.3	108.7	94.3

4-64 续表 continued

(上年同期=100) (same period of preceding year=100)

城市	City	衣着 Clothing	居住 Residence	生活用品及服务 Articles for Daily Use and Services	交通通信 Transport and Communications	教育文化娱乐 Education, Culture and Recreation	医疗保健 Health Care	其他用品及服务 Other Articles and Services
平均指数	**Average Index**	**99.5**	**99.8**	**100.0**	**96.5**	**99.9**	**99.7**	**99.0**
北京	Beijing	99.6	99.5	99.9	95.9	99.9	99.1	101.2
天津	Tianjin	96.0	100.0	100.5	96.1	101.2	98.7	98.3
石家庄	Shijiazhuang	101.1	99.9	98.8	97.8	101.9	100.6	102.6
太原	Taiyuan	101.4	98.0	99.8	95.6	101.1	99.9	97.1
呼和浩特	Hohhot	96.4	98.9	99.5	95.5	100.0	100.8	101.8
沈阳	Shenyang	99.4	99.8	97.7	97.6	102.2	99.7	100.3
大连	Dalian	102.0	100.5	100.0	94.6	100.2	100.2	100.6
长春	Changchun	100.7	99.9	99.0	94.0	97.0	99.1	96.9
哈尔滨	Harbin	102.0	95.4	99.7	94.3	98.0	100.0	98.6
上海	Shanghai	100.1	101.0	100.0	96.9	100.7	98.1	100.1
南京	Nanjing	98.1	100.6	100.5	96.6	99.4	100.7	104.0
杭州	Hangzhou	99.6	100.5	100.8	97.9	98.1	100.3	98.1
宁波	Ningbo	99.2	100.6	103.3	98.5	103.2	100.4	97.3
合肥	Hefei	98.9	99.6	99.6	96.5	101.3	100.4	95.3
福州	Fuzhou	99.7	99.8	99.9	96.2	100.3	99.8	96.0
厦门	Xiamen	105.0	101.2	102.1	95.9	101.8	97.5	96.0
南昌	Nanchang	98.9	99.7	100.1	95.9	101.6	100.3	99.9
济南	Jinan	100.2	100.2	97.8	97.7	97.7	99.9	103.3
青岛	Qingdao	99.5	100.6	97.2	96.9	100.5	100.4	97.7
郑州	Zhengzhou	98.4	98.9	100.1	96.6	102.2	99.3	95.4
武汉	Wuhan	99.0	96.4	99.9	97.1	100.0	99.6	97.9
长沙	Changsha	100.9	100.7	100.0	97.8	99.7	100.5	99.4
广州	Guangzhou	101.0	100.8	99.3	96.3	100.3	100.5	96.7
深圳	Shenzhen	98.6	98.4	101.3	95.2	100.8	99.6	96.5
南宁	Nanning	105.4	99.2	99.7	94.5	100.5	102.2	99.5
海口	Haikou	103.8	97.6	101.3	95.1	94.6	98.0	99.1
重庆	Chongqing	100.0	97.6	99.9	96.7	99.9	100.0	97.3
成都	Chengdu	97.4	99.3	100.4	95.0	93.9	103.1	99.9
贵阳	Guiyang	95.3	100.0	99.3	95.4	96.6	100.3	101.0
昆明	Kunming	98.1	100.3	99.5	95.9	96.4	100.9	100.1
拉萨	Lasa	101.2	99.8	99.4	98.8	102.0	100.1	107.1
西安	Xi'an	99.9	100.3	100.0	98.3	102.0	97.6	101.9
兰州	Lanzhou	100.8	100.0	100.4	98.2	100.1	100.0	100.8
西宁	Xining	103.2	99.3	99.2	96.3	100.0	101.4	99.5
银川	Yinchuan	97.5	99.1	99.3	94.3	97.5	100.6	99.5
乌鲁木齐	Urumqi	103.7	100.2	100.4	95.0	97.8	99.8	99.1

4-65 36个大中城市居民消费价格分类指数(累计比)
Consumer Price Indices by Category for 36 Major Large and Medium-sized Cities
(2021年1-3月)

(上年同期=100) (same period of preceding year=100)

城市	City	居民消费价格指数 Consumer Price Index	食品烟酒 Food, Tobacco and Alcohol	粮食 Grain	鲜菜 Fresh Vegetables	畜肉 Meat	水产品 Aquatic Products	蛋 Eggs	鲜果 Fresh Fruits
平均指数	**Average Index**	**99.8**	**100.4**	**101.0**	**103.3**	**93.9**	**103.5**	**101.2**	**102.2**
北京	Beijing	99.9	100.9	101.2	99.0	97.5	98.3	100.9	103.3
天津	Tianjin	100.0	101.7	102.3	99.0	98.2	106.5	110.8	103.8
石家庄	Shijiazhuang	100.8	102.0	101.2	98.9	99.7	104.7	104.6	111.7
太原	Taiyuan	99.7	100.7	101.7	99.6	96.5	104.4	106.7	103.0
呼和浩特	Hohhot	99.5	100.9	100.2	92.5	104.5	108.8	108.1	99.2
沈阳	Shenyang	100.7	102.5	108.1	102.0	99.3	104.0	100.4	110.6
大连	Dalian	100.2	101.2	103.1	96.3	98.2	102.9	112.8	105.9
长春	Changchun	99.4	101.4	100.8	98.0	103.2	102.9	108.5	100.9
哈尔滨	Harbin	98.5	100.3	101.8	96.0	95.9	104.7	107.8	104.4
上海	Shanghai	100.3	100.7	100.7	104.0	96.5	103.9	100.5	102.4
南京	Nanjing	100.4	101.9	103.2	108.7	94.1	107.3	104.8	105.6
杭州	Hangzhou	99.8	99.9	99.1	98.4	90.8	106.8	101.2	105.6
宁波	Ningbo	101.4	102.8	102.0	117.8	92.6	103.9	102.2	105.4
合肥	Hefei	100.0	100.5	101.0	103.2	95.0	112.7	100.6	98.2
福州	Fuzhou	99.3	99.1	100.0	108.2	90.8	97.1	97.7	103.2
厦门	Xiamen	100.5	100.3	101.8	104.6	91.5	103.5	99.4	105.7
南昌	Nanchang	100.1	100.9	100.5	117.0	91.1	107.3	100.7	98.1
济南	Jinan	100.3	101.6	98.0	101.1	95.7	109.5	96.6	106.1
青岛	Qingdao	100.4	101.7	101.7	100.1	96.2	110.3	108.2	104.8
郑州	Zhengzhou	99.8	101.2	100.9	101.3	96.9	112.8	99.9	107.6
武汉	Wuhan	98.1	97.3	100.7	98.3	85.7	101.7	91.4	94.3
长沙	Changsha	100.6	101.3	103.8	119.9	92.0	104.3	95.5	105.0
广州	Guangzhou	100.0	100.0	102.5	101.5	91.6	101.0	99.2	101.7
深圳	Shenzhen	99.1	99.2	98.1	106.0	89.9	100.9	94.2	98.8
南宁	Nanning	100.0	100.1	100.5	107.8	93.8	102.3	101.8	102.5
海口	Haikou	98.8	100.0	100.2	107.1	96.9	94.3	96.0	97.6
重庆	Chongqing	99.0	98.4	97.4	106.4	89.1	98.5	99.0	95.9
成都	Chengdu	99.1	100.2	102.6	110.3	91.6	97.7	98.6	95.9
贵阳	Guiyang	99.1	100.5	97.6	111.1	93.3	108.1	98.3	100.3
昆明	Kunming	99.3	99.6	99.1	98.8	98.2	100.3	98.4	90.3
拉萨	Lasa	101.1	102.3	100.0	98.7	102.7	105.0	108.3	92.7
西安	Xi'an	100.5	101.4	103.3	102.8	95.5	103.7	113.0	98.1
兰州	Lanzhou	100.4	101.1	102.1	99.3	101.3	100.5	105.3	106.0
西宁	Xining	100.1	100.7	101.2	104.4	103.0	101.4	109.9	98.9
银川	Yinchuan	99.0	100.2	104.0	100.5	99.0	102.5	107.1	109.1
乌鲁木齐	Urumqi	99.8	100.2	105.3	99.2	102.3	108.9	108.4	94.9

4-65 续表 continued

(上年同期=100) (same period of preceding year=100)

城市	City	衣着 Clothing	居住 Residence	生活用品及服务 Articles for Daily Use and Services	交通通信 Transport and Communications	教育文化娱乐 Education, Culture and Recreation	医疗保健 Health Care	其他用品及服务 Other Articles and Services
平均指数	**Average Index**	**99.7**	**100.0**	**100.0**	**98.7**	**99.8**	**99.7**	**98.7**
北京	Beijing	99.9	99.8	99.7	99.2	99.4	99.1	100.6
天津	Tianjin	96.1	100.2	100.5	98.1	101.5	98.7	97.8
石家庄	Shijiazhuang	101.7	99.9	98.6	99.5	102.0	100.5	102.4
太原	Taiyuan	101.6	98.3	99.8	97.6	101.6	99.9	97.0
呼和浩特	Hohhot	96.5	99.3	99.5	97.5	100.2	100.8	101.2
沈阳	Shenyang	99.5	99.8	98.1	99.6	102.6	99.7	100.1
大连	Dalian	102.1	100.4	100.0	97.0	99.9	100.1	100.0
长春	Changchun	100.9	99.9	98.9	96.7	97.0	99.3	96.6
哈尔滨	Harbin	103.1	95.4	99.9	96.0	98.0	100.0	98.6
上海	Shanghai	99.8	101.1	99.9	98.7	100.6	97.9	100.1
南京	Nanjing	97.6	100.8	100.3	98.3	99.3	100.7	103.8
杭州	Hangzhou	99.9	100.5	100.8	99.6	97.9	100.3	97.4
宁波	Ningbo	99.8	100.5	103.3	100.3	103.2	100.4	97.2
合肥	Hefei	99.8	99.8	99.7	98.7	102.0	100.3	95.1
福州	Fuzhou	99.3	99.9	99.7	97.9	100.3	99.8	95.7
厦门	Xiamen	105.3	101.6	101.9	97.7	101.7	97.7	95.7
南昌	Nanchang	99.0	99.8	100.0	98.0	102.0	100.3	99.6
济南	Jinan	100.4	101.1	97.5	99.7	97.6	99.8	101.8
青岛	Qingdao	99.9	100.6	97.2	99.3	100.6	100.3	97.3
郑州	Zhengzhou	98.6	99.2	100.0	98.0	102.1	99.1	94.9
武汉	Wuhan	99.1	96.7	99.9	98.7	100.1	99.4	97.6
长沙	Changsha	100.9	101.1	100.0	99.6	99.9	100.5	99.3
广州	Guangzhou	101.0	101.1	99.1	98.7	99.5	100.5	96.7
深圳	Shenzhen	98.4	98.8	101.4	97.9	100.6	99.6	96.5
南宁	Nanning	105.4	99.4	99.5	95.9	102.0	102.1	99.8
海口	Haikou	102.6	98.4	101.3	97.9	94.6	98.0	98.7
重庆	Chongqing	100.9	98.2	100.1	99.1	99.7	99.9	96.8
成都	Chengdu	97.6	99.4	100.5	97.9	94.2	103.2	100.4
贵阳	Guiyang	95.9	100.0	99.6	97.4	96.8	100.3	100.8
昆明	Kunming	98.8	100.3	99.4	98.4	96.5	100.9	100.0
拉萨	Lasa	101.3	99.8	99.4	100.3	102.0	100.1	106.4
西安	Xi'an	100.2	100.5	100.1	99.9	102.0	97.3	101.9
兰州	Lanzhou	100.7	100.0	100.3	99.6	100.2	100.0	100.7
西宁	Xining	103.6	99.6	99.0	97.9	100.0	101.4	99.0
银川	Yinchuan	97.6	99.0	99.4	96.8	97.9	100.6	99.5
乌鲁木齐	Urumqi	104.5	100.0	100.6	97.7	97.9	99.8	98.9

4-66 36个大中城市居民消费价格分类指数(累计比)
Consumer Price Indices by Category for 36 Major Large and Medium-sized Cities
(2021年1-4月)

(上年同期=100) (same period of preceding year=100)

城市	City	居民消费价格指数 Consumer Price Index	食品烟酒 Food, Tobacco and Alcohol	粮食 Grain	鲜菜 Fresh Vegetables	畜肉 Meat	水产品 Aquatic Products	蛋 Eggs	鲜果 Fresh Fruits
平均指数	**Average Index**	**100.1**	**100.3**	**100.9**	**102.0**	**93.0**	**104.8**	**102.2**	**102.3**
北京	Beijing	100.2	100.7	100.8	99.1	96.1	99.2	101.8	102.9
天津	Tianjin	100.3	101.6	102.3	99.4	97.1	107.4	111.9	102.8
石家庄	Shijiazhuang	100.9	101.7	100.3	99.0	98.3	106.7	106.2	110.3
太原	Taiyuan	100.1	101.0	101.0	100.7	95.8	105.9	108.8	104.7
呼和浩特	Hohhot	99.9	101.1	100.2	92.8	104.0	112.3	110.4	100.0
沈阳	Shenyang	101.0	102.3	108.2	102.2	98.0	106.0	101.6	109.8
大连	Dalian	100.5	101.4	103.1	98.7	96.3	104.8	115.3	105.3
长春	Changchun	99.6	101.1	100.4	98.5	101.1	105.2	109.0	100.0
哈尔滨	Harbin	98.8	100.1	101.1	96.1	94.3	106.3	109.6	103.6
上海	Shanghai	100.4	100.6	100.2	102.4	95.2	104.7	101.3	102.8
南京	Nanjing	100.7	101.9	103.6	105.8	93.7	111.4	105.5	105.1
杭州	Hangzhou	100.1	99.8	98.5	96.8	90.3	108.3	101.9	103.2
宁波	Ningbo	101.6	102.6	101.8	114.0	92.2	105.1	102.3	103.7
合肥	Hefei	100.4	100.7	100.8	100.6	94.6	114.4	103.2	99.6
福州	Fuzhou	99.5	98.9	100.1	104.2	89.5	98.6	98.7	103.3
厦门	Xiamen	100.7	100.1	102.1	102.5	90.2	102.9	99.2	105.4
南昌	Nanchang	100.4	100.7	100.7	113.4	90.5	109.5	101.6	98.2
济南	Jinan	100.6	101.7	98.1	101.4	94.2	110.7	97.1	107.3
青岛	Qingdao	100.7	101.6	101.4	100.4	95.1	110.1	108.4	105.1
郑州	Zhengzhou	100.1	101.4	100.8	100.9	96.4	115.7	102.3	108.9
武汉	Wuhan	98.3	97.3	100.8	96.8	84.6	104.0	92.1	96.0
长沙	Changsha	100.7	101.1	103.7	114.3	91.6	107.5	97.3	105.6
广州	Guangzhou	100.1	99.8	102.6	100.1	90.4	101.8	99.7	101.8
深圳	Shenzhen	99.5	99.3	98.1	103.9	89.6	100.7	95.2	99.8
南宁	Nanning	100.3	99.9	100.5	104.4	93.0	102.5	103.4	102.6
海口	Haikou	99.2	99.8	100.1	104.7	96.4	93.7	96.4	98.1
重庆	Chongqing	99.4	98.3	97.0	103.7	88.3	101.7	100.6	98.0
成都	Chengdu	99.6	100.1	102.6	108.1	91.1	101.4	99.1	97.1
贵阳	Guiyang	99.4	100.2	97.5	108.8	92.6	111.0	99.7	100.9
昆明	Kunming	99.7	99.4	99.3	98.8	96.1	101.9	99.5	92.4
拉萨	Lasa	101.2	102.1	100.0	98.2	102.6	105.9	109.8	93.4
西安	Xi'an	100.8	101.6	103.8	103.7	94.8	106.7	114.4	99.4
兰州	Lanzhou	100.6	101.1	102.1	98.6	99.8	102.3	106.5	106.0
西宁	Xining	100.5	100.9	101.5	103.4	102.5	103.3	110.9	99.5
银川	Yinchuan	99.6	100.5	103.7	101.2	98.3	105.5	109.8	109.8
乌鲁木齐	Urumqi	100.2	100.1	104.8	97.7	102.1	109.8	109.4	95.1

4-66 续表 continued

(上年同期=100) (same period of preceding year=100)

城市	City	衣着 Clothing	居住 Residence	生活用品及服务 Articles for Daily Use and Services	交通通信 Transport and Communications	教育文化娱乐 Education, Culture and Recreation	医疗保健 Health Care	其他用品及服务 Other Articles and Services
平均指数	**Average Index**	**99.8**	**100.1**	**100.1**	**100.3**	**100.2**	**99.6**	**98.8**
北京	Beijing	99.8	100.1	99.7	101.4	99.4	99.1	100.7
天津	Tianjin	96.1	100.4	100.6	99.7	102.0	98.7	97.7
石家庄	Shijiazhuang	101.9	99.9	98.7	100.8	102.0	100.4	102.5
太原	Taiyuan	101.6	98.4	100.1	99.2	101.9	99.9	96.9
呼和浩特	Hohhot	96.6	99.8	99.7	99.1	100.6	100.7	100.7
沈阳	Shenyang	99.9	99.8	98.8	101.3	103.1	99.6	100.3
大连	Dalian	102.3	100.4	100.0	99.0	100.0	100.1	99.8
长春	Changchun	100.8	99.9	99.1	98.7	97.3	99.5	96.9
哈尔滨	Harbin	104.0	95.3	100.3	97.8	98.1	99.9	98.7
上海	Shanghai	99.5	101.0	100.1	100.2	101.2	97.8	100.4
南京	Nanjing	97.9	100.9	100.6	99.6	99.3	100.6	104.0
杭州	Hangzhou	100.2	100.5	100.9	100.9	98.8	100.2	97.1
宁波	Ningbo	99.9	100.5	103.4	101.7	103.6	100.4	97.1
合肥	Hefei	100.0	100.1	99.9	100.3	102.7	100.3	94.9
福州	Fuzhou	99.2	99.9	99.8	99.6	100.6	99.8	95.9
厦门	Xiamen	105.5	101.7	101.8	99.4	102.0	97.7	95.9
南昌	Nanchang	98.9	99.9	100.3	99.8	102.4	100.4	99.4
济南	Jinan	100.8	101.4	97.5	101.2	97.8	100.0	101.4
青岛	Qingdao	99.7	100.7	97.6	101.3	101.1	100.4	97.5
郑州	Zhengzhou	99.1	99.4	100.0	99.2	102.2	99.3	94.7
武汉	Wuhan	99.0	96.8	99.8	100.1	100.2	99.4	97.8
长沙	Changsha	100.8	101.0	100.1	100.9	100.2	100.5	99.3
广州	Guangzhou	101.0	101.0	99.2	100.3	99.4	100.5	96.9
深圳	Shenzhen	98.5	99.1	101.5	99.9	100.5	99.7	96.9
南宁	Nanning	104.9	99.7	99.6	97.4	103.1	102.0	100.2
海口	Haikou	102.2	99.0	101.5	100.4	95.2	98.0	98.7
重庆	Chongqing	101.5	98.9	100.5	101.0	100.0	99.9	96.8
成都	Chengdu	97.7	99.4	100.5	99.9	96.1	103.1	101.1
贵阳	Guiyang	96.4	100.0	99.8	99.2	97.7	100.3	101.0
昆明	Kunming	99.5	100.3	99.5	100.5	96.9	100.8	100.2
拉萨	Lasa	101.2	99.8	99.5	101.4	102.0	100.2	106.2
西安	Xi'an	100.3	100.7	100.3	101.2	102.2	97.2	102.6
兰州	Lanzhou	100.9	100.0	100.4	100.8	100.1	100.0	101.2
西宁	Xining	103.3	99.7	99.2	99.4	100.5	101.7	98.9
银川	Yinchuan	97.9	99.2	99.6	98.8	98.7	101.3	99.9
乌鲁木齐	Urumqi	104.9	99.8	100.8	100.1	98.3	99.9	98.6

4-67 36个大中城市居民消费价格分类指数(累计比)
Consumer Price Indices by Category for 36 Major Large and Medium-sized Cities
(2021年1-5月)

(上年同期=100) (same period of preceding year=100)

城市	City	居民消费价格指数 Consumer Price Index	食品烟酒 Food, Tobacco and Alcohol	粮食 Grain	鲜菜 Fresh Vegetables	畜肉 Meat	水产品 Aquatic Products	蛋 Eggs	鲜果 Fresh Fruits
平均指数	**Average Index**	**100.4**	**100.5**	**100.8**	**102.4**	**92.4**	**105.9**	**104.0**	**102.3**
北京	Beijing	100.4	100.8	100.7	100.4	95.5	99.9	102.9	102.7
天津	Tianjin	100.5	101.7	102.1	100.4	96.6	107.7	114.7	101.6
石家庄	Shijiazhuang	101.0	101.7	99.9	100.5	97.1	109.4	108.9	109.1
太原	Taiyuan	100.3	101.4	101.3	101.5	95.3	107.4	111.9	106.1
呼和浩特	Hohhot	100.3	101.3	100.1	94.1	103.8	116.6	112.9	100.7
沈阳	Shenyang	101.2	102.0	107.5	102.0	96.6	106.9	103.4	107.4
大连	Dalian	100.7	101.5	102.9	100.6	95.1	106.0	119.1	105.0
长春	Changchun	99.8	101.2	100.2	99.7	99.3	107.8	111.2	99.8
哈尔滨	Harbin	99.1	100.2	101.0	97.3	93.1	108.5	112.3	103.3
上海	Shanghai	100.6	100.6	99.9	102.5	94.3	104.7	102.4	103.3
南京	Nanjing	100.9	102.0	103.9	106.0	93.0	113.4	107.4	104.4
杭州	Hangzhou	100.3	99.9	98.6	96.4	90.0	109.5	103.0	102.2
宁波	Ningbo	101.8	102.7	102.3	112.6	91.8	106.1	102.8	103.4
合肥	Hefei	100.8	101.0	100.4	101.5	93.8	115.4	106.8	100.5
福州	Fuzhou	99.7	99.1	100.2	104.2	88.5	100.6	101.4	102.1
厦门	Xiamen	100.9	100.0	102.3	103.2	89.3	102.4	100.6	105.3
南昌	Nanchang	100.7	101.0	101.1	114.7	89.8	110.4	103.3	98.8
济南	Jinan	100.9	101.8	97.7	103.2	93.1	113.0	98.2	107.8
青岛	Qingdao	101.1	101.8	101.3	101.9	94.3	110.5	110.2	105.0
郑州	Zhengzhou	100.4	101.8	100.9	101.6	96.5	119.0	105.5	108.7
武汉	Wuhan	98.8	97.9	100.8	98.3	85.0	107.0	94.5	97.0
长沙	Changsha	100.9	101.1	103.6	112.8	90.6	110.5	99.3	105.9
广州	Guangzhou	100.3	100.0	102.7	100.7	89.7	102.8	100.9	102.2
深圳	Shenzhen	99.9	99.6	98.0	103.5	89.0	101.3	96.2	100.4
南宁	Nanning	100.7	99.9	100.2	104.6	91.7	103.2	105.2	102.8
海口	Haikou	99.6	99.9	99.9	104.2	96.4	93.8	97.4	98.6
重庆	Chongqing	99.8	98.5	96.7	103.1	87.5	104.9	103.4	98.7
成都	Chengdu	99.8	100.1	102.1	107.5	90.5	104.5	99.6	97.9
贵阳	Guiyang	99.8	100.1	97.9	107.4	91.7	113.9	101.5	101.2
昆明	Kunming	100.0	99.4	99.6	99.4	94.5	103.3	100.9	93.1
拉萨	Lasa	101.2	101.9	100.1	98.1	101.9	107.8	110.7	93.9
西安	Xi'an	101.1	102.1	104.4	105.0	94.5	109.9	117.9	100.2
兰州	Lanzhou	100.8	101.3	102.0	99.9	98.6	104.6	109.1	106.1
西宁	Xining	100.7	100.9	101.7	104.2	101.3	105.2	112.9	99.6
银川	Yinchuan	100.1	100.8	103.5	102.3	98.3	108.9	113.0	109.0
乌鲁木齐	Urumqi	100.6	100.4	104.6	98.3	101.9	111.3	111.6	95.7

4-67 续表 continued

(上年同期=100) (same period of preceding year=100)

城市	City	衣着 Clothing	居住 Residence	生活用品及服务 Articles for Daily Use and Services	交通通信 Transport and Communications	教育文化娱乐 Education, Culture and Recreation	医疗保健 Health Care	其他用品及服务 Other Articles and Services
平均指数	**Average Index**	**100.0**	**100.2**	**100.2**	**101.4**	**100.4**	**99.7**	**99.0**
北京	Beijing	99.8	100.3	99.8	102.3	99.4	99.2	100.8
天津	Tianjin	96.3	100.4	100.6	100.7	102.3	99.1	97.8
石家庄	Shijiazhuang	101.7	99.9	98.7	101.6	101.9	100.3	102.5
太原	Taiyuan	100.9	98.4	100.2	100.6	102.2	99.7	96.8
呼和浩特	Hohhot	96.7	100.1	99.7	100.2	101.0	100.7	100.3
沈阳	Shenyang	100.2	99.8	99.3	102.6	103.3	99.6	100.3
大连	Dalian	102.5	100.2	100.0	100.4	100.0	100.1	99.9
长春	Changchun	100.8	100.0	99.1	99.9	97.4	99.6	97.2
哈尔滨	Harbin	104.2	95.3	100.5	99.8	98.3	100.1	98.8
上海	Shanghai	99.5	100.9	100.2	101.2	101.3	97.9	100.8
南京	Nanjing	98.2	100.9	100.9	100.7	99.4	100.6	104.3
杭州	Hangzhou	100.4	100.5	100.9	101.8	99.4	100.2	97.0
宁波	Ningbo	100.3	100.5	103.3	102.5	104.0	100.5	97.2
合肥	Hefei	99.9	100.3	100.0	101.4	102.8	100.4	95.0
福州	Fuzhou	99.1	100.0	99.9	100.7	100.8	100.0	95.9
厦门	Xiamen	105.7	101.8	101.7	100.4	101.9	98.0	96.2
南昌	Nanchang	99.0	100.0	100.5	100.9	102.7	100.4	99.3
济南	Jinan	101.3	101.6	97.4	102.0	98.0	100.1	101.5
青岛	Qingdao	99.9	100.9	97.9	102.5	101.6	100.4	98.3
郑州	Zhengzhou	99.4	99.6	100.1	100.0	102.3	99.5	94.5
武汉	Wuhan	99.0	97.5	99.8	101.3	100.4	99.4	97.9
长沙	Changsha	100.8	100.9	100.1	101.8	100.5	100.5	99.4
广州	Guangzhou	101.1	101.1	99.2	101.4	99.4	100.5	97.1
深圳	Shenzhen	99.0	99.3	101.5	101.3	100.7	99.7	97.3
南宁	Nanning	104.2	100.1	99.7	98.7	103.7	102.3	100.6
海口	Haikou	102.0	99.5	101.5	101.6	95.6	98.3	99.0
重庆	Chongqing	101.8	99.2	100.6	102.1	100.5	99.9	97.1
成都	Chengdu	97.8	99.5	100.6	101.1	96.6	103.1	101.5
贵阳	Guiyang	96.7	100.1	100.1	100.4	98.7	100.3	101.1
昆明	Kunming	99.9	100.4	99.6	101.8	97.5	100.7	100.4
拉萨	Lasa	101.2	99.8	99.5	102.2	102.1	100.2	105.7
西安	Xi'an	100.3	101.0	100.3	101.8	102.4	97.4	103.2
兰州	Lanzhou	101.1	100.0	100.4	101.5	100.0	100.0	101.6
西宁	Xining	102.9	99.8	99.2	100.4	100.9	101.9	98.8
银川	Yinchuan	98.3	99.4	99.9	100.2	99.1	101.8	100.1
乌鲁木齐	Urumqi	105.2	100.2	101.0	101.5	98.8	99.9	98.6

4-68 36个大中城市居民消费价格分类指数(累计比)

Consumer Price Indices by Category for 36 Major Large and Medium-sized Cities (2021年1-6月)

(上年同期=100) (same period of preceding year=100)

城市	City	居民消费价格指数 Consumer Price Index	食品烟酒 Food, Tobacco and Alcohol	粮食 Grain	鲜菜 Fresh Vegetables	畜肉 Meat	水产品 Aquatic Products	蛋 Eggs	鲜果 Fresh Fruits
平均指数	**Average Index**	**100.5**	**100.4**	**100.7**	**101.8**	**90.8**	**106.8**	**105.7**	**102.4**
北京	Beijing	100.5	100.5	100.5	99.2	94.1	100.5	103.9	102.1
天津	Tianjin	100.7	101.5	102.0	99.5	95.0	108.2	117.2	100.8
石家庄	Shijiazhuang	101.0	101.5	99.7	99.8	95.0	110.6	111.0	108.7
太原	Taiyuan	100.4	101.4	101.2	101.3	93.8	108.3	114.2	107.1
呼和浩特	Hohhot	100.4	101.2	100.1	94.6	102.2	118.8	114.6	101.3
沈阳	Shenyang	101.3	101.8	106.9	102.5	94.8	107.6	105.0	106.5
大连	Dalian	100.8	101.6	102.9	101.6	93.2	107.3	122.7	105.6
长春	Changchun	100.0	101.1	100.0	100.7	96.8	109.0	112.6	100.9
哈尔滨	Harbin	99.4	100.3	100.8	98.9	91.3	109.8	114.7	103.6
上海	Shanghai	100.7	100.5	99.7	102.0	92.8	105.0	103.1	103.6
南京	Nanjing	101.1	101.8	103.9	104.0	91.4	114.6	109.2	104.3
杭州	Hangzhou	100.5	99.8	98.6	95.2	88.8	110.8	103.9	101.5
宁波	Ningbo	101.9	102.6	102.5	110.8	90.5	107.0	103.2	103.5
合肥	Hefei	100.9	100.9	100.3	100.3	91.5	115.6	109.5	102.4
福州	Fuzhou	99.8	99.0	100.2	102.7	86.6	102.2	103.4	101.0
厦门	Xiamen	101.0	99.6	102.0	102.8	87.6	102.4	101.5	105.0
南昌	Nanchang	100.8	100.8	101.3	112.7	88.2	110.8	104.8	100.2
济南	Jinan	101.0	101.7	97.7	101.8	91.1	114.4	100.6	109.4
青岛	Qingdao	101.2	101.6	101.0	101.6	92.1	110.5	111.5	105.5
郑州	Zhengzhou	100.6	101.7	100.9	101.2	94.8	120.7	108.3	108.5
武汉	Wuhan	99.3	98.4	100.9	99.9	84.6	109.1	97.2	98.5
长沙	Changsha	100.9	100.8	103.5	110.9	88.6	112.3	101.5	105.9
广州	Guangzhou	100.5	100.1	102.8	100.9	88.8	104.0	102.3	101.9
深圳	Shenzhen	100.1	99.7	97.9	102.5	87.8	101.8	98.5	101.0
南宁	Nanning	100.9	99.8	100.1	104.0	89.6	104.0	106.9	103.2
海口	Haikou	99.8	99.9	99.9	103.5	96.1	93.9	98.4	98.9
重庆	Chongqing	100.0	98.5	97.0	102.5	85.6	107.0	104.9	99.2
成都	Chengdu	99.9	99.8	102.2	106.0	88.5	106.6	100.1	99.1
贵阳	Guiyang	100.0	100.0	98.4	105.9	90.3	115.5	103.3	101.7
昆明	Kunming	100.1	99.3	99.8	100.6	92.2	104.7	102.5	93.9
拉萨	Lasa	101.1	101.5	100.2	97.3	101.1	109.3	110.7	94.7
西安	Xi'an	101.3	102.1	104.7	104.1	92.6	111.5	120.9	100.2
兰州	Lanzhou	100.9	101.4	101.8	100.4	96.5	106.3	111.7	107.3
西宁	Xining	100.8	100.5	101.8	103.2	99.1	106.3	115.1	100.0
银川	Yinchuan	100.4	101.0	103.1	102.3	97.9	111.1	115.4	108.6
乌鲁木齐	Urumqi	100.9	100.7	104.5	96.8	101.1	112.7	112.9	98.2

4-68 续表 continued

(上年同期=100) (same period of preceding year=100)

城市	City	衣着 Clothing	居住 Residence	生活用品及服务 Articles for Daily Use and Services	交通通信 Transport and Communications	教育文化娱乐 Education, Culture and Recreation	医疗保健 Health Care	其他用品及服务 Other Articles and Services
平均指数	**Average Index**	**100.0**	**100.3**	**100.3**	**102.2**	**100.6**	**99.8**	**99.2**
北京	Beijing	99.7	100.6	99.7	102.9	99.3	99.3	100.9
天津	Tianjin	96.4	100.6	100.7	101.7	102.5	99.3	97.8
石家庄	Shijiazhuang	101.3	99.9	98.7	102.3	101.9	100.3	102.5
太原	Taiyuan	100.4	98.4	100.3	101.5	102.1	99.6	96.8
呼和浩特	Hohhot	96.8	100.3	99.7	101.2	101.2	100.6	100.2
沈阳	Shenyang	100.5	99.7	99.6	103.5	103.4	99.6	100.3
大连	Dalian	102.3	100.1	100.0	101.3	99.9	100.2	100.0
长春	Changchun	100.8	100.0	99.2	101.0	97.3	99.7	97.4
哈尔滨	Harbin	104.1	95.2	100.6	101.0	98.5	100.2	99.1
上海	Shanghai	99.4	101.0	100.2	102.0	101.5	97.9	101.1
南京	Nanjing	99.0	101.1	100.9	101.5	99.5	100.7	104.0
杭州	Hangzhou	100.5	100.6	100.9	102.4	99.8	100.1	97.2
宁波	Ningbo	100.3	100.6	103.1	103.1	104.3	100.6	97.2
合肥	Hefei	100.0	100.6	100.1	102.2	103.0	100.5	95.1
福州	Fuzhou	99.1	100.0	99.9	101.5	100.8	100.1	96.0
厦门	Xiamen	105.7	102.0	101.7	101.2	101.9	98.3	96.2
南昌	Nanchang	99.1	100.0	100.4	101.8	102.9	100.5	99.1
济南	Jinan	101.5	101.8	97.7	102.6	98.2	100.2	101.5
青岛	Qingdao	100.0	100.9	98.1	103.5	101.9	100.4	98.6
郑州	Zhengzhou	99.6	99.9	100.0	100.6	102.4	99.6	94.5
武汉	Wuhan	99.1	98.3	99.7	102.2	100.6	99.4	98.0
长沙	Changsha	100.9	101.0	100.2	102.4	100.6	100.6	99.4
广州	Guangzhou	101.3	101.1	99.4	102.0	99.9	100.5	97.2
深圳	Shenzhen	99.2	99.4	101.6	102.1	100.9	99.8	97.5
南宁	Nanning	103.8	100.4	99.7	99.6	104.1	102.5	100.9
海口	Haikou	102.1	99.9	101.5	102.0	95.6	98.5	99.1
重庆	Chongqing	102.0	99.5	100.6	102.8	100.7	99.9	97.1
成都	Chengdu	97.7	99.5	100.7	101.9	96.7	103.1	101.7
贵阳	Guiyang	97.1	100.2	100.0	101.3	99.5	100.3	101.3
昆明	Kunming	100.2	100.5	99.6	102.7	97.9	100.6	100.3
拉萨	Lasa	101.3	99.8	99.5	102.8	101.9	100.2	105.4
西安	Xi'an	100.4	101.3	100.3	102.2	102.3	97.6	103.4
兰州	Lanzhou	101.3	100.0	100.4	102.1	100.0	100.0	101.8
西宁	Xining	102.4	99.9	99.3	101.3	101.2	102.0	99.1
银川	Yinchuan	98.6	99.7	100.2	101.1	99.4	102.0	100.1
乌鲁木齐	Urumqi	105.5	100.3	101.1	102.7	98.9	99.9	98.7

4-69 36个大中城市居民消费价格分类指数(累计比)
Consumer Price Indices by Category for 36 Major Large and Medium-sized Cities (2021年1-7月)

(上年同期=100) (same period of preceding year=100)

城市	City	居民消费价格指数 Consumer Price Index	食品烟酒 Food, Tobacco and Alcohol	粮食 Grain	鲜菜 Fresh Vegetables	畜肉 Meat	水产品 Aquatic Products	蛋 Eggs	鲜果 Fresh Fruits
平均指数	**Average Index**	**100.6**	**100.2**	**100.7**	**100.8**	**88.8**	**107.4**	**106.7**	**102.7**
北京	Beijing	100.6	100.3	100.2	99.2	92.4	100.8	104.5	101.7
天津	Tianjin	100.9	101.3	101.8	99.6	92.9	108.6	118.5	100.1
石家庄	Shijiazhuang	101.0	101.3	99.5	100.2	92.9	111.1	111.9	108.8
太原	Taiyuan	100.5	101.2	100.9	100.7	92.3	108.7	115.4	107.3
呼和浩特	Hohhot	100.5	100.9	100.1	95.2	100.2	119.9	115.4	101.8
沈阳	Shenyang	101.3	101.5	106.3	102.1	92.6	108.1	105.8	106.4
大连	Dalian	100.9	101.5	102.8	102.6	90.7	108.3	123.2	106.3
长春	Changchun	100.1	101.0	99.9	101.4	94.2	109.9	113.2	102.5
哈尔滨	Harbin	99.7	100.2	100.9	100.0	89.2	111.0	116.7	103.8
上海	Shanghai	100.8	100.3	99.5	101.0	91.0	105.2	103.7	104.4
南京	Nanjing	101.2	101.5	103.7	102.4	89.2	115.1	110.5	104.2
杭州	Hangzhou	100.6	99.6	98.5	93.6	87.1	111.3	104.6	101.4
宁波	Ningbo	102.0	102.4	102.4	108.6	88.4	107.4	103.4	103.5
合肥	Hefei	101.1	100.6	100.2	98.6	89.0	115.1	110.7	104.1
福州	Fuzhou	99.8	98.6	100.1	99.8	84.2	103.3	105.5	100.2
厦门	Xiamen	101.0	99.2	101.9	101.6	85.0	102.4	102.5	104.9
南昌	Nanchang	100.8	100.3	101.4	109.3	85.9	110.8	105.5	100.7
济南	Jinan	101.2	101.6	97.7	101.0	88.7	115.3	101.6	112.7
青岛	Qingdao	101.3	101.2	100.7	101.2	89.8	110.1	112.0	105.0
郑州	Zhengzhou	100.7	101.6	100.9	101.4	92.6	121.9	110.2	109.0
武汉	Wuhan	99.6	98.4	101.0	98.9	83.4	109.9	99.4	100.0
长沙	Changsha	100.9	100.3	103.4	107.8	85.8	113.5	103.0	105.6
广州	Guangzhou	100.7	99.9	103.0	100.4	87.2	105.0	103.2	101.8
深圳	Shenzhen	100.3	99.7	97.6	101.7	86.0	102.2	99.8	101.4
南宁	Nanning	101.0	99.6	99.9	102.5	87.2	105.0	108.3	103.1
海口	Haikou	99.9	99.8	100.1	102.3	95.1	93.8	99.1	99.0
重庆	Chongqing	100.0	98.0	97.4	100.2	83.0	108.0	105.8	99.7
成都	Chengdu	100.0	99.4	102.2	104.2	86.2	107.9	100.3	100.1
贵阳	Guiyang	100.1	99.5	98.7	103.8	88.3	116.5	104.4	101.9
昆明	Kunming	100.2	99.0	99.6	100.9	89.3	105.9	103.8	94.5
拉萨	Lasa	101.0	100.9	100.3	97.2	99.6	110.6	110.4	94.9
西安	Xi'an	101.4	102.0	105.0	103.4	90.6	111.9	121.7	100.8
兰州	Lanzhou	100.9	101.3	101.7	100.2	93.9	107.5	112.9	108.9
西宁	Xining	100.9	100.3	101.7	102.2	96.9	106.9	116.1	100.9
银川	Yinchuan	100.7	101.2	103.0	102.1	97.2	112.7	117.0	108.2
乌鲁木齐	Urumqi	101.2	100.6	104.1	94.9	99.4	113.4	112.7	100.8

4-69 续表 continued

(上年同期=100) (same period of preceding year=100)

城市	City	衣着 Clothing	居住 Residence	生活用品及服务 Articles for Daily Use and Services	交通通信 Transport and Communications	教育文化娱乐 Education, Culture and Recreation	医疗保健 Health Care	其他用品及服务 Other Articles and Services
平均指数	**Average Index**	**100.1**	**100.5**	**100.3**	**102.9**	**101.0**	**99.8**	**99.1**
北京	Beijing	99.7	100.8	99.7	103.6	99.8	99.4	100.9
天津	Tianjin	96.5	100.7	100.8	102.6	103.0	99.5	97.7
石家庄	Shijiazhuang	100.9	99.9	98.8	102.8	102.0	100.3	102.3
太原	Taiyuan	100.2	98.6	100.3	102.4	102.3	99.5	96.9
呼和浩特	Hohhot	96.9	100.4	99.7	102.0	101.6	100.6	100.3
沈阳	Shenyang	100.5	99.7	99.8	104.2	103.6	99.6	100.2
大连	Dalian	102.2	100.0	99.9	102.2	100.3	100.2	100.0
长春	Changchun	100.8	100.0	99.2	102.1	97.4	99.7	97.3
哈尔滨	Harbin	104.0	95.8	100.6	102.2	99.0	100.3	99.5
上海	Shanghai	99.4	101.0	100.2	102.5	101.9	97.9	101.2
南京	Nanjing	99.8	101.1	101.1	102.3	99.7	100.8	103.5
杭州	Hangzhou	100.6	100.7	100.9	102.9	100.3	100.1	97.1
宁波	Ningbo	100.2	100.7	103.0	103.8	104.6	100.6	97.2
合肥	Hefei	100.1	100.8	100.1	103.0	103.4	100.5	95.1
福州	Fuzhou	99.1	100.1	99.9	102.2	101.1	100.2	95.8
厦门	Xiamen	105.4	102.2	101.6	102.0	101.9	98.6	96.1
南昌	Nanchang	99.2	100.1	100.5	102.5	103.3	100.5	98.8
济南	Jinan	101.7	101.8	98.0	103.2	98.4	100.3	101.4
青岛	Qingdao	100.1	100.9	98.2	104.4	102.1	100.4	98.9
郑州	Zhengzhou	99.8	100.1	100.0	101.1	102.6	99.7	94.4
武汉	Wuhan	99.2	99.0	99.7	102.9	100.7	99.4	97.9
长沙	Changsha	100.9	100.9	100.2	103.0	100.7	100.6	99.4
广州	Guangzhou	101.3	101.2	99.5	102.7	100.6	100.5	97.1
深圳	Shenzhen	99.4	99.5	101.7	103.0	101.3	99.8	97.6
南宁	Nanning	103.5	100.8	99.8	100.4	104.6	102.1	101.0
海口	Haikou	102.2	100.4	101.4	102.4	96.1	98.6	99.0
重庆	Chongqing	102.0	99.6	100.6	103.5	101.2	99.8	97.1
成都	Chengdu	97.8	99.6	100.7	102.8	97.8	103.1	101.8
贵阳	Guiyang	97.5	100.2	100.1	102.2	100.3	100.3	101.4
昆明	Kunming	100.4	100.5	99.5	103.5	98.5	100.5	100.3
拉萨	Lasa	101.2	99.8	99.4	103.3	101.7	100.2	104.3
西安	Xi'an	100.5	101.4	100.2	102.7	102.4	97.8	103.5
兰州	Lanzhou	101.4	100.1	100.4	102.7	100.0	100.1	102.0
西宁	Xining	102.2	100.0	99.4	102.1	101.6	102.1	99.3
银川	Yinchuan	98.8	99.8	100.4	101.8	99.9	102.2	100.0
乌鲁木齐	Urumqi	105.9	100.5	101.1	103.9	99.3	99.9	98.8

4-70 36个大中城市居民消费价格分类指数(累计比)
Consumer Price Indices by Category for 36 Major Large and Medium-sized Cities
(2021年1-8月)

(上年同期=100) (same period of preceding year=100)

城市	City	居民消费价格指数 Consumer Price Index	食品烟酒 Food, Tobacco and Alcohol	粮食 Grain	鲜菜 Fresh Vegetables	畜肉 Meat	水产品 Aquatic Products	蛋 Eggs	鲜果 Fresh Fruits
平均指数	**Average Index**	**100.7**	**100.0**	**100.6**	**100.4**	**87.1**	**107.5**	**107.3**	**102.9**
北京	Beijing	100.7	100.1	100.0	99.5	91.1	100.8	105.0	101.1
天津	Tianjin	100.9	101.1	101.5	99.2	91.1	108.5	119.1	99.5
石家庄	Shijiazhuang	101.0	101.1	99.4	100.8	91.2	110.7	112.5	108.7
太原	Taiyuan	100.6	100.9	100.8	100.3	90.8	108.6	114.9	106.9
呼和浩特	Hohhot	100.6	100.6	100.1	95.9	98.4	119.9	115.2	101.1
沈阳	Shenyang	101.3	101.1	105.7	102.4	90.6	108.4	106.3	106.5
大连	Dalian	101.0	101.3	102.7	103.2	88.6	108.8	123.5	106.4
长春	Changchun	100.3	100.8	99.7	102.8	92.2	110.0	113.5	103.2
哈尔滨	Harbin	99.9	100.2	100.9	102.3	87.5	111.6	117.1	103.9
上海	Shanghai	100.8	100.3	99.2	101.4	89.6	105.1	103.8	105.2
南京	Nanjing	101.2	101.3	103.5	101.3	87.6	115.2	111.2	104.3
杭州	Hangzhou	100.6	99.5	98.4	93.6	85.6	111.2	104.7	101.5
宁波	Ningbo	102.0	102.1	102.3	107.3	86.5	107.5	103.7	103.9
合肥	Hefei	101.2	100.4	100.3	98.5	86.8	114.5	111.6	105.0
福州	Fuzhou	99.9	98.4	100.1	99.5	82.2	104.1	107.4	99.8
厦门	Xiamen	101.0	98.9	101.8	101.5	83.0	102.6	103.3	104.4
南昌	Nanchang	100.8	100.0	101.4	107.3	84.2	109.8	106.1	101.4
济南	Jinan	101.2	101.4	97.7	99.7	86.7	115.6	102.5	114.3
青岛	Qingdao	101.3	100.9	100.6	100.4	87.8	109.9	112.5	105.0
郑州	Zhengzhou	100.8	101.6	100.9	102.3	90.9	122.3	112.0	109.9
武汉	Wuhan	99.8	98.5	101.0	98.1	82.7	110.2	100.8	101.2
长沙	Changsha	100.8	99.8	103.4	105.8	83.7	114.1	104.2	105.1
广州	Guangzhou	100.7	99.8	103.0	99.8	85.6	105.7	103.9	101.9
深圳	Shenzhen	100.4	99.8	97.8	101.2	84.5	102.4	101.1	101.7
南宁	Nanning	101.1	99.4	99.9	101.6	85.1	105.9	109.2	102.9
海口	Haikou	100.1	99.6	100.1	100.9	93.7	94.2	99.5	98.9
重庆	Chongqing	100.1	97.7	97.7	99.1	80.7	108.3	106.7	100.5
成都	Chengdu	100.1	99.0	101.8	101.7	84.1	108.8	100.3	100.5
贵阳	Guiyang	100.1	98.9	98.7	102.1	85.9	117.2	104.1	101.6
昆明	Kunming	100.2	98.5	99.5	100.5	86.3	106.5	105.0	95.0
拉萨	Lasa	100.8	100.4	100.3	97.1	98.5	111.2	109.2	94.9
西安	Xi'an	101.4	101.8	105.2	102.8	88.7	111.6	121.7	101.3
兰州	Lanzhou	100.9	101.0	101.6	99.9	91.6	107.8	112.6	108.8
西宁	Xining	100.9	100.0	101.7	101.8	94.9	107.1	115.7	101.3
银川	Yinchuan	100.9	101.2	102.8	101.2	96.4	113.3	117.8	107.8
乌鲁木齐	Urumqi	101.2	100.4	103.9	94.8	97.8	113.2	112.4	101.7

4-70 续表 continued

(上年同期=100) (same period of preceding year=100)

城市	City	衣着 Clothing	居住 Residence	生活用品及服务 Articles for Daily Use and Services	交通通信 Transport and Communications	教育文化娱乐 Education, Culture and Recreation	医疗保健 Health Care	其他用品及服务 Other Articles and Services
平均指数	**Average Index**	**100.2**	**100.6**	**100.3**	**103.3**	**101.4**	**99.8**	**98.7**
北京	Beijing	99.7	100.9	99.7	104.1	100.1	99.5	100.3
天津	Tianjin	96.6	100.8	100.8	103.1	103.3	99.6	97.3
石家庄	Shijiazhuang	100.9	99.9	98.9	103.1	102.1	100.4	101.8
太原	Taiyuan	100.2	98.9	100.3	102.9	102.7	99.4	96.7
呼和浩特	Hohhot	97.1	100.5	99.8	102.5	102.1	100.5	100.0
沈阳	Shenyang	100.6	99.7	100.0	104.7	103.7	99.6	100.0
大连	Dalian	102.2	100.0	99.9	102.8	100.9	100.2	99.6
长春	Changchun	100.7	100.0	99.2	102.8	98.4	99.8	96.9
哈尔滨	Harbin	103.9	96.3	100.6	102.9	99.5	100.3	99.2
上海	Shanghai	99.4	101.0	100.3	102.9	102.2	97.9	101.0
南京	Nanjing	100.5	101.1	101.1	102.8	99.9	100.8	102.7
杭州	Hangzhou	100.6	100.8	100.8	103.3	100.7	100.1	96.6
宁波	Ningbo	100.1	100.7	102.9	104.1	104.8	100.6	96.8
合肥	Hefei	100.3	101.0	100.2	103.6	103.8	100.6	94.9
福州	Fuzhou	99.0	100.3	99.9	102.6	101.3	100.2	95.3
厦门	Xiamen	105.3	102.4	101.6	102.4	101.9	98.8	95.6
南昌	Nanchang	99.3	100.1	100.5	102.9	103.7	100.6	98.4
济南	Jinan	101.8	101.9	98.1	103.6	98.8	100.5	100.8
青岛	Qingdao	100.2	101.0	98.3	105.1	102.4	100.5	98.1
郑州	Zhengzhou	99.9	100.2	100.1	101.3	102.8	99.7	93.9
武汉	Wuhan	99.1	99.4	99.8	103.4	101.2	99.5	97.3
长沙	Changsha	100.9	101.1	100.3	103.4	100.8	100.6	99.1
广州	Guangzhou	101.3	101.3	99.6	103.0	100.7	100.4	96.8
深圳	Shenzhen	99.6	99.6	101.7	103.4	101.5	99.8	97.3
南宁	Nanning	103.2	101.0	100.0	100.8	105.1	101.9	100.7
海口	Haikou	102.1	100.7	101.4	102.7	96.7	98.7	98.7
重庆	Chongqing	102.1	99.9	100.6	103.9	101.4	99.8	96.8
成都	Chengdu	97.9	99.6	100.8	103.3	98.8	103.0	101.4
贵阳	Guiyang	97.9	100.3	100.2	102.6	100.8	100.3	101.2
昆明	Kunming	100.4	100.5	99.5	103.9	99.0	100.4	100.0
拉萨	Lasa	101.2	99.8	99.3	103.6	101.5	100.2	102.9
西安	Xi'an	100.6	101.6	100.3	102.8	102.6	98.0	103.0
兰州	Lanzhou	101.5	100.3	100.4	102.9	100.0	100.1	101.6
西宁	Xining	102.2	100.1	99.5	102.5	102.0	102.2	99.1
银川	Yinchuan	99.0	99.9	100.6	102.5	100.5	102.4	99.4
乌鲁木齐	Urumqi	106.2	100.5	101.2	104.1	99.6	99.8	98.7

4-71 36个大中城市居民消费价格分类指数(累计比)
Consumer Price Indices by Category for 36 Major Large and Medium-sized Cities
(2021年1-9月)

(上年同期=100) (same period of preceding year=100)

城市	City	居民消费价格指数 Consumer Price Index	食品烟酒 Food, Tobacco and Alcohol	粮食 Grain	鲜菜 Fresh Vegetables	畜肉 Meat	水产品 Aquatic Products	蛋 Eggs	鲜果 Fresh Fruits
平均指数	**Average Index**	**100.7**	**99.8**	**100.5**	**99.9**	**85.7**	**107.5**	**107.8**	**102.5**
北京	Beijing	100.8	99.8	99.7	99.5	90.0	100.7	105.1	100.0
天津	Tianjin	100.9	100.8	101.3	98.6	89.6	108.1	119.4	98.6
石家庄	Shijiazhuang	100.9	100.7	99.3	101.2	89.7	109.7	112.7	106.7
太原	Taiyuan	100.6	100.5	100.7	99.5	89.4	108.5	114.6	105.9
呼和浩特	Hohhot	100.5	100.3	100.1	95.6	97.1	119.5	114.8	99.7
沈阳	Shenyang	101.2	100.6	105.2	100.9	88.8	108.1	106.6	105.2
大连	Dalian	101.0	100.9	102.7	102.2	86.8	108.3	123.1	106.0
长春	Changchun	100.3	100.3	99.3	101.5	90.5	109.5	113.6	102.3
哈尔滨	Harbin	100.1	99.9	100.9	101.1	86.1	111.5	117.3	103.2
上海	Shanghai	100.9	100.1	99.1	101.5	88.3	105.1	103.8	105.1
南京	Nanjing	101.2	101.0	103.3	100.6	86.3	115.1	111.9	103.9
杭州	Hangzhou	100.7	99.3	98.3	93.2	84.2	110.8	104.7	101.1
宁波	Ningbo	102.0	101.8	102.3	106.4	84.9	107.3	104.0	104.2
合肥	Hefei	101.3	100.2	100.3	98.7	85.3	114.2	112.4	104.1
福州	Fuzhou	100.0	98.3	100.1	99.3	80.6	104.6	108.9	99.1
厦门	Xiamen	101.0	98.6	101.8	101.3	81.2	102.8	103.9	103.7
南昌	Nanchang	100.8	99.7	101.6	105.9	82.9	109.5	106.6	101.2
济南	Jinan	101.2	101.1	97.5	99.7	85.0	115.6	103.2	113.7
青岛	Qingdao	101.3	100.6	100.5	100.4	86.0	109.2	112.7	103.7
郑州	Zhengzhou	100.8	101.4	100.9	102.9	89.3	121.7	112.8	109.8
武汉	Wuhan	100.0	98.5	101.1	97.8	81.7	110.5	102.0	102.0
长沙	Changsha	100.8	99.3	103.4	104.2	81.7	114.2	105.0	104.4
广州	Guangzhou	100.8	99.7	103.2	99.5	84.4	106.2	104.5	101.9
深圳	Shenzhen	100.5	99.8	97.9	101.1	83.2	102.7	102.3	101.8
南宁	Nanning	101.1	99.2	99.9	101.2	83.5	106.3	109.7	102.4
海口	Haikou	100.2	99.5	100.3	100.1	92.5	94.4	99.9	98.9
重庆	Chongqing	100.0	97.4	98.0	98.0	79.0	108.3	107.4	100.2
成都	Chengdu	100.1	98.6	101.5	100.2	82.5	109.3	100.3	100.7
贵阳	Guiyang	100.1	98.3	98.6	100.5	83.9	116.8	104.1	101.2
昆明	Kunming	100.2	98.1	99.4	99.8	83.7	106.9	105.7	95.3
拉萨	Lasa	100.6	100.1	100.3	97.8	97.6	110.4	108.7	94.7
西安	Xi'an	101.4	101.6	105.3	102.4	87.2	111.4	122.1	100.7
兰州	Lanzhou	100.9	100.8	101.5	99.2	89.6	107.9	112.9	108.6
西宁	Xining	101.0	99.7	101.5	101.2	93.3	106.9	115.6	101.3
银川	Yinchuan	100.9	101.1	102.6	100.7	95.6	113.8	118.0	106.9
乌鲁木齐	Urumqi	101.2	100.2	103.7	94.5	96.8	113.0	112.6	100.9

4-71 续表 continued

(上年同期=100) (same period of preceding year=100)

城 市	City	衣着 Clothing	居住 Residence	生活用品及服务 Articles for Daily Use and Services	交通通信 Transport and Communications	教育文化娱乐 Education, Culture and Recreation	医疗保健 Health Care	其他用品及服务 Other Articles and Services
平均指数	**Average Index**	**100.2**	**100.7**	**100.4**	**103.6**	**101.7**	**99.8**	**98.6**
北 京	Beijing	99.7	101.0	99.7	104.4	100.5	99.5	100.1
天 津	Tianjin	96.8	100.8	100.9	103.5	103.5	99.7	97.1
石家庄	Shijiazhuang	100.7	99.9	99.0	103.4	102.1	100.3	101.6
太 原	Taiyuan	100.1	99.1	100.4	103.4	103.1	99.4	96.6
呼和浩特	Hohhot	97.2	100.6	99.8	102.9	102.1	100.5	99.7
沈 阳	Shenyang	100.6	99.7	100.1	104.9	103.7	99.6	99.8
大 连	Dalian	102.1	100.1	100.0	103.3	101.5	100.1	99.4
长 春	Changchun	100.5	100.0	99.2	103.2	99.0	99.9	96.8
哈尔滨	Harbin	103.8	97.1	100.6	103.3	99.8	100.3	99.1
上 海	Shanghai	99.3	101.0	100.4	103.1	102.4	97.9	100.9
南 京	Nanjing	100.8	101.1	101.2	103.1	100.1	100.8	102.0
杭 州	Hangzhou	100.7	100.9	100.7	103.5	101.7	100.1	96.6
宁 波	Ningbo	100.1	100.7	102.7	104.5	104.8	100.5	96.6
合 肥	Hefei	100.5	101.0	100.2	104.2	104.1	100.6	95.0
福 州	Fuzhou	99.3	100.6	100.0	103.0	101.3	100.3	95.2
厦 门	Xiamen	105.1	102.5	101.6	102.7	101.9	99.0	95.4
南 昌	Nanchang	99.6	100.1	100.4	103.3	103.8	100.6	98.1
济 南	Jinan	101.8	102.0	98.3	103.8	99.1	100.6	100.4
青 岛	Qingdao	100.4	101.0	98.4	105.4	102.6	100.5	97.9
郑 州	Zhengzhou	100.0	100.4	100.0	101.6	102.8	99.8	93.7
武 汉	Wuhan	99.3	99.7	100.0	103.7	101.6	99.5	97.0
长 沙	Changsha	100.9	101.4	100.4	103.6	101.0	100.6	98.9
广 州	Guangzhou	101.3	101.4	99.7	103.3	101.1	100.4	96.7
深 圳	Shenzhen	99.7	99.6	101.7	103.8	101.7	99.8	97.4
南 宁	Nanning	102.9	101.2	100.1	101.1	105.6	101.6	100.6
海 口	Haikou	102.0	101.0	101.3	102.9	97.3	98.8	98.5
重 庆	Chongqing	101.9	100.1	100.6	104.2	101.5	99.8	96.7
成 都	Chengdu	97.9	99.6	100.9	103.5	99.3	102.9	101.2
贵 阳	Guiyang	98.3	100.4	100.3	102.9	101.3	100.3	101.0
昆 明	Kunming	100.4	100.6	99.5	104.2	99.4	100.4	100.1
拉 萨	Lasa	101.2	99.8	99.3	103.6	101.3	100.2	102.2
西 安	Xi'an	100.7	101.6	100.2	102.9	103.0	98.1	102.7
兰 州	Lanzhou	101.4	100.6	100.4	103.0	100.1	100.1	101.4
西 宁	Xining	102.3	100.2	99.6	102.8	102.3	102.2	98.9
银 川	Yinchuan	99.1	99.9	100.6	102.9	100.6	102.5	99.0
乌鲁木齐	Urumqi	106.5	100.6	101.3	103.9	99.8	99.8	98.6

4-72 36个大中城市居民消费价格分类指数(累计比)
Consumer Price Indices by Category for 36 Major Large and Medium-sized Cities
(2021年1-10月)

(上年同期=100) (same period of preceding year=100)

城市	City	居民消费价格指数 Consumer Price Index	食品烟酒 Food, Tobacco and Alcohol	粮食 Grain	鲜菜 Fresh Vegetables	畜肉 Meat	水产品 Aquatic Products	蛋 Eggs	鲜果 Fresh Fruits
平均指数	**Average Index**	**100.9**	**99.8**	**100.5**	**101.6**	**84.7**	**107.4**	**108.1**	**102.4**
北京	Beijing	100.9	100.0	99.6	103.1	89.3	100.6	105.4	100.0
天津	Tianjin	101.1	100.9	101.2	102.0	88.7	107.6	119.7	98.3
石家庄	Shijiazhuang	100.9	100.8	99.2	104.7	88.6	109.1	113.1	105.7
太原	Taiyuan	100.8	100.5	100.9	102.6	88.5	108.2	114.7	104.5
呼和浩特	Hohhot	100.7	100.4	100.1	98.2	96.3	119.0	114.9	99.7
沈阳	Shenyang	101.2	100.5	104.8	103.2	87.8	107.4	107.0	104.3
大连	Dalian	101.2	100.9	102.6	104.8	85.8	107.6	123.3	105.9
长春	Changchun	100.3	100.2	99.2	103.4	89.3	109.3	113.9	101.8
哈尔滨	Harbin	100.2	99.8	101.0	102.3	85.6	111.0	117.8	102.7
上海	Shanghai	101.0	100.3	99.1	103.4	87.2	105.1	104.0	105.4
南京	Nanjing	101.3	101.1	103.2	102.4	85.5	114.9	112.2	103.9
杭州	Hangzhou	100.9	99.3	98.2	94.8	83.1	110.2	104.7	101.1
宁波	Ningbo	102.0	101.9	102.3	107.9	83.9	107.3	104.1	104.9
合肥	Hefei	101.5	100.1	100.4	100.5	84.2	114.0	113.0	103.1
福州	Fuzhou	100.2	98.3	100.0	101.3	79.3	104.7	109.8	98.2
厦门	Xiamen	101.1	98.6	101.7	103.0	80.2	102.9	103.9	103.3
南昌	Nanchang	100.9	99.6	101.6	106.3	81.8	109.2	106.8	100.5
济南	Jinan	101.3	101.2	97.8	103.1	83.8	115.3	103.7	113.2
青岛	Qingdao	101.4	100.6	100.7	102.9	84.7	108.3	112.7	103.2
郑州	Zhengzhou	100.9	101.3	100.8	104.9	88.0	120.6	113.2	109.2
武汉	Wuhan	100.2	98.6	101.2	98.0	81.2	110.7	102.8	102.3
长沙	Changsha	100.9	99.1	103.1	104.3	80.4	113.9	105.7	103.9
广州	Guangzhou	100.9	99.8	103.3	100.5	83.4	106.5	104.8	101.8
深圳	Shenzhen	100.7	99.9	98.3	102.2	82.2	103.0	103.4	101.9
南宁	Nanning	101.2	99.3	100.1	101.9	82.3	106.1	110.1	102.6
海口	Haikou	100.3	99.5	100.6	101.2	91.3	94.8	100.2	99.0
重庆	Chongqing	100.1	97.3	98.1	98.4	78.1	108.1	107.7	100.1
成都	Chengdu	100.1	98.5	101.3	100.9	81.6	109.7	100.2	100.8
贵阳	Guiyang	100.2	98.0	98.7	100.2	82.6	116.2	104.2	100.3
昆明	Kunming	100.2	97.8	99.3	99.4	81.8	106.9	106.2	95.8
拉萨	Lasa	100.6	99.8	100.4	98.9	96.8	109.7	108.3	95.1
西安	Xi'an	101.5	101.6	105.4	104.4	86.2	111.1	122.2	100.3
兰州	Lanzhou	101.1	100.8	101.5	100.7	88.1	107.8	113.3	108.4
西宁	Xining	101.1	99.7	101.2	103.2	92.1	106.6	115.7	101.2
银川	Yinchuan	101.1	101.3	102.3	102.4	95.2	114.1	118.3	105.8
乌鲁木齐	Urumqi	101.2	100.2	103.6	95.8	96.3	112.8	112.8	101.4

4-72 续表 continued

(上年同期=100) (same period of preceding year=100)

城 市	City	衣着 Clothing	居住 Residence	生活用品及服务 Articles for Daily Use and Services	交通通信 Transport and Communications	教育文化娱乐 Education, Culture and Recreation	医疗保健 Health Care	其他用品及服务 Other Articles and Services
平均指数	**Average Index**	**100.2**	**100.8**	**100.4**	**103.9**	**101.9**	**99.9**	**98.7**
北 京	Beijing	99.8	101.1	99.8	104.8	100.6	99.6	99.9
天 津	Tianjin	97.0	100.7	100.9	104.1	103.5	99.8	97.4
石家庄	Shijiazhuang	100.5	99.9	99.1	103.7	102.0	100.3	101.8
太 原	Taiyuan	100.1	99.3	100.4	104.1	103.2	99.4	97.0
呼和浩特	Hohhot	97.3	100.6	99.9	103.4	102.1	100.4	99.4
沈 阳	Shenyang	100.7	99.7	100.3	105.2	103.6	99.6	99.7
大 连	Dalian	102.0	100.4	100.0	103.7	102.0	100.1	99.2
长 春	Changchun	100.2	100.0	99.2	103.6	99.3	99.9	97.1
哈尔滨	Harbin	103.4	97.8	100.6	103.6	100.0	100.2	99.2
上 海	Shanghai	99.4	101.1	100.5	103.5	102.6	98.3	100.9
南 京	Nanjing	100.9	101.0	101.4	103.5	100.3	100.8	101.9
杭 州	Hangzhou	101.0	101.0	100.8	103.9	102.4	100.0	97.0
宁 波	Ningbo	99.9	100.8	102.6	104.9	104.6	100.5	96.9
合 肥	Hefei	100.3	101.2	100.4	104.7	104.3	100.7	95.5
福 州	Fuzhou	99.8	100.8	100.2	103.4	101.4	100.3	95.6
厦 门	Xiamen	104.9	102.6	101.6	103.1	101.8	99.2	95.7
南 昌	Nanchang	99.8	100.2	100.3	103.7	104.0	100.6	98.3
济 南	Jinan	101.7	102.0	98.5	104.2	99.3	100.7	100.1
青 岛	Qingdao	100.5	101.0	98.5	105.8	102.6	100.5	97.8
郑 州	Zhengzhou	100.1	100.5	100.1	101.8	103.0	99.8	94.1
武 汉	Wuhan	99.5	100.0	100.1	104.1	102.1	99.5	97.1
长 沙	Changsha	101.0	101.7	100.5	104.1	101.0	100.6	98.9
广 州	Guangzhou	101.1	101.5	99.8	103.6	101.3	100.4	96.8
深 圳	Shenzhen	99.9	99.7	101.8	104.1	101.9	99.9	97.8
南 宁	Nanning	102.5	101.3	100.2	101.3	105.8	101.4	100.5
海 口	Haikou	101.9	101.3	101.3	103.1	97.9	98.8	98.6
重 庆	Chongqing	101.7	100.1	100.7	104.4	101.6	99.7	97.0
成 都	Chengdu	98.0	99.6	100.9	103.9	99.5	102.8	101.1
贵 阳	Guiyang	98.7	100.5	100.4	103.3	101.7	100.3	100.9
昆 明	Kunming	100.3	100.7	99.5	104.5	99.6	100.3	100.2
拉 萨	Lasa	101.2	99.8	99.3	103.8	101.2	100.2	101.6
西 安	Xi'an	100.8	101.8	100.3	102.9	103.3	98.2	102.2
兰 州	Lanzhou	101.5	101.0	100.4	103.3	100.2	100.2	101.5
西 宁	Xining	102.3	100.3	99.8	103.0	102.5	102.3	99.0
银 川	Yinchuan	99.2	100.0	100.8	103.2	100.9	102.6	98.8
乌鲁木齐	Urumqi	106.5	100.6	101.3	104.0	100.0	99.7	98.6

4-73 36个大中城市居民消费价格分类指数(累计比)
Consumer Price Indices by Category for 36 Major Large and Medium-sized Cities (2021年1-11月)

(上年同期=100) (same period of preceding year=100)

城市	City	居民消费价格指数 Consumer Price Index	食品烟酒 Food, Tobacco and Alcohol	粮食 Grain	鲜菜 Fresh Vegetables	畜肉 Meat	水产品 Aquatic Products	蛋 Eggs	鲜果 Fresh Fruits
平均指数	**Average Index**	**101.0**	**100.0**	**100.6**	**104.1**	**84.4**	**107.3**	**108.8**	**102.5**
北京	Beijing	101.0	100.4	99.6	107.0	89.1	100.7	105.9	100.3
天津	Tianjin	101.3	101.2	101.2	105.4	88.6	107.1	120.4	98.5
石家庄	Shijiazhuang	101.0	101.0	99.1	108.0	88.1	108.6	114.0	106.1
太原	Taiyuan	100.9	100.7	101.2	105.6	88.1	107.7	115.4	103.8
呼和浩特	Hohhot	100.9	100.7	100.3	101.2	96.1	118.6	115.5	100.6
沈阳	Shenyang	101.3	100.8	104.6	108.3	87.5	106.6	108.0	103.8
大连	Dalian	101.4	101.1	102.6	108.8	85.6	106.8	125.0	105.9
长春	Changchun	100.5	100.4	99.5	107.0	89.1	109.1	114.4	101.4
哈尔滨	Harbin	100.5	100.1	101.0	105.5	85.6	110.3	118.8	102.6
上海	Shanghai	101.1	100.5	99.0	105.5	86.6	105.3	104.3	106.3
南京	Nanjing	101.4	101.3	103.3	104.4	85.2	114.8	112.8	103.9
杭州	Hangzhou	101.1	99.4	98.1	97.5	82.8	109.7	104.8	101.2
宁波	Ningbo	102.1	102.0	102.4	110.2	83.6	107.3	104.5	105.1
合肥	Hefei	101.6	100.4	100.5	103.6	83.9	113.7	114.0	102.9
福州	Fuzhou	100.5	98.7	99.9	105.6	79.2	104.8	111.2	98.2
厦门	Xiamen	101.2	98.7	101.6	105.1	80.1	103.0	104.4	102.9
南昌	Nanchang	101.0	99.8	101.5	108.2	81.8	109.1	107.3	100.6
济南	Jinan	101.5	101.5	98.4	106.6	83.5	115.2	104.9	112.4
青岛	Qingdao	101.5	100.8	101.0	105.5	84.2	108.0	113.2	103.1
郑州	Zhengzhou	101.0	101.4	101.2	107.3	87.6	119.6	114.3	108.7
武汉	Wuhan	100.4	98.9	101.3	99.7	81.4	111.1	103.8	102.1
长沙	Changsha	101.1	99.2	102.9	105.6	80.2	113.8	106.7	104.2
广州	Guangzhou	101.0	99.9	103.2	101.9	82.8	106.9	105.1	101.6
深圳	Shenzhen	100.8	100.1	98.3	103.7	81.8	103.3	104.4	102.2
南宁	Nanning	101.3	99.5	100.0	104.5	81.8	106.0	110.8	102.7
海口	Haikou	100.5	99.7	100.7	101.9	90.5	95.1	100.8	99.4
重庆	Chongqing	100.2	97.7	98.3	100.6	78.3	107.9	109.3	100.0
成都	Chengdu	100.4	98.9	101.4	103.4	81.7	110.1	100.6	101.5
贵阳	Guiyang	100.4	98.1	99.2	101.1	82.3	115.8	104.5	100.4
昆明	Kunming	100.2	97.8	99.2	100.4	81.2	106.6	106.9	96.0
拉萨	Lasa	100.5	99.7	100.4	100.1	96.3	109.6	108.8	95.4
西安	Xi'an	101.6	101.8	105.4	107.0	85.9	111.0	123.1	100.3
兰州	Lanzhou	101.2	100.9	101.4	102.5	87.2	107.9	113.9	109.1
西宁	Xining	101.2	99.9	101.3	105.5	91.5	106.5	116.5	101.5
银川	Yinchuan	101.3	101.5	102.1	105.0	95.0	114.3	118.9	104.9
乌鲁木齐	Urumqi	101.3	100.5	103.6	98.6	96.1	112.7	113.4	101.6

4-73 续表 continued

(上年同期=100) (same period of preceding year=100)

城市	City	衣着 Clothing	居住 Residence	生活用品及服务 Articles for Daily Use and Services	交通通信 Transport and Communications	教育文化娱乐 Education, Culture and Recreation	医疗保健 Health Care	其他用品及服务 Other Articles and Services
平均指数	**Average Index**	**100.3**	**100.8**	**100.5**	**104.3**	**102.0**	**100.0**	**98.8**
北京	Beijing	99.7	101.1	99.7	105.1	100.7	99.7	99.7
天津	Tianjin	97.3	100.7	101.0	104.6	103.4	99.9	97.6
石家庄	Shijiazhuang	100.0	99.9	99.1	103.9	101.9	100.4	102.1
太原	Taiyuan	100.1	99.4	100.4	104.5	103.3	99.4	97.2
呼和浩特	Hohhot	97.5	100.6	100.0	104.0	102.1	100.4	99.4
沈阳	Shenyang	100.8	99.7	100.3	105.5	103.6	99.6	99.6
大连	Dalian	101.8	100.5	99.9	104.3	102.4	100.1	99.3
长春	Changchun	100.0	100.1	99.2	104.0	99.7	100.0	97.3
哈尔滨	Harbin	103.2	98.3	100.6	104.0	100.3	100.2	99.3
上海	Shanghai	99.5	101.1	100.6	103.8	102.6	98.7	100.9
南京	Nanjing	101.0	101.0	101.4	103.9	100.4	100.8	101.7
杭州	Hangzhou	101.1	101.0	100.9	104.3	103.1	100.0	97.4
宁波	Ningbo	99.8	100.8	102.5	105.2	104.5	100.4	97.2
合肥	Hefei	100.3	101.3	100.4	105.3	104.6	100.7	95.9
福州	Fuzhou	100.1	101.0	100.3	103.9	101.5	100.4	96.1
厦门	Xiamen	104.8	102.8	101.6	103.5	101.7	99.4	95.9
南昌	Nanchang	99.8	100.2	100.3	104.2	104.0	100.6	98.3
济南	Jinan	101.6	101.9	98.7	104.6	99.5	100.7	100.0
青岛	Qingdao	100.6	101.1	98.7	106.1	102.7	100.5	98.0
郑州	Zhengzhou	100.2	100.5	100.2	102.2	103.3	99.8	94.5
武汉	Wuhan	99.6	100.2	100.0	104.4	102.5	99.5	97.2
长沙	Changsha	101.1	101.8	100.5	104.5	101.1	100.7	98.9
广州	Guangzhou	101.1	101.6	99.9	103.9	101.5	100.4	97.0
深圳	Shenzhen	100.0	99.8	101.8	104.4	102.1	99.9	98.1
南宁	Nanning	102.1	101.4	100.3	101.6	106.1	101.2	100.4
海口	Haikou	101.7	101.4	101.2	103.4	98.3	98.8	98.6
重庆	Chongqing	101.5	100.2	100.7	104.7	101.7	99.7	97.1
成都	Chengdu	98.2	99.8	101.0	104.3	99.8	102.8	101.1
贵阳	Guiyang	99.0	100.6	100.5	103.6	102.0	100.4	100.9
昆明	Kunming	100.3	100.7	99.4	104.7	99.7	100.4	100.2
拉萨	Lasa	101.2	99.8	99.3	103.9	101.1	100.2	101.4
西安	Xi'an	100.9	101.9	100.3	102.9	103.5	98.3	101.8
兰州	Lanzhou	101.4	101.3	100.4	103.6	100.2	100.2	101.5
西宁	Xining	102.4	100.3	99.9	103.3	102.8	102.3	98.9
银川	Yinchuan	99.5	100.1	100.9	103.6	101.2	102.6	98.8
乌鲁木齐	Urumqi	106.2	100.4	101.2	104.2	100.3	99.7	98.4

4-74 36个大中城市居民消费价格分类指数(累计比)
Consumer Price Indices by Category for 36 Major Large and Medium-sized Cities (2021年1-12月)

(上年同期=100) (same period of preceding year=100)

城市	City	居民消费价格指数 Consumer Price Index	食品烟酒 Food, Tobacco and Alcohol	粮食 Grain	鲜菜 Fresh Vegetables	畜肉 Meat	水产品 Aquatic Products	蛋 Eggs	鲜果 Fresh Fruits
平均指数	**Average Index**	**101.1**	**100.1**	**100.7**	**104.6**	**84.1**	**107.3**	**109.1**	**102.5**
北京	Beijing	101.1	100.5	99.8	107.8	88.8	101.0	106.3	100.5
天津	Tianjin	101.3	101.3	101.3	106.3	88.2	106.6	120.2	98.6
石家庄	Shijiazhuang	100.9	100.9	99.1	108.8	87.7	108.2	114.0	105.9
太原	Taiyuan	101.0	100.7	101.4	106.5	87.6	107.5	115.5	103.5
呼和浩特	Hohhot	100.9	100.7	100.5	101.4	95.4	118.2	115.6	101.6
沈阳	Shenyang	101.3	100.7	104.4	108.9	86.8	106.0	108.3	103.6
大连	Dalian	101.4	101.0	102.6	109.1	85.2	106.3	124.0	105.8
长春	Changchun	100.5	100.3	99.8	107.9	88.8	108.9	114.5	100.8
哈尔滨	Harbin	100.6	100.1	101.0	106.4	85.5	109.9	119.0	102.6
上海	Shanghai	101.2	100.5	99.1	106.0	86.2	105.4	104.5	106.1
南京	Nanjing	101.5	101.4	103.3	104.7	84.9	114.6	113.0	103.6
杭州	Hangzhou	101.3	99.5	98.1	98.7	82.4	109.2	104.9	100.8
宁波	Ningbo	102.1	102.1	102.3	110.9	83.2	107.3	104.7	105.2
合肥	Hefei	101.7	100.4	100.6	104.3	83.6	113.5	114.2	103.5
福州	Fuzhou	100.6	98.8	99.8	106.4	79.0	105.0	112.2	98.6
厦门	Xiamen	101.2	98.7	101.6	105.4	79.8	103.0	104.4	102.6
南昌	Nanchang	101.0	99.8	101.2	108.0	81.6	109.0	107.6	101.6
济南	Jinan	101.5	101.5	98.7	106.8	82.8	115.4	105.5	112.2
青岛	Qingdao	101.5	100.8	101.4	106.1	83.4	107.9	113.1	103.0
郑州	Zhengzhou	101.1	101.4	101.5	107.8	86.8	118.7	114.3	108.5
武汉	Wuhan	100.6	99.1	101.4	100.2	81.4	111.4	104.5	101.8
长沙	Changsha	101.1	99.2	102.8	105.4	79.9	113.6	107.6	104.7
广州	Guangzhou	101.1	99.9	103.4	102.0	82.5	107.3	105.2	101.5
深圳	Shenzhen	100.9	100.2	98.6	103.8	81.5	103.7	105.2	102.5
南宁	Nanning	101.4	99.6	100.0	104.5	81.5	106.1	111.1	103.0
海口	Haikou	100.5	99.7	100.6	102.0	89.9	95.4	101.3	99.8
重庆	Chongqing	100.3	97.8	98.5	101.2	78.1	107.6	109.7	100.5
成都	Chengdu	100.5	98.9	101.8	103.5	81.2	110.3	100.9	102.2
贵阳	Guiyang	100.5	98.1	99.9	101.0	81.8	115.4	104.8	100.7
昆明	Kunming	100.2	97.8	99.3	100.8	80.8	106.4	107.3	96.2
拉萨	Lasa	100.5	99.5	100.4	101.0	95.6	109.5	109.3	95.7
西安	Xi'an	101.7	101.9	105.6	108.4	85.6	110.9	123.9	101.0
兰州	Lanzhou	101.3	100.9	101.5	102.8	86.3	107.7	114.1	109.2
西宁	Xining	101.3	99.9	101.3	105.7	91.0	106.3	116.4	101.4
银川	Yinchuan	101.4	101.6	102.1	105.3	94.8	114.6	119.2	104.2
乌鲁木齐	Urumqi	101.3	100.4	103.4	99.4	95.7	112.3	113.8	101.0

4-74 续表 continued

(上年同期=100) (same period of preceding year=100)

城市	City	衣着 Clothing	居住 Residence	生活用品及服务 Articles for Daily Use and Services	交通通信 Transport and Communications	教育文化娱乐 Education, Culture and Recreation	医疗保健 Health Care	其他用品及服务 Other Articles and Services
平均指数	**Average Index**	**100.3**	**100.9**	**100.5**	**104.4**	**102.2**	**100.0**	**98.8**
北京	Beijing	99.8	101.1	99.7	105.1	100.9	99.8	99.5
天津	Tianjin	97.8	100.7	101.0	104.7	103.4	100.0	97.8
石家庄	Shijiazhuang	99.5	100.0	99.1	103.8	101.8	100.5	102.2
太原	Taiyuan	100.2	99.4	100.4	104.6	103.5	99.4	97.3
呼和浩特	Hohhot	97.5	100.6	100.0	104.3	102.2	100.4	99.3
沈阳	Shenyang	100.8	99.6	100.4	105.4	103.6	99.6	99.6
大连	Dalian	101.7	100.6	99.9	104.5	102.7	100.1	99.3
长春	Changchun	99.8	100.1	99.2	104.0	99.9	100.1	97.5
哈尔滨	Harbin	103.0	98.7	100.5	104.2	100.4	100.2	99.4
上海	Shanghai	99.5	101.1	100.7	104.0	102.7	98.9	100.9
南京	Nanjing	101.0	101.0	101.5	104.0	100.5	100.9	101.4
杭州	Hangzhou	101.2	101.1	101.0	104.4	103.6	100.0	97.7
宁波	Ningbo	99.6	100.8	102.3	105.3	104.4	100.4	97.3
合肥	Hefei	100.5	101.3	100.4	105.4	104.8	100.6	96.2
福州	Fuzhou	100.3	101.1	100.3	104.0	101.6	100.4	96.5
厦门	Xiamen	104.6	102.8	101.6	103.6	101.7	99.4	96.1
南昌	Nanchang	99.9	100.2	100.3	104.3	104.1	100.6	98.5
济南	Jinan	101.5	101.9	98.8	104.7	99.7	100.7	99.9
青岛	Qingdao	100.6	101.1	98.9	106.1	102.7	100.5	98.2
郑州	Zhengzhou	100.3	100.5	100.2	102.3	103.5	99.8	94.8
武汉	Wuhan	99.7	100.3	100.1	104.5	102.9	99.6	97.3
长沙	Changsha	101.2	101.9	100.5	104.7	101.2	100.7	98.9
广州	Guangzhou	101.1	101.7	100.1	104.0	101.7	100.4	97.1
深圳	Shenzhen	100.3	99.9	101.7	104.4	102.2	99.9	98.4
南宁	Nanning	101.7	101.4	100.3	101.7	106.4	101.0	100.3
海口	Haikou	101.5	101.4	101.2	103.4	98.8	98.8	98.7
重庆	Chongqing	101.4	100.4	100.7	104.7	101.7	99.6	97.3
成都	Chengdu	98.5	99.9	101.1	104.3	100.2	102.7	101.1
贵阳	Guiyang	99.3	100.7	100.6	103.8	102.3	100.4	100.7
昆明	Kunming	100.2	100.7	99.3	104.6	99.7	100.5	100.2
拉萨	Lasa	101.1	99.9	99.3	103.9	101.0	100.2	101.2
西安	Xi'an	101.1	102.0	100.3	102.8	103.7	98.3	101.5
兰州	Lanzhou	101.4	101.4	100.5	103.6	100.3	100.2	101.3
西宁	Xining	102.4	100.4	100.0	103.4	102.9	102.3	99.0
银川	Yinchuan	99.5	100.1	101.0	103.9	101.5	102.6	98.8
乌鲁木齐	Urumqi	105.8	100.2	101.1	104.3	100.5	99.7	98.3

主要统计指标解释

城市居民消费价格指数 是反映城市居民购买的消费品及服务价格水平的变动趋势和变动程度的相对数。它是宏观经济分析和决策、价格总水平监测和调控以及国民经济核算的重要指标。其按年度计算的变动率通常被用来作为反映通货膨胀（或紧缩）程度的指标。

城市居民消费价格的调查范围包括城市居民购买并用于日常生活消费的商品和服务项目价格。按用途划分为8个大类，包括食品烟酒、衣着、居住、生活用品及服务、交通通信、教育文化娱乐、医疗保健、其他用品及服务等。

城市商品零售价格指数 是工业、商业、餐饮业和其他零售企业向城市居民、机关团体出售生活消费品和办公用品的价格水平变动趋势和变动程度的相对数。其目的在于掌握零售商品价格的变动趋势，为国家宏观调控和国民经济核算提供参考依据。

商品零售价格的调查范围涉及到各种类型的工业、商业、餐饮业和其他行业的零售商品以及农民对非农民居民出售商品的价格。包括食品、饮料烟酒、服装鞋帽、纺织品、家用电器及音像器材、文化办公用品、日用品、体育娱乐用品、交通通信用品、家具、化妆品、金银饰品、中西药品及医疗保健用品、书报杂志及电子出版物、燃料、建筑材料及五金电料等16大类。

固定资产投资价格指数 是反映一定时期内固定资产投资额价格变动趋势和程度的相对数。固定资产投资额是由建筑安装工程投资完成额、设备、工器具购置投资完成额和其他费用投资完成额三部分组成的。编制固定资产投资价格指数首先编制上述三部分投资的价格指数，然后采用加权算术平均法求出固定资产投资价格总指数。该指数可以准确地反映固定资产投资中涉及的各类商品和取费项目价格变动趋势和变动幅度，消除按现价计算的固定资产投资指标中的价格变动因素，真实地反映固定资产投资的规模、速度、结构和效益，为国家科学地制定、检查固定资产投资计划并提高宏观调控水平，为完善国民经济核算体系提供科学的、可靠的依据。

工业生产者出厂价格指数 是反映一定时期内全部工业产品出厂价格总水平的变动趋势和程度的相对数，包括工业企业售给本企业以外所有单位的各种产品和直接售给居民用于生活消费的产品。通过工业生产者出厂价格指数能观察出厂价格变动对工业总产值的影响。

工业生产者购进价格指数 是反映一定时期内全部工业企业作为生产投入，从物资交易市场和能源、原材料生产企业购买原材料、燃料和动力产品时，所支付的价格水平变动趋势和程度的相对数，是扣除工业企业物质消耗成本中的价格变动影响的重要依据。

住宅销售价格 指房产所有权转移时买卖双方实际成交的价格（合同价格）。房产买卖时，买房人购买的是房产的所有权，卖房人将房产所有权出让，同时要获得房产所有权出让的价值补偿。它主要包括新建住宅销售和二手住宅销售两部分。

新建商品住宅销售价格 指新建的、用于居住的进入房地产市场进行交易的房屋，第一次进行产权登记时的实际交易价格（合同价格）。其价格由成本、税金、利润、代收费用等组成，它受地段、层次、朝向、质量、材料差价等因素的影响。

二手住宅销售价格 指用于居住的进入房地产市场进行交易的房屋，再次进行产权登记时的实际交易价格。该指标取自《存量房屋买卖合同》。若合同中含有相关税费，则应将其扣除。

Explanatory Notes on Main Statistical Indicators

Urban Consumer Price Index reflects the trend and degree of changes in prices of consumer goods and services purchased by urban households. It is an indicator used for government decision making, price monitoring & controlling and improving the current national accounting system. The annual price index is used to reflect the degree of inflation and deflation.

Its survey field covers the prices of goods and services purchased by urban households and used for living. It is classified into 8 categories by food tobacco and alcohol, clothing, residence, articles for daily use and services, transportation and communication, education culture and recreation, health care, other articles and services.

Urban Retail Price Index reflects the trend and degree of changes in retail prices of living consumer goods and office equipment which are sold to residents and organizations by retail enterprises. It can be used to know about the change tendency of the price of retailed goods, provides reliable data for government decision making and further improving the current national accounting system.

Its survey field covers the retail price of industry, commerce, catering trade and other sectors and prices of goods sold to non-agricultural population by farmers. Now it is classified into 16 categories by food, beverages tobacco and alcohol, garments shoes and hats, textiles, household appliances music and video equipment, cultural and office appliances, articles for daily use, sports and recreation articles, transportation and communication appliances, furniture, cosmetics, gold and silver ornaments, traditional chinese and western medicines and health care articles, books newspapers magazines and electronic publications, fuels, building materials and hardware.

Price Index of Investment in Fixed Assets reflects the trend and degree of changes in prices of investment in fixed assets during a given period. The investment in fixed assets consists of three components, namely the investment in construction and installation, the investment in purchases of equipment and instrument, and the investment in other items. Price index of investment in fixed assets is calculated as the weighted arithmetic mean of the price indices of the three components of investment in fixed assets. Removing the factor of price change in the aggregates of investment at current prices, this indicator shows the changes in the prices of commodities and fees involved in the investment of fixed assets, and can be used to observe the actual size, growth, structure, and efficiency of investment in fixed assets and provides reliable and scientific date for government planning, management, decision making, and further improving the current national accounting system.

Industrial Producer Ex-factory Price Indices reflects the trend and degree of changes in general ex-factory prices of all industrial products during a given period, including sales of industrial products by an industrial enterprise to all units outside the enterprise, as well as sales of consumer goods to residents. It can be used to analyze the impact of ex-factory prices on gross industrial output value.

Industrial Producer Purchasing Price Indices reflects the trend and degree of changes in purchasing price of raw material, fuel and power paid by industrial enterprises when they purchase production as input from the market or other energy and raw material producers during a given period, and provide basis for measuring the material consumption of industrial enterprises after removing influence of price from cost.

Residential Houses Selling Price Index refers to the transfers the ownership of the property buyers and sellers of the actual clinch a deal price (the contract price). Estate sale, is the ownership of the property buyers to purchase, sellers will property ownership transfer, at the same time to obtain the value of the property ownership transfer compensation. It mainly includes two parts of the new housing sales and second-hand housing sales.

New Commodity Residential Houses Selling Price Index refers to the newly built into the real estate market, used to live in trading houses, undertake property right registration for the first time the actual transaction price of (the contract price). Its price by cost, taxes and profits, collecting fees, etc, it is location, level, orientation, quality, the factors of material price difference.

Second-hand Housing Sales Price refers to enter the real estate market for residential houses, which trade, undertake property right registration of actual transaction prices again. The index from the stock of the sale and purchase contract. If contract is contained in the relevant taxes, it should be deducted.

五、农　业

Chapter 5

AGRICULTURE

5-1 按人口平均的主要农产品产量
Per Capita Output of Major Agricultural Products (2017-2021)

项 目	Item	单位	Unit	2017	2018	2019	2020	2021
粮食总产量	Yield of Grain	千克	kilogram	136.35	134.45	142.94	164.56	181.98
#小 麦	Wheat	千克	kilogram	40.09	36.63	38.72	45.33	52.56
玉 米	Corn	千克	kilogram	76.62	70.89	73.75	79.12	86.15
水 稻	Rice	千克	kilogram	16.91	23.99	27.48	36.24	39.86
棉花总产量	Yield of Cotton	千克	kilogram	1.61	1.17	1.16	0.74	0.29
油料总产量	Yield of Oil-bearing Crops	千克	kilogram	0.81	0.46	0.26	0.22	0.22
蔬菜总产量	Yield of Vegetables	千克	kilogram	173.17	162.85	155.45	192.17	174.06
生猪出栏	Slaughtered Hogs	头	head	0.19	0.18	0.13	0.14	0.15
牛出栏	Slaughtered Cattle and Buffaloes	头	head	0.01	0.01	0.01	0.01	0.01
羊出栏	Slaughtered Sheep and Goats	只	head	0.04	0.03	0.02	0.03	0.03
家禽出栏	Slaughtered Poultry	只	head	3.94	3.49	4.35	4.73	4.16
肉类总产量	Output of Meat	千克	kilogram	23.21	21.72	19.49	21.35	22.21
#猪 肉	Pork	千克	kilogram	14.51	13.62	10.01	11.07	12.43
牛 肉	Beef	千克	kilogram	2.18	1.83	1.62	1.93	2.03
羊 肉	Mutton	千克	kilogram	0.91	0.76	0.54	0.63	0.76
禽蛋产量	Output of Poultry Eggs	千克	kilogram	12.20	12.45	12.40	15.02	13.95
奶类产量	Output of Milk	千克	kilogram	33.43	30.80	30.33	36.11	37.74

注：人口数据为天津市常住人口数据。
Note: The population data is the permanent population data of Tianjin.

5-2 农业经济主要指标
Major Indicators of Agricultural Economy (2017-2021)

项 目	Item	单位	Unit	2017	2018	2019	2020	2021
农作物总播种面积	Total Sown Area	万亩	10000 mu	659.06	643.91	615.41	628.76	655.50
#粮 食	Grain	万亩	10000 mu	527.10	525.32	508.90	525.31	560.21
棉 花	Cotton	万亩	10000 mu	31.00	25.65	21.16	11.70	5.48
油 料	Oil-bearing Crops	万亩	10000 mu	8.15	3.14	1.66	1.26	1.34
蔬 菜	Vegetables	万亩	10000 mu	73.92	74.62	72.51	79.38	78.45
粮食总产量	Yield of Grain	万吨	10000 tons	212.27	209.69	223.25	228.18	249.87
棉花总产量	Yield of Cotton	万吨	10000 tons	2.50	1.83	1.81	1.02	0.40
油料总产量	Yield of Oil-bearing Crops	万吨	10000 tons	1.23	0.72	0.41	0.31	0.31
蔬菜总产量	Output of Vegetables	万吨	10000 tons	269.61	253.98	242.78	266.47	238.98
生猪出栏	Slaughtered Hogs	万头	10000 heads	297.22	278.56	197.78	193.99	203.87
牛出栏	Slaughtered Cattle and Buffaloes	万头	10000 heads	19.49	16.69	14.10	14.39	14.94
羊出栏	Slaughtered Sheep and Goats	万只	10000 heads	55.22	49.17	34.21	36.05	40.89
家禽出栏	Slaughtered Poultry	万只	10000 heads	6137.62	5435.66	6786.50	6564.50	5717.73
肉类总产量	Output of Meat	万吨	10000 tons	36.14	33.89	30.43	29.61	30.50
禽蛋产量	Output of Eggs	万吨	10000 tons	18.99	19.41	19.36	20.83	19.15
奶类产量	Output of Milk	万吨	10000 tons	52.05	48.04	47.37	50.07	51.81

5-3 农作物播种面积
Sown Area of Farm Crops (2017-2021)

单位：万亩 (10000 mu)

项目	Item	2017	2018	2019	2020	2021
农作物总播种面积	**Total Sown Area**	**659.06**	**643.91**	**615.41**	**628.76**	**655.50**
一、粮食作物	**Grain Crops**	**527.10**	**525.32**	**508.90**	**525.31**	**560.21**
夏收粮食	Grain Harvested in Summer	163.15	166.26	151.68	155.93	177.77
秋收粮食	Grain Harvested in Autumn	363.95	359.06	357.22	369.38	382.44
(一)谷物	Cereal	517.06	513.59	498.48	516.53	554.19
稻谷	Rice	45.73	59.85	68.29	80.17	87.75
小麦	Wheat	163.15	166.26	151.68	155.93	177.77
玉米	Corn	302.13	280.16	271.16	268.29	278.45
其他谷物	Other Cereal	6.05	7.32	7.35	12.14	10.22
(二)豆类合计	Beans	5.66	9.79	8.20	6.60	3.94
大豆	Soybean	5.06	9.31	7.72	6.17	3.57
绿豆	Green Gram	0.20	0.18	0.18	0.16	0.08
红小豆	Ormosia	0.20	0.14	0.25	0.22	0.22
其他杂豆	Other Beans	0.20	0.16	0.05	0.05	0.07
(三)薯类	Tubers	4.38	1.94	2.22	2.18	2.08
二.油料作物	**Oil-bearing Crops**	**8.15**	**3.14**	**1.66**	**1.26**	**1.34**
花生	Peanuts	2.20	2.15	1.36	1.05	1.19
芝麻	Sesame	0.05	0.04	0.01	0.00	0.00
葵花籽	Sunflower Seeds	5.43	0.80	0.15	0.06	0.03
其他油料	Other Oil-bearing Crops	0.47	0.15	0.14	0.15	0.12
三、棉花	**Cotton**	**31.00**	**25.65**	**21.16**	**11.70**	**5.48**
四、蔬菜(含菜用瓜)	**Vegetables (including melon-vegetable)**	**73.92**	**74.62**	**72.51**	**79.38**	**78.45**
五、瓜果类	**Melon**	**6.51**	**7.16**	**6.62**	**7.44**	**6.04**
六、其他农作物	**Other Crops**	**12.38**	**8.02**	**4.56**	**3.67**	**3.98**

5-4 农作物种植结构
Planting Structure of Farm Crops (2017-2021)

单位：% (%)

项 目	Item	2017	2018	2019	2020	2021
农作物总播种面积	**Total Sown Area**	**100.0**	**100.0**	**100.0**	**100.0**	**100.0**
一、粮食作物	**Grain Crops**	**80.0**	**81.6**	**82.7**	**83.5**	**85.5**
夏收粮食	Grain Harvested in Summer	24.8	25.8	24.6	24.8	27.1
秋收粮食	Grain Harvested in Autumn	55.2	55.8	58.1	58.7	58.4
(一)谷 物	Cereal	78.4	79.8	81.0	82.2	84.6
稻 谷	Rice	6.9	9.3	11.1	12.8	13.4
小 麦	Wheat	24.8	25.8	24.6	24.8	27.1
玉 米	Corn	45.8	43.5	44.1	42.7	42.5
其他谷物	Other Cereal	0.9	1.2	1.2	1.9	1.6
(二)豆类合计	Beans	0.9	1.5	1.3	1.0	0.6
大 豆	Soybean	0.8	1.4	1.3	1.0	0.6
绿 豆	Green Gram	0.1	0.1	0.0	0.0	0.0
红 小 豆	Ormosia	0.0	0.0	0.0	0.0	0.0
其他杂豆	Other Beans	0.0	0.0	0.0	0.0	0.0
(三)薯类	Tubers	0.7	0.3	0.4	0.3	0.3
二.油料作物	**Oil-bearing Crops**	**1.2**	**0.5**	**0.3**	**0.2**	**0.2**
花 生	Peanuts	0.3	0.4	0.2	0.2	0.2
芝 麻	Sesame	0.0	0.0	0.0	0.0	0.0
葵 花 籽	Sunflower Seeds	0.8	0.1	0.1	0.0	0.0
其他油料	Other Oil-bearing Crops	0.1	0.0	0.0	0.0	0.0
三、棉 花	**Cotton**	**4.7**	**4.0**	**3.4**	**1.9**	**0.8**
四、蔬 菜(含菜用瓜)	**Vegetables (including melon-vegetable)**	**11.2**	**11.6**	**11.8**	**12.6**	**12.0**
五、瓜果类	**Melon**	**1.0**	**1.1**	**1.1**	**1.2**	**0.9**
六、其他农作物	**Other Crops**	**1.9**	**1.2**	**0.7**	**0.6**	**0.6**

5-5 农作物总产量
Yield of Farm Crops (2017-2021)

单位：万吨 (10000 tons)

项　目	Item	2017	2018	2019	2020	2021
一、粮食作物	**Grain Crops**	**212.27**	**209.69**	**223.25**	**228.18**	**249.87**
夏收粮食	Grain Harvested in Summer	62.41	57.13	60.47	62.86	72.16
秋收粮食	Grain Harvested in Autumn	149.86	152.56	162.78	165.32	177.71
(一)谷　物	Cereal	209.93	207.37	221.17	226.32	248.44
稻　谷	Rice	26.33	37.41	42.91	50.24	54.73
小　麦	Wheat	62.41	57.13	60.47	62.86	72.16
玉　米	Corn	119.29	110.55	115.18	109.70	118.28
其他谷物	Other Cereal	1.90	2.28	2.61	3.52	3.27
(二)豆类合计	Beans	0.85	1.42	1.09	0.90	0.55
大　豆	Soybean	0.78	1.35	1.04	0.85	0.51
绿　豆	Green Gram	0.02	0.02	0.02	0.02	0.01
红 小 豆	Ormosia	0.02	0.02	0.03	0.02	0.02
其他杂豆	Other Beans	0.03	0.03	0.00	0.01	0.01
(三)薯类(折粮)	Tubers (converted into grain)	1.49	0.90	0.99	0.96	0.88
二.油料作物	**Oil-bearing Crops**	**1.23**	**0.72**	**0.41**	**0.31**	**0.31**
花　生	Peanuts	0.53	0.62	0.36	0.28	0.29
芝　麻	Sesame	0.00	0.00	0.00	0.00	0.00
葵 花 籽	Sunflower Seeds	0.61	0.08	0.03	0.01	0.01
其他油料	Other Oil-bearing Crops	0.09	0.02	0.02	0.02	0.01
三、棉　花	**Cotton**	**2.50**	**1.83**	**1.81**	**1.02**	**0.40**
四、蔬　菜(含菜用瓜)	**Vegetables (including melon-vegetable)**	**269.61**	**253.98**	**242.78**	**266.47**	**238.98**
五、瓜果类	**Melon**	**20.26**	**22.64**	**21.67**	**24.67**	**19.18**

5-6 畜牧业生产情况
Production of Animal Husbandry (2017-2021)

项 目	Item	单位	Unit	2017	2018	2019	2020	2021
一、畜禽存栏	**Livestock and Poultry Stocks**							
猪	Hogs	万头	10000 heads	179.95	196.91	124.26	162.33	171.18
牛	Cattle and Buffaloes	万头	10000 heads	25.85	24.57	25.68	28.16	29.06
1.肉牛	Beef Cattle	万头	10000 heads	13.84	13.27	14.68	17.45	18.68
2.奶牛	Cows	万头	10000 heads	11.95	11.30	11.00	10.71	10.38
羊	Sheep and Goats	万只	10000 heads	43.48	41.93	39.23	45.22	49.98
活家禽	Poultry	万只	10000 heads	2294.51	2330.98	2432.77	2232.62	2150.90
其中：活鸡	Chickens	万只	10000 heads	2158.35	2249.36	2334.01	2171.67	2115.50
二、畜禽出栏	**Number of Slaughtered Livestock and Poultry**							
猪	Hogs	万头	10000 heads	297.22	278.56	197.78	193.99	203.87
牛	Cattle and Buffaloes	万头	10000 heads	19.49	16.69	14.10	14.39	14.94
羊	Sheep and Goats	万只	10000 heads	55.22	49.17	34.21	36.05	40.89
活家禽	Poultry	万只	10000 heads	6137.62	5435.66	6786.50	6564.50	5717.73
三、畜禽产品产量	**Output of Livestock and Poultry Products**							
猪肉	Pork	万吨	10000 tons	22.59	21.24	15.64	15.35	17.07
牛肉	Beef	万吨	10000 tons	3.39	2.85	2.53	2.67	2.79
羊肉	Mutton	万吨	10000 tons	1.42	1.18	0.85	0.87	1.04
禽肉	Poultry	万吨	10000 tons	8.67	8.55	11.27	10.56	9.43
禽蛋	Poultry Eggs	万吨	10000 tons	18.99	19.41	19.36	20.83	19.15
其中：鸡蛋	Hen's Eggs	万吨	10000 tons	17.75	19.08	19.03	20.47	18.70
牛奶	Cow Milk	万吨	10000 tons	52.05	48.04	47.37	50.07	51.81

主要统计指标解释

农作物总播种面积 指应该在本日历年度内收获农产品的作物播种面积之和。其计算公式为:

农作物总播种面积=上年秋冬播作物面积+本年春播作物面积+本年夏播作物面积=本年夏收作物播种面积+本年秋收作物播种面积

粮食总产量 指全社会的产量。包括国有经济经营的、集体统一经营的和农民家庭经营的粮食产量，还包括工矿企业家属办的农场和其他生产单位的产量。包括稻谷、小麦、玉米、高粱、谷子、其他杂粮、薯类、大豆。其计算方法，豆类按去豆荚后的干豆计算；薯类按 5 公斤鲜薯折 1 公斤粮食计算。其他粮食一律按脱粒后的原粮计算。

当年出栏头数 指农林牧渔企业生产单位饲养的，供屠宰并已出栏的全部牲畜头数。包括交售给国家，集市上出售的部分。

Explanatory Notes on Main Statistical Indicators

Sown areas of Farm Crops refer to area of land sown incurrent year. The formula is:

Sown areas of Farm Crops = area of land sown in previous autumn and winter + area of land sown in current spring + area of land sown in current summer = sown area of current summer crops + sown area of current autumn crops

Grain Output refer to the total output in the whole region including grain produced by state farms, collective units, rural households, as well as by farms affiliated to industrial and mining enterprises and other production units. Grain includes rice, wheat, corn, sorghum, millet, tubers, soybean and others. The beans are calculated according to the dried beans after the pods. Tubers are calculated according to 5 kilograms of fresh tubers folded 1 kilogram of grain. All other grains are calculated according to the original grain after threshing.

Number of Livestock Slaughtered refers to the total number of animals for butchering by farming, forestry, animal husbandry and fishery, including parts of selling to country and markets.